第 1 卷

菲尼斯
文集

联合国计划署在华项目

国家预防灾害培训体验和法治保障文化基地建设（项号编号：CPR/13/303）

菲尼斯文集 ✦ 第 1 卷

行动中的理性

〔英〕约翰·菲尼斯 （John Finnis）－著 ｜ 刘坤轮－译

中国政法大学出版社

2016·北京

Reason in Action:Collected Essays: Volume I
by John Finnis
Copyright © J. M. Finnis, 2011
Reason in Action: Collected Essays: Volume I was originally published in English in 2011.
This translation is published by arrangement with Oxford University Press.
《行动中的理性》一书英文版首次出版于 2011 年，该书中译本经牛津大学出版社授权出版。
版权登记号：图字 01-2015-6136 字

图书在版编目（ＣＩＰ）数据

行动中的理性：菲尼斯文集. 第一卷/(英)约翰·菲尼斯著；刘坤轮译. —北京:中国
政法大学出版社，2016.12
ISBN 978-7-5620-6875-4

Ⅰ.①行… Ⅱ.①约… ②刘… Ⅲ.①菲尼斯－哲学思想－文集 Ⅳ.①B561.6-53

中国版本图书馆CIP数据核字(2016)第307597号

出 版 者	中国政法大学出版社
地 址	北京市海淀区西土城路 25 号
邮寄地址	北京 100088 信箱 8034 分箱　邮编 100088
网 址	http://www.cuplpress.com（网络实名：中国政法大学出版社）
电 话	010-58908524(编辑部)　58908334(邮购部)
承 印	固安华明印业有限公司
开 本	720mm×960mm　　1/16
印 张	29.25
字 数	420 千字
版 次	2016 年 12 月第 1 版
印 次	2016 年 12 月第 1 次印刷
定 价	76.00 元

声 明	1. 版权所有，侵权必究。
	2. 如有缺页、倒装问题，由出版社负责退换。

跋

这五卷本中所收集的论文，最早写于 1967 年，最晚则为 2010 年。每一卷的最后部分，有我出版作品的编年目录。有了这些目录，我的论文在这些卷次中如何分布就一目了然了。当然，每一卷中，也有一些我之前没有发表过的文章。

很多文章都以新名称出现。如果内容变化重大，原先的题目就会在文章开头处标注出来，当然，在文献目录中也可以找到原文。

对于以前发表的作品，所作修改仅限于澄清说明。如果有需要进行重大变更或删减的，我会在具体论文的脚注中说明，或者用方括号注明。除非文章中明确有不同的说法，方括号中一般代表着专为本文集所作的插入说明。同样，某些特定论文的尾注也作更新之用，尤其是当涉及相关法律时。一般而言，每篇论文都是从它开始撰写之日谈起的，不过，目录中的日期却是发表时期（仍适用时），而不是完成之时——有时，完成之时要早个一两年。

我曾努力想按照主题对文集分组，无论跨卷或是不跨卷，但文集中存在大量的重叠部分；并且，各卷主题中，也都会在其他卷找到相同之处。对于所有卷次来说，索引都很常见，这有些类似文献目录（但不是"所引他文"）给出的进一步提示，尽管它的作用只是就人物名称追求完整性。各卷都有引言，主要目的是强调和解释各卷的标题，以及该卷本中的论文对这一主题的作用。

缩略语表

AJJ	《美国法理学杂志》（*American Journal of Jurisprudence*）
Aquinas	1998d：约翰·菲尼斯：《阿奎那：道德、政治和法律理论》［1998d：John Finnis, *Aquinas：Moral, Political and Legal Theory* (OUP)］
CL	H. L. A. 哈特：《法律的概念》［H. L. A. Hart, The Concept of Law (1961) (2nd edn, OUP, 1994)］
CUP	剑桥大学出版社（Cambridge：Cambridge University Press）
FoE	1983b：约翰·菲尼斯：《伦理学基本原理》，OUP：华盛顿：乔治城大学出版社［John Finnis, *Fundamentals of Ethics* (OUP：Washington, DC：Georgetown University Press)］
HUP	剑桥，马萨诸塞州：哈佛大学出版社（Cambridge, Mass.：Harvard University Press）
In Eth.	阿奎那：《伦理学阐述（*NE* 评注)》［Aquinas, Sententia Libri Ethicorum (Commentary on NE) (ed. Gauthier) (1969)］
In Pol.	阿奎那：《〈政治学〉阐述》［Aquinas, *Sententia Libri Politicorum* (Commentary on Pol. I to Ⅲ. 5) (ed. Gauthier) (1971)］
LCL	杰曼格·葛利斯：《耶稣之路》第 2 卷《过一种基督徒生活》，昆西：方济会出版社 1993 年版［Germain Grisez, *The Way of the Lord Jesus*, Vol. 2 *Living a Christian Life* (Quincy：Franciscan Press, 1993)］

MA	1991c：约翰·菲尼斯：《道德绝对性：传统、修正及真理》，华盛顿：美国天主教大学出版社 1991 年版 [1991c: John Finnis, *Moral Absolutes*: *Tradition*, *Revision*, *and Truth* (Washington, DC: Catholic University of America Press)]
NE	亚里士多德：《尼各马可伦理学》 (Aristotle, *Nicomachean Ethics*)
NDMR	1987g：约翰·菲尼斯、约瑟夫·波义耳、杰曼格·葛利斯：《核威慑、道德和现实主义》 [1987g: John Finnis, Joseph Boyle, and Germain Grisez, *Nuclear Deterrence*, *Morality and Realism* (OUP)]
NLNR	1980a：约翰·菲尼斯：《自然法与自然权利》（第 2 版，牛津大学出版社 2011 年版） [1980a: John Finnis, *Natural Law and Natural Rights* (2nd edn, OUP, 2011)]
OUP	牛津：牛津大学出版社（包括克拉兰登出版社） [Oxford: Oxford University Press (including Clarendon Press)]
Pol.	亚里士多德：《政治学》 (Aristotle, *Politics*)
ScG	阿奎那：《反异教大全》 [Aquinas, *Summa contra Gentiles* (A Summary against the Pagans) (c. 1259–65?)]
Sent.	阿奎那：《〈章句集〉注疏》 {Aquinas, *Scriptum super Libros Sententiarum Petri Lombardiensis* [*Commentary on the Sentences* (Opinions or Positions of the Church Fathers) of Peter Lombard] (c. 1255)}
ST	阿奎那：《神学大全》 [Aquinas, *Summa Theologiae* (A Summary of Theology) (c. 1265–73)]
TRS	罗纳德·德沃金：《认真对待权利》（1977 年修订补充对批判的回应） （剑桥大学出版社；伦敦：达克沃斯，1978） {Ronald Dworkin, *Taking Rights Seriously* [(1977) rev edn with Reply to Critics] (HUP; London: Duckworth, 1978)}

目 录

引　言

　　审慎考虑去做什么，这本身就已经是一种行为。的确，它是内在的，在　　
某种意义上，它还是程序性的。然而，即便不仔细考虑，它也仍然是主动
的、有意的，因而从某种程度上来说，它已经是自我塑造的。多少带有休谟
派系（Humean）特征的哲学家认为，理性的作用在于欲望。相反，更多建立
在证据基础上的判断则会认为，审议则扩展至区分（discerning）什么是可欲
的、有意的、值得欲求的，并且受到这种区分的引导。这里的区分是一个**理
解和精炼**的问题：要**理解**是什么赋予了理性可欲的目的（人们脑海中略为长
远的目标），要精炼的是为追求、实现这些目的的手段和方式。

　　作为一种能力，作为人自然构成的一个方面，理性以及理性对自身活动
智识产物的回应——（对行为计划和建议）的决定性、自决性回应，也就是
所谓意志（will）、意愿以及诸如此类——是第二卷的主题。本卷中，理性还
没有被作为能力，或作为人之构成部分的活动进行这般多的思考，它只是被
放在人活动的智识内容（content）中来考虑。理性（reason）是理解和应用理
由（reasons）的能力。理由则是判断一种思想、一个命题是真（或假，或存
疑）的理由。一个人可以**通过做**某些有益的行为帮助实现某种事物状态，而
有些理由则正是判断这种状态值得实现是真（或不必然为真）的理由，我
们将这些理性称为**实践性的**。它们包括挑选出可能有益（可欲）的事物状
态的原则，以及有效或以其他理性方式追求这些机会的主张（计划、建
议）。本卷研究的正是此类行为理性（reasons for action）。第三卷研究的是相对
具体的行为理性种类，我们称之为权利，以及更简洁地说——共善的理性。

第四卷研究的是在一个政治共同体，或为了这一共同体而行为的人，所系统、公开采用的——一些情形中，只是简单的批准；在其他情形中，则是创制、"设定"——那类理性，用以阐明和补充说明选择人权以及政治共善常设要素的原则。第五卷将行为理性置于它们最深刻的渊源之处，在它们所能达至的最深远的意义上，探讨它们可以理解的内容，并在恰适时将它们阐述为公共的。

I. 基础

推理之前是理解——这些认识行为大多单调乏味，毫不起眼，通过这些行为，人们获得了概念和语词，然后再借助于此得以思考、交流，从而比单纯依靠感觉体验更为深远地认识世界。如果之前没有体验过我们可以看到、听到、触摸到、倡导、闻到，继而想象到的经验，我们就尚无法理解；然而，一旦我们理解了，我们就会超越这些经验资料。无论明示的还是默示的，该命题本身就包含了概念和语词的完整意义，它带领我们超越经验中的细节，走向一种大致的一般概念、类型、总体性，走向与错误相反的真理，并且，通过推理我们得以从结果走向原因，诸此等等。

至少是理解首次取代单纯经验之后，在它之前总是先有问题，它也由问题产生。小孩的问题（"如果你……会怎么样？""什么是……？"）需要对他自身经验所能提供给他的资料进行补充。孩子也需要名称，也需要通过将名称和类型种类进行链接，定位所指，从而获取理解，或是通过将名称和各种此类因果关系链接起来获取理解。此后不久，他们还需要确定什么是真的、什么是真实的，这些分别和那只是一幅画——或那只是一个故事——相对。孩子们发现，问题可以获得答案，而答案则会提出新的问题，这样，答案——至少解释得通，且与其他答案及其意义资料不冲突的那些——得以汇聚起来。通过认识行为——非推理得到的理解——孩子（你或我）就获得了**知识理念**（概念），也就是所有可以问到问题的一系列答案——实际上是全部正确的答案。对于所有所谓真实——而非只是一幅画或一个故事——他们就获得了一条可能的路径。更确切地说，这个孩子大体清晰明确地获取了一个命题：**知识是可能的**。

恰当地说，这种认知并不是从一个前提中所得出的推断或推论，甚或不是从资料或经验中得来的**结论**。对于这个孩子来说，**知识**是一个崭新的概念，而习得这一概念，实质上只是一种简单的认知。这一习得导致他形成二元现实的观点（也就是他的理解）：由可知的、真理以及真实所构成的世界，能够真正认识到什么是或什么会是知识、真理。在这些现实中，我、孩子、我的父母、老师以及玩伴，统统都是，或可期待成为知识的载体（bearer），也就是**认知者**（knowers），以及知识的来源。这并不只是一个纯粹的概念，而是涵括概念的一个命题：知识是可能的，并且在一定程度上是现实的。一些此种命题不仅是可理解的，并且是可确定的，接受这种立场之际，必将和否定发生一些遭遇：一些陈述缺乏显然的现实意义，或缺乏与明显现实之间的融贯性（coherence）或一致性（correspondence）；一些陈述则由其创造者自己切断和现实的联系，"只是一个故事"，诸如此类。进入一个人幼儿、不成熟认识世界的知识，乃是作为错误、欺骗、幻觉或想象的对立物而出现的。

知识是可能的，这一知识，无论是被保证的还是真实的信念，都是这样一种知识，它们处于反思性、哲学性范畴之中，可以被称为"理论的"，或再差强人意一点儿，被称作"推测的"（speculative）甚或"沉思的"（contemplative）：事物之所以为事物方式的知识——**是实然**（Is）知识。然而，这些名称其实并没有什么道理，除非是和"实践性"知识对比而言，所谓实践性知识，也就是由思考、选择和行为引导并指向它们的知识。但是，实践性理解和知识又是指什么呢？孩子开始获取非实践性理解和知识的同时，他们就已经开始获取实践性理解和知识了，并且，前者和其他经验一道，也为实践性理解的获取打下了"基础"。然而，实践性理解的获取不过是一种来自非实践性理解的推论，而不是获取一种崭新的、根本性的概念，比如"知识"，就来自于被追问问题经验中的推理。

信手拈来一例。有理解认为，知识不仅是可能的，而且是可欲的（desirable），是一种利益，一种**被追寻**的善；而被忽略或误解则是不可欲的，是匮乏，是缺陷，是一种**要避免**的恶。这种理解就是另外一种简单的、原初的、根本性的认知行为。它给**实然知识补充了这一内容，即知识可能是一种崭新的概念和概念范畴：应然**（Ought）知识。这并不是作为常规性信息的非实践性知识库中一部分的那种"应然"："时值春分，故而潮汐应更高；时值阳春，故而玫瑰应发芽"，诸此等等。相反，它是这样一种应然：它将我引向**我要去**（am to）（即便事实上我并没有）选择和努力实现的善——这个"要去"不是预测性的，而是规范性的，不是未来指向的，而是动名词形式的行为引导，其方式是通过使其成为某种可理解的目的，从而实现理解。然而，这里的目的或目标恰恰可理解为**有益的**（beneficial），理解为一种可认知的善的取得、具体化及实现：从无知转向有知的知识。无知是恶，所以，倾听老师、阅读布置的任务、追问问题等则是善——是真正指引性或规范性的应然，即便它们需要与我所理解的其他应然相互调和；此外，若不考虑环境，则它们都无法指向行动。

知识是一种值得追求的善，这一命题是一种如此根本性、原初性的命题，以至于可称之为一种实践性原则，实际上，可称之为实践性首要原则。然而，这一原则并非实践推理的唯一首要原则。除此之外，第二篇文章中出现的一个原则与之匹配，也就是在和尤尔根·哈贝马斯论述"话语伦理"时出现的——友谊，它以各种形式和力量出现，在认知上可欲，值得选择、值得追求。对于这种善和实践性原则，只有在思考和哲学层面才能明确，并与所有人类基本之善，以及所有首要的时间原则的一个特点区别开来，该特点也就是：对于**其他如我们者**（others like us）而言，它们也同样是善，并且，指引我们每个人从取得或具体化相关善中获取利益的原则，不仅存在于我们的生活中，也同样存在于其他**任何人**（anyone）的生活中。无疑，当年幼的孩子初次获取基本之善和首要实践性原则时，"任何人"和"其他如我们者"之间的界限是模糊的，最终，它得以通过人类的术语进行澄清：所有人类。这种实践性原则及其对我们每个人规范性的一般性，既强化了友谊之善的规范性，同时也能够适格（qualifying）和限制那种规范性。

这里，作为一种深层次、可认知的基本之善，实践合理性（reasonableness）进入视野，这是指引我们的一种独特实践性首要原则。因为它明显，或很快会变得明显，以至于对于这些人类基本之善和实践性首要原则，我们可能会对这个或那个，或对其全部作出不合理的回应。个人生命和能力具有局限性和脆弱性，这不仅仅偶然存在于我们理解一种深层次基本之善——生命（人的存在）和健康——之时，并且还要求，人们要在每种或所有首要实践性原则，就它们对人们可能影响到自身及他人未来的生存和发展的选择和行动所产生影响的方式，对其规范性主张进行裁判——无论是作为实现任何其他本质之善的方式，还是就其本身而言，这种裁判显然都是理性的。这种知识体系化之善——在自己及他人的生活中追求其他之善，若不被潜在理性动机歪曲或扭曲，**便将会**完全合理地——成为所有规范性的本原（matrix），这里，规范性不仅仅是实践性的，还尤为是道德（伦理）的。这一原则充分阐明了自己的内容及指引性，但在论文 7 和 8，或是在《**自然法与自然权利**》（*Natural Law and Natural Rights*）中，它并没有被成功确定；相反，它是在《**伦理学的本质**》（*Fundamental of Ethics*）和之后很多的研究中，比如本卷所收录的论文 14 的第 Ⅱ 部分和论文 15 的第 Ⅳ 部分，才可以找到的。它的形式要求为人是理性的。然而，由于实践理性之善，与作为理性的许多形式要求而被阐明的相应原则一样，只是一系列同样根本、显然的基本之善的其中之一，因此，"是理性的"并没有留存为康德式的、仅仅作为一种不矛盾（普遍化）要求的简单化；相反，其他首要原则赋予了它实质内容，这些原则被我们挑选出，并指引我们提升和尊重人类繁荣的基本方面。

最后那句话可以以"本性"（nature）结束。原因在于，当我们确定繁荣、福利、成就之时，我们实际上是隐含地在确定正在（或在顺利环境下可能会）繁荣之存在的本性。如果反对者理解了如下原理是多么正确，理解了对于他们的哲学大师而言这一原理是多么核心，那么，论文 9 中所提到的保守主义者的反对之声就不会席卷而来。这一原理就是：当你了解事物的能力/潜力时，你才了解该事物的本性；而这些是当你了解、理解你所知事物的存在形态，以及它们的活动/行为和它们活动/行为的客体时才会了解。在各种可知的主题内容领域，这一原理都可以类比适用，而它的术语，比如"客体"，也可以类比：它们的含义根据主题内容的种类而系统变化，但绝不会变成一个双关语。当含义变化被允许时，现实复杂多样的证据范围也就表明，在以亚里士多德主义先驱为肇始的现代经验性、数学化自然科学出现后，这一原理仍然得以存续。并且，这一原理很显然也适用于人类存在、自由以及行为等领域。人类行为客体是选择出的可认知之善，受到实践理性首要原则的指引。一旦经由自由选择的行为在顺境中得以实现，这些善就会建构起人类及其社区的繁荣。这种繁荣就是人类能力最大限度的展示，也是人类天性完全充分的展现和揭示。当然，我们之所以能够繁荣，只不过是因为我们有能力这样做——因为在可能做出任何选择之前，我们就已经拥有这种本性。然而，仅仅通过先了解这种本性，我们之中没有任何一个人能够充分理解人类繁荣是什么？构成人类繁荣的善又有什么？按照认知的顺序（认识论顺序），对可理解的、可欲的、值得追求之善的认知，要先于对我们这种本性的认知。的确，如果不是先知道知识是可能的，我们就无法获得这样的实践认识，即知识是一种善，值得追求。但是，我们同样也知道，无知是可能的，诸如此类者还有死亡（与生命相反）、愚蠢（与实践理性相反）以及

6　孤独者的自给自足（与友谊相反）。对这些成对可能性的原初、非衍生的认知，是**善且值得追求的**，这种认知使得我们得以了解什么是人类繁荣，使得我们能够反思地、理论地（"推测"、"沉思"）对人类天性给出恰当充分的解释。

　　所以，我们审议、选择及行为的可用理性标准，就不是"循着（你的）本性"，也不是苏亚雷斯式（Suarezian）/格老秀斯式（Grotian）"循着理性本性"。尽管这些并不是虚假的标准，但只有当内容得以确定后，它们才能被理性运用，而其内容需要遵循现有的、真实的、充分的标准："理性须被遵从"——这是理性的首要原则，是行为的根本**理性**。

　　伦理学**主流**滥觞于柏拉图，经由亚里士多德和阿奎那（Aquinas），再到多少有些苏亚雷斯或格老秀斯式的思想家，对这些思想家，霍布斯、休谟和边沁更多的反应是自信，而非关切，这些批评家所指出的最具影响力的问题，

主流的表述大都缺乏清晰性，至少从其文本表面看，事实如此。亚里士多德指出，实践**智慧**（phronesis）（实践理性意义上的"审慎"，是整合人们全部个性和思考的美德）指向的是手段，而非目的。继而，他悬置了我们如何确定以及修正我们目的的问题，也就是为所有实践推理给出起点（原则）的终极目的，声称**理智**（nous）、理解和见识关注的是特别性，是在特定环境中就特殊选择所作出的判断。亚氏是在对理性的构成和功能进行分类时提出这种说法的，而这也将此问题变得更加糟糕。关于"实践理性首要原则"这一悬置问题，阿奎那给出了所有的答案要素，不过，他是一个神学家，因此他从未专门撰写过任何一篇哲学论文来探讨其脑海中事关道德神学的哲学（而非神学）立场，所以，哲学答案要素也就散落于其宽泛的各种研究之中。亚里士多德原理认为，审慎关涉的是手段而非目的。对此，阿奎那没有予以批驳，相反，他在自己的研究中运用了该原理，对于由此所导致的困惑，则留给他的解读者处理（参见论文 1 脚注 16 和论文 11）。即便是他最早的一些追随者，也有人屈从于魅惑，从而将理性视为本质上是沉思的。对于他们而言，使理性变成实践性的——正如阿奎那所抱持的以及本篇介绍所论述的观点——并不是对什么不仅仅是可得的，并且还是可得的**善**，是一种**智识**上可欲的目的的更深层次的认知，相反（正如那位完成他未完成的《政治学》评注的学者所著），理性之所以成为实践性的、追求目的的，是因为加诸了一些**意志**行为，较之其他实践可能性，这些意志行为更偏好某些类型的实践可能性。然而，个人的"意志"既不是他对理性的回应，也不是他对感情、激情以及"欲望"、潜在和先理性的回应。休谟的实践理性图景——审议中的理性——作为激情的奴隶，在一定意义上乃是应亚里士多德实践理性和理智的语录而谈的，乃是为那些背离了阿奎那至为根本理解的学者而谈的。这些根本理解也就是，意志实质上是对理性的回应，是对人类天然之善可知性的回应。

康德意图努力对休谟作出批判回应，但未能成功，因为他没能质疑休谟的预设，即我们都应该清楚，即便是一个一般智力的孩子能做到的，理性也不能做到。同样，新经院哲学对休谟的回应也没有指向从哲学上清晰地、语境化地展示出实践理性的首要原则，他们的回应和道德规范发生重叠，它们都是原则，他们提出了关于人类天性的一种教义，尽管足够正确，但根基并不牢靠，因而，**实然到应然**的转换被留作一个含糊地带，这种含糊会消除或最小化如下两者之间的差异：前者为自由但理性，应当—知情的选择；后者或只是服从本能（倾向），或是服从一个更加强大的力量所发出的命令和禁令。

那么，这就是语境，不仅仅是在论文 7（"理性、普遍性和道德思想"，针对休谟）和论文 8（"伦理学中的客观性与内容"，针对激进怀疑主义者）中就早已提到，甚至在更早些的论文 6（"理性、权威与友谊"，即友谊是20 世纪英语道德哲学中无法实现顺序出路的一个可能来源）中也早已出现。论文 1 的地位至关重要，这是因为理性和潜在理性动机的休谟式问题，在我们的哲学文化和氛围中仍然处于中心地位，并且，它本身还经由克里斯蒂娜·科尔斯戈德（Christine M. Korsgaard）予以问题化，激进且成果丰富。尽管如论文中所接着指出的那样，由于她本身是一个康德主义者，因而阻碍了她收获其该取得的大多数成果。科尔斯戈德对休谟和休谟实践理性假定的批判被其贯彻下去，并演变成了一种复杂的当代批判版本，它否认自己沿袭了休谟。伯纳德·威廉姆斯（Bernard Williams）对行为之"内在"和"外在"理性的区分，就是这种隐蔽休谟立场的一个很好的例子。对此，论文 5 进行了回顾，对 20 世纪晚期这个代表性的哲学家对于传统、真理和合理性本身的准确性，对其中的谬误进行了范围更为宽泛的研究。

个人的哲学或其他"理论"、"推测"，或"沉思"思维——例如，对自然科学或逻辑问题——在"形式上"（即不考虑其"内容"和主题问题）是由一种规范性标准或因素引导的，即个人的推理是对所有相关数据或证据的回应，这些没有错误，和自身以及其他个人认为正确的观点相符合，并且，对于当前的目的而言，这是不可修改的。非实践理性所内在的这种规范性同样也内在于实践理性之中。实际上，除了其他方面，实践理性还关涉个人的非实践推理。作为一种活动，它至少部分受制于个人的意志，因而是一个审议和选择的实体问题。理性并不是个人内心深处的小人，实践理性和非实践理性也不是天敌。个人理性乃是其不可分割现实的一个方面，理论和实践理性之间的区别，也不过是个人理性的两种不同功能，也就是个人自己理解和推理之间的区别。因此，这些功能相互之间交错相叠、互相包容，主要是因为，利用此种或彼种本身就是一种主动性活动，至少受到下面这种隐性判断的引导：首先，这是值得的，是个人有理由选择，并且选择做好的一个良好目的；其次，这是因为，指引此种或任何他种活动的实践理性活动，都是审议审查和哲学语境化的主题。正是这种逻辑的规范性——典型例子如前提得出结论的必然性——是逻辑秩序的规范性，而非自然、实践技术或实践道德秩序中的。[1] 但是，在个人思维中自觉尊重那种规范性的要求，是一种实践道德秩序要求，该要求其实与如下类型的要求相同，如个人收集所有相关证据并遵循证据引导，如个人不欺骗自己，如个人在科学项目中不能欺骗同伴或自己的学生，如个人不能仅为自己的科研目的而将人类作为材料使用，诸此等等。

关于理论理性的实践品性（所有公立问题之外），以及实践理性作为真理而非激情的奴隶的完整性反思中，论文 3 和 4 对自我反驳（self - refutation）的论述给出了一种特殊性。这是因为，尊重证据和融贯性以及逻辑有效性，其意义在于它们是获取真理的要求。实践真理是真理。如非实践真理一样，它的获取乃是通过对所有相关数据和问题的精细关注，通过与其他真理的融贯而实现的；然而，和非实践真理不同的是，其回应的并非与之相同意义上的现实，而是对实现的回应（原因在于，实践原则以及由其推演而来的命题，关涉的是尚未成真但通过它们所引导的行为可实现的真实）。也就是说，通过——预期回应——遵守实践原则行为，可使实践原则的实现成为可能，通过这种预期，实践原则也因而具有了真理性。[2]

恰好，本卷收录的论文对于实践理性首要原则，并没有充分论及其清单内容。论文 14 中概括的清单，大体是围绕和谐概念建构起来的，在某种程

———————————

〔1〕 关于这四种秩序，参见 essay 14，sec. Ⅲ.
〔2〕 See *Aquinas* 99 – 101; also 1987f at 115 – 20.

度上是一种超复合式的（over‐synthesized）建构。论文 15 中脚注 25 ［see further essay Ⅲ.5（1996a），sec. Ⅲ］的简要阐述应更进一步，它明确地将《自然法与自然权利》中所忽略的人类之善纳入进来，因此论文 14（and from 1987f）就不能不让人类学家和社会历史学家感到困惑。然而，我们这一代人中，很多被莫名其妙意识形态化了，对这些人而言，这种纳入是混乱的、尴尬的、"有争议的"：婚姻、承诺和习俗完全足以使得我们实现一种亲切、平等的关系，以及若干亲子关系（父母关系）。诚如一位哲学评论家提摩西·查普尔（Timothy Chappell）饱含情感所指出的那样，婚姻无法成为一种人类基本之善：

> 若称待解释的行为目的**在于婚姻**，那么，我们就无法完成任何行为解释了。因为，继续追问友谊和知识为什么是好事大体是不可理解的，但倘若以这种方式继续追问为什么婚姻是个好事，那却又是完全可以理解的。此外，得使婚姻成为一种好事者，与其他基本之善，比如友谊、自我整合、游戏、审美之善……身体健康和福利——甚至，更大胆地说，与**肉体愉悦**的具体化，都无法分开。[3]

查普尔认为，解释婚姻之善的清单上有意漏掉了这样一种善，但赋予夫妻友谊以婚姻意义，并赋予其分享性爱欢愉永久排他性义务的，恰恰是这种善：其取向为生殖和亲子关系。因而，如果通过表明婚姻是行为的目的来辩称没有完成任何行为解释，那么，这恰恰是一个错误。结婚行为［在一定意义上，该行为扩展至整个婚姻过程以及所有因之而做的每件事：论文 Ⅲ.20（2008c），sec. Ⅰ］完全能够通过以下辩称得到解释，即称它是这种固有之善本身具体化的开始。作为其他善的手段，知识和友谊拥有所有各种各样的利益，这些利益可以有益地获得解释，即便固有之善（知识或友谊，由于自身的原因，并且即便要考虑所有成本失望）搁置未被解释，未被解释的原因在于其所需要的不是解释，而只是一定充分不受歪曲的例证，从而使固有的可

---

〔3〕 Chappell, "Natural Law Theory and Contemporary Moral Philosophy", at 38－9.

欲性得以清楚地被理解。如此这般的还有出生，接下来是成长成熟，供养扶助尊长和同辈，这都可以得到有益的解释——通过联合、平等的生殖，以及恰当奉献于养育的教养：此乃婚姻的核心情况。[4] 这一固有之善，可以搁置不解释——同样，它需要的不是解释，而只是清楚的例证。[5]

10

　　我没能将婚姻诚其所然地确定为基本之善（使其分裂介于生殖和友谊之间），这强化了关于如下问题的思考，即目录清单是否正确，正确的构成要素清单又是什么。对于这一问题，通过国际援助语境下对人类发展评估标准的研究，萨比娜－阿尔基尔（Sabina Alkire）从两个相关视角进行了处理：哲学思维学者的理论反思，以及生活环境接近基本水准的援助接受者的实践经验。她的著作《珍惜自由：森的能力路径与消除贫困》（Valuing Freedoms：Sen's Capability Approach and Poverty Reduction）考察了 30 种建立目录清单的尝试，着重强调了自由、能力和机能（functioning）等术语，诚如其作品名称所表明的那样，阿玛蒂亚·森（Amartya Sen）的福利和正义理论正是通过这些数据建构起来的。她指明，森摇摆于这些术语之间，原因在于他用这里的每个词去指代那些不太能表述明白的事物：人类之善或价值，一种通过所选择行为与合作实现繁荣的方式。作为亚里士多德式的"能力"和对特定人类使用的"实现方式"，能力、机能和"实体"自由是可以理解的，其特征取决于这一事实，也即选择自由以及自决的机会（及其诸多经济、文化和政治前提），如果作为真正可理解的善，那么，它们是可贵的。她得出结论称，依照森自己使用的方式，作为探讨行为的基本原因（方面），以及作为人类繁荣或发展

　　〔4〕 坎贝尔的最终结论在如下问题中得到总结："当他迎娶他第 700 个妻子时，所罗门是否带有基本的婚姻之善？"答案既是又非——毋宁如今天全身心投入占星术或巫术中的某个人一样，既带有、又不带有知识的基本之善一样，又如黑手党杀手之间的那种怪异友谊一样（如 1937 年的斯大林政治局成员一样），既带有又不带有友谊之善。

　　〔5〕 阿尔基尔得出结论认为："人们提议将'家庭'作为行动的独特理性，对于以上问题的解决而言，这其实在走相同的路。"但是，问题的出现乃是因为，她并不清楚他们对于非中心问题（既有合理的，也有非合理的/非道德的）所赋予的智识的中心问题，恰恰是在这个问题中，婚姻既被当作一个新家庭的制度化，同时也被当作一个旧家庭的延续而被理解和存续。（简言之）正是这一点使 NLNR 中所采取、而在阿尔基尔的基本行动理由清单中所维系的观点，也即"'生殖'不过是生活的一个方面"的观点不那么令人满意。

的方式——或从负面说，作为消减贫困的方式——森的术语是说得通的。[6]

森自己就避免制作任何类型的目录清单，并且对这种做法的恰当性表达了忧虑，然而，他似乎又在诱导他人来实现这一任务。同时，对玛莎·努斯鲍姆（Martha Nussbaum）的研究和分类标准，他颇为赞赏却也并没有明确支持。[7] 努斯鲍姆是在一种怀疑主义批判基础上建构其理论的，为了强调这一重要性，她正确地将自决选择[8]的关注点配置为"中心人类运行能力"，而不是关注于"实际机能"：清单上的每一项都以"能够……"开始。然而，尽管这些善是能力的客体，"功能"（更好的说法是自由选择的行为）的意义却被置于关注点之外，她的繁荣观念仍然赋予了这一清单以一种评判性品格，在很多情况下，这将其从首要原则的层次中剔除，进而由之到达系列结论层面，这些至少部分已经道德化了——并且，在一定情形中，这种道德化非常可疑。这样，**生命**就被认为包括"在一个人的生命被简化到不值得活着……没死之前"。[9] 作为一种人类基本之善，知识似乎并不关涉真理和现实；相反，如果有所关涉的话，那么，它所关涉的也是"通过一种真正人类的"方式，使用**感觉**、**想象和思维**之能力的一个方面，这种真正人类的方式是通过包括……文学以及基本的数学、科学训练等充分的教育，最终实现的知情、文明方式。[10] 实践理性似乎是"能够对善形成一种观念，并能够对自己的生活规划进行批判性反思"。而善的观念以及生活规划，不仅仅是自我形成的，还是理性的，这是一种（无声的）价值——事实上，这是一种基本价值。继而进入第十项，也是最后一项——**控制自己的环境**。显然，这就进入了道德政治判断，这些关涉对如下语句进行内容界定时，诸如"能够

---

〔6〕 Alkire, *Valuing Freedoms*, e. g. 51 – 2, 76 – 7.

〔7〕 *Ibid.*, 28 – 31. 更为先进的目录清单，可参见 Nussbaum, *Women and Human Development*, 78 – 80. Sen, "The Place of Capability in a Theory of Justice", at 248 – 9. 其中提示，这样，努斯鲍姆似乎认为，所需最低限度的能力清单"能够直接通过基本理论获取"，她自己就想象这样一种清单只是作为"参与公共讨论之结果"而出现。然而，通过对其内容给出一种"基本"判断，就可以合理性地称这种讨论（其本身并不充分可能）具有这样一种"后果"。

〔8〕 *Women and human development*, 74.

〔9〕 *Ibid.*, 78.

〔10〕 *Ibid.*

有效地参与管理个人生活的政治选择……" 以及 "能够拥有财产（包括土地和动产）……" 这些政治判断并非（根据一定的事实假定）非理性的，但它们的理性并非来自首要原则，或者人类繁荣基本方面的可理解性。家族式的繁衍（也即以婚姻）传承某人生命文化，此类之善举目皆是，无论是在**身体健康**（*Bodily Health*）还是在**身体完整**（*Bodily Integrity*）中，都会涉及 "生殖健康" 以及 "生殖问题上的选择"，也会间接涉及性生活的满足，或是性满足的机会。与超验（transcendent）的关系：并非想象。这是在一个十年内即可追溯到的清单。

前文的分析和评论是我的观点，不是阿尔基尔的。对努斯鲍姆的清单及其所研究的许多其他清单，她都提出了自己的批判；同时，通过对巴基斯坦北部发展援助的女性对象进行了自己的分类研究，她最终也得出一份清单。[11] 本质上，这份清单与论文 14 中的清单是相同的，只是，她补充了 "与自然世界和谐" 的内容（我认为，这更多的是一个审美问题，是对超验更高目的的承认抑或对可持续性的一种审慎关切），但是，对于使婚姻家庭在列表中所可能获取一席之地的其他描述，她则保持了开放态度。她的研究进行了独到的反思，理性基础具有多重维度，她对其进行了辩证的、解释的以及澄清式的哲学辩护，对此，我从第 Ⅳ 章 *NLNR* 之后就很少系统论及，她的研究则是一个提醒。

Ⅱ. 在基础上构建

或多或少，甚或主要都与从首要原则到道德标准及道德判断的变动密切相关。在这一变动中，首要原则本身可被理解为先道德的（pre-moral）——作为道德原则——为不道德规划及决策提供了可认知性，全面展现出它们的范围和真实含义。如前文指出的那样，论文 11 也同样关注于为首要原则的声辩，甚至不顾及它们的道德含义。然而，完成这一辩护的是审慎（pru-

---

[11] Alkire, "Basic Dimensions of Human Flourishing", at 99; cf. *Valuing Freedoms*, 72-3.

dence)——最高的道德哲学美德。因此，既然审慎的目标不仅仅在于哲学的明确和真理，同样还在于道德真理和道德上正确的选择和行为，所以该文就反反复复纠缠于从首要原则到道德性的那一变动。

论文 10 是对亚里士多德学派和托马斯主义者的一个回应。在他们看来，*NLNR* 对实践理性和伦理学的阐述是对传统的承继而非背叛，这一点很难得到承认。该论文最后部分是理论性的——之前部分或此或彼处的论述也同样如此——尽管这样，该文的目的却是为了表明，一个严格哲学式的道德哲学（伦理学）是多么需要并且多么值得拥有一个统一的"最终目的"。无论是在此世或彼世之中，这实际上都不是一种终极状态，而是实践理性的一种理想——人的全面实现（integral human fulfilment），它并不是什么计划或什么项目的目标，而是作为一种理想。根据这一理想，无论存在或不存在这种实现可能性，相关选择就都可以得到权衡，并因而被认为完全合理（道德上正确），或不合理（不道德）。因为，这一理想是如下理念的观念对应物或其合力的结果，该理念也就是：各个及所有首要实践性原则的指导性都必须不遭到潜在理性（sub‑rational）动机的偏离或削弱。它们整体的指导性显然包括对诸多类型的优劣排序和具体规定，但诚如黄金规则（公正）的适用那样，这种优先顺序的真正标准却并不是感性的，即便是在适用一个理性标准进行优劣排序，从而将借助于情感塑造的偏好合法化（以及将康德式或斯多葛学派式非人性地将理性或道德法凌驾于自发情爱之上的做法非法化）之时。13 人的全面实现是所有人及其社区的完整实现，其原因恰恰在于，每个首要原则所选择和指引个人追求的都是一种人类基本之善，这种善在他人生命中，如在自己生命中一样，同样是基本的。论文 10 是这种实践理性理想的暗示，这种暗示乃是用来表明，阿奎那借以来对自己的哲学伦理学进行的有效整合走到了哪一步；此外，论文 14 第 II 部分（以及论文 15 第 IV 部分），在关涉它们的哲学权利时，对此也细致且具体地进行了阐述。

论文 12 第 II 部分对施特劳斯进行了探讨，之后在论文 III.5（1996a）中再次论及，它本身对 *FoE* 第 V 章中更为根本的哲学方案（"'康德原则'和伦理学"）进行了补充，方式是质疑当代牛津学者的简单假设，也即认为亚里士多德没时间管道德绝对性，也就是无例外的否定性道德规范/规则/标准。他们尴尬地发现，在婚姻这一基本之善的语境中——正如亚里士多德对这一问题曾进行的探讨——能有益地将它置换为对酷刑问题的探讨（对定时炸弹的反应）。当代良心机构，比如《欧洲人权公约》所承认并在司法上采用绝对道德权利的可能性，要取决于对于结果主义伦理理论的成功批判。论文13第V部分对这一问题进行了简要论述。它们在任一正确且以案例为中心的法律体系中所处的位置问题，则在论文14第VI和VII部分得到了揭示和例证。之所以将这一文章置于此卷而非第IV卷（放在此处也非常恰当），乃是该文目的使然，也就是探讨如何从道德之中，并因而最终从实践理性首要原则以及它们所概括的人类之善的视角中，推演得出一个正当实在法体系的不同方式。

III．公共理性和非理性

论文15（"通约和公共理性"）第I和第II部分，从多个基本方面简要列出了对于道德生活和判断结果主义概念的批判。借由重要的开放性道德原则，实践理性首要原则与人类的全面实现进行整合，对于由此而来的道德性问题，该文第IV部分是对其的概括展示。该文标题和前言部分所言的公共理性都是最简单意义上的，无关罗尔斯滥用该短语时对它所提出的种种限制。[12] 对于这些限制，论文16则进行了略为细致的探讨，既进行了一般探讨，也从罗尔斯自己选择阐明他公共理性观念具体问题的语境中进行了研究。 14

本书最后部分的三篇论文，写作时间更加新近，要早于我们现在所处的临界点——在该临界点，我们的文化放弃了多个世纪以来的认真努力，也就是在实践理性民间规则践行最多的领域中，保护实践理性民间规则高于激

---

〔12〕 和论文2（原文58页）一样，我这里使用的"公共理性"同样和霍布斯、弥尔顿、罗素所使用这一词语的各种特定方式无关，这一点在论文16的脚注1中有所提及。

情，以使其免受它们的破坏性影响。尽管并非巧合，但这一放弃却和对于婚姻以及婚姻支撑家庭之善理解的模糊以及大大削减的制度支持同时发生。关于这一问题，旧法律的处理方式是在一个淫秽读物个人读者语境中进行的，它也表达了这种模糊以及对于多彩词语"堕落和腐败"的失控。并且，当适用于文化整体时，将这些词语作为仅仅是"道德化的"而予以摒弃，则似乎过于轻率而浅薄。论文 19 对于乔纳森·米勒（Jonathan Miller）借以撇开这一问题的精妙之处进行了质疑。论文 17 并没有探及道德文化问题，却探究了一些心理语境，在这些语境中，作为一种活动，实践理性（推理）得到了理性或非理性的执行。在持续 40 年的时间内，论文 18（"言论自由"）既正确又错误。正确在于它对社会文化之于言论自由所作限制的公开描述；错误则在于它没能注意到风险，当地法律以及如大学这样的公私社团，恰好会压制知识分子的那类对话——关于事实、实践真理以及公共意义问题——而这恰恰是"言论及出版自由"制度上宣称予以优先保护，且为字面理解的公共理性所要求的东西。

本卷的一些论文，将实践合理性之善解释为外在真实和内在诚实。真实，其意义是从人们执行他根据自己思考而亲自作出选择这种行为的意义上而言的；诚实，其意义是从人们的情绪/激情/情感融合到理性判断和选择中来说的。没人能够指望着对令人不安的情绪免疫，比如害怕；但是，若人们意识到自己是一个实践理性者，那么在这种意识下，他就能够并且应当在各种情绪中寻求一种平衡，从而使得他的理性判断不因相反情绪驱动而扭曲，他要能够通过综合运用自己对世界的想象、记忆以及知识来对抗这些情绪，支持自己形成理性判断。事实上，对于数学现实而言，在一定程度上，图形（图片以及诸如此类）是虚构的，但如果没有它们的支持，即便是最聪明的数学家也非常清楚地知道，他们不可能进行数学思考。同样，对于我们这样的血肉之躯而言，如果没有情绪以及由之而生的想象和记忆支持，我们也将不可能行动。理性的理想是，人们的理解和推理规则从民法和宪法意义上高于人们的情感，这不是专横的，而是合作性的，恰如民间领袖和由他们引导的想要（非昏沉或盲从）成为自由公民者那些人合作一般。处于阿德梅拉号船头部分的那些人无法控制他们的恐惧，试图爬到瞬间即将沉没的船尾。有些水手控制了他们的恐惧，并主动游过去帮忙，但他们也沉没了。与之同命运者还有救生艇上的一些人，面对凶猛的大海，他们勇敢地靠近船体残骸。然而，由于许多人能够支配情绪——这些情感伴随着理想、荣誉、忠诚、同情以及在共同事业中合作的理性传统——使其服从于理性。就此而言，这些救援尝试能够成功，并且也确实成功了。在救援行动中，他们牢记于心的行动理性应包括：关于因果关系的逻辑科学推理、关于船只处置的技术推理，以及关于人类生命和友谊之善的实践道德理性——这些善乃是传统所教授者，它甚至扩展适用于那些野外所偶然碰到的无威胁的**陌生人**。

第一部分
基础

第 1 章

实践理性的基础[*]

个人的调查、思考和交流都是行为。有的时候，这些不过是无意识的行
为；但更多时候，和其他类型的行为一样，我们需要通过思考、选择和持续
努力对它们进行选择，所有这些就使个人面对机会时的回应变得引人注目。
对于这种回应中的一些主要元素，本章将再次进行探讨。

I

践行法律不仅将人浸淫在实践理性活动之中去思考选择什么、做什么，
同时，对于这种思维，它还会将人沉湎于对其内容结构进行一定的思考。阿
奎那曾说，法律，无论是高度概括还是至为具体，全部都是"实践理性的一
般命题"。[1] 从一个人开始研究法律之时，他就努力确定在特定司法辖区内
正确的（我们称之为"有效的"）法律命题，尤其是在一个普通法司法辖区
内。对他自己及他人而言，他既要表明这些命题的内容，还要展示出其正确
性，这就需要通过更多的命题，从而筛选出使一项法律命题有效的条件——
这些条件，法学家有的称之为（该司法辖区中）"法律的来源"，其他一些
法学家则称之为"解释的原则"。19 和 20 世纪的一些法律理论，比如约
翰·奥斯丁（John Austin）和汉斯·凯尔森（Hans Kelsen）的理论，可用以指

---

[*] 2005a；本章是在 2005 年 9 月普林斯顿大学的一次会议上宣读的，当时的评论人有特伦斯·埃
尔文（Terence Irwin）和帕特里克·李（Patrick Lee）。

[1] *ST* I – II q. 90 a. 1 ad 2.

出，法律有效性的条件全都关涉**形式及来源事实**（form and originating fact）：交易形式或过程，例如，由一个特定立法者通过特定日期活动的颁布。这种观点，在早期对于法律人很有吸引力，当法律人试图通过特定日期的交易形式，比如出售、转让、登记等活动探寻"产权来源"时，它们就派上用场了。然而，事实证明，否认判断法律命题有效或无效、正确或不正确的标准或前提，不仅错误，而且会自掘坟墓。一般情况下，这种判断都会借助于（并且需要借助于）**内容**，借助于该特定命题所意图指引或授权的行为类型所关涉的因素，并且会关涉其他法律命题可能会或者确实会指导或授权此类行为的方式。

此种否认的理论其错误在于，它认为一种法律有效性的解释，只能在描述或解释某种可被确认为——或值得具备——法律思维和法律实践时才会成功，但它却没能承认，这种基于内容标准的法律思维和实践其核心之处在于（i）据称有效的法律命题必须不相互矛盾，或在实践中不会相互不一致，以及（ii）除非发生某种失效事件，否则因特定、确定时期发生的法律交易而生效的法律命题**仍将保持**有效，并且（iii）之后交易以及它们的规范性产品优先于之前的同类交易和产品。这些标准中，没有一个需要什么事实命题或来源事件，也没有一个是逻辑要求（原因在于没有任何逻辑要求会排除这样一种理智判断，即一个社区中的某某，事实上是社区的每一个成员，就这样被弄糊涂了，以及/或是为了迷惑其臣民，统治者颁布了矛盾的规则）。

有些理论试图将关于有效性的所有非形式标准排除在"法学"之外，它们所挫败的恰是它们自己的描述性—解释性目的。在任何社区中，我们都会发现其法律所使用的有效性标准涉及这种基于内容的因素，比如需要给予法律主体融贯性、实践性的指引，比如法律需要随时间变化而变革，比如法律的要求和权威需要由其主体提前予以确定，比如纠纷需要得到解决、交易及其生效需要获得便利条件的支持、错误需要得到更正、合理期待需要得到尊重、欺诈需要被阻止，诸此等等。我刚刚提到的作为法律一般原则的内容标准，有时被称为解释原则，这种称呼也是合理的。对意图使法律命题在这个或那个特定司法辖区内生效的表述和其他来源事件，正是它们塑造了法学家们的理解，同时，它们还影响了法学家们对这种意图效力的评估。对于什么有利于特定社区，什么又有害于它（不稳定性、不确定性、不可解决的纠纷、规划未来事件秩序的机会缺失、不回应新的威胁和机遇，诸此等等），我们发现，所有这些一般标准都预设了立场，而在不同社区中以不同方式使之生效的那些具体制度和规则，则更是如此。

　　总而言之：法律的来源不仅仅包括高等法院的相关判决、可适用的法律 21 和宪法性文本、法学家的作品以及逻辑的原则和结构，同时还包括一些一般原则。这些原则阐明了，在一个人的法律思维中，对他而言——如对很多其他人一样——什么才是文明、体面、恰当的人类行为的要求。即便只是理解一个法律体系，都要运用实践理性，更不要说参与支持、适用以及发展法律体系了，运用方式要求对其结构、形态、过程、标准和逻辑进行思考的意识和机会。因为，这些行为理性之所以可算作（法律）理由，是因为它们在特定法律体系整体设计中的地位——该整体设计是要直接挑选出预期之善及其取得方式、预期之恶及其避免方式。确实，有的时候，对善与恶的这种引用直接而具体，但我认为，更常见的情况却是，这种情况的识别只能通过将具体法律命题“追溯”到它得以“发源”的原则才能进行，阐明这种引用的原则乃是解释和生效的理性过程的一部分。作为优秀的法律人，通过这一过程，我们就可以明确确认某某的合理理由（“P”以及“P 是我们法律的一部分”），实际上是一个有效或真实的法律命题（也就是说，至少是那个司法辖区中的法律）。

II

因此，一个法律人，尤其是身处普通法传统的法律人，[2] 很容易会发现，关于实践理性的解释，如阿奎那在他对法律的探讨中所做的那样，将每一种人类实在法都当作由那实践理性首要原则推演而来的命题，无论其方式是通过"结论"还是更为常见的——通过非演绎性但却理性的具体化的——他称之为"裁定"（Determinatio）[3] 的方式而得出的。

然而，简单接受阿奎那的解释也没什么问题，无论原因是他的还是他理论中所包含的亚里士多德（或柏拉图）的解释，都是符合个人法律思维习惯的某些主要方面。该理论中的所有内容都遭到了质疑，因而需要通过彻底考虑它所面对的质疑和否定——在其应当成为的限度内——重新进行调整。

"实践理性"或"理性要求者"的意思是什么？人们一般认为，最简单的表明方式指向如下情形：选择、进行或实现 X 将使某人获得想要的——将会满足某人的欲望，或某人此时此刻的支配欲望。手段之于目的的必要性，

---

〔2〕 现代民法法系（以罗马法为基础）传统中，法学家喜欢称他们的学科名称为法律学（droit）、法律（derecho）或权利学（diritto）、法权学（recht）、法学（ius）、权利（right），这些是其解释理论传统同法律（lex）及其派生术语如法（loi）、律（ley）、"法律"形成对照的术语。不可否认，在和其他事务之间的关系中，"何为公正"也是法律所直接关切者。但是，这类关系没有太实质上的重要性，因而不能通过借助实践理性原则进行研究和展示其公正（正当）——关于做什么或不做什么，实践理性是最为普适的真正命题。但遗憾的是，即便在英语语言传统中，翻译和解释阿奎那的思想时也在这一问题上出现了混乱，比如多米尼加人对阿奎那以下表达所做的非常错误的翻译：阿奎那称"lex is aliqualis ratio iuris"被翻译为"法律是权利的表达"（law is an expression of right），而明显正确的翻译则大体应是"法律具有权利背后根基或指导理念（的属性）"——这正如阿奎那在其前面所解释的那样，一栋建筑的比例早就存在于建筑师的脑海里，并且统筹着其建筑工作（为其提供"规则"）。*ST* II - II q. 57 a. l ad 2："*sicut* eorum quae per artem exterius fiunt *quaedam ratio in mente artificis praeexistit quae dicitur regula artis*, *ita* etiam illius operis iusti quod ratio determinat *quaedam ratio praeexistit in mente*, quasi *quaedam prudentiae regula*……Et ideo lex non est ipsum ius, *proprie loquendo*, sed aliqualis ration iuris."这里，省略号所取代的句子会让人想到特定的罗马法法律（lex）是成文法，因而有损于整体含义，但作为一个整体，此处论点却是清楚的，并且应当掌控关于法之意旨（*ratio iuris*）的所有解读。

〔3〕 *On determinatio see ST* I - II q. 96 a. 4c；*NLNR* 282 - 90, 295 - 6；essay IV. 7 (1996c) and IV. 13 (1985c)。

是在个人对某一目的的欲望之中，并由其所确定，它被当作实用主义的实践必要性、实践理性以及规范性（至少是实践性的，以区别于如逻辑规范性）。这种思维可以被贴上休谟主义或新休谟主义的标签，并且的确如此，[4]但是，关于它们之于实践理性这一理念的意义，休谟自己却发出了令人不安的论调：

> 对我而言，较之抓伤我的手指，我更偏好整个世界的毁灭，这并不悖于理性；对我而言，选择完全毁灭自己，去防止一个我完全不认识的印度人或其他人产生最小程度的不安，这也并不悖于理性；同样，较之于我更大的善，即便是我偏好我自己也承认的更少的善，并且即便我对后者比前者具有更勇敢的热情，这也并不怎么悖于理性。在一定的环境中，较之由最多、最珍贵享受所产生的欲望而言，一种微不足道的善可能会产生一种更优先的欲望……[5]

很久之前，休谟这里的观点让我如同被电击，它更像是一种承认，是对他关于理性的解释所需要者而作出的。偏好某种微小之善，而不去为我自己获取最多、最有价值的乐趣之所需而努力，或是不去拯救每个人（或整个世界），我受到如此欲望的偏离指引并**不悖于理性**。也就是说，在狭义的现代私利意义上，较之狭义现代意义上的道德而言，"审慎"不再是理性所需要的，甚至不再是理性所驱使的。狭义现代意义上的道德获取自身内容的方式是，通过与私利进行默示对比。

同样，这也不是休谟因为迷恋悖论或修辞的作用从而引发的一个失控问题。这只是休谟否认或致力于否认实践理性存在的若干方式之一，休谟偏好　23这样的图景，在这种图景中，人们只是在**做**所做的任何事，并且，某人实际上所做的，在各个相关情景中，都表明了他最希望（想要）的是什么——表明了某人的（支配性）目的，以及他认为可用且充分有效的手段。在这样

---

〔4〕　他们也超越了新休谟主义，他们的来源和影响如此深远；关于"现代事实—价值两分"以及所谓"价值的实证性"中新康德式和韦伯式（更不要说尼采式）的要素，可参见我对克罗曼（Kronman）所作的回应，Kronman, *Max Weber* in essay Ⅳ. 9（1985b）.

〔5〕　Hume, *A Treatise of Human Nature*, 416（Book 2, Part 3, sec Ⅲ, para. 6）（emphasis added）.

一种图景中，也就没有规范性的存在，原因在于：不幸的是，人们被**引导**或**指导**而采用的一定手段（根据他们对个人目的的效用），却可能（不合理地或至少是不理性地）未被予以采用。在个人当前的支配性欲望中，所有这些都起作用，于是这种欲望很可能就会成为避免手段之负担和/或负面作用的欲望，而对于获取片刻之前还是其主导欲望的**目的**，该手段是必要的。"是我这一刻最想要的"中的"实然之是"（is），和"片刻之前还是我最想要的"中的"实然之是"一样（关于这一点，还有"我的理解力是为目的寻找手段"那类中的实然），都没有为"应然之是"（ought）提供理由。如此一来，实践理性所可能占据的所有观念空间，一种欲望机制（最终就可以被化约为霍布斯所描述的那般粗糙）就能将其全部剔除殆尽。一种理性，若为欲望之奴隶，则能够指明一些精明的手段去满足个人的某些欲望，但无法给出行为的**理由**。

克里斯蒂娜·科尔斯戈德（Christine M. Korsgaard）在（1997 年）对工具理性的标准假定，更具体地说，是对（私利）审慎的规范性或实践理性进行了批判，对于休谟观点的这些意义进行了回溯，这一研究系统且卓有成效。[6] 她由此得出了一个激烈强硬的结论，而我认为结论是合理的。根本就不会有什么实践理性——甚至没有假定的**命令**，没有理性**要求的**手段——除非通过给出"选取某些目的的无条件理由，并且似乎还要给出那些理由得来的那些无条件原则"，[7] 而确定存在"一些决定何种目的值得偏好或追求的理性原则"、[8] "指引目的采纳的规范性原则"以及"赋予我们目的的规范性身份的某些东西"。[9]（有人可能会这样讲：如果理性不自始至终如影相随，那么，它们就根本没办法进入我们的审慎思考之中进行指导。）原因在于，"除非有什么给我们的目的附加了规范性，否则，对于实现它们所采取的手段就不能有什么要求。"[10] 此外，这些目的必须是"善，在一定意义上

---

[6] Korsgaard, "The Normativity of Instrumental Reason".

[7] *Ibid.*, 230.

[8] *Ibid.*, 250.

[9] *Ibid.*, 252.

[10] *Ibid.*, 251.

超越区域之所欲"[11] 的原因在于，"我必须告诉我自己，为什么我（希望一个目的，并且致力且持续致力于它，即便是在面对干扰我的欲望之时，或使 24
我退却的脆弱之时）——并且，比起昨天我想要的[12]（甚或是片刻之前，甚或是在情感斗争中，现在"局部"想要的）事实，（我要告诉我自己）这是更好的"。

我们可以总结一下科尔斯戈德的考察：（选择与执行某人选择）希望的基本理由，表明了对行为目的而言，什么是善的，并且对追寻这种善而言，或者至少是对于注意避免否定这些善而言，它是以有利于给出无条件理由的方式进行的。这种对于善的识别（good‑identifying）的理性是无条件的，我所指的是，这种无条件的意义不在于它们是"无条件的"还是"道德的"，而在于它们是独立的，即它们无需正当化或有效性解释，因为它们是首要的、本能的、基本的。

Ⅲ

我们是不是持这样一种观点，即要具体说明希望和做的基本理由，并且将它们当作一个系列统筹考虑。据我所知，关于这一问题，科尔斯戈德和大多数当代哲学家一样，对于建构或回答都很克制。对科尔斯戈德而言，这种克制可能和她明确表示自己所尊重的哲学传统有关。关于这一传统的影响，从她 2002 年在牛津的讲座中可以洞窥一二，她谈到了是不是（如她所述）——

> 欲望和倾向仅仅是客体对向善（good‑making）属性的回应，并且，这只是当我们在讨论我们的理性而非欲望和倾向本身时，所需要讨论的客体向善属性。

---

〔11〕 *Ibid.*, 250‑1. Korsgaard, at 251, 252. 科尔斯戈德试图从这里转去考虑一下"在某个特定时刻，就要认为某人的意志具有规范性，并且自己要永远献身于那一时刻所选择目的"的"英雄式存在主义行为"，"理由只因（希望）是这样"。但是，她也应当承认，除非这个人认为这样做在某种意义上是值得的或这样做具有某种善或理性，否则，这样一种"献身行为"以及之后"将其作为规范"的做法就不是理性的，而是非理性的。

〔12〕 *Ibid.*, 250.

她的回答是："作为一个康德主义者，我从两个方面不赞同这一图景。"

第一，在康德看来，[i] 当我们解释为什么我们会重视这些对象时，我们所提到的这些我们欲望对象的特征并不会赋予这些对象以价值，无论原因是否在于这些特征与人类生理和心理产生关联的方式。[ii] 对每一种欲望或倾向而言，无论我们多么长袖善舞，为之声辩，其基础仍在于对我们的一种基本适用性，而这是一个天性，并非理性问题。[iii] 价值是关系性的，而其所关联着的，正是我们的天性。[13]

25　对于这第一个异议，我的评论是：她这里指出的作为康德观点的三个命题，如其所述，在我看来都是正确的，是用来与所默示在于"天性而非理性"形成对照；然而，对于智识欲望及倾向乃是对欲望、审议和选择的可能客体之向善属性的回应，它们之中，没有任何一个给出了充分理由。对于她的第二个方面，同样再次直接借助于那一特定传统及其主宰者：

作为一个康德主义者，我认为，最终赋予客体价值的乃是我们自己的选择，即便我们的选择只是对那些客体的某些特征的回应。[14]

我打断其回答并提出，科尔斯戈德自己所犯的错误，部分来源于"客体"的含糊性。更古老的传统中，康德主义者（或至少是康德的）思潮既试图支持又试图争辩的是：个人选择的客体是（i）个人的行为，（ii）行为可以例证，或者是可以引发的事物状态以及（iii）人们之后的履行，该履行（即便不是全部，也部分地）是行为及其预期效果的终点。按照这样一种"客体"理解，我们就没有可能会认为我们对某一客体某些特征的回应赋予了该客体以价值。如果"客体"这一术语包括了可能因为我的选择及行为受益或受损的人，那么，这样一种想法就更加没有可能了。但还是回到科尔

---

[13] Korsgaard, *Self - Constitution*, 122（numbering added）.

[14] *Ibid.*, 123.

斯戈德的第二点上吧：

> 在选择客体时，在赋予以令人喜悦的方式回应我们天性的事物
> 以价值时，主体是在确定他自己的价值。他将对他而言是重要者，
> 视为绝对重要，并因而值得他选择。

（允许科尔斯戈德补充上她自己的警告后不久，我们可以回到这些问题
重重的词句上来。）

> 然而，即便是主体自己信奉这种康德主义理论，这也不能得
> 出，当他仅仅是因为他想要或喜欢它们而选择客体时，他一定是在
> 想着自己。他仍然可以对他自己或对其他人说，关于它们，他喜欢
> 什么以及为什么。所以，根据我的解释，即便我们选择事物"是因
> 为我们想要它们"有一定道理，从倾向提供理由意义上而言，这也
> 并不能得出当有某人问你时，就是如此。

（并且，这里的某人也可能就是"主体自己"，如科尔斯戈德之前提出
的观点所提醒的："我必须要对我自己说些什么……"）

> （当某人问你）为什么选择某物时，（这并不能得出）"我想要
> 它"就是正确答案……（当）你向他人解释你的价值观时，提及
> 你对客体有所倾向，这是其价值的基础，这似乎没有借鉴意义。他
> 知道……（他）想知道，你拥有哪一种倾向，是什么将你引向那一
> 客体。而你则尽你所能，通过描述动机来对此进行具体说明（也就
> 是说，通过对客体给出一个承载动机的表述，以某种特定的方式，
> 将客体描述为想要的或是厌恶的）。[15]

整体来看，所有这些内容，也包括她所给出的恰当警示，即在头三句话
之后给出的关切，我们要予以充分重视。我想知道，这里是不是没有另外一
种人们完全在启蒙运动的阴影之下可以找到的例子：休谟将实践理性中的所

26

---

[15] *Ibid.*

有内容（我们天真地认为）建构在欲望之上，而这些欲望则恰好建构于我们的天性——我们"人类的生理和心理"之中。康德否认那一点，即可以解释理性力量者乃是任何行为理性的规范性（规定性或指引性），他将这种规范性归因为理性的自我立法（self‐legislation）。科尔斯戈德将这当作一个"自身致力于"目的的问题，但是，和康德一样，对于何种目的是个人所应明智、理性予以投入的，她也无法给出根本的解释。科尔斯戈德的"基本适用于我们"（a basic suitableness‐to‐us）是一个天性问题，对于她的这一理念，一直以来（有些则直到今天），后亚里士多德主义者都无法给出帮助，之所以能够进入她的视野之中，其原因在于，与前段她在牛津的讲座内容不同，他们将此视为"一个天性问题，而**不是理性**问题",[16] 这样，它就失去了和亚里士多德及阿奎那根本认识论观点之间的联系。对此，我很遗憾没有在 *NLNR* 中这般明确阐述："我们的一种天性得到认知，乃是通过理解客体来

27 实现的，客体可弄清行为的意义，而通过行为，存在者这种天性的能力才能得以实现。"[17]

　　由此所引发的启蒙（Enlightened）式含糊，可从科尔斯戈德上段话中的摇摆不定中概括出来，其观点的摇摆介于（i）对以受欢迎的方式符合我们天性的东西，（通过我们的选择）对其"赋予价值"的理念，（ii）相反的理念为，它们因符合我们的天性而显得弥足珍贵，而这先于我们的选择，以及（iii）这样一种理念，即作为主体，我们自身拥有需要予以"确定"的一种

----

　　〔16〕　关于新亚里士多德传统中存在的这些缺陷的补充阐述，可参见 *FoE* 32，其中指出安东尼·肯尼（Anthony Kenny）提出了这样一个观点，即存在"一些毋庸置疑的欲望，它们仅仅是作为关于我或所有人的'自然事实'而存在，并且它们自己根本无需称'我为理性问题或理解问题'，就足以使实践推理和实践合理性成为可能"。我接着指出："这里，我们显然是把霍布斯和休谟综合起来了，又不仅仅是霍布斯和休谟。一个解读亚里士多德的学派整体都曾指出，当亚里士多德提出'审议关涉手段而非目的'时，他本意是要和这样一群人结成联盟，这些强调，我们行为的基本目的不是由我们对某些真正善的智识理解所提供，而是由人类天性所加诸我们的，或由我们天生就拥有的欲望所提供。并且，这一解释学派在诸多新经院主义者那里找到了支持。他们认为，如果新经院主义认为慎重性关涉手段而非目的，而**先天理念**（阿奎那就这一点所提到的理性的另外一个方面）就不是一个理解目的的问题，而是一个凭直觉感知（如与追求目的的**某些条件**相匹配），或义务性道德真理的问题（强调为原文所有）。

　　〔17〕　See *FoE* 20‐2；*Aquinas* 29‐34，90‐4，102（and Introduction at 5 above）。

价值——这可能是说，它只是宣示的（自由主张，并因而自由否定），但也可能是它更自然地意味着实际就是什么。

行动中，人们是在"确定自己的价值"，这样一种思想是如何形成的呢？

首先，如我可以确定的那样，她亦理所当然地认为：如果我没有任何理由，而只是宣示我拥有自己的价值，并且于我关系密切者，就"绝对重要且因而值得我选择"。这显然是不合理的，无论怎样，你以及所有他人并不具有这种价值，而对你和他人关系密切者，其关系密切的方式也并不相同。所以，他人，至少说是其他一些人以及他们所关切者，具有价值的方式可以赋予**我**无条件（如果不是绝对或强制性的）的理由，让我采取偏好**它们**的行为。如果这种情况并不明确，或并非不证自明，那么，我及我所关切者也具有此种价值的思想就没有说服力（have no purchase）。

其次，科尔斯戈德给出了自己的正确理由，无论怎样，休谟对实践理性的误读都遭到推翻，这些正确依据足以表明，仅仅是我对待**我自己**以及对待于我具有天然（"绝对"）价值或值得追求者的欲望或决心，对于我这样对待我自己以及我自己的态度及倾向，甚至是对于其目标而言，并不足以给出什么理由。

最后，声称（或认为）我和我选择的对象具有价值会引发如下问题：除非是默示了条件和例外，否则，这种说法能否表达什么利益，以及表达了什么值得信赖？如要值得选择，那么，与一个寻找路灯以献歌一曲的醉汉的目标相比，或者转移一下质疑的性质，与一个冷酷自私且残忍、习惯性地无端谄媚以进行欺诈、强奸、抢劫以及为寻求快感而杀人的对象相比，我的选择对象难道就不必须具有一种不可类比的价值？在审议或反思中，如果不同于针对凶猛癌症的药剂价值，或是爪子中抓着其他动物的幼崽将其活生生拖回洞穴的鳄鱼的价值，那么，我的价值是否有其他作用？更确切地说，人们关于人们目标的思考，以及人们关于他们通过追求而必然形塑自我的个人认同的思考，除非被弄错，否则就不可能合理地得到确认，这难道还不清楚吗？它们会被弄错，这一点是我们通过经验，从理性开始的年龄——6 岁或 7 岁 28 或其他岁数——就都了解，或至少一开始就是如此认为的。

IV

追寻阿奎那以及杰曼格·葛利斯（Germain Grisez）对阿奎那的反思，（尤其是）追寻经验人类学的证据，*NLNR* 对"想"（智识上希望）和"做"给出了一份基本理性清单。关于那本书的法理学探讨几乎完全关注于这份清单，就仿佛所有关键问题的答案都在里面一样。哲学家则容易忽略它们，许多人也会认为，如此直白的独角戏很可能并不能够成为对霍布斯、休谟、康德或尼采所考虑问题的一种真正回应，尽管也有其他人反驳了这种假定，并提出了他们自己的类似信念和实质清单，比如玛莎·努斯鲍姆和阿玛蒂亚·森。[18] 在 1995 – 7 中，萨比娜·阿尔基尔（Sabina Alkire）在她的博士论著《珍惜自由》（*Valuing Freedorns*）中，通过对位于巴基斯坦内陆的 Arabsolangi 村庄妇女的自我理解的研究，形成了有部分重叠的清单，她将随之而来的替代选择置于协调的标准之中。

阿奎那认为，这些基本理由是首要的实践性原则，或是实践理性的原则——这些"原则"既是具有高度一般性（generality）和全面性（comprehensiveness）的命题，同时还是关于"做什么"的智力思考的**源泉**。它们是"法律人寻求自然法或自然权利的原则"。然而，尽管它们恰恰被认为是一种落脚点（ending place），该落脚点属于法律人所寻求的法律主张的根源之类，但在本章的剩余部分，我想强调的却是，辨识（identifying）和确认它们只是一个开始。

在一个公正的政治社群中，如何从首要原则中得出一种相对具体的判断以适格成为一个公正政治社群中的法律，这一过程会涉及哪些思维品质和反应？对于围绕这个问题的一些议题，在其《审议的范围：阿奎那思想中的一个矛盾》（The Scope of Deliberation：A Conflict in Aquinas）（1990）以及《分裂的实践理性：阿奎那及其批判者》（Practical Reason Divided：Aquinas and His Critics）

---

〔18〕 See Alkire, *Valuing Freedoms*（and Introduction at 10 – 12 above）.

（1997）中，特伦斯·埃尔文（Terence Irwin）已经进行了探讨。在其早期论文中，他认为，阿奎那前后矛盾地既坚持（i）审议总是关涉手段而非目的，因而谨慎审议的智识美德——慎重性（prudentia）*——也就对善意之人之于良好目的的辨识（和采用）没有影响，对于阿奎那所谓的对基本目的或首要实践性原则的无意识掌握而言，这很是一个问题，阿奎那将之称为"先天理念"（synderesis），并且宣称无论善恶人们都同样具有这一理念。然而，与 29 之同时，他还坚持（ii）慎重性的确（必然）对良好目的的辨识（和采用）具有影响，正是这将善者和恶者区别开来。在他后来的论文中，埃尔文巧妙摒弃了关于阿奎那思想前后不一的这种主张，并且在其思想中找到了所需要的重新调和，也即存在着一种"宏观审慎"（macro‐prudence），一般而言（也就是说），它是指在谨慎考虑去做任何幸福所赖以存在之事时的一种主导性美德（206）；而根据（埃尔文的先验理念说）善恶之人均具有的先天理念所告诉我们者，不过是我们所有人都终究会有一个"一般目的"（203，204），这是"具有这种属性的人类所拥有的终极之善"（202），通过一般目的和终极之善将我们纳入正确行为轨道的，正是宏观审慎。

　　但是，我认为，关于智识（而非更不道德）美德（概言之，慎重性）在确定实践理性（并因而确定伦理学和良好政治学）内容时的作用，若要将阿奎那的论断——其不一致（仅就论断这一层面而言）已经引起研究者的兴趣达数世纪之久[19]——融合为一系列融贯的命题群，却并不是正确的做法。[20]《自然法的终极首要原则》（202）甚至没有分别化地阐明，具有我们

---

　　*　也有人理解为"实践智慧"，考虑到前后语境，译者采用了"慎重性"的翻译。——译者注

　　〔19〕See Cajetan's commentary（Aquinas, *Omnia Opera*［Leonine edition］, Ⅵ, p. 433）on *ST* Ⅰ–Ⅱ q. 66 a. 3 ad 3. And see essay 11, written in response to Irwin's 1990 article.

　　〔20〕Irwin, "practical reason divided", p. 210. 其中明确指出："一个德性主体必须理解（或许无需明确表达）理论家所关切的那类因素。"

天性者的一般目的或终极之善的概念。[21] 在开始创作《神学大全·卷二·上卷》时，阿奎那兴致勃勃地对这一终极目的进行了探索，这一探索尤其受到理论关切和前提的鼓动。除此之外，同时也受到亚里士多德《伦理学》的鼓动。但是，除了得出以下似是而非的观念外，这一探索并没有在哲学伦理学领域产生什么超越性的成果，所得出的悖论观念无非是存在一种"天国幸福"（*Imperfect a Beatitudo*）、一种不圆满的圆满实现，它存在于依照美德的生活之中。那么，拥有这些美德意味着什么？人们的回应理解如何能从先天理念中存在的首要原则那里得出道德上的善恶之分，得出德性和邪恶选择之分？关于这一问题，在《神学大全·卷二·上卷》的前些部分中，阿奎那同样留下了大量含糊的说辞，一如亚里士多德在《伦理学 I》和《伦理学 X》中探讨"圆满"（eudaimonia）* 和《伦理学 V》中解释"正义的美德"时所做的那样。

不，在实践思维中，《自然法的终极首要原则》占据着与所有思维中不矛盾原则同样类型的地位，[22] 它只是指引我们在一定可理解的意义上行为，因而实质首要原则的指导性恰恰就在于，也借其而存在，即挑选具有所需可理解性的各类节点（目的、善、价值）——所欲的可理解性（intelligibility）是因为对所有人都有益：生命、婚姻、知识、友谊、实践理性以及与所有现

〔21〕 援引了 *ST* Ⅰ－Ⅱ q. 94 a. 2 论述实践理性首要原则时的核心部分，埃尔文指出（*ibid.*，202）："在这一部分，阿奎那再次回到他对终极之善的讨论。"（Ⅰ－Ⅱ qq. 1－5）但是，我在 q. 94. a. 2 中并没有看到这种提法，哪怕是含蓄地提到对终极之善的探讨。q. 94. a. 2 对**善和目标**所建立起的联系，实际上"并非同义反复或琐碎的分析"，但这并不是因为，在肯定这种关系时，阿奎那"认为理性主体在因善而行为时，他是在努力实现他们目标中的一种理性结构"——或至少说，他这里并不是在根据**个人**的唯一终极目标而对各个目标作出理性排序，作出或需要宣示"（人们）目标中的理性结构"。qq. 1－5 似乎是在主张具有理性的任何人必然拥有这样一个终极目标，这一事实对于阿奎那而言是重要的。但我认为，对于 q. 94. a. 2，甚或是其在实践理性次要原则结构中的发展都不重要，这一次要原则也就是道德美德的比例和实在法的最一般原则。q. 94. a. 2 中所确认的联系贯穿可欲的（渴望的）和完善的（也即境况充裕，然后是机会）概念，而关于这些概念之间紧密联系的最明白的阐释，可参见 I q. 5 a. 1（See *NLNR* 78－79）*Summa Theologiae*.

* 中国学者大体将此翻译为"幸福"，但牛津大学伦理学教授在其课堂上公开表达了对这一简单翻译的不满，认为 eudaimonia 应该是"人的圆满实现"，故而更接近圆满，本章采用其理解。——译者注

〔22〕 *ST* Ⅰ－Ⅱ q. 94. a. 2c.（"Hoc est ergo primum principium legis, quod bonum est faciendum et prosequendum, et malum vitandum"）；*Aquinas* 79－80，86－87.

实和价值超验来源的相似性和协调性（实际上是同质性）。[23]

　　对因果关系和什么可能实现（例如，问题能得到答案，而答案则作为知识领域而共同存在），对于挑选出人类基本之善并引导我们乐于追求这些人类基本之善的命题，任何人只要有必要的知识，就能够理解其内容和指导性。但是，如果考虑这些目的相互之间的关系，对于它们可能如何具体和/或在知识上影响他们，那么，人们就无法对其指导性作出具体反应。原因在于，若不在和手段的关系中——不在和某种会提高或实现及具体化那种目的的事物的关系中——理解，人们就无法考虑任何目的，无论它是怎样的终极或"宏观"（ST Ⅰ - Ⅱ q. 12 a 4）。因此，这些基本可知的人类之善如何协调一致，以及如何理智地（合理地）实现，所有与此相关者都是实践合理性，也就是慎重性问题。[24] 所谓先天理念的"特殊系统"并不存在。[25] 事实是，从目的到实践推理目的，所存在者只不过是人们对于经验数据的洞悉、理解等非推理性行为的开始或根基或基础，继而是合理判断的努力和规训——诚如一个"有判断力的人"所做的那样。事实上，"判断力"[26] 是"慎重性"在英语中的实践习惯用语，本身的含义并无特殊之处，除了将个人的智识扩

31

---

　　〔23〕　这里，我简单调整了 ST Ⅰ - Ⅱ q. 94 aa. 2 and 3 中阿奎那的清单，变更为"认识上帝"，以融合他认为知道上帝的可欲性同理解上帝、爱戴上帝的可欲性之间的紧张关系：ScG Ⅲ，c. 25 n. Ⅰ；Aquinas 308 ，311，and 315.

　　〔24〕　当摆脱我在论文 6 的第 120 - 121 页（也可参见她在 1970a 最后一页，即同一卷中的不屑的评论）和 FoE 28 - 29，62 时曾指出，菲利帕·富特道德思想的基础为新休谟主义。当她由此挣脱时，她自我解放中的重要部分在于见证了错误的观点，一如诸多人曾认为这样做的那般，也就是认为"我们首先是得出一个理性行为理论，然后再尽力而为地探索公正和慈善行为之中的理性"："Does Moral Subjectivism Rest on Moral mistake?"［her 1994 Hart Lecture at Oxford］at 4 - 5. 关于这个错误，西奇维克（Sidgwick）将其命名并认为这是"现代伦理观点"。可例见我在 Aquinas 111 中对如下理论所做的评论，这些理论"建构起来研究自利'慎重'的理性和/或天然首要性，也研究我们可能'如何弥合这种慎重（靠近银行）和道德（靠近海滩）之间沟壑的问题。'"Cf. NLNR 134.

　　〔25〕　阿奎那关于先天理念的第一个命题是，它不是一种慎重［而是一种习惯（一种某种程度上类似使用乘法表能力的处置能力）］：ST Ⅰ q. 79 a. 12c（and Aquinas 89 n. 138）；cf. Irwin，"Practical Reason Divided"，201.（See essay 11 at 175，178 below. ）

　　〔26〕　"当我少不更事时，当我年少判断力不成熟时……"：anthony & Cleopatra 1. 5. 607；也可参见 1. 4. 555："那些心智成熟的少年啊，将他们的经验用于挖刨他们即刻的欢愉，这样就反叛了判断力"；类似的还有 2. 2. 754，3. 13. 2279；莎士比亚在对角色的性格和行为的思考中，还有其他无数这样的地方。克莱奥佩特拉（Cleopatra）如此宣称现在更不那样不成熟、更不缺乏实践合理性，尽管她这样说可能是错误的或只是在开玩笑，但这根本无关紧要。

展到掌控——通过对基本之善的整理理解来**告知**和指引——他的谨慎议考、判断、选择，采取行动中践行其选择，并为自己及其行为受益者们在环境可能时予以执行。

埃尔文（和亚里士多德及阿奎那）认为，那些原则为哲学伦理学所选出，它们所塑造者堪称其名者，既有伦理理论，也有政治/法律理论，因为它们不能仅仅是关于人生如何去做的正常思考，也包括作为一个公民，即不能只是慎重性（prudentia）的一种反应性自我认知和适当扩展。我提及于此的原因在于，若没有实践合理性的道德（和智识）美德，人们就无法做好伦理/政治理论的思想准备，这看起来可能显得傲慢，但确实得承认，要从事**这种**理论化，人们尤其容易且无可避免地犯理论错误，也就是那种恰恰因个人性格而导致的理论错误，比如其性格必然导致缺乏一定的慎重性。（当然，比如说，人们也可能会"在学术上"擅长于围绕一种伦理制度阐明和发现自己的方式，他们将此作为已经被他人所阐明的命题，无论阐明者是一个教师还是一个社群、"学校"，或是传统，仿佛它就是一项法律体系——诚如我们今天可以被比作古罗马奴隶法的专家一样。这并不需要发达的实践合理性，也不需要慎重性或是其他美德。但恰当而言，它也不是理论。）

然而，这同样也不能推论出，人们理论建构的所有错误或弱点必然归咎于其道德瑕疵。不能确切反思自己的审议和性情，和/或不能从自己的反思中正确而高效地推理，也会造成理论失察，成为理论判断的错误原因。*NLNR* 中所给出的伦理学解释，无法确定究竟是什么将八个或九个原则的智识性统一起来，并予以强化。这些原则正是 *NLNR* 的"实践合理性的方法论要求"一章所关切的对象。作为道德主导原则的具体规定，这些首要伦理原则（proto–ethical principles）（人民在所有的审议和意愿中，都应该对之保持开放的圆满实现——并非人们自身的实现，也并非无关人们自身，而是植根于社群中所有人的实现）应已得到说明。根据基本理性的指引，我们会作出完全合理的反应，而当我们面对那些可能会使我们偏离于此的情感动机时——区别于那些支持我们的动机，这些具体规定就会赋予我们一些具有适当决断力的力量，让我们"提醒（我们）自己"（诚如科尔斯戈德所言）。如此，我们就从对人类基本之善、基本实践理性的理解——其本身是前道德的（pre - moral）[27]——转向了道德区别和理性：例如，从它们各自所具有的相关身体或心理损失、不和谐及苦痛之恶或损害的健康生活之善和情感理性之完整性，转向了残忍及痛苦的仁慈强加之间的**道德**区分，比如强加作为治疗或抢救副作用的痛苦。

V

　　本章停留于对基础的研究，并不扩展涉及更远的中性原则，这些原则尤为用以建构道德（以及恰当的法律）思想，也不扩展至通过伦理方法建构的辩证法，这些方法如功利主义、结构主义或是比例主义及其法学对应理论。[28] 其主题是首要实践性原则，以可逐渐发现、拓展内容的形式出现。之所以纠结于这一主题，其中一个动机是为了强调人们理性的统一性。指向审议和选择的理性自身具有真实、非推论性的首要原则，尽管如此，理论或思维理性和实践理性却绝不是两大力量。当人们正确思考去做什么、取得什么，或成为什么才好时，他们通常会调动所有他们认为可能会是、的确是、已经是或正在可能的所有理解。因此，对于这些作为"善的、可欲的，因而值得珍惜追求的知识"的基本真理，这种理解——即便是那些不会恰当运用它们的人，也会有这种理解——就预设了一种克服忽略的可能性（可取得性）认知（如果你喜欢的话，这是"理论上的"），这种认知正在被新型、[33] 原初、逻辑上不可派生（非推论性）的"实践"见解所填补，这一见解阐明于真正的实践命题中。同样，关于人类究竟是何种存在的问题，在人们的

---

　　〔27〕 "前道德"并不意味着"非道德"：see *Aquinas* 87：若不仅从传统意义上，而是从批判理解意义上理解的话，"应当"的道德含义的达成……是在绝对首要实践原则得到遵守时达成的，这种遵守发生在它和所有其他首要原则之间的关系中，方式是通过一种不受限制、不被任何子理性因素偏移的合理性来进行，例如分神的情感。就此意义而言，首要原则的"应当"（或"几乎"）在起初（仍未成事实）层面，就其指引性或规范性而言，是道德的。

　　〔28〕 See *NLNR* 111 - 24；*FoE* 80 - 135；*NDMR* 177 - 272；*MA* 13 - 83；and essay 15.

正确思考中，他们也在调用原初、首要的实践原则，这些原则不仅仅是法律〔29〕和道德思维中阐明规范性〔30〕的来源（基本原理），同样也是关于我们人类天性知识的一种来源。再次强调，我们之所以了解比如我们动态现实的本性，原因在于所借助者乃是对于这种存在者能力的了解；而反过来，我们之所以了解这些能力，方式则是通过了解此类存在所能够做出的行为，而我们要理解这些行为只能通过理解它们的意义——恰恰就是人们在识别人类之善的各种基本形式的过程中，这些意义才得到识别的。

然而，"识别"却很难说是一个适格的术语。这里，我们所关切者是对于这类机会的一种理解，作为一个人以及作为一个人类社群，对于他们的这些可欲方面，或是其可欲方式的一种理解。诚如我之前所言，对机会的这样一种理解同时也是对规范性开始有意识的一种认知，当规范性的内容和效力得到阐明时，我们称之为道德——开始意识到道德命题的内容和理性效力（规范性、指引性）。道德规范最具体、最有效的形式不过是一种具体规定，所关涉者为：什么是原则中所包含作为命令的范畴？这些原则选择出人类机会/完善的基本形式。那么，这些基本原则包含什么内容？这些人类福利的基本形式究竟是什么呢？仍然有待于热情谨慎——且努力——的研究，并且需调动所有的思维资源，包括我们蹩脚称之为"虚构"（fiction）者（比如《李尔王》）。

我们所谓的意志（will），本质上就是人们对自己之于这类机会的理解所作出的反应。（无论休谟的教义，即理性不能激发更多是源于他对理解的误解，还是源于他对人类之于更多重要资源渴望的误解，这几乎都不成问题：

---

〔29〕 规范性也有其他来源：逻辑的、技术的和自然的。但是，就人们对逻辑、技术、艺术以及自然科学的思考而言，在伦理和法律领域中也有着同样多的来源，那就是人们选择的行为、实际的思维和论证行为总数部分依赖于时间规范性，该规范性是通过对善（性）和值得追求（性）的认识所要求的。

〔30〕 当然，有大量的法律思维实际上仅仅是通过模仿进行的，并没有实际参与认识道德的规范，而后者是了解和拥有法律的最佳方式。不过，无论这种思维发生得如何频繁，法律思维都是非中心的。

其教义是完全错误的。[31]）面对朝我们开放的各种基本机会，在寻求扩展人
们对其的理解时，我们实际上是在——以那种被阿奎那称为"简单意愿 34
（voluntas simplex）的一般兴趣或预设态度（pro – attitude）"——回应恰好处于我
们探究关注点的那种善的可理解的善性（goodness），无论这种善是何种类型。
但是，人们同样也会以更专注、更关涉选择的某种状态，也就是以"意图"
来回应可理解的知识之善来回应理性之善（bonum rationis），将理性的驱动之
善在人们自己的生活（人们的审议、选择和行为）中扩展至存在主义，而
不再仅仅是命题式的、规范性的。[32]

　　在过去的 25 年中，我们之中有些人投入到反思性实践事业，其中 *NLNR*
是这项事业的一个宣告：对于人类基本之善，这些人已经尝试了诸如此类的
各种研究。例如婚姻，*NLNR* 中就没有对其进行恰当的辨识，在婚姻中，生
命、生命传承以及友谊都被置于一种不确定的关系之中。[33] 我认为，关于
两性互补性，关于婚姻行为，夫妻各自的实现、表达以及经历乃是婚姻所选
择的付出形式，是指向且适合于生育的那种友谊形式，关于这些问题的思
考，提供了一个有力例证，有助于提升我在此想要指出的那种理解。[34] 于
是，就有了这样一种善，可称之为人们之间的和谐，或称之为友谊，或社会
性，甚或正义。实际上，其核心乃是人们之间根本（基础）的平等，这一
点，恰恰可以通过对人类机会或危机等此类极端情形进行思考，从而予以理
解。如当我们研究对一个敌国国民的最终反抗时所思考的，或是在对一个城
市或其他地区发动战略性袭击所思考的，或是在通过资料的技术掌控实现人

---

〔31〕　对于前文所加科尔斯戈德第Ⅲ部分总结的批判，例如 George，"A Defense of the New Natural
Law Theory" in his *In Defense of Natural Law*，17 – 30；"Boyle，Reasons for Action Evaluative Cognitions that
Underlie Motivations".

〔32〕　关于理性之善，在关于阿奎那道德理论的解释和重述中广泛存在被忽略的现象，尽管它实
际上就是慎重性所直接充分回应的那种善，参见 *ST* Ⅰ – Ⅱ q. 94 aa. 3 and 4；also q. 91 a. 2c；q. 93
a. 6c；*Aquinas* 83 – 5，98 – 9.

〔33〕　See *NLNR* 86 – 7，*ST* Ⅰ – Ⅱ q. 94. a. 2c，在这一问题上，阿奎那对基本实践原则讨论的
编撰者和解释者们都表现出了同样的失败：参见 *Aquinas* 82，97 – 8.

〔34〕　See e. g. *LCL* ch. 9 especially sec. E；and essay Ⅲ 22 (1997d). 从一定意义上说，这毋宁是
哲学对一种已经在其他思维领域中获取的强化理解的恢复。

类生产时所思考的，它们究竟是机会抑或只不过是诱惑。

时机促使我们去进行也许是最密切思考的善，正是人类生命本身。从它开始到它结束，它都是，或不过正是人及人类的存在。正好，在给出他最全面但并没穷尽的人类基本之善清单时，阿奎那指出，作为存在的**这种**善，是我们和其他任何生物都具有的。[35] 尽管这是真的，但如果它使人忽略了水（或是湖水）分子的存在、胡萝卜的生命、猫的生命，以及人类生命之间所存在的巨大差异，那么，它就非常具有误导性。因为人类生命是一种具有根本能力的存在——真实地存在于他们趋于采取行动的动力之中，即便是当他们在面对不成熟、困顿、疾病或其他伤害或精力衰退等阻力而阻止他们付诸行动时——这种能力使人类能够生活在圣洁、英雄主义、羞愧、内疚等情感之中。

但是，如果不同时属于人类性格的法律范畴，那么这些就都属于道德范畴，因此我会将我的阐述限制到更根本的范畴之中，比如意义、真理和自由。作为人这种生物，我们的天性，我们所有人从一开始就拥有的那一系列根本能力，例证方式是我们如何通过语言而行事。一些声音或记号，即便作为脑力形态保留在想象和记忆中也纯粹是物理性的，它们通过某种具体化的理解及意图进行传递，这些理解和意图（要传递的是**这个意思**而不是**那个意思，或不是这个意思**）[36] 最终得以区分开来，其方式是借助人们之间的每一个物理维度。这种交流既像是结果展示原因，也像一种典型类比，所展示出的是，在它们人类作者的生命、构成和存在中，物质或肢体（物理、化学、生物以及身心）是如何与各大洲或各个世纪（或餐桌上或是法庭中）之间所共同享有的作为意义的非物质——一种观念、一个命题、一个问题、一个目的——完成统一的。诚如阿奎那所称，通过将人们的灵魂恰好地成为

---

[35] *ST* I – II q. 94. a. 2c.

[36] 《暴风雨》1. 2. 496 – 9 中巧妙引出的现实之一，就是"意义"的这种双重含义：

> 那时，你这野人
> 都不知道自己在说什么；但是却如最原始的野兽
> 嘴里喋喋不休，我赋予它们目的
> 用词语让它们为人所懂……

他肉体的形式和行为（素质），这种统一性得到了最好的展现，如此一来，我们就可以说它"容纳"了肉体，并且恰是肉体的基础。[37] 这里，我们触及了人类平等的形而上基础，这意味着我们和我们所经历的所有其他生物之间存在着不平等，所有这些生物在真理上——而不仅仅在非但是潜人类（non - but sub - human）意义上——缺乏人类的尊严，因为对我们的现实而言，它们并不具有基础性作用的根本能力。[38]

在实践思维中，人类的形而上学，如我刚才大体描述的，一般而言都在关注焦点之外，不会得到明确阐释。取而代之的是：其一，理解基本之善，比如知识、生命及友谊等，这些不仅对我或你，而是对"任何人"都是善，这是最初掌握首要实践性原则所固有的；其二，我们选择，继而成为我们行为重要的一种意识或假定，我们要在哈特所区分的四个意义上全部负责：[39] 我们**造成**结果，至少具有关心及选择的根本能力，能够承担关心和行为的**角色**和义务，并因此要对因美德或内疚而受到的表扬或责备承担责任，这要解释得通，条件只能是除非我们无悔地自由选择持续成为我们选择作为或不作为的反塑、自我塑造、身份建构的维度。我们对这种责任的多重依据具有兴趣，这表明的是一种实践兼理论性的理解，即我们的存在是作为一种能够关心现在的生物而存续的。原因在于，我们之所以得以维系我们的个体身份，原因恰是每个人都既各有过去也各有未来。在我们所设想的利益中，在我们所知道会如此受益的个人关系中，这种对物质的超越构成了部分原因，确保了我们每个人都重要的思想——在我们的生或死、健康或疾病、知或无知、理性或不理性、友谊或自私自利——之中。伊丽莎白·安斯科姆伯（Elizabeth Anscombe）在其哲学理念中曾诉诸"人类的神秘价值"，这也是部分原因。[40] 但是，她对待词语的"神秘"方式，总是像她对待亚里士多德谈论少年脸上绽放的笑容那样（在探讨预约和理性选择目标之间关系时给出的谈

[37]　See *Aquinas* 177 - 9; and seesay Ⅱ. 2 (2005 c), sec. 2.

[38]　关于"根本能力"，参见 essay Ⅲ. 14 at 219 - 20, 227, 238 - 40 (1995b at 30 - 1, 68 - 70).

[39]　Hart, *Punishment and Responsibility*, ch. 10.

[40]　Anscombe, *Human Life, Action and Ethics*, 260 [and see essay Ⅱ. 3. s (2009a)].

话）——她称之为"胡言乱语"（babbling）——然而，与"绝对"相比，有人可能认为科尔斯戈德的解释主张了这一词语——我认为，它更适合于传递每个人类存在所需要了解的信息。

如果我们要理解规范效力，理解实践理性原则的指导性，我们就需要对人类价值进行一定的此种了解，它们的指引性不是存在于一个又一个首要原则之中，这些原则各自分离，需要用以作出特定选择，它们的指引性存在于实践合理性自身之善的组织性、调整性的整体指引性当中，也即当被认为具有**道德**上的规范性时。有时，我们所认识的某个人的死亡强化了我们的那种意识。莎士比亚向我们展示了无与伦比的现实和人类生命的巨大活力，同时，他的意图显然常常要比人们的理解更哲理化一些，他将某个真实个体的死亡作为一个时机，（除了其他用途外）用以阐明实践理性及其指引性对于回应性意识的依赖，即对于人类所具有价值的回应性意识，并且这种依赖性能够通过它们自己的回应得到强化或削减。1601 年，莎士比亚首次发表了一首神秘且举世无双的诗作，也就是人们所熟知的《凤凰和斑鸠》（phoenix and Turtle），我想我和帕特里克·马丁（Partrick Martin）都已经指明，[41] 他是在祭奠一个年轻女子的婚姻和死亡，也就是在 1601 年 2 月下旬，那个女孩因宗教信仰被公开处死后不久。也就是说，他祭奠的不仅仅是丈夫因宗教遭遇流放、经年累月分离后妻子和丈夫［凤凰和斑鸠（鸠鸟）］的团圆，他还在祭奠妻子于丈夫离世年月中的忠贞不渝。在那个时代中，对承诺的这种坚定和忠贞，诗歌所使用的术语是"真理"和"真实"更为常见的表达。尽管"赞美诗"的核心部分极其抽象，由于推理和宗教的形式，诗歌结构严格，但这首诗所表达的中心思想无疑是作者自己的一种哀伤，是对这对夫妻相互之间（以及他们共同的最亲的人之间，每个人都因为互相支持而悲伤孤独地死去）高贵、积极忠诚的一种敬畏。这对夫妻爱情的亲密和忠贞，尤其是当遭到流放和分离时，在一系列艺术大师设定的准数学、准形而上学悖论中得到祭奠。长度超过七个诗节，并伴随着诗歌最后的拟人主体引入因和

37

---

[41] 2003e; see also essay Ⅱ. 2 at 54–5 (2005c at 267–70).

果、证据和推理、前提和结论，最终达到高潮。理性本身：

> 分离的个体在一起生息，
>
> 既为自身，同时又非自身，
>
> 单一物体如此共生共存，
>
> 连理性见了也迷惑无解。
>
> 它喊道："这对忠诚的情侣
>
> 结为一体，显得何等和谐！"
>
> 分离之物如此相印相契，
>
> 足见爱情有理，理性无理。[42]

这里，"爱情有理性"得到了最为谨慎的表达，表达的乃是理性本身卓有见地的判断。如果支持我一直论证的或在本章重新展示的观点，不管是谁，都会想要接受这种论述，从某种意义上说，它回应的既不是休谟/韦伯的"欲望创造理性"并"赋予其对象以价值"，也不是帕斯卡式（Pascalian）的"心灵具有理性所不知道的自身理性"。这首诗中的"爱情有理性"是否可以和以下观点相协调，甚或是确定以下观点，即人们之间的爱，各自由于他或她而产生，拥有首要实践性原则所选择的理性，即这些原则引导趋向的那些善，各自都构成了每个人类生命价值（被剥夺或实现）的一个方面。

也就是说，对于能够按照那些实践理性首要原则指引我们的方式达致繁盛的人们来说，这些原则就是显而易见的——如此显而易见，以至于实际上就我们因其原因而对其负责的那些人而言，我们根本就是在回应这些理性的召唤。这种爱从来就源自真正无所不包的"像爱自己一样爱你的邻居"，从

38

---

[42]　第 41–48 行。诗歌的赞美诗以 22 行的"爱和坚贞已死"开始，挽歌（哀颂）在第 64 行会得出一个并不那么终局性的结论："真和美遭埋葬。"这一挽歌从第 53 行，以"美与真诚，世之至珍，质朴率真，沐浴天恩，同穴而眠，归于微尘"，终止于（65–68）："若要寻美，若要求真，良善苍生，须谒坟茔，为彼亡鸟，唏嘘哀声"——由此来确定这对典范夫妻之死既没有被遗忘，也没有被泯灭。

而走向对他人的特定义务[43]——例如对于婚姻之爱构成的独特排外，但同时又是外向的义务——因此，具有我们称之为道德以及在适当情形下称之为法律的所有实践规范性的实质。对于我们这样的懒散者而言，相对几个具有英雄品质的人可以成为一种警醒，"鼓励"而不是"压制"我们记得，若不是我们自己——人们的"爱"和"意志"——对这些理性对我们的召唤作出回应，那么，理性能力对于我们每个人而言就必将不过是休谟所谓激情的奴隶，也就是休谟假装它不会成为但实际上却的确如此，继而它就不再是、也不能给出理性，并且没有任何"理性"。诗人在这里是一个谦逊的判断大师，其艺术最深层次的力量植根于对抚慰和友谊的设定。如果他同样赞同否认，最高层次或最深层次的**主权**隶属于最低层次的欲望或厌恶，那么，我们就有了一个有力的证人或支持者（尽管不是一个确切的论据）。不过，他的作品被这样理解为赞同是否恰当，则显然是一个有待他日确定的事。但无论怎样，总会有些具备生活经验、诉求和努力的人，发现赞同所阐明的原则更具有说服力，尤其是对于那些生活在边缘乡村的穷人而言，更是如此。

附录

A. 自然倾向和首要实践性原则

人类拥有价值，这种价值可通过他们自己的回应来强化或削减，对于这种价值的回应性意识，正是我认为实践理性及其指导性所依赖者，对此，帕特里克·李要我更进一步，或更确切地予以阐述。[44]（在我看来）这就和以下问题联系了起来，即李的以下认识是否正确。他认为，根据阿奎那的观

---

[43] See *Aquinas* 127："人应该爱自己的邻居。"但是，意志上（而不仅仅是感情上）去爱一个人意味着想要那个人的善。所以，爱某人的邻居是想要那个邻居的善——并非此种或彼种的善，而是某种整体意义上的善，并且，这不包括任何与和谐整体所不一致者，这里的和谐整体包括某人自己的善（如其自身和其他善融合在一起者）。因此，爱邻居原则容易统一人的目标。此外，这一原则所要求的爱邻居原则并不必然是一种"特殊友谊"。[FN：一种特定友谊中所涉及的爱（友谊之爱）其核心之处，确实具有个人将朋友像对待自己一样被对待的个人意愿（amans se habet ad amatum, in amore amicitiae, ut ad seipsum）：Ⅱ q. 28. a. 1 ad 2.]

[44] Lee, "Comment on John Finnis's 'Foundation of Practical Reason Revisited'".

点，我们对人类之善的见解，也就是首要实践性原则中所阐明的那些见解，都是"对人们自然倾向"的见解，这些倾向又都是"实践见解的资料"。我所解读的阿奎那并非如此，更为重要的是，实际上，（就我所能看到的而言）事物真实的情况也并非如此。相反，我认为，实践见解认为，知识之所以是善并且值得追求，在于作为其原料——见解最初需要添加的材料——的意识，不仅仅是对问题的强调欲望（倾向）和问题得到回答时的满足经验，还包括对"知识是可能的"这样一种"理论"见解的意识。一个问题有一个答案，另一个问题也有另一个答案，诸此等等。就此经验而言，这种非实践性见解就添加了最初（崭新）的理解，也就是存在一系列完整的可能性体系（被称为真理和知识），对此而言，一个问题有一个答案就只是例证。接下来的就是通过选择去努力学习、思考、考察等方式而实现的实践见解。之后，人民对于知识可能性及其价值的最初理解，就会大大深化和提高。

我认为，理论见解和实践见解之间的这种相互强化普遍存在。因此，那些机会对**我及与我一样的人**都是机会，对于这种实践真理最初的幼稚见解，以及对为自己考虑而以珍惜、喜欢另一个人或他人之善，从而有机会成为朋友的见解，就会被对我自己和其他人**能力**的了解而得到强化，也就是了解到自己和他人为别人做出努力、承担义务、自我奉献的那些能力，或者了解到想出扭曲合理化和背叛的借口，诸此等等。对于所有这些深化了的可能性认知，取而代之的是对人们**价值**提高了的实践性理解，此类意愿行为和交流行为因这些人而成为可能。

B. 理性和爱

特伦斯·埃尔文对我们讨论会的评论提出了一些犀利的问题，这些问题是关于友谊的实现或圆满的。他以我对"爱有理性，理性则无"的解释为例，指出：

> 以（菲尼斯）为例，我所表达的是，人们之间出于自身考虑的
> 爱，有助于解释人类实现的事实如何构成了指引我们行为的理性，
> 并因而有助于解释规范性。

40   稍后，他接着指出：

> 根据我对菲尼斯之于莎士比亚观点的理解，他在理性的产生中，给予爱情一定的优先性。

然而，我想坚持强调和指出的是，诗歌强调了对善的见解和理解之于每一种意志回应的优先性，包括对友谊或**友谊之爱**（amor amicitiae）的所有那种回应。

诗歌所介绍的那种理性（the reason）最初是理论理性，容易受到困扰或戏弄，如一致与差异之间的悖论，又如"1不是一个数字"等这样的概念准悖论——同样也会因友谊的统一性而受到困扰。我认为，在亚里士多德对于朋友观念和友谊观念中，这种统一性没有被很好地反映出来。在亚里士多德那里，朋友被界定为"另一个自己"，而在友谊中，则认为存在一种珍重的**共**（common）善，不能不化约为"我的善"或"他们的善"，也无法用例如"自利"等词语或短语完全反映出来。

最后，理性认为令人困惑的是诗歌中夫妇相互之间的忠诚义务，以及对真理之善的义务，这是他们各自超越自身而寻找的。（诚如所言）令理性感到惊奇的是，夫妇之间的一致性竟然能够战胜分开他们的力量——尽管诗歌中没有明确说出这些力量，但读者通过对诗歌的解读可以了解到，那就是：流放、贫穷以及一方的死亡。

所以，我引用这首诗并不是为了说明爱提供了理性所不知道的动机，接下来，动机将会取代理性发挥作用；而是在说（i）文学中举出的这对夫妇所例证的**爱**拥有真正理性（完全可为理性所认知），这种理性是由当事者的价值所赋予的，是他们真正的可爱之处；但是（ii）要做到这样，所需要者就不仅仅是理解这些可爱之人所例示的可爱之善；还需要（iii）通过实例观察到这种奉献、忠贞、"真正"的回应，使得人们深化和强化了他们对知识、友谊以及实践合理性之善的可能性，并因而也需要人们理解这样一些人的善/价值——他们的全部生命都用以如此敬畏地展示这些善。爱**的确具有**理性，但这些理性如果只停留于有待理性予以确定的可理解性（intelligibility）

层面，而没有从各色人均可例证的可替代之善中筛选出来，并具体化为对这个特定之人的承诺义务，那么，这些理性就仍然"毫无理性"（这有些类似于爱国主义及其他形式的忠诚所产生的问题）。

第 2 章
话语、真理和友谊*

I

41　　关于自然法的哲学话语一直持续至今，发起（或再次发起）之时，柏拉图对于话语本身伦理学的研究所具有的透彻视角仍然无与伦比。因为《高尔吉亚篇》（Gorgias）中的对话既便于读者在思考中运用道德的深层次来源〔基本原理（principia）〕，也便于读者运用那种重要行为类型的条件："追求真理的对话、讨论或话语以及沉思或反思（reflective deliberation）。

　　对话的结构满足富有成效的话语的程序条件。在表达自由方面，苏格拉底、高尔吉亚、波拉斯（Polus）、卡利克勒（Callicles）、凯勒丰（Chaerophon）等各方的地位都是平等的，[1] 没有因即刻决策和行动的任何压力而受到限制，他们在一种相互理解中联系起来，这种理解是由一种共同的、高度明确的思考性文化所营造的，他们也是在自由平等的公民同胞中组织起来的，这些公民同胞也同样因文化而凝聚起来，并且〔与比如苏格拉底的**申辩**（apolo-

---

　　* 1999a（"Natural Law and the Ethics of Discourse"）；在 1998 年佛罗伦萨的欧洲大学中一个关于哈贝马斯的会议小组上进行了阅读。

　　〔1〕 他们在"比希腊任何地方（也就是在世界上）具有更多言论自由"的城市会面和探讨：*Gorgias* 461e. 注：一般而言，我引用的都是艾伦《柏拉图对话录·卷Ⅰ》的译本。艾伦的序言"《高尔吉亚》评论"（*ibid.* , 189 - 230）很有价值，不仅因为他揭示了柏拉图之于从卡利克勒（更不要说卡利克勒的哲学老师苏格拉底了！）到尼采的哲学优势（*ibid.* , 219 - 21），还在于他表明（206）了苏格拉底论述中常常遭到现代评论者指责的错误（cf. Irwin, *Plato: Gorgias*, v）很容易被旁观者看到。

gia）的听众不同］不受限制。从一开始，苏格拉底就指向了深层条件，并且反复这样做。

这些深层条件中的第一个，[2] 也是阐述最明确的，就是话语各方应当撇开演讲（speech-making），只专注于讨论（discussion）。[3] 在讨论中，答案回应问题随之而来，而不是用以阻止更多问题的产生。[4] 但是，还有其他的条件，苏格拉底在整个对话中不断指明这些条件，在阐明**理想对话条件下真理和共识**之间的形式关系时，他对这些条件作出了最概括性的论述。在我们今天称之为"理想的"条件下，苏格拉底和柏拉图确定，对话参与人会认同：那是真理的一个标志。[5] 条件是什么？"知识、善意和坦率"：[6]（i）健康、博雅（wide-ranging）的教育；（ii）之于对话/讨论各方的善意（实际上也就是互相以朋友相待的那种善意）；以及（iii）坦诚对话［甚至是在涉及承认自己的错误、自相矛盾和自我反驳（self-refutation）之时］，不掩饰达成一致的意愿。[7] 当这些条件缺失时，即便是普遍赞同一个命题，也无法具备其真理性的证据（更不要说是保证）。[8] 然而，当这些条件满足时，讨论者的集合也不是真理的**一个标准**，不是我们能够在**论点**内部用以区分正确和不正确判断的一种标准。而是说，它是真理的一个**标志**，是他们共同意愿的一个为人待见、确定的结果，这种共同意愿都致力于每一个寻求真理的探讨中所必然拥有的、作为其目的的问题："是什么"（事务的真理）（taonta），[9]

42

---

〔2〕 *Gorgias* at 461d："遵守一个条件：控制冗长的回答方法。"

〔3〕 讨论：诡辩（dialegesthai）（447c——对照于"一种行为"；449b——对照于"那种波拉斯开始的冗长对话"；453c——真正了解其主题问题欲望驱动的对话型讨论）。

〔4〕 Esp. 449b.

〔5〕 486e 5-6；also 487e，513d. 关于"真理的标志"，参见威金斯（Wiggins）*FoE* 63-64 中的探讨。

〔6〕 *Gorgias* 487a2-3；*epistēmē, eunoia, parrēsia*.

〔7〕 487a-e；see also 473a，492d，495a，500b-c，521a.

〔8〕 例见 See e. g. 472a，475e. 人们必须加上那些谈论"判断责任"和"多元主义事实"的人所并不常常注意的东西，也就是在非理想（即所有事实和可预测的）条件下，一个命题**缺乏**一般赞同以及存在广泛的不赞同，并不能证明这个命题的错误性。

〔9〕 495a8.

什么"是这样",[10] "关于我们所说的问题哪些是真、哪些是假——因为在事物本身变得明确之前,对所有人而言它都是共善"。[11] 然而,这种真理命题所回应的**现实**却是不可获知或不可理解的(更是不可想象的),这与问题和答案融贯的、自我一致的思想、对所有相关证据的注意、所有关联的考虑所实现的**现实**是不同的。[12] 因此,在与话语探究或反思探究的任何特定主题问题的关系中也不会存在任何其他依据,用以理性确认或否认那样的"回应"。[13]

接下来,讨论有成效所依赖的不可或缺的条件就可以被化约为尊重和关切,这就是在高尔吉亚的读者关注之前,苏格拉底/柏拉图孜孜不倦所关注的那两大人类之善:真理(以及对它的认识)和友谊(对他人的善意)。这些条件内涵丰富,且具有很强的排外性。读者不会没有注意到,苏格拉底从未**明确**确认的一点是:实际话语社群的参与者中,很多都不符合这些条件,更不要说赋予民主社会中的(非大多数)参与者了。因此,我指出,不可

---

〔10〕 509b1.

〔11〕 505e4 – 6.

〔12〕 柏拉图鲜能成为哈贝马斯文字中所出现的那种"柏拉图主义者"的形象。就我对柏拉图的解读(尤其是在《高尔吉亚》中的柏拉图/苏格拉底)而言,他会毫不费力地赞同哈贝马斯(以"实用主义"之名描述)所阐明的如下立场:

"真实"指的是能够在真实语句中展现的东西,尽管"真实"反过来同样可以通过主张一个人在他人之前提出一个命题来进行解释。通过其语句中的断言感,演讲者对所主张的命题提出了一个可批判的主张,并且因为没有人能够直接获取未经解释的有效性条件,所以"有效性"(Gültigkeit)必须以认识论术语被理解成"为我们证明的效力(Geltung)"。一个正当的真理主张应允许其支持对可能的反对者提出的反对意见,通过理性来为之辩护。最后,她应当能够在整个社群中取得理性驱动的一致解读。(Habermas, *Between Facts and Norms*: *Contribution to a Discourse Theory of Law and Democracy*, 14.)尽管对所有这些都赞同,但柏拉图、亚里士多德及其传统还是倾向于(非常合理地)补充上,要有对于世界(包括人们)以及"理性是什么"的一种思考性研究,正是它们使得如下预期成为可能,即考虑相关材料的完全理性、合理的人们会达成一致认识。

〔13〕 对于伦理学的客观性,支撑绝大多数否定的错觉在于:在某种程度上,通过回应("事实"、"世界"、"现实"……)来获取它们真理性的真实判断容易受到审查,这种审查不同于理性地得出此间那种真实判断(科学的、历史的、密码的……以及为什么不能呢?评价的……)。那种错觉就是所有那些约化程序的根源,我们称之为哲学经验主义——比如霍布斯和休谟及其继承者的程序……(*FoE* 64.)在这些继承者中,其中之一就是康德,尽管他自己的意图可能并非如此,但他却以自己独特的方式这样做了:see *FoE* 122 – 4. 并且,有人主张,"形而上学不可逆批判"之后,这是一个"后形而上学时代"。在面对这一主张时,对于真实判断类型的附加清单(由于罗尔斯提出的原因,参见 Rawls, "Reply to Habermas", in *Political Liberalism*, 379n),人们应当补充上"形而上学"。

能证立一种现代：

> （何种）话语伦理学采用了实用主义的主体间性进路，将实践
> 话语理解为**采用共同、互惠视角**的一种公共实践：每个个人认为自
> 己被迫采用其他每个人都采用的观点，以便验证**从其他每个人对自**
> **己及整个世界理解的视角**出发，某种建议管理规则是否同样可以
> 接受。[14]

在话语中，以及在一般选择社会生活的"管理规则"中，我们应当
"采用其他每个人对他自己及整个世界理解的视角"，这一提议并不融贯。
也就是说，它以苏格拉底研究和评论它的方式反驳了它自己。[15] 原因在于，
话语中和社会生活中的一些参与者，或许是很多参与者，都是在一种多少有
些批判性的思维方式中理解**他们自己**，这种思维方式来自于周边的文化（或
许是以"虔诚的"、"传统的"、"文明的"或"现代的"等具有抚慰性的描 44
述之名）。[16] 然而，也有一些人，或许是很多人，是以不同的方式来理解自
己的，比如波拉斯和卡利克勒：作为权力愉悦和酬报或多或少的隐秘仰慕者
和渴望者，他们更偏好真理或友谊中的利益；**原则上**（也就是说），他们理
解他们自己并不关心其他人的利益或视角。对于诸如此类的"视角"，不应
当采用，而是要予以拒斥，原因主要是以下因素：话语（而非煽动）、真理
（而非虚假或隐藏真理的宣传）、友谊（而非追求利益的谄媚），以及所有人的

---

[14] Habermas, *Justification and Application*：*Remarks on Discourse Ethics*，154（emphases substitu-
ted）. 哈贝马斯自己时不时看到"话语伦理"，想象了"理想条件……包括……自由获得参与的平等
权利、各参与者的真实性、采纳立场时没有暴力，诸此等等"：*ibid.*，56（强调为另加）以及
（*ibid.*）一种"对真理的合作追求"。

[15] E. g. *Gorgias* 495a, 509a.

[16] 当然，哈贝马斯非常清楚这一点，并且总是时不时地着重强调它。但是，通过他所推荐的
方法（也就是采用其他每个人对自己以及世界的理解视角），他认为这一事实和由此得出的道德结论
是一致的。但其依据是什么？我却没能发现。支持每个人的真实利益是一回事，支持或采用并不知
道或并不在意他们真正利益的那些人的自我认知，则完全是另外一回事。

真实利益（包括错误坚持他们的不道德"视角"，并依此行为的那些人）。[17]

II

对于波拉斯和卡利克勒这些对专制的内心敬畏者，是否要求柏拉图/苏格拉底按照自己的意愿与之以友善词汇进行对话？如果是这样，那么在表意上，这本身就前后不一了。绝不可能。尽管他们根本就不愿意听，但是，柏拉图/苏格拉底却能够并且会努力向他们——一如向那些善意的旁观者一样——进行阐明和解释，一种友谊的价值——可欲性（包括公共政治家），这种友谊建立在共同承认和尊重人类天性之善的基础上，比如真理和（这里所说的）友谊。**这类**善可以是**共善**的要素。

真理以及认识真理之善，出于其本身原因，乃是人类福利那些基本方面，也就是能够真正成为共同的［（共同的善）koinon agathon］，[18] 而这正是苏格拉底找寻各种方法去宣示的一种真理。如果他的宣示没有打动波拉斯和卡利克勒，那么他们也许就不会搬出年迈的诡辩家高尔吉亚。[19] 实际上，诚如柏拉图所预期的和一定程度上所预见的那样，为它们所吸引愿意听的人，更多的是那些不理性者（并且是在看守之下），这超过了愿意听的人（因此，非理性和理性人之间的区别同样也是**个人自己**——实践中的每个人与个人心智、意愿之间的区分）。

如果被视为是一次讨论（或一个思考过程）中所要取得或失去的收益，那么，真理就是那些（或那个）进行这种共同（或单独）研究所作判断的一项财产。因此，从存在主义来看，它就是理解和知识之善。真理不仅作为

---

〔17〕 所以，对于阿奎那（亚里士多德）在对话中对其反对者的慷慨赞誉，我们必须保持恰当保留的解读。它只有在他们都是善意的假定之下才是恰当的，在其他语境之中，这种假定常常是错误的：*Sententia super metaphysicam* XII lect. 9 n. 14. 自此，在选择相信什么和不信什么时，我们应当更多地接受真理依据性的指引，而不是对提出意见者的喜爱或厌恶。因此（亚里士多德说），我们既应该爱那些我们接受其意见者，也应该爱那些我们拒绝接受其意见者。因为，他们中的每个人都在寻求真理，并且每个人都在帮助我们这样做。

〔18〕 *Gorgias* 505e6, quoted at n. 11 above.

〔19〕 See 506a.

一种可能性，同时还是**一种**机会，这种特征及其可理解的善性在实践中可由任何能够理解答案和问题、进而理解更多问题和继而产生的答案之间关联性的人所掌握，这种善性就是我们称之为知识的一般和无尽的可能性。将可能性领域理解为一种**机会**领域，这发端于被 C. S. 皮尔斯（C. S. Peirce）称为**见解**（insight）的那种非推理性（尽管不是无需资料的）理解，与发源于柏拉图的传统一脉相承。[20]

如果有人开始主张——并在话语中或在个人思考中提出——真理（及对它的认识）不是一种内在善（intrinsic good），其之所以可欲是因为自身的原因，即避免和克服忽略、混淆和错误，那么他就会发生自我反驳。[21] 他所主张（认真宣称）的否定在形式上将前后不一致，所宣称的观点将会与为

---

　　〔20〕　例见 Buchler，*The Philosophy of Peirce*，304. 在本段中，当谈到作为"一种见解行为"而为我们突然想到的"溯因建议"时，皮尔斯重点强调了"见解"一词。对于这样出现的思维谬误性，皮尔斯的强调和亚里士多德的如下命题（e. g. *ST* I q. 85 a. 6）完全一致。亚氏命题即，见解（nous，intellectus）本质上是绝无谬误的。原因在于，在每一种特定情形中，人们所想到的纯粹见解（它需要按照事物本来面目理解事物）实际上可能只是一个"好主意"，它会因疏忽、奇思妙想以及/或是先前或之后的错误推理而遭到扭曲。通常情况下，当人们将这种错误的可能性牢记于心时，他就必定会超越对见解的简单判断（这本身也是一个见解问题，也即资料充分性、论证有效度等条件的满足问题）。即便是首要原则的基本见解，也要由被称之为"辩证法"的传统予以恰当评判和辩护。因此，"智慧"并不仅仅是从无法证明的首要原则中推导出结论，同时，还要对该原则作出判断，并且对于否定它们的那些人予以反驳（disputando）：*ST* I - II q. 66 a. 5 ad 4；Aquinas 88.〔支撑康德所谓"摒弃亚里士多德判断概念的有力理由"（Habermas，*Justification and Application*）者，恰是"康德思想中经常予以抨击的并不健全的经验主义"：Lonergan，*Insight*，154，339 - 42；cf. essay V9 at 149（1992d at 16）〕. 艾伦直接指出了这一问题的根源——尽管比起"直觉"，"见解"一词要更好一点："古典形而上学传统的根基在于，无需论证即认为智识直觉并不存在，而（康德）则试图证明，在形而上学和伦理学中，他所谓的理论推理是无能为力的……"参见 Allen，*The Dialogues of Plato*，vol. I，220.

　　〔21〕　例见 Essay 3〔and essay 4〕.

46　　了让人接受而认真作出此种宣示？主张、建议的行为例证不一致。[22] 这种述行不一的引入正是苏格拉底所运用的反驳［问诘法（elenchos）］之一，但并不是唯一的一种，卡利克勒曾敦促他放弃但徒劳无功。[23] 可以确定，这种特定类型的反驳并不是自我反驳主张所否认真理的一种严格展示，[24] 相反，它毋宁是一种面对各种认真的否认，对真理——在这种特定的情形下指的是，知识是一种人类基本之善的真理——所作的一种有力辩护。对于自我反驳怀疑论者而言，[25] 这是一种尤其不相称的辩护形式，原因在于，反驳他主张的，恰恰是他自己（内在或外在）的行为所例证的。这也不是一种通常意义上的自相矛盾，也就是主张矛盾的命题［对于这种矛盾，人们通过放弃一个命题（或两个都放弃）就可以简单避免］。相反，它是某人所主张（否认）的不一致，他自己不管怎样去做，这种不一致将会存在于该主张所

----

［22］ 实质理性**绝不能**在逻辑推理或确凿证据意义上被"强迫"。前者并不足以称为正当理由，因为它只是探究了前提的内容；而后者除了在单纯感知判断中之外都不可获取，即便它没有问题。这样，对于可能的实质理由链条而言，就不存在"自然"目的。我们无法排除这种可能，即新的信息和更有力的理由将会出现（强调为另加）。这里，休谟式经验主义和维也纳的实证主义就有了一种新形式，但一如既往的是，既和他们自己的主张不一致，也和阐述它们时所运用的智识不融贯。尤其需要指出，哈贝马斯试图**提前**将恰恰是他声称**不能**被排除者排除在外，也就是这样一种可能性——"更好的理由将会出现"，从而表明，比如朋友和真理具有内在价值，并且"可能是指理由链条之自然目的"的构成要素。另外，这种关于真理和友情的真理是无法成立的［注意：我并不是否认各种有利且充分的理由"迫使"同意的方式中存在差异；在某种情形下，同意能够（在心理上）被撤回，因此它取决于某人对真理的执着。See *Aquinas* 11 n. 10，87 - 8］。

　　［23］ 亲爱的朋友（苏格拉底）被我说服。停止了辩驳（elenchōn），开始实践音乐事务（pragmatōn）。那样的实践会让你显得睿智（doxeis phronein）……不要模仿在这些问题上践行辩驳的人，而是要模仿那些拥有生活和荣誉（声名）（doxa）以及诸多其他善的人。（*Gorgias* 486c - d.）

　　［24］ 例见 Aquinas, *sentential super metaphysian* IV lect. 6 n. 14（609）：辩驳（elenchus）或论证（argumentation）［阿奎那认为将之称为自我反驳（redarguitio）更好：n. 3（608）］"并不是**无限地**证明"。

　　［25］ 许多"后现代主义者"的喋喋不休试图掩盖这种非理性和向邪恶的屈从，这些都是在述行不一中必定存在的。

选择行为给出资料之间。[26] 人们的立场是可笑的、[27] 荒谬的,[28] 它正是那些 "和自己不相符"[29] 行为的一种鲜活展现,某种程度上,这种自我不一在每种不一致中都有所涉及,而卡利克勒——证明了其不可接受性——希望通过无情的坦率(brutal frankness)予以避免。[30]

在论证逻辑领域中,自我反驳(无论是通过自相矛盾或述行不一)是反驳的一种模式。在实践(praxis)存在领域,它是对真理随意滥用的没有价值的条件,一种自我损害,一种因伪装和虚伪而在心灵(psyche)上将自己置于 "残缺和扭曲" 的高尚方式。[31] 高尔吉亚执着地坚持(哈贝马斯也以自己的方式同样)强调所存在于选择之间的道德意义:第一种希望克服自己的无知、矛盾以及对为什么如此盲目,来选择关注于论证的正确性;第二种是选择去关注比如情感和政治事务中的成功。[32]

47

III

但是,在理解这种善,也就是掌握真理和真理知识的固有价值时,人们所理解者不仅对我自己,而且对所有和我同样的人都是一种基本之善——人

---

[26] 所以,在最后的分析中,这就是一个证据(数据)否认问题,因而相比于避开或对什么**造成这般**视而不见而言,它就不怎么是一个逻辑不融贯的问题。比如苏格拉底请求避免逻辑不融贯,即便牵涉到他自己时:"如果你们任何人看到我赞同**我自己**但**事实却并非如此**的事物,你们必须坚持真相并拒绝我"(*Gorgias* 506a2 – 3)。对于真理而言,不合逻辑并不是唯一的,甚至不是最危险的障碍。

[27] Cf. *Gorgias* 509a7.

[28] 519c4.

[29] See 482b6. See also Plato, *Sophist* 252c.

[30] *Gorgias* 482d – 483a.

[31] See 525a2 – 3.

[32] 所以,卡利克勒既爱并奉承他的人民,也爱并奉承他的爱人德莫斯(481d, 513b – d),因而苏格拉底小心翼翼,不让自己亲爱的亚西比德那摇摆不定的观点使自己偏离他的挚爱,也就是不变的哲学论点(482d)。或者如卡利克勒自己所述,人们应当(他自信地认为——而我们知道这是错误的,苏格拉底最终也会)抛弃哲学,而选择 "自由、重要、充分的法庭事务、公私贸易以及 '人类的欢愉和欲望'、整体骄奢的 '声色犬马'"(484d, 485e, 486c)。对话的后面同样也考虑从卡利克勒灵魂中抽取的承认,"我不知道为什么,但你说的在我看来似乎有道理,苏格拉底。然而,我深受民众影响。我没那么信任你"(513c)。

类基本之善。此外，知识也不是人们通过对人们倾向和能力数据的细致观察所理解的一种机会、一种本能之善的唯一人类可能性。友谊，和另一个人或其他人出于自身考虑而分享物品，[33] 则是另外一种善。出于一两个这些原因，人们无法寻求一种仅作为自己之善的实现。由于人的天性之善不只有一种，也因为在追求任何基本之善时人们都会受到略显混乱的潜在理性威胁，比如欲望、厌恶以及惰性（"放纵"[34]），所以人们需要寻求在自己的灵魂中建立和确定秩序：一种温和（包括勇敢）[35] 的意志和性格。如果人们不关心友谊，不关心他人生命中人类之善的实现价值，那么这种自我实现的追求就是不合理的，是自我伤害的，在与他的同伴、他的社群之间的关系中，个人需要留意引入秩序。而那种秩序的名字，人们对它持续关切的名字，就是正义。[36]

48　　　人类平等（柏拉图和苏格拉底曾明确表达）是正当意志的核心，[37] 承认这一点也不过是在承认，人类基本之善在我自己和他人的生命中是同等可以实现的。对此拒绝承认，就等于是将自己埋葬在谎言之中。而这样被错误所奴役的任何人，从理智上都不会认为自己是幸福的，如果要这样认为，那等于是在谎言中，在关于何为实现的谎言中埋葬得更深一点。恰当（理性）理解的话，知识、友谊、实现和正义是相互定义的。所以，认为在实践理性中存在一种"伦理"，仅仅关涉"人们如何看待自己以及人们想成为谁"，

---

〔33〕　不要和孔德提出的单流向的"利他主义"（altruism）混淆。因为朋友 A 出于 B 的原因希望朋友 B 的善，并且 B 出于 A 的原则希望朋友 A 的善，A 必须也（出于 B 的原因）希望自己的善，而 B 也必须（出于 A 的原因）希望自己的善，这样每个人都被提升到一个新的立场——关心真正的共善。See *NLNR* 142－4，158；*Aquinas* 111－7.

〔34〕　*Gorgias* 507d.

〔35〕　507b－c.

〔36〕　我认为事情就是这样，并且我认为这些是真的。但假如是真的，那么，如果希望幸福，看来人们就要追求和践行节制，并且，我们当中的每个人都必须尽可能快地逃离放纵……在我看来，这正是我们应当展望和追求的生活的标志；因此，为了让我们自身以及整个城市都朝着这个方向发展，那么，正义（dikaiosynē）和节制（sōphrosynē）应当出现在追求幸福的人的生活中。他必须不允许脱缰的欲望出现，或采取行动去满足它们。原因在于，如果那样，一种无尽的、漫无目的的恶将伴随于他，而他将会生活得像一个强盗……既不敬爱上帝，也不敬爱任何人，与他融合起来（koinōnein）生活就不再可能，而没有融合的时候，也就没有友谊（507c－e）。

〔37〕　关于作为正义的知情原则的几何等同性，例见 489b1（dikaion to ison）。

继而存在一个不同于道德关涉的"所有人利益的"领域中，那么，这种认识就是一个错误，并且是一个通过柏拉图及其追随者（比如亚里士多德和阿奎那）所建立的传统即可避免的错误。[38]

那么，如果在人们所处的社会中，在与其同伴的交往和沟通中，对于他所能合理去预期并且去做的，能够增进和尊重平等正义秩序的事情，在人们心灵（意志）中就不会有秩序。如果在其社会成员的个体心灵（意志）中，对于增进和维持这种理性、欲望整合的秩序并不关切，那么，在任何这样的社会中，期待正义和友谊的存在都是愚蠢之举。此外，如果一个社会中其成员之间都如强盗对待其受害者一样，那么，没人会将其称为一个良善社会。同样，一个人若因欢愉而受其潜理性欲望奴役，并因而远离与虚假模仿相对的友谊现实，这样的生活也没有人会理智地称之为良善生活。在每种情形——个人和社会——中，相关秩序都是善的，因为它是理性且合理的，并且

49

---

　　[38]　Cf. Habermas, "On the Pragmatic, the Ethical and the Moral Employment of Practical Reason", in *Justification and Application*, 1–17; and n. 58 below. 在我看来，哈贝马斯对它的研究已经将区分的不融贯呈现得非常清楚了："……伦理问题和道德问题指向的并非同一个方向：源于利益相悖的行为人际冲突的规制尚不是问题。我是否愿意成为因亟需而仅此一次欺诈某一匿名保险公司的人，这并不是一个道德问题。原因在于，它关涉的是我的自重，还可能关涉他人对我表现出来的尊重，但并不关涉对所有人的同等尊重，因而它无关乎每个人都应该和所有其他人的正直相一致的那种对称尊重。"(*Ibid.*, 6) 我认为，在这种情况下，如果不对哪种恰当的权利应被正当尊重、哪种权利应被正当推翻，不对欺诈的非正义性等问题作出"道德"判断，那么，自我尊重和这样处理保险公司问题之间的一致性就不能得到理性评估。这里只有一个问题："人们应该如何生活"(492d4–5；500c3–4) 和一个简要的答案：节制/勇敢且正当 (507d–e)。[同样，我也不认为将亚里士多德的伦理学 (moralia) 配以所谓实践理性"伦理的"（以区别于道德）领域是可以接受的，即便满足这样的条件，也就是在亚里士多德看来，所谓个人精神被认为"嵌入到了城邦之中"，或"嵌入到习惯风俗的历史边界生活之中"(*ibid.*, 6, 10). 在我看来，亚里士多德和"新亚里士多德主义者"，比如麦金纳尼是非常不同的，哈贝马斯经常冠之以此名对其进行批判，但是，较之将他们的文化相对主义和亚里士多德进行吸收统合，这些批判要更能够为人所接受，亚里士多德的《尼各马可伦理学》很快就指明，它的目标在于**反对**以下观点（"人们认为"），即"道德上值得赞誉的（之于美）问题和正当问题是……如此不同和变化多端的主题……以至于……它们不是自然的问题，而是纯粹**习俗的问题**"：*NE* 1.3：1094b14–17).] 将"善"和"正当"进行区分的方式，无论是作为哲学还是作为哲学史，都是不可接受的。这一区分和哈贝马斯伦理/道德的区分并行，并在如下的表述中预先假定："亚里士多德的进路……将实践理性视为本质上有限的自我理解，以及作为后果的善的领域"(*Ibid.*, 21). 正义是一种美德（人的一种善），但"目的"，也就是正义的意义，却是他人的权利 (*ius suum*)，即他人——中心意思 (proprie) 是，每个人都相似 (indifferenter omnibus)——所拥有的权利平等的问题 (quod ei secundum proportionis aequalitatem debetur)：*ST* II – II q. 57 a. 4, q. 58 a. 1 and a. 11, q. 122 a. 6.

是目前为止不理性和不善的对应形式。个人及社会中这种良善秩序的恰当性，并不是我们所发明的某种东西；相反，它是通过经验、思想实验、探讨、理性判断而**逐渐向我们清晰呈现的**。

所以，既因为其可欲性是被发现而非想象的，又因为对我们能（在能力上）成为什么，以及（在行动中）理性地想成为并保持是什么而言，有理性具有核心地位，因此我们可以将心灵和社会中的这种合理秩序称为"自然的"——某种自然产生的善。因为，在以上情形中，存在着规范性命题形式，它们指引人们进行促进和尊重良善秩序的个人和社会选择，从中能够也必须得出自然秩序，而相关的指导性命题则可以被恰当地称为**法律**（即通过其主体审议中的指导性而实现规制的任何法律）。

如此一来，苏格拉底/柏拉图就将对卡利克勒所关于自然（天然）和法律/习惯（规范）之间区分的反对，变成对一种自然**法**的承认——也就是这样一系列命题：这些命题挑选出（i）所要追求的善（比如知识和友谊）[39]以及（ii）在个人自己及其同伴生命中实现善的合理性原则——正义及其他美德原则。[40] 卡利克勒和尼采[41]认为，依据强者规则，无情追求他们内心50 偶然出现的欲望[42]是自然的，并因而值得追求（仅从自然来说），[43] 但这最终都无法自圆其说，甚至会出现自我反驳。弱者团结起来，自然比强者更

---

〔39〕 关于形成一份几乎完整的人类基本之善和行为理性清单的尝试，参见 *NLNR* 59 – 99；*Aquinas* 80 – 6；1987f at 106 – 15；[and Introduction at p. 9 above].

〔40〕 "……灵魂的恰当安排以及良好秩序被命名为合法和法律，灵魂由此变得守法有序；而这就是正义和节制……（以及）其他美德……"（*Gorgias* 504d, e.）"在每种及与之相似的事物中，都有一种恰当存在的秩序，由之赋予其天然适合于它的一种善……"对于实践理性的任何真正运用，比如真正的医学艺术（技艺），就有别于单纯找乐子的技巧（经验），比如做点心（500e5）或化妆，或修辞诡辩式的逢迎政治活动（463d），"它会考虑它所服务者的天性（自然），以及它之所为的〔那种天性（自然）的〕成因（465a4）"，并且都给出一种叙述（记录）（501a1 – 3）。

〔41〕 关于卡利克勒和尼采之间紧密关系的详细文献，可参见 Dodds, *Plato: Gorgias*, 387 – 91；关于道兹（Dodds）研究的一个简短但更深刻的评价，以及对尼采后康德主义中所植根的差异的评价，可参见 Allen, *The Dialogues of Plato*, vol. I, 220 – 1.

〔42〕 *Kata physin*…*dikaiou*：483e1（and therefore *kata nomon*…*physeōs*：e3）；also 484b1（*physeōs dikaion*），488b2 – 3.

〔43〕 482e – 484b.

强，可以强迫他接受其法律和平等取向正义的传统智慧。[44] 难道是他们的自然力量**授权**他们进行统治的吗？还是其他人的自然力量呢？从"实然"到"应然"的"推理"显然是错误的。

再次指出，有价值的生命在于免于服从他人，这一"原则性"说法被证明是述行不一的。因为（如卡利克勒所承认的）这含蓄地提出以阿谀奉承及哗众取宠为生，（倘若为了个人安全）会或多或少奴隶般地服从于多数人的欲望。[45] 而解放的生活内容就是寻求满足所有的个人欲望，这一"原则"剥夺了卡利克勒自己所有判断的基础，比如娈童那可悲的为奴欲望是没有价值的。[46] 此外，这和合理讨论（对话）之间的不协调会由演讲而变得昭然于世，因为，从往来反复的论辩中粗鲁、阴险地退出，从那对话之外并不太遮遮掩掩的警告中，柏拉图对话的读者会预测到，在经过一种修辞而非真理的审判后，苏格拉底的财产很可能会被充公，而他自己则会被处死。

IV

当然，在话语中，这些警告只不过是论证性的，针对的是如果你坚持"承受恶比作恶强"的原则，那么这些警告"原则上"就是容易发生在你身上的遭际。柏拉图所针对的读者要比讨论中的当事人更多。当某人认识到这些警告被证实时，他就会再次认识到话语是和其余实践生活无缝衔接在一起的，并且，他在话语中的行为具有道德上的重要性，这既需要通过伦理（即道德）标准，也需要论证（即逻辑）标准予以评判。当人们听到了苏格拉底/柏拉图确定真理、正义和友谊的价值，确定谎言、非正义和卡利克勒/尼采"要冷酷"的决心一文不值时，人们在听到时就知道苏格拉底选择去践行

---

[44]　488d.

[45]　521a－b with 518a－d.

[46]　494c－e.

51　苏格拉底/柏拉图所论证的理论，他确实没有为了自卫而撒谎。[47]（在以苏格拉底的审判主张作为例证时，我们并不需要认为——我认为，柏拉图也这样考虑——其中的每一个方面。）而当我们听到他认为做不义之事比承受它更糟糕时，我们所获知的就不仅仅是他将此付诸实践，还有就是，波拉斯和卡利克勒针对这种思想的行径不受欢迎，这一点到头来终将被证实，并且不会只有一次：

> ……你们决定作为一个群体来非法审判那十个将军……稍后你们所有人都将看到这一点。但到时候，作为部团长官（Prytany）之一，只有我一人反对做违法之事，并投票反对。当演讲者准备控告我、逮捕我时——你们大声催促他们——我认为，正义和法律站在我这边，我必须承担这个风险，而不是出于对监禁或死亡的恐惧而和你们沆瀣一气，作出一个不公正的判决。

> 这些事儿发生在这座城市仍是民主政治之时。但当寡头政治降临，那三十人将会依次传唤我和其他四人到圆形大厅（Rotunda），命令我们把里昂从萨拉米斯（Salamis）带回萨拉马尼安（Salamanian），以便将他处决，这样做就是准备尽可能将更多的人卷入他们自己的罪行之中……尽管寡头政治很强大，但没能吓到我，让我去做一件不公正的事儿。因此，当我们离开圆形大厅后，**另外四个人去了萨拉米斯并带回了里昂，而我则起身回家了**。要不是寡头政治后来很快被推翻，那么，我很可能会因此被杀掉。[48]

或许，去将里昂带回处决的那四个人，借以将他们与谋杀中的共谋进行合理化的是一种"情境伦理"，一种"恰当性原则"［均衡性原则（Angemes-

---

〔47〕　Cf. Habermas, *Justification and Appllication*, 63：然而，更进一步研究之后，我们就会发现，否定性权利和义务不能如肯定性义务那样主张"绝对"的效力。拯救了他人生命的一份不真实叙述和在自卫情形中的杀害相比，也并没有缺少道德性……有效规范仅在"表面"意义上是有效的。关于谎言的这种非严格伦理学，更多的研究参见 *ibid.*, 66.

〔48〕　*Apology* 32b – d（trans. Allen, *The Dialogues of Plato*, vol. 1, 95）（emphases added）.

senheit）］。[49] 也或许是出于谋杀一个波拉斯的热切，更或许只是通过一个更为高傲的卡利克勒式的耸肩了结。又或许他们是正派体面的人，对其正在进行的所作所为感到羞耻，各自告诉自己——不通过和其他任何人的"交谈"——他们所选择者为非正义、谎言和邪恶。然而，因为苏格拉底选择**回家**的后果仍在持续发酵，一直到今天（例如通过这么多世纪以来读者的心灵），我们可以判断出，试图通过评估"特定情境"——现实中，这个情境包括如此遥远、相隔如此多世纪之后我们的情景——中的各个可用选择所"承诺"的先道德好坏后果，从而得出"总净余额"，去引导道德（也就是伦理）判断，是多么不合理。"自然法"伦理（理性原则）无法包容功利主义（结果主义、相称主义）或"情境伦理"所提出任何类型的道德方法论。

52

V

柏拉图的讲话是通过他交往所塑造的人物对白、对话和讨论来完成的，并且在一定意义上有所超越。他逐个解决他读者的反思、深思，最终是内心审议。话语是在**当事人之间**（interpartes）进行的，但比这一点更根本的是，话语存在于个体的理性和意志之中。事实上，"独白"是任何有价值对话的核心，因此若将它视为"唯我论"，这难道不是非常错误的吗？[50] 从外在来说，它是静态的——或许只是暂时静态——但从内在来说，它却是反思者所进行的非常积极的思考，也就是真正友谊的价值，谣言及专横的无价值——

---

〔49〕 Cf. Habermas, *Justification and Appllication*, 14.; see also 36－7, 63－4, and passim（note the book's title）. 有伦理方法论提出，所有的规范，无论是否定的还是肯定的，都要服从于一个"特定情境"适合性的"标准"，对这一观点的批判，可例见 *MA* 16－24, 101－5；*FoE* 80－108；*NDMR* 238－72.

〔50〕 在哈贝马斯对德沃金的批判中，出现了从"独白"到"唯我论"的一种巧妙同化。参见 Haberrmas, *Between Facts and Norms*, 224－5.

同样如此的还有虚假、谄媚或盛气凌人的对话[51]——就是这样被理解、领会的，而参与这个或那个的机会则由此得以被选择或拒绝。向自己同伴撒谎来寻求进步或保护的意志——进而成为他们谎言中的同谋——之前存在的，一般且足够"自然的"是理性化的自欺欺人（尤其是在卡利克勒的类型中，他们将自己无情的坦率告诉自己及他人）。[52]

　　如果自身没有重新进行反思——没有，也就是说，无论多敏捷，人们内心运用自己的理解对经验拔高，外加内心运用对判断条件是否实现的掌握——那么，话语就是"单纯的谈话"，甚或是更糟糕的操控。[53] 因此，对这样一种内心性（inwardness）的全部内容，如果没有一种非常果断的哲学运用的话，那么，也就很难能够运用人们不可避免所信奉的形而上学真理，其信奉的方式是对"承载着人性特征的所有人平等方面的普适性和团结，进行理性确认"。[54] 如果没有那种运用，那么，人民就可能会屈从于（像我后来观察到的那样）一种"所有人"以及"人性"的界定。极为明显的是，这种界定是根据强者界定的利益进行建构的，可能需要弱者付出令人震惊的代价。因此，一个社群同样负有责任去审查这种思考的结果，并且在它最高的宪法中，对于**哪些生命要被认同属于这个社群的成员**进行规定并体现**正确的判断**——不仅仅是一种共识或民主或司法所认可批准的判断。[55] 我再次强调，在这种如此根本的权利问题上，合法性的一般标准要让位于最重要的责任，也就是对法律"人格"和权利**正确**进行定义。

53

---

　　[51]　关于诡辩（争议）话语，部分为（比如看起来智慧的欲望）恶劣推动，并且一定程度上是非理性的（比如拒绝承认所有不能被严格表明的事物），参见 Aquinas, *Sentential in Metaphysicam* Ⅳ Lect. 16n. 12; *In Pol.*, Ⅱ. 2 n. 1 [185]; *Commentarium in Libros Perihermeneias* I. 9n. 9; *Expositio super Iob* Ⅵ ad v. 29.

　　[52]　关于真理的内在逃避（遁词），see *Aquinas* 11 n. 10.

　　[53]　此外，如麦金纳尼在 *Aquinas against the Averroists*, 158 的评论：无论哲学研究可能会如何困难，也无论精巧的哲学理论之间的根本差异有多大，亚里士多德的观点仍然是，沟通和意志在原则上是可能的，原因在于商讨者都是具有共同认知信息和共同经验资料的人类。"亚里士多德的观点"同样也是柏拉图的，因此麦金纳尼的观点就是有限的，即便对于在那些认为"根本差异"并不"巨大"，而是一种可欲的，并且在某种程度上是"现代生活"的与生俱来者的人民之间的话语而言。

　　[54]　Habermas, *Justification and Application*, 15.

　　[55]　e. g. *Dred Scott v Sandford* 60 US 393 (1857). [See essay Ⅱ. 1 (2000a) at 26 - 7.]

我们很容易就会谈到柏拉图的威权主义（authoritarianism）。部分原因在于，这标记出了我们在对伦理学基础深层次研究进行解读时的幼稚，就仿佛它们是政治宣告或政治论述一般。部分原因还在于，这是一个标记（诚如我稍后将会谈到的那样），标注着对他自己基本掌握的关于人类平等在本质和权利方面的民主意义，柏拉图并不能完全运用。同样，我们也很容易且不屑一顾地谈到柏拉图的二元主义，而同样地，这种谈论也会因柏拉图全部哲学理论的不足而部分地得到证立。[56] 然而，可以更加确定的是，这种谈论本身也是我们自身的一个标志，标志着我们物质主义（materialist）的天真和对现实笨拙的不予关注。最为重要的是，或许，《高尔吉亚》中所有关于灵魂的论述，也就认为灵魂乃是人类尊严的基础，乃是一个人最重要的成功或失败的依据，这种论述完全和那个人的身体—灵魂一体性一致。关于这一点，通过反思经验、人类行为中的内在—外在，亚里士多德和阿奎那都曾明确论述过，其中，阿奎那更加确定（尽管不那么明确，但柏拉图肯定也论述过）。

例如，在我对我的伙伴说话这一行为中，我认为我的语句（utterance）传输着**我所作的**一个选择，并且在同一行为中，我同样也清楚我能被人听到的句子（uttering），看到聆听者表达出他们的理解、感觉，以及信心或焦虑，记得过去出现的误解，并希望我的表述能够表达出我的意思。我生命中的这种**一致性（包括连续性）**经验——作为一种情感上、意愿上、观察上、记忆上、理解上、物理上积极有效的推动者，或是物理效果的原因，并同时作为这种作用的承受者和接受者——是一种数据资料，对此，关于人类及其他自然现实的哲学研究可以做出充分的解释，只不过需要面对很大困难和许多陷

54

---

〔56〕 我脑海中有亚里士多德在 *De Anima* 所批判的柏拉图关于灵魂论述的那些方面，尤其是阿奎那在他的评论中所含蓄总结的那些批判（*In De Anima* I Lect. 8 n. 131）："灵魂塑造一个适合于它的身体；它不会进入一个现成的身体。柏拉图和其他哲学家只是谈到了灵魂的天性，但给出的是不充分的解释，未能界定哪个身体和一个既定灵魂同在。"同样，这一批判也能被总结为这样一种抱怨，也就是柏拉图将灵魂作为身体的发动者，一如水手是他们船舶的发动者一样，因此，"灵魂并不是作为形式，而是作为发动者或引导者而和身体结合的"［Aquinas, *De Unitate Intellectus*, c. 1 para. 5（McInerny, ed., *Aquinas against the Averroists*, 23）〕。

阱。当然，在所有对它的论述之前，我这种多维度行动本身可理解的存在，对我而言，也是一种**理解**的数据资料；正是理解、选择并传输我的选择及意义等这种资料和同一个我——这个人的存在——对此我已经真正理解了，尽管理解得尚未全面（详细解释）。（实际上，对这种首要理解，它只不过是赋予了个人理解、意愿等，而个人则能够，并且一般情况下也确实会看重这种理解、自由、自愿、存在的一致性，诸此等等。）

所以，诚如亚里士多德及阿奎那所大体（坦率而言）明确指出的那样，[57] 任何提议解释这些现实的论述都必须要和它所试图解释的复杂数据一致，而这一系列数据包括提议者做出提出行为时外在和内在的行为。唯一符合这些条件的解释将会沿着他们所论证的路径进行：正是我身体结构问题构成了那个统一能动主体（我自己），而恰好其形式和终身行为（现实）成了一个因素、一个现实，亚里士多德（在柏拉图之后）称之为精神（*psyche*），而阿奎那称之为灵魂（*anima*）。就人类动物——正是那同一种动物，其在每个个体情形中的利益，在柏拉图那里，都会如在颇有前途的"后形而上学"伦理学那里一样，会被同等考虑——从他或她作为人类存在那一刻开始，这就是那个本质不变的因素，对于每个个体都是唯一的，它解释着（i）个体活动的统一性和复杂性；（ii）个人作为胚胎、胎儿、婴儿、幼儿……和成人在一个维度——语法——复杂性中的动态统一性；（iii）个人对一般非物质思维对象（如等级，或真理和谬误，或推理中的正确/错误）相对成熟的理解；以及④这种独特个体和其他物种成员之间类的统一性。在我们这一物种的成员中，将每个个体的生活现实统一和发动起来的一个因素乃是生长性的、动物性的（有感情且自治），以及智识性的（理解、自知以及甚至在思考中通过判断和选择进行自决）。尽管这些肢体和理性力量的多重激活可能有所区别地取决于个体身心成熟和健康，但这种灵魂的本质和力量却似乎是在他或她存在之初，（完全未发展的**根本**能力）就被完整地赋予了每个个体。这就是作为人类之存在我们都拥有的尊严的根基。如果没有它，面对人

---

[57] See Aquinas, *De unitate Intellectus* Ⅲ. 3 [79]；*Aquinas* 177 - 9.

类不平等的诸多方面时，权利平等的主张就会成为无根之木。

这种话语活动的形而上学不能被束之高阁，当作一种过时的"主体性哲学"——似乎话语可以无需审议，反思主体的主体性就可以进行或解释似的——它能使一种自然法理论得以稳定、澄清实践理性对如下形态的首要原则的非推理性掌握，比如"知识"（友谊等）对我及任何人（**和我一样**的任何人）都是善。要理性确认"自然法"权利解释的核心，同样的形而上学也是不可或缺的基础：个人的选择和乞讨行为以及意志取向，必须总是对**完整**的人之实现保持开放，也就是对**所有人**及社区的实现保持开放。（这一形而上学同时也是**语言**根本解释的核心，在语言中，可理解性、物质性以及社会性，以独特的方式统一在一起，成为技术和产品，可为在精神上联合起来的人类有机体所用和理解。）

VI

事实表明，伦理和道德之间的区分，并不仅仅（如我所言）在分析意义上不正确，它还是一种范畴错误[58]（看起来，它似乎还是康德忽视行为基本**理性**的一个奇怪残迹）。同样，它对哈贝马斯的政治法律理论也具有不良的影响后果。原因在于，在那一领域的运用中，它的作用几乎和罗尔斯所作区分差不多——罗尔斯对"综合理论"和"公共理性"所作区分也是无法成立的。在每个情形中，作者都认为他所作出的这种区分使他得以将如下反对意见置之不理，但**并不寻求反驳**，也就是反对法律允许和授权故意杀害那个年轻人，或不可逆地（无意识？）损害人的生命。在《政治自由主义》中，罗尔斯在具体说明他"政治自由主义"实际如何适用时引入了堕胎的例子，但是却回避了杀死一个未出生婴儿的反对意见，似乎它不在所谓的"重叠共识"之中，或它并不"合理"。在《对批评的回应》中，哈贝马斯

---

〔58〕　我认为这是一个相当严重的错误，这些假定的实践理性领域和"伦理"理性天然是利己主义（除种族优先主义之外）思想之间的这种分歧，对一般的伦理/道德理解，以及人们通过在一般道德原则都不能排除在外的选项中进行选择的特定职业选择和义务，都是极为有损的。

56 引入了堕胎和安乐死的例子，从而回避了类似的反对意见，认为反对意见只不过是"伦理的"，因而并不会为**所有平等者之利益**关涉道德上不可或缺方面**所要求者**，而是只关涉什么"**对我们是最好的**"（也就是对这种或那种伦理观点的政党代言者而言）。如此一来，他就在话语的那种意义上将自己与和他对话的同伴分离开来了，或者说，他至少是根本误解了他们的观点，以至于和他们进行的公民对话本质上遭到了阻止。此外，最关键在于，通过合法授权故意终止他人生命，为了摒弃我们多数的人类同伴，他提出了一种极为谬误的理由/理性。这样做时，他抛弃了他自己的根本"道德"命题，也即决策的作出必须是出于**所有人**的利益；他将他自己"更广泛社群的诉求"置于一旁。[59] 在我看来，这是商谈伦理学（diskursethische）的崩溃，值得细致观察。

这里的杀害指的是安乐死和堕胎中所涉及的那些。哈贝马斯给出了这些例子，但没有展开说明。我应该假定，用"堕胎"的例子必然是指人工终止妊娠的情形，人们认为这种情况是错误的，因为他们想要未出生的孩子死亡；而用"安乐死"必然是指，杀死的依据在于，要被杀死者的生命不再值得继续（比如，因为不可逆转地失去意识）。[60]

这类杀害是否不道德并应当在法律上予以禁止？这类问题都是相当激烈的公共话语主题，并且臭名昭著。然而，哈贝马斯提出，这一话语关涉的是"从'我们'的视角来看，哪一种规制分别而言是'对我们最好'的伦理问题"。[61] 这就使得他能够指出，当讨论已经表明"无论是通过话语，还是通过妥协，分歧都无法得到解决"，那么，这一问题就必须被提高到一个新的"层面"：

> 每个参与者都必须要避开伦理问题……相反，他们必须采用道
> 德观点，并且要从之前共存的平等权利主张视角来审查何种规制

---

〔59〕 Habermas, "Reply to Symposium Participants", at 1486.

〔60〕 应该看到，哈贝马斯个人认为实践安乐死非常"让人难以忍受"——考虑到公共意见的某些特定假定——如果他的观点在法律上和社会上得到许可后这样要求的话：*ibid.*, at 1490.

〔61〕 *Ibid.*

"对所有人都同样好"。[62]

但是，规制对之都"同样好"的"所有人"似乎并不包括未出生者或不可逆转地失去意识者。"所有人"毋宁包括想要或"需要"选择这些杀害行为的那些人——所有那些反对他们的人，以及所有那些似乎漠不关心的人。"共存的平等权利"强调的并不是"未出生者和永久无意识者的平等权利"，这是那些站在所谓"伦理的"争论一边者所曾经的主张。不是，的确不是。站在争论**那一边**的任何人现在都必须——由于另一边人的"共存权利"——躲开去，让另一边的人们来选择支持他们所（无疑，常常并不情愿）建议的杀害： 57

> ……与此——必要时，我们会容忍其他群体成员，在"我们"看来，其行为在伦理上应被指责——相关的规范预期，并不必然默许对我们正直所造成的任何损害："我们"（如作为天主教徒面对"自由主义"的堕胎法）可能在伦理层面，如过去一样继续厌恶其他人在法律上被允许的执业行为。相反，法律上要求我们要对"我们"看上去在伦理上离经叛道的执业行为保持宽容。[63]

但是，所有这种歪曲都几乎超越了现实和历史上关于堕胎、安乐死及其合法化**话语**的认同问题。最近，英国议会委员会（British parliamentary committee）关于安乐死的报告解释了它反对安乐死或协助自杀的一致意见，它作出的解释恰恰是依据权利：

> 社会对故意杀害的禁止……是法律和社会关系的柱石。它公正地保护我们每一个人，体现着所有人平等的信念。[64]

当彼得·辛格（Peter Singer）和我于 1998 年 5 月在牛津哲学协会公开论述哲学问题时（参见论文 II.18），以下观点从未在任何时候出现于我们的观点

---

〔62〕 *Ibid.*

〔63〕 *Ibid.*

〔64〕 Report of the House of Lords Select Committee on Medical Ethics（Chairman：Lord Walton），31 January 1994，para. 237，reprinted in Keown，*Euthanasia Examined*，102.

中，或是，我敢说，从未出现在房间中为数众多的任何一位哲学家的观点中，该观点也即我们之中的任一方是在探讨，从"我/我的群体视角"来看什么"分别""对我/我的群体最好"，或在探讨是什么维持或损害了与正义分离开来的（如苏格拉底所说：荒谬的）"我的正直"。伦理问题是"**在我看来**什么是好的（或正确的）"这一主张中潜存着一种幼稚的相对主义，并且遭到分析哲学断然的批判和摒弃，最近的批判是在 1960 年代，方式是表明它使伦理**话语**（论证和辩论）在实践中变得毫无意义。

哈贝马斯错误地将道德论断归类为伦理的，从而摒弃了成立的道德论断。从战略上讲，这就和罗尔斯同样不经论证地摒弃统一论断是一样的，只不过罗尔斯的方式是将它们错误归类为"非公共的"，或是"不在公共理性之内"。误解的最低点出现于罗尔斯指向"天主教徒"的一句话，这和哈贝马斯引入"例如，天主教徒"极为相似，都是为了回避问题而同时允许堕胎和安乐死，因为这类"行为""并不必然意味着对你正直品性的任何毁损"。用罗尔斯的话说："在自己的问题上，他们（天主教徒）并不需要使用堕胎的权利。"[65] 所以，观点就是这样的，反对堕胎的公民是在通过一些有力的理由主张，堕胎很像是蓄奴（slave‑owning）（在安乐死问题上，世俗英国议会委员会压倒性地认为，实质上，有问题者是同样的基本平等权利问题）。这些公民的理由是，罗尔斯和哈贝马斯所维护的合法化杀害对那些被剥夺或将被剥夺公民身份的人而言，乃是强加一种根本的、基本的不公正。罗尔斯和哈贝马斯在论述中给出的回应也存在一定的相似之处：

> 作为自由公民，在你自己的情形中，你无须运用（蓄奴）、（堕胎）的权利，因此，你能够且必须要承认，在适用于我们中的其他人时，我们的法律（并且你如果干涉，我们就会对你强制执行它）是合法的。
>
> 你们自己并不需要任何这种（杀害）和（蓄奴），所以你的正

---

〔65〕 Political Liberalism, lvi‑lvii. See also Rawls, "The Idea of Public Reason Revisited", at 798‑9. 关于"Political Liberalism"平装版和"The Idea of Public Reason Revisited"之间的联系，参见 Essay 16, sep. sec. Ⅳ at 266.

直品性未遭损害，因而你应当（并且将会被迫）避开去，允许我们
在行使我们和你共存的先权利时，去（和我们的努力）"共存"，
去（和终止未出生婴儿/胎儿以及生命不值得继续的那些人）
共存。[66]

*　*　*

一种合理的"自然法"理论从未超越诉诸公共理性——关涉所有人真实
利益一致或不一致的各种选择——这种理性会在理想话语条件下要求达成一
种一般共识，同时，那些愿意并且能够对它们予以公正、充分注意的任何人
都能获取且接受这种共识，这些人**包括**那些近期或部分利益（真实的或假定
的）或多或少遭到损害者，以及如果接受这些理性为真理或依照这些理性行
为，则其现实的当前信念可能被忽略者。它从来就是这样一种理论，即力求
确保其命题的内容既符合自然、逻辑以及技术（包括语用）性条件，也符
合道德条件——在这些条件下，这些命题能够在话语中得到合理采用和确
认，并能够以行为的方式发挥作用（它总是恰好推进今天哈贝马斯所阐明的
话语原则）。因此，它就成了这样一种理论，远远超越了武断"形式"、"单
维"的"实践合理性"，后者是康德试图将之从经验主义—实用主义令人费
解的肆虐中拯救出的。

　　我认为，循着从自然法理论的理论化过程，柏拉图到亚里士多德再到阿
奎那，继而到当代的探讨，任何人都不应受到迷惑，将实践合理性的有效出
现置于"近代"哲学的周期性中——将其以霍布斯、休谟以及康德（尽管
他尽了最大努力）长期为人所知的根本错误而予以标记。然而，柏拉图、亚
里士多德以及阿奎那所做的伦理、政治理论化，尽管在近代被这般彻底地误
解了，但任何人也不应该认为它们不需要提高或超越。

---

　　〔66〕　罗尔斯和哈贝马斯论证的失败并不意味着，对于授权和资助方便堕胎、安乐死执业或打算
用核武器毁灭——在某些最终情形——连同居民在内的整个城市的那些人，与之共存是没有理由的。
对于这些问题，我也进行了进一步的研究，参见 *NDMR* ch. 13；and essay 16，at 265.

　　他们的理论将道德首要原则，以及它如何在例如黄金规则[67]中具体化的方式留在阴影之中，未能在每个人、每个行为中尊重每种人类的基本之善。他们未能领会到这一事实的含义，那就是，人类生命和健康是这些基本之善之一，需要这样予以尊重，需要这般予以公正促进；与之相似的是，他们也没能领会这一事实的意义，即作为一种和存在、意义以及价值最终来源的恰当调和，宗教是需要被尊重的一种类似的基本之善。他们用一种对恰当区别于劳役拘禁的奴隶制的批判，而未能超越他们自己对人类平等及兄弟情义的理解。由于为死刑辩护，以及为处罚（甚至死刑）某些特定虚假的宗教信仰问题辩护，此外，还因为接受奴隶制或至少是对之保持串谋性沉默（无论何种情形都是无条件的），他们的理论建构遭到了毁损。在这些以及一些其他问题上，传统表明了自己的纯粹，或是已经有些接近于这样做了。本质而言，它一直都是对行为基本理性固有指导性的一种反思，是一种友好的论辩，它扎根于理性之中，而不仅仅是诉诸任何人的"权威"，即便是亚

60　里士多德或柏拉图。

VII

　　这一系列理论如此类似于目的的自然法理论，在某些方面，又类似于结果的自然法理论，在对这些理论进行反思之时，任何人都可能会被一种重新苏醒的意识所压迫，认识到这些如此相近（即便是从地缘和文化上来说）

---

　　〔67〕尽管追寻康德，但哈贝马斯这里只引用了否定形式。他认为，黄金规则是利己主义的：Habermas, "Reconciliation through the Public Use of Reason: Remarks on John Rawls's Political Liberalism", at 117. 在经典伦理学（例如阿奎那）中，他似乎忘记了黄金规则，取而代之以一个更为普遍的要求规定，也就是如爱自己一样爱邻居，并且，出于正义基本要求的目的，人类的所有成员都应当被以邻居相待。换言之，个人运用黄金规则的自我意识曾经并且仍然是由自然法理论所要求（确实是"自然法"措辞所暗示）的，也就是去"思考一种关于世界的超验意识，即一种一般有效观点"（*ibid.*）。此外，这种意识同样也是被道德的另外一种更高层次要求所塑造的，即对人类完全实现保持开放的主导道德原则。然而，对什么才是"为了所有人利益"的关注并不会穷尽"我希望他人为我做什么或不做什么"的内容；这种内容中，**部分**是一个子理性驱动因素的问题，比如风险厌恶程度。See essay 14, sec. VII.

但又如此分裂的理论家之间的话语，具有一种非理性特征。[68] 历史如此迫切地将各个讨论者的讨论转化为一种纯粹的"学说"声音，这种责任是重大的。当探讨中的一些当事人关注于从历史（或他们对它的解读）中推导出其他人所认为可能者之时，如果没有错误地从"实然"（曾是、已经是、"多元主义事实"，等等）[69] 中推导出"应然"或"不应该"，那么，话语的历史责任就以另外一种方式被放大了。

然而，当我们中的那些人从休谟、拉塞尔等人的生活世界中，开始进入柏拉图、亚里士多德和阿奎那（以及 20 世纪那些分布在各个专业、对古代颇感兴趣的、为我们所尊敬的老师们）的友好对话研究时，进步，甚至是巨大的进步，就是可能的。[70] 很久以前，亚里士多德就开始教授极无可能语境中对话和个人思考如何取得丰富成果，教授沟通行为、内心反思以及每种其他合理行为之间不可分割的关联性。例如，他曾谈到一个柯林斯农夫，在读了《高尔吉亚》后就放弃了他的农场，来到了雅典，将他的心灵（psyche）交给柏拉图来照看。

注

哈贝马斯在《一个简单回应》(446-7) 中进行了简单回应。他认为，本章提出了 (i) 一个柏拉图主义的观点，也就是"某种思考……是知识的目的"，是一种可以通过发散推理得出的目的，以及 (ii) 伦理推理实现"对善或超善 (hypergoods) 的思考或直觉掌握"——他认为，这一建议提出了

---

〔68〕 在关于贴近人们心灵的问题上，参与教会官僚、"自由公共意见"的对话，同样的情感将会被激起（包括其具有哲学思维的支持者）：see *NDMR* 367-70.

〔69〕 在构建哈贝马斯法律理论矩阵的历史中（比如《法律和事实之间》第 145-146 页对现代化转型的论述），在我看来，有些具有和今天近乎一致的信念同样的特征，也就是，即便受过良好教育的中世纪人们也认为世界是平的（而不是一个球体）——这是 18 世纪后期或 19 世纪早期世俗论（secularist）宣传者所捏造的纯粹的虚构（see *Aquinas* 4, 16; Russel, *Inventing the Flat Earth*），然后传承到 20 世纪接受教育的人们——他们则完全无辜地接受了。

〔70〕 并且，对哈贝马斯关于"自由公共意见"的"自我转变潜力"的研究，我们可以颇有收获地解读。

(i)"常见的问题……也即要了解主体对一种独立存在的道德价值秩序的掌握如何成为可能";(ii)"实践问题,也就是如何将这种本体论假定和'多元主义现实'相一致 [cf. Rawls(Political Liberalism)]",以及和每个人追求他们自身善的概念平等权利的自由主义要求相一致";以及(iii)"道德间接是否取决于获取'真理'的优先途径的问题,如果答案是肯定的,那么,这种贵族式的认识论如何才能改变只有经平等普遍主义才能得到最佳诠释的那种现代性规范自我理解?"这些问题的答案,以及对实践理性首要原则中人类基本之善的"直觉掌握"的指引为什么不会和思考相混淆?都可以在本章中找到,也可以在引言和论文1、3、6中找到。由于一种"自由……平等权利"和"平等普遍主义"都是所谓"道德见解"的名称,因此,哈贝马斯的"问题"也就会对他们自己不利:如果理解为给出了一种论据或一系列论据,那么,就他们所阐明的"现代性"的那种(主导)类型的思维特征来看,他们也是自我反驳的。

61

第 3 章
怀疑主义的自我反驳 *

I

《法律的概念》引导、刺激我们去反思我们自己行为倾向的意义，借此， 它重新修复了法理学的活力，修复了它对其他哲学及人文学科的开放性。贯穿全书，我们都在被要求思考"当……时"，我们会说什么。但是，除了为外部事物和行为反应之间的观察及关联所诱导外，我们还被要求将这些行为模式和语言使用模式联系起来。不仅如此，同时也更富成效的是，将与这种行为和表达方式相关的外部行为及语言使用和态度、倾向、欲望、兴趣、接受、假定以及实际上也就是我们或者具有，或者能够理解为具有理性，联系起来。行为模式和语言活动模式相似，都展示着推理和意愿的模式；法理学的进步正是通过这种展示作用而进行的。

本章是对我们意志的意义所做的一个思考，这些意志关涉我们并推进我们的理解，提出问题，试图阐明以及努力使我们的见解更加敏锐。我并没有理所当然地认为，读者的欲望能增进他对作为社会现象的法律、强制或道德的理解（在第Ⅲ部分，我对存在于律师中间颇有些影响的某一恶劣论调进行了抨击，尽管有些跑题）。我只是认为，有些时候，读者只是偶然发现一种主张（或是他自娱自乐的一种想法），他希望去争论只是因为它看上去可以

---

* 1977a（"Scepticism, Self‑refutation, and the Good of Truth"），向 H. L. A. 哈特致敬的一卷论文。

争论，他去质疑只是因为它看上去可以质疑，他不赞同也是因为如果他赞同就显得太愚蠢了。

我自己进行这种思考的理由在于，我愿意就哈特的观点——也就是作为人类之善的一个方面，知识比**生存**[1]更具有可争论性、更具有可争议性——进行辩论。各个深刻不赞同意味着什么，通过对此进行审视，我希望与哈特争辩他所主张的"人们可能深刻地反对"[2]这一经典观点，即，

> 具体的人类目的或善部分是……生物成熟和成熟肢体力量的一个条件，但是……还包括……思想和性格中展示出的成熟而卓越的心智。[3]

对于在《法律的概念》相关页数（pp. 186 - 8）中的论证过程，我无意提出任何反对意见。毕竟，这些页的内容都可能由它们作者的欲望所控制，也是为了说服顽固的律师和意志坚定的社会科学家加入其阵线，一起看一看，法律和道德现象究竟在多大程度上能够通过**至少是**一种**最低的**目的——也就是生存——予以解释。此外，我也不希望仅仅在比如"人们可能深深地不赞同"这样的句子上采取模棱两可的态度，毕竟，这可能已经表明了人们只是强烈或频繁地不赞同，或常常以不赞同的方式行事。同样，我也不会臆测任何哲学或人文科学当前情境的历史原因，在这些学科中，价值"可能被"（在某种意义上的"可能"）"并且已经被质疑"，这一事实总是或明或暗地被当作方法论的控制对待。我也不会去追寻方法论决策控制论证和结论的方式，不仅霍布斯［第一个公开拒绝关注任何至善（summum bonum）者］[4]的研究，还包括表面看来明显极为不同的研究，如哈特的《法律的概念》、罗尔斯的《正义论》以及诺齐克的《无政府、国家和乌托邦》。这样一来，这种控制就严重掩盖了富勒《法律的道德性》中的意图。

---

　　[1]　*CL* 187［引用使用第一版的标记］。

　　[2]　*Ibid.*

　　[3]　*Ibid.* , 186.

　　[4]　Hobbes, *The Elements of Law*, I c. 7 §6；c. 9 §21；c. 14 §6；c. 17 §14；Ⅱ c. 9 §3；c. 10 §8；*Leviathan*, ch. Ⅺ（p. 49）；ch. XLVI（pp. 366, 372）.

相反，我关注的是推进对实践原则更为具体的理解。在柏拉图、亚里士多德和阿奎那——正确地——看来，这一实践原则是不证自明的。最能将古典和现代人文哲学区分开来的是——有人主张但同时有人否认——对人而言，真理（以及关于它的知识）如生命般不证自明，是生命一样的天生之善。我也并不希望去为任何对这一原则及其不证自明的古典解释进行辩护。亚里士多德（明显）认为真理比生命[5]更加不证自明，并且更加根本；而当代观点则认为，与生存相比，知识是并不那么不证自明和根本之善。当然，我认为亚里士多德的观点更近乎正确。但是，两种观点其实都错了：不证自明的是，无论生命还是真理，都是天生的，非衍生的根本之善；并且，人类之善的根本形式并不存在优先性、级别或等级层次。+

　　我认为（但在这个场合不能论证），生命和真理并不是人类之善的唯一根本方面。还存在一些基本之善的其他形式，可以被简单冠名为游戏、审美经验、友谊、实践合理性（包括自由和真实性），以及可能尤其粗糙地被冠名为宗教。就现代、透明词语"道德"的通常含义而言，这些并非全都是道德之善。它们最多被描述为实践理性的基本（非衍生）原则。从它们中推演（通过运用实践理性，这里不能展开说明）得出的结论，我们可以称之为道德原则、规则、义务、忠告……

　　对于根本原则的不证自明和无法证明性（indemonstrability），亚里士多德曾有过明确且确定的阐述，[6]但是，他似乎从未将其用于解决实践理性首要原则的解释问题中。事实上，弥补这一疏漏的是托马斯·阿奎那。[7]但是，尽管阿奎那对这些原则的阐述很清晰，但在神学家们为具体的道德规则谋求不证自明地位的匆忙之中，在哲学家理所当然地认为实践理性只不过是意志行为补充的理论或臆测理性的满足之中（更有甚者，还被他们误解为一种消极寻求），它们就常常遭到彻头彻尾的误解。[8]对根本实践原则的不证自明

---

〔5〕　See *Eudemian Ethics* Ⅶ: 1244b23 ff; cf. *NE* IX. 9: 1170 a26 – b14. 对于生存观念中的含糊性，我予以搁置；它们得到强调是在 Clark, *Aristotle's Man*, 19, 22, 172.

〔6〕　See *Posterior Analytics* B. 18: 99b16 et seq.

〔7〕　See *ST* Ⅰ – Ⅱ q. 94 a. 2; q. 10. a. 1; Ⅱ – Ⅱ q. 47 a. 6.

〔8〕　正确的解释参见 Grisez, "The First Principle of Practical Reason".

和无法证明的研究，本章正是一个推进。本章关涉一个特定实践原则，并且只表明针对怀疑主义的反对意见，这一原则可以被维护。然而，这种表明并非不要理解为表明原则自身的一种尝试。

真理（以及关于它的知识）是客观上值得人们追求的一种善，这不能被证明。然而，如我们所应当看到的那样，它无需任何证明即成立，并且在各种各样的所有证明中都是预设的：它不证自明。这不是说，它可以为每个人所理解和接受，即便如此含蓄。如果每个人都理解并接受它，那么，这一事实就既不再是推理原则的依据，也不再是其客观性令人信服的证据。相应地，它并不存在被普遍接受的事实，也并没有否认它的理由，也不是反对其客观性令人信服的证据。对于它所借以表述的术语，对于具有理解所需必要经验和智识的任何人（尽管我并非默示只有表述它的人才能依照它行为），它仍然是不证自明的。出于其自身原因，其他人拥有宝贵的知识，这作为一种同感经验，作为一种关联性，作为开放给某人机会的一个提醒，都是有关系的。对于人类认识的机会，本章理所当然地认为读者具有一定了解，因此本章回避了任何引发对这些机会或其价值理解的尝试，而是将本章自身限制为反驳一种怀疑主义之一的反对角色。

II

我应该使用术语"反驳论证"（retorsive argument）以及同义的"由反驳进行论证"（argument from retorsion），[9] 指涉通过表明"某一论断是自我反驳的"

---

〔9〕 因没有任何接受的英文术语，我从一种大陆用法中摘取了这一术语。如下：

Nous appelons ' rētorsion' le procédé de discussion que saint Thomas nomme *redmguitio elenchica*. Il est essentiel à cette dēmarche d'être une, *rēponse*. Certaines objections sont ainsi faites objections sont ainsi faites que l'objectant, par le fait même de son objection, *in actu exercito*, concède la these qu'il voulait nier ou mettre en doute. Porter l'attention de l'objectant sur la concession qu'il vient de faire implicitement, c'est retourner l'objection en ma faveur, c'est retorquer, c'est faire une retorsion. (Rétorquer: to retort, or to turn back) [see also Moleski, ' Retorsion'.]

来反驳那一论断〔10〕的任何论证。对于这一术语而言，这是其宽泛粗糙的特征，因而需要进一步精炼，精炼方式是通过区分自我反驳的类型来进行。

自我反驳的第一种类型例证为：或是因为它们直接自相矛盾，或是因为它们逻辑上必然出现矛盾，从而反驳它们自己的**命题**。〔11〕这第一种自我反驳的例子为这样的命题，比如："我知道我什么也不知道"、"可以证明什么都无法得到证明"、"所有命题都是假的"。略微精巧的例子为："某种事物可能并非如此"、"所有命题都是真的"。在后面的例子中，在命题的自我反驳变得明确之前，需要进行一些转换或逻辑操作和分析。〔12〕尽管如此，进行所需转换或分析的反驳论证也应当明确区分于所有的人身攻击〔13〕论证（*ad hominem* argument），后者试图表明同一个讲话人在这里主张 P，而在其他地方则主张非 P。只有同一个命题既具有"P 且非 P"的形式，或具有"P"的形式且逻辑上要求"非 P"时，这第一种类型才是自我反驳的。

自我反驳的第二种类型例证为：某种论述的出现恰好反驳了它们的内容。我应当将之称为"实用主义自我反驳"，〔14〕例如，一个人正在唱着"我没在唱歌"。实用主义自我反驳似乎只是一些琐碎的谎言，并没有什么哲学意义。但是，实用主义自我反驳哲学上的重要性在于，它将我们引入到述行不一〔15〕的观念之中，也就是某一论述所主张者和作出那一论述的事实之间

---

〔10〕　贯穿全文，我采用的都是如下标准术语（还有其他使用标准，其中一些为引文的部分作者所用）："句子"指的是一种词语形式、一种语法实体，不指涉特定的表达；"陈述"指的是所发出的宣示性或陈述性句子、一种表述某种事情的行为、一种执行；"命题"指的是一个句子中所表达的内容，例如一句话说了什么。

〔11〕　See Mackie, "Self‐Refutation—A Formal Analysis", at 195–6. 我采用的是麦基关于自我反驳的分类学。

〔12〕　关于"某种事物是可能的并非如此"，参见 mackie, op. cit., p. 195；关于"所有的命题都是真的"，参见 Aristotle, *Metaphysics*, Ⅳ. 8：1012b13；K 6.

〔13〕　术语"人身攻击论证"（*ad hominem* argument）用法非常宽泛。一种反驳论证可以被称为"人身攻击"（*ad hominem*）的谬错，知识是在一种意义上而言的，这非常不同于指向一个说话者其话语不同部分之间不一致性的论证，而是指向通过表明一个话语者的不可靠以及伪善等来损害他的主张。

〔14〕　我采用麦基的术语，因为它比其他同样的句子具有更准确的含义。比如 John Passmore, *Philosophical Reasoning*, ch. 4.

〔15〕　一个有用的回顾，参见 Boyle, "Self‐Referential Inconsistency, Inevitable Falsity and Meta-physical Argumentation" 以及那里的引用。

存在不一致。

第三种自我反驳的例证为：由于不可避免地遭到命题中**任一**主张的篡改，这些命题就不能得到融贯的主张。命题"我没在唱歌"并非这样一种命题，因为它可以得到主张，比如通过书写。与之相似，命题"笛卡尔不会说英语"和"笛卡尔并不存在"并不必然错误，即便第一个命题在笛卡尔说英语时就是实用主义自我反驳的。然而，在那种意义上，这些命题就不能被笛卡尔以英语融贯地予以主张；同时，无论笛卡尔使用何种语言或其他表达方式进行主张，第二个命题就是实用主义自我反驳的。但是，命题"我不存在"必然会由**任何**关于它的主张而证伪：如果在某一论述中使用句子"我不存在"，就必然是在陈述一个虚假命题。同样无法融贯主张的还有命题"没人能把词语（或其他符号）放在一起变成一个句子"。对于这最后提到的所有命题，我应当称之为"操作性自我反驳"（operationally self-refuting）。[16]

操作性自我反驳命题必能融贯地得到主张。然而，它们自身在逻辑上并非不融贯。同样，它们也不是毫无意义或虚无，或**语义**上矛盾。语义虚无（semantic emptiness）或语义悖论的例子为："这个句子是虚假的"，或规范"这一规范可以由三分之二多数予以撤销"。这里的各个情形中，"这个句子"或"这个规范"都不是对其他某个句子或规范的口语援引，相反，它是自我指涉的（self-referential），并不能确定任何确定指涉（definite reference）。[17] 操作化自我反驳命题具有一种非常确定的指涉，因而可以是（并且必然是）虚假的。任何这种命题之所以是虚假的，原因在于它和所给出的事实以及它所作出的任何主张都不一致。它本身并非自我反驳的，却试图主张自己**是**。

对前句中所指出的相似一点，J. L. 麦基（Mackie）以更为正式的逻辑术语进行了表达。他更愿意称，任一操作性自我反驳命题或与命题"某人主张

---

〔16〕 追寻麦基，参见 Mackie, "Self-Refutation—A Formal Analysis", at 197.

〔17〕 See Hart, "Self-Referring Laws", at 174-5, 178; Ross, "on Self-Reference and a Puzzle in Constitutional Law", at 7-17; Mackie, *Truth*, *Probability*, *and Paradox*, 242-7, 285-90.

P" 冲突，或是和"某人主张 P"所要求的某个命题冲突。[18] 这就是为什么操作性自我反驳命题被认为不融贯：人们不能融贯地主张一个自相矛盾的命题；主张一个命题 P 的人同时所隐含承诺主张的，不仅仅是全部 P 所要求的，还包括"某人主张 P"所要求的；然而，当 P 是操作性自我反驳时，那么，P 就和这些所要求命题中的一个或多个存在矛盾了。

这样一来，要研究操作性自我反驳的反驳论证，需要做的就是挑选出对话者的"隐含承诺"，也就是"主张……的某人"所要求的命题，[19] 即对话者叙述中存在和给出的事实。这就是最为有趣、最有成效的反驳论证类型。自此以后，提及自我反驳就是指操作性自我反驳（除非另有明确所指）。

反驳论证由操作性自我反驳而来，因此，即便被赋予了逻辑形式（比如由 J. L. 麦基以及本章第 V 部分论述的那样），也是通过事实来实现其效果的，而这当然不是通过一定的逻辑运作推演得出，而是由对话者以最一般的"经验"方式予以承认，注意到这一点很重要。因为"P"并不要求"某人主张 P"。这样一来，一种反驳论证的特定效力就来源于对相关事实无法避免地**接近**。自我反驳的对话者正在忽略这些事实，但恰恰正是他自己通过主张或主张（争议）的行为，创造或启动了它们。因而在这里，我们可能进一步注意到，我反驳的那个对话者可能是我自己之外的一个人，同样也可能是我自己智识的一个声音，在那一刻，在内心深处的争论中，我在通过提出问题、假定和反驳，或接受假定，来追求知识。因此，自我反驳命题可以被表达为一项主张，或是一种论证性假定，或只是作为一个开放性问题。主张 P 的人隐含承诺"某人主张 P"所要求的一切。某人思考 P 或追问 P 是否尚 68 未隐含承诺作出任何主张，然而，由于他正在考虑是否应当主张 P，所以他就是在隐含地承诺去考虑"某人主张 P"所要求者。此外，即便不是所有，那么，"某人主张 P"所要求者，大多也同样是"某人认为 P 可能是这样"

---

[18] Mackie, "Self – Refutation—A Formal Analysis", at 196, 198.

[19] 我采用麦基所要求的观念。人们也可以说含义，参见 Grant, "Pragmatic Implication".

所要求者。

当然，"某人主张 P"所要求者，很大程度上要依赖于"主张"的含义是什么。诚如麦基使用隐含承诺的概念所揭示的，一种主张只有当它被置于一个理性对话的世界中，并且是（或被当作）一种真正贡献，并且这种推进至少主要通过其正确性或理性的正当理由予以评估和判断，而不（不主要）是通过其作为一种话语的效用——填料、笑话、策略……也不是通过其作为词语集合体的悦耳之音时，那么，它才是操作性自我反驳的。如我们将会在本章第 V 部分看到的那样，当完全成熟后，反驳论证很大程度上就成了对相关主张类型的分析，这种主张类型可以**被认为是**一种推进或解决方案，针对的是：事实是什么类型的复杂争议。

Ⅲ

本部分有些离题，主要是为了说明通过使用反驳论证来揭示一个流行观点中的自我反驳，该观点尽管合法，但本身在形式上并不那么规范。

别根海特（Birkenhead）勋爵在为立法"主权"进行辩护时，被认为是该观点首先可能得到解说之时，立法"主权"也即免于对界定立法保留领域的法律规则予以限制的自由：

> 一些社群，尤其是在大不列颠，在制定宪法时，并没有感到有
> 必要限制他们继承者的完全独立性，或是认为这种限制有用。他们
> 没有坚持这样一种假定，即他们那代人具有一定程度的智慧和远
> 见，而这是或可能是他们后代所想要的。尽管事实上，他们的后代
> 对于他们所生活于其中那个时代的环境和生活必需品会拥有更多的
> 经验。[20]

----

[20]　*McCawley v R*（1920）AC 691 at 703. 本段来自枢密院的判断，在印度最高法院关于印度宪法的任何部分是否免于修正案的大争论中，本段内容是引用最多的。*Kesavananda v State of Kerala*，All India Reporter 1973 Supreme Court 1461 at 1592, 1835.

本段当中具有争议的讽刺在于这样一种机制，它既**表达了**（在报告伪装之下）**一定程度智慧和远见的主张**，又修辞性地论断了这样一种主张：反对任何人可能质疑或否认生活在某一特定时间哪些人会和任何其他时期的人一样智慧、一样富有远见，并因此会知道在他们那个时代，为了他们自己的时代，做什么是最好的。然而，别根海特勋爵的这一主张（除非只是这样一个预言，也就是智慧在某些人之间**将**不会衰退，这种语言总会容易被事件所推翻）显然可以和一种隐含但绝对的自我反驳主张相比，那就是，所有主张都是真理。因为，情况很可能会是，在别根海特勋爵的后代中（称他们为S1），可能会有某人（是统治阶级或执政党）秉持这样的观点并依此行为，也就是，**他们**的后代（S2）可能（或许因为某些特别原因）会是无知的〔或许是一般性的，或许只是和某个特定问题相关，比如他们后代可能的智慧或无知（S3）！〕。别根海特勋爵自己是不是致力于这一观点，即他的后代都（或可能）是智慧的？如果是，那么，他就既是操作性地，也是绝对性地反驳他自己。原因在于，他的主张（i）逻辑上要求他的后代（S1）在认为他的观点不正确、不智慧时是正确的，但却（ii）隐含着他对如下观点的认同（通过操作性要求），即他的主张是正确且智慧的。

当然，我在这里触及的，通常被称为议会主权正统英国观点中的悖论。在哈特对其适宜精确的表达中，这一观点约定了议会享有"一种持续性的无限力量，在不影响历届议会立法能力的所有问题上"。[21] 因此，这就拒绝了如下替代性观点，即"议会**不应当不能不可**撤销地限制其继承者的立法能力"。[22] 那么，在法律规则中，这种正统观点要如何表达或体现呢？方便起见（并且不述及哈特首要和次要规则的区分），我将颁布规则的规则描述为"二阶规则"（second – order rules），将颁布规则之外问题的规则描述为"一阶规则"。二阶规则体现了议会主权的传统观点，规定的是，一阶规则的颁布没有通过任何主题问题进行限制，但二阶规则的颁布却通过主题问题进行了

---

〔21〕　*CL* 146（哈特做的是关于这个观点的报告，并非支持这个观点）。

〔22〕　*Ibid.*，145.

限制，即通过这样的要求进行了限制，任何二阶规则，只要会和体现传统观点本身的二阶规则的运作相冲突，或对其运作构成限制，那么，就不能（有效地）颁布。然而，任何运用别根海特勋爵的论证来支持这一规则（或这一规则中所体现的教义）的尝试，都会陷入自我反驳之中。原因在于，通过任何一般原则（比如，别根海特勋爵关于智慧的暂时分配原则）来捍卫该传统规则和教义的那些人，都会因此隐含地致力于并且同时强调，他们恰好（在他们的原则中）拥有"一定程度的智慧和远见"，并且这一智慧"将会是或可能是，他们的继承者所缺乏的……"也就是说，对于任何后代而言，建立在其基础之上的原则和教义，如果他们希望将其置之不理，而且（根据**他们**将会生活于其中的"环境和必需品"）颁布与体现传统教义自身的二阶规则运行相冲突，或限制其运作的一个二阶规则，那么，这种智慧就"将会是或可能会是他们所缺乏的……"

所以，我这里偏题的理由只是为了指出，较之关于"全能"、"无限"主权等广为人知的语词二律背反或语义悖论，正统观点的怪异性存在于一个更深层之处。这里的"悖论"毋宁是怪异 t_1 时期中的怪异——实际上是荒谬——主张（并依之行为）原则（A）所有注定会在 t_2，$t_3 \cdots t_n$ 作出的决策，将会在 t_2，$t_3 \cdots t_n$ 作得比 t_1 时代更令人满意，尽管 t_1 时代也同样主张（并依之行为）原则（B）t_2 时代所作限制 $t_3 \cdots t_n$ 时代所能作出决策范围的任何决策，都没有 t_1 时代所作并依原则 A 行为的决策令人满意。

我并不是在主张议会主权正统理论教义不可避免地会既涉及 A 原则，也涉及 B 原则。该教义可以这样予以辩护：它并不是一个原则主张，而只是 t_1 时代所作且在 t_2……时代偶然重复的一个判断，而**现在**并不是限制后继议会权能的时代（也即**现在**没有有力理由）。然而这是该教义非常柔性的一种形态，因为它允许，原则上任何时候都可以是对后继议会权限采取（或授权采取）一些限制的有利时期。[23] 当有人提出，这些限制中，有些现在 t_1 时代可以采用时，现行教义的守卫者就可能会拿起某种形式的原则 A，比如别根海特的。

IV

反驳论证被用来反对怀疑主义者，不仅柏拉图[24]和亚里士多德[25]这样的，斯多葛学派[26]和奥古斯丁[27]这样的，阿奎那[28]（或多或少地）以及或许笛卡尔[29]这样的，同样如此的近代哲学家更是广泛如此，比如朗尼根（Lonergan）[30]和维特根斯坦。[31] 那么，对于否定每种价值的客观性以及善的每种形式的人而言——尽管他们并不否认真理、身份、证据、意义或存在的客观性——反驳论证能不能被用来反对他们呢？

事实上，朝着这个方向发展反驳论证的，似乎只有极少数尝试。结合他著名的"我错故我在"，奥古斯丁进一步主张，不仅在"我们在"和"我们

71

〔23〕 该教义也可以这样辩护，也就是，严格区分按照该教义决定行为者（也就是英国机构、官员，或是如果你喜欢的话，也包括"人民"）以及该教义所关涉的颁布权力机构（也就是议会）。但是接下来，"悖论"再次出现，只不过形式不再是如决策者及其后代之间的智慧与无知的不一致（或最多是武断）属性，而是变成了一个决策者（例如"人们"）和另一个决策者（议会）之间的智慧与无知的不一致（或最多是武断）属性。

〔24〕 *Theaetetus* 171.

〔25〕 *Metaphysics* IV. 4；1005b35 et seq；XI. 4. See Aubenque, *Le Probleme de l'ête chez Aristote*, 124 – 6；Boyle, "Self – Referential Inconsistency", 27.

〔26〕 参见塞克斯都·恩披里柯整理的论证，Sextus Empiricus, *Pyrrhonean Hypotyposes* II. 185 – 6；*Adversus Mathematicos* VIII. 463.

〔27〕 *De Cititate Dei* XI. 26；*De Libero Arbitrio* II. 3；*De Trinitate* X. 10, 16；XV. 12, 23；*Enchiridion* 20；*De Vera Religinoe* 39, 73；*Contra Academicos*, passim. 这些文本中，其中一些为马修斯进行了分析，他将它们解读为（用我们当前的术语）反驳性的，参见 Matthews, "Si Fallor, Sum", 151.

〔28〕 *De Vertate*, q. 10 a. 8 ad 2；a. 12 ad 7；*ScG* II. 33（And see pp. 89 – 90 below）.

〔29〕 See Mackie, "Selt – Refutation—A Formal Analysis", at 197 – 8, refining Passmore, *Philosophical Reasoning*, 60 – 4；Hintikka, "*Cogito, ergo sum*：Inference or Performance?", Against this interpretation, see Kenny, Descartes, see Kenny, *Descartes*, 42 – 8.

〔30〕 Lonergan, *Insight*, ch. XI.（Cf. essay V. 9 at nn. 36 – 43）.

〔31〕 Wittgenstein, *On certainty*, paras. 363, 459, 460；cf. also paras 506, 507, 514, and contrast para. 519（Cf. pp. 131 – 7 below）.

知道我们在"这方面，还在"我们喜爱在并知道我们在"的方面，人们会安全免于学术怀疑主义论证——如果从奥古斯丁"爱"的术语翻译出来，这里就是说：当确认我们的生命具有价值、我们对生命的知识也同样如此时，我们才是安全的。[32]

西塞罗的《荷尔顿西乌斯》(*Hortensius*) 现已流失，但奥古斯丁在阅读它时深受影响。[33] 这部作品中似乎包含着支持哲学思维的一个论证，所沿进路为，声称哲学思维不值得的人，他自己恰恰在进行哲学论证（因为论证什么值得和不值得做恰恰是在进行哲学论证）。[34] 现在，《荷尔顿西乌斯》被认为依据的是亚里士多德同样流失的作品《劝勉录》(*Protreticus*)。当然，公元 2－6 世纪，亚里士多德的评注者们建构了这一论证形式，并且在很多例证中将其归功于《劝勉录》。这种论证：① "如果我们应当进行哲学思考，那么我们就应当进行哲学思考；以及②如果我们说我们不应当进行哲学思考，那么我们就应该（为了作出这一主张）进行哲学思考；因此，无论如何，③我们都应当进行哲学思考。"[35] 然而，在古代渊源中，关于这种论证若干形式的一个比较揭示出了它的晦涩性。尤其是，步骤②极其需要澄清，并且因为需要澄清，它就容易（并且就是）在一个非规范意义上被解读。当 W. M. 尼尔（W. M. Kneale）称"我们所能最恰当主张者是'如果有任何人称不应有哲学论证，那么，就必然无可避免地存在某些哲学论证，也就是他刚刚所开始的'……"时，他所采用的正是步骤②的这种解释。[36] 对于像我们这样，为了一个实践（也就是规范性或至少是评断性）原则寻找反驳支持的任何人来说，这种解读就剥夺了利益论证。因为以下论证很显然是错

[32] *De Civitate Dei* XI. 6.

[33] *Confessions* III. iv. 7；VIII. Vii. 18；Brown, *Augustine of Hippo*, 40, 107.

[34] Lactantills, *Institutiones Divinae* III. 16（Cicero, *Hortensius*, frag. 12 Müller；also in Ross, ed. , *Aristotelis*：*Fragmenta Selecta*, 28）.

[35] 可以参见大卫和伊利亚斯的只言片语，参见 Ross, *The Works of Aristotle*, Vol. xii, *Select Fragments*, 28. Kneale, "Aristotle and the Consequentia Mirabilis", and Kneale, *The Development of Logic*, 97, 其中接受了亚里士多德是这一论证的作者，但这一观点却遭到了批判，参见 Chroust, *Aristotle*：*Protrepticus*：*A Reconstruction*, 48－9.

[36] Kneale, "Aristotle and the *Consequential Mirabilis*".

误的：（i）称哲学论证值得的人在进行哲学思考；（ii）称哲学论证不值得的人在进行思考；因而（iii）哲学论证是值得的。

这种传统差异如此之广，但近期来自这一传统的哲学家，如 C. I. 刘易斯（C. I. Lewis）[37] 和加斯顿·伊萨伊（Gaston Isaye）[38] 都对反对实践或规范或道德原则怀疑主义的反驳论证，并进行了大体勾勒。但是，由于无法区别范围宽泛的反驳论证的不同类型，他们的陈述都深受其苦，深受一种过快结合实践及道德原则之苦。因此，也就有了这里研究的可行之处。

V

我希望探究的反驳论证，（除其他外）还可以被赋予如下形式，范围相当宽泛：

对于所有 P

（1）如果我主张 P，那么我就隐含承诺"我主张 P"。

（2）如果我主张 P，那么我就隐含承诺"我主张 P"所要求的所有。

（3）"我主张 P"要求"我认为 P（是真理）"。

（4）"我主张 P"要求"我认为 P 值得主张"。

（5）"我主张 P"要求"我认为 P 作为真理值得主张"。

（6）"我主张 P"要求"我认为真理是值得（追求或）了解的（一种善）"。[39]

因而由（1）

（7）如果我主张"情况并非真理是值得（追求或）了解的

〔37〕　Lewis, *Values and Imperatives*, esp. 64 – 74, 79 – 81, 123 – 5; cf. Carl Wellman, review, *Philosophical Review* 80（1971）, 398 – 9.

〔38〕　Isaye, "La justification critique par rétorsion", at 229 – 30 n. 9.

〔39〕　括号中的术语指出了替代形式（实际上这种还有很多：理性首要原则需要有，但并没有标准形式）。

（一种善）"，那么，我就隐含承诺"我主张的情况并非真理是值得（追求或）了解的（一种善）"。

而从（3）和（7）

（8）如果我主张"情况并非真理是值得（追求或）了解的（一种善）"，那么，我就隐含承诺"我认为情况并非真理是值得（追求或）了解的（一种善）"。

73 　　但是从（2）和（6）

（9）如果我主张"情况并非真理是值得（追求或）了解的（一种善）"，那么，我就隐含承诺"我认为真理是值得（追求或）了解的（一种善）"。

因而，由（8）和（9）

（10）如果我主张"情况并非真理是值得（追求或）了解的（一种善）"，那么，我所隐含承诺的既包括"我认为真理是值得（追求或）了解的（一种善）"，又包括"我认为情况并非真理是值得（追求或）了解的（一种善）"。

因此，如果我主张真理不是一种善，那么，我就在隐含致力于形式冲突的信念。

这一论证（我之后应当这样称之）表明，我永远无法融贯地否认真理是一种善。但如果 P 似乎是真的（如果是不证自明，或是有证据或理性保障）并且永远无法融贯地被否定，那么，P 就能够合理地被确定，客观上也确实如此。[40] 事实上，这一论证能够且应当这样进行解读，恰如"客观地"术语先于术语"善"和"价值"的各个例子（在论证的后边，我会重新回到这一问题）。

这一论证的步骤（1）到（6）阐明了这里所用"主张"的意义和效力。

―――――――――――――――

〔40〕 有时，这一点会遭到否定，例如 Norman Malcolm，"The Conceivability of Mechanism"，at 71："在我们所已经阐明的两个方面中，机制的不可想象性并不意味着机制是虚假的。"但是，这种否定似乎又没有有力的理由，参见 Boyle, Grisez, and Tollefsen，"Determinism, Freedom, and Self - Refutation Arguments"，at 34 - 5.

因此，我回过来也对它们进行解释。

步骤（1）和（2）可以放到一起。如我在本章第 II 部分所评论的那样，主张 P 并不仅仅是表达出"P"（这可能的方式可以是通过朗诵课、麦克风测试、引用、背诵、文字游戏或猜谜……）。一个人的表达并不等于主张 P，除非它隐含要求某人否定非 P，以及确认 P 所要求的所有，并且要求去否定非 P 所要求的任何其他内容。这样说并不只是为了将注意力吸引到"主张"一词及其日常哲学用语中的同义词之明显特征上来，同时还是为了要表达出理性思维和话语的一个基本条件：它是融贯的。这样，现在"X 主张 P"当然就不是 P 所要求的。所以，步骤（1）就是一个实质步骤。它表明，如果有人说了 P，他并不能被认为是主张了 P，除非是他至少有（相对最低限度）足够的自我意识去承认，他正在主张 P 是真的同样也为真。没有这种限度的自我意识，相关的理性思维就不可能，而论证话语也不值得予以理会。这一点无需劳力费神。考虑到主张 P 和隐含致力于 P 要求的所有之间的定义关系（本段之前阐述的），步骤（2）乃是由步骤（1）要求。因为"我主张 P"是"P"的一个实例。 74

步骤（3）论述的是，关于"P，但我却不相信 P"形式主张，对之所做密集哲学分析（由 G. E. 莫尔发起）所广为人接受的结果。[41] 当前的反驳论证并没有涉及第三人，原因在于，步骤（3）不能被直接转换适用于第三人。因为"X"主张"P"并不要求"X 相信 P"，因为 X 可能在撒谎。［在讨论步骤（1）时，我们已经排除了 X 只是在朗诵或开玩笑等可能性］。当然，X 不诚实的这种可能性可被某种扩展（第三种）形态的步骤（3）和（8）所包容在内，得出结论"如果 X 主张真理不是一种善，那么，他就是隐含致力于自相矛盾的信念［如（10）中一样］，或者他是一个骗子"。我

〔41〕 See Moore, "Russell's Theory of Descriptions", at 203–4; MacDonald, *Philosophy and Analysis*, ch. IV; Grant, "Pragmatic Implication", at 312–22; Mackie, "Self-Refutation—A Formal Analysis", at 196.

认为，作为一种反驳论证，这种扩展形态同样有用。[42]

步骤（4）和（5）是交错的，因为将它们引入论证只是为步骤（6）作准备。这三个步骤，通过表明主张的**评断性**含义，一道将整个论证带出了一般操作性自我反驳的反驳展示。然而，步骤（4）本身很难说是冲突的，因为它成立于对术语"值得"的任何分析之前。因为，如果"我主张 P 但我并不相信 P"是一种荒谬的、无意义的且（在一定意义上）自相矛盾的评论（除非它被用于某种非直接的意义）。所以，同样如此的还有，"我主张 P 但我并不相信 P 值得主张"。记住：这里的"主张"并不限于外在表述，而是还要包括——甚至主要是——判断、确定、统一以及类似的内在运行。

步骤（5）提出了主张评断性含义的分析。它指出，我所思或所说的 P 并不能被认为是一种主张 P，除非我认为或声称 P［而既不是（i）没有认为或没有说 P，也不是（ii）认为或说非 P］，因为 P（在我看来）是真的，也即正确的、情况属实的。[43] 因为，"P（是真的）但（在主张这时）我并不在意 P 是不是真的"是荒谬的、无意义的且（在一定意义上）"自相矛盾"的（除了某些特定意义或情境）。如果读者对这最后一点有所疑虑，他们将至少承认"P，但我并不在意 P 是不是真的"剥夺了说话者的任何主张，P 都被认为是与任何非 P 的一种"深刻不赞同"；它使说话者失去了参与关于 P 或非 P 问题的任何严肃探讨。

---

〔42〕 谎言、欺骗、伪善的可能性所需要的关注，要比我这里所能给出的更为细致。在 *Presupposition of Human Communication* 中，甘地认为，"任何一项主张论述如果同时不是一种伪善主张的论述，那么就无法令人满意"（p. 15）。但是然后，和他这篇文章有所不同，他的著作"很大程度上是一种尝试，去理解'告诉某人某事的行为'（p. 14），并且将一个思考者的角色当作'寄生于讲话者和听众角色之上'（p. 140. n. 1）"。但是，他的分析在指明以下问题时仍有价值（和 H. P. Grice 不同，并且是通过对欺骗可能性的微妙关注），也就是，对于一个讲话者（S）在向一个听众（A）主张 P 时，S 是在沟通性地执行一种行为，行为**既**（i）意味着表面上 S 想让 A 相信 P（或 S 相信 P），但**同时**（ii）**并不**意味着，表面上 S 正在努力让 A 相信 P（如果这第二个要求没有被满足，S 的行为就会具有一种表面上的欺骗意义）"。如甘地所述，要理解主张（在他广泛的意义上）就是要理解，这两个表面上矛盾的要求如何并不真的矛盾。（pp. 141 - 2, 15 - 24.）

〔43〕 在对也许是已知最早的反驳论证例子（Plato, *Theaeterus* 170a - 171c）进行评论时，麦克道尔评论说：如果普罗泰戈拉所能对我们说的是"（P）"对我而言是真的，那么对你而言，它就可能不是真的。我们有理由去思考一下，为什么我们应当认为他所讲的有趣。最初之所以有趣，原因在于，他似乎是在主张真理不仅对他自己而言是真理，而且也是普遍的（simpliciter）。

步骤（6）是一个关键步骤。它的含义非常普通而直接，并且一般情况下是在成功总结一项研究大声说"好！"时表达的。然而，因为关于这些问题的哲学论断具有一种非直接的历史，所以有必要先列出误解，如下所示：

（i）"真理值得认识"要被理解为真理是一种值得追求的善，并且在人们的判断中取得是好的；而无知和错误则是要避免的。

（ii）"真理值得认识"不应被理解为具有一种道德意义或暗示，或与一种道德意义、力量或暗示不相容。同样，在（i）中，"真理是一种善"不被理解为一种道德命题，并且"真理是值得追求的"不被理解为是在说明一种道德义务、要求、规定或建议。

（iii）"真理值得认识"不被理解为是在说明知识是唯一值得追求或拥有的东西，也就是唯一的善；也不被理解为是在说明知识在所有情形下或在所有时期都要被追求。

（iv）"真理值得认识"不被理解为宣称知识是最高的善，或知识要不计成本地被追求。

（v）"真理值得认识"不被理解为宣称每一种真命题都同样值得认识，或每一种主体问题都同样值得研究。 76

（vi）"真理值得认识"被理解为肯定真理是一种天然的善，意思是：（a）"P 情况属实，还是非 P 情况属实"的正确答案至少部分是因为其作为答案的正确性而被寻找，并且不排除在一定此类描述之下，如"会满足我听众的任何诉求，无论他们是否关心正确性或能够区分正确和错误"或"首先让我满意的任何答案"或"有利于我生存的任何观点"；以及（b）P 作为真理被认为值得主张，并且不仅仅是因某些除了 P 情况属实之外的原因而主张 P 的冲动对象；收集资料、提出假设及验证它们，然而判断是否有足够的证据或理由保障确认 P，对最终应当主张的不是 P 而是非 P 之可能性，只有当进行这一过程的那个人保持开放时，这一过程才将是一个理性过程；此外，他还必须愿意考虑影响 P 或非 P 正确性的真理或相反的任何命题 Q，R，S……以及反过来影响 Q，R，S……真理性的任何命题……

（vi）（b）中所说表明，在某种意义上，真理是善的一种**一般**形式：也就是，所有正确的命题、判断和主张都参与到真理之中，但在它们中的任何一个中，都没有被穷尽实现（也没有被其识别确定）。[44] 但是，（vi）（b）所说也说明了整个论证为什么以及在什么意义上对所有 P 予以支持，尽管我们具有数不清的偶然信念（并因而作出数不清的偶然主张），我们（偶然）会认为它们是真的，但对于它们的真理性我们并不真的在意（除非，或许是出于某些工具性原因，比如想一下喝咖啡者认为今天超市里的咖啡便宜）。决定是否是认真主张 P 的并不是 P 的内容，而是特定人的倾向和兴趣。假定我们还记得上面（v）中所说的，那么，我们就可以说并不存在判断中的真理不是一种善的"领域"。称真理是一种善就是说，对于任何 P 而言，在 P 为真的地方相信（主张）P，要比在 P 为假的地方相信（主张）P 更好，也比 P 为真的地方不相信（否认）P 更好。

77　　经过这些对步骤（6）含义的澄清，我相信，它不言而喻就是真理。通过思考**主张**值得作出、值得验证是真还是假（而非流行或满意）而值得评断、值得深刻不赞同等的条件，步骤（6）澄清了的含义得到确定，这一部分的反思非常清楚地说明了真理是一种善，无知和错误要被避免，在此范围内，获取真理会生活得更好，而保持无知和错误则会生活得更糟，因而失去个人对真理的欲望就是一件坏事情。但同时，这一思考还同样表明，某人在认真主张真理是一种善（在澄清的意义上）时，他并不只是在报告，也不只是在表达他偶然所具有的一种欲望，同时他也不是在作一个道德主张；另外，他也不是在报告或依赖一种他人的普遍甚或一般信念。真理是一种善命题的不证自明性，和比如步骤（1）或（3）相比，或是比如和那些从步骤（3）和（7）中产生（8）的逻辑操作的不证自明性相比，一点儿也不怪异或可疑。

　　通过思考某人作为一个疑问者和理解者的行为，一旦步骤（6）的意义

---

〔44〕 人们很容易给步骤（6）中完成的"主张"分析另外增加一个因素，也就是只有我认为真理（及其知识）〔根据前文（iii）和（iv）的规定〕不只对我有利，而是对任何人都有利时，我才主张 P。因为除此之外，我主张 P 就不会是和他人追寻真理对话或讨论的一个真正参与。但可能更清楚的是，处理这个要求的方式也就是处理步骤（3）中真挚的相关要求方式，这是我那时提出的，也就是步骤（6）和（9）中第三人形态的一个独特特征。

和效力得以确立，那么，剩下的问题就只是：步骤（6）和（9）中所表达的信念（也即"真理是值得追求和认识的一种善"）是否真的与步骤（7）和（10）（也即"情况并非真理是一种值得追求和认识的善"）中所表达的怀疑主义信念不一致。因为，有人可能会探究"事实性"和"评断性"表达之间的区别，去论证前者信念是"评断性的"，而后者（怀疑）信念是"事实性的"，因此，唯一明显的就是步骤（10）中所出现的矛盾。[45]

但是，在整体评断反驳论证和刚刚提到的反论证时，重要的是要记得，相关问题并不是如何运用具有疑问的"事实性"和"评断性"标签。而是步骤（6）中所表达的信念是否真的和步骤（7）中的怀疑否定不一致。我已经解释了步骤（6）中的意义和效力。因此，如果有人主张并不存在真正的不一致，那么，他就必须表明，步骤（7）中的否定具有一些其他含义。如果他说步骤（7）中所否定的是真理**客观**上是一种善，那么，根据我的理解，我会回应，如果按照我所理解的"客观上"，步骤（6）中所主张的就是，真理在客观上是一种善。一个判断或信念，如果正确，那么它就是客观的；一个命题是客观的，如果有人在主张它时得到确保，而无论原因是有充分证据，或是有令人信服的理由，或是因为（对于具有经验和智识理解表达命题的那些术语的人而言）在主张它时某人所说情况属实是显然的或不证自明的。

现在，步骤（6）中关于真理之善的信念或判断或主张，就可以被描述为"评断性的"（或冠以经典术语"实践的"），而步骤（7）中怀疑主义否认可能的意图是"事实性的"（或冠以经典术语"推测性的"）。强调"事实性"和"评断性"判断之间的差异，并且确定后者并非来源于前者的推论，而是独具一格的，对此我非常满意。但是，我找不到理由去承认评断性

78

---

〔45〕　这一步骤更为极端的一个形态是这样一种主张："信念"是一个限定于事实主张内的一个术语［因而步骤（4）、（5）、（6）中的"信念"表述是形式不规范的，所以"我主张 P"时是评断性的，步骤（3）并不这样坚持］。但是，这一主张包括一些日常用法的强烈规定限制，这种限制只有在作为一种传递工具时才正当，即传递到另一不太极端的形态步骤中，对于评断性和事实性语句所作区分的重要性。对于这一步骤进一步的形态，也同样如此。在这个步骤中，可以称反驳论证形式不规范且不正确，因为"主张"被限于与评断性相对的事实性主张中。

判断不能以它们自己的方式去陈述它们似乎在陈述者，也就是，（关于人类之善，他们的机会以及他们的行为）客观上的情况是什么？[46]"事实性"判断，如"这本书是蓝色的"或"铁在摄氏 1535 度时熔化"与"评断性"判断，如"真理是一种善"，它们之间的差异并不能确保得出这样一种结论，即只有前一类型的判断可以是客观的——这种结论最多只能通过前文所提到的事实性判断和"哲学判断"（"二阶事实性的"）予以确保，比如现在这句话中所表达的判断（或它的矛盾）之间的差别与这里不同，但却同等重要。

假定某人反对指出，所有这一切都表明与由步骤（6）到步骤（7）相关，我正在假定有可能有一种融贯的信念，它同时是评断性和事实性的（这时，"事实上"是在回应"情况是"、"是真的"并且"客观的"意义上的），针对怀疑论而言，这一假定既无理由，又是一种预期理由（petitio principii）。* 我作了两个回应。其一，我对步骤（6）的解释不是无理由的，而是对主张 P 的理性行为中所涉及的因素给出了一个冷静且直接的分析；如果这一分析最终和评断性判断的非"事实性"特征的哲学主题不一致，那么，这就是否定或限制这一主题的理由［这一主题一般是与道德训诫和决议相关而制定出来的，而从未进行过先道德"评断性"判断，比如步骤（6）中所表达的判断相关验证］。其二，我对步骤（6）的解释既是评断性的，又是客观的，这并没有回避问题；当今反驳论证所为之辩护命题的含义并不是怀疑论者所确定的，而是我们自己确定的，也就是在我们主张（不证自明的）真理是一种值得追求的善（事实如此），**而后**为怀疑论者所否定时所确定的。怀疑论者只是表明，那一主张跨越了他对评断性和事实性之间的区分，但这并不能成功地提出一种反对意见。

最后，假定怀疑论（a）承认，步骤（6）中所表达的信念不仅表达出了一种他不与之争辩的评断（本身是评断性的），同时，按照我的语境，这

---

〔46〕 将真理性和客观性配诸（一些）价值判断的逻辑，较好的研究参见 Kalinowski, *Le Problème de la verité en morale et en droit*, ch. Ⅳ.

* 在证明或反驳中把真实性尚待验证的判断当作论据的逻辑错误。犯了这种错误，就不能达到证明或反驳的目的。——译者注

种信念还是客观的，并且表明了情况是什么；但是（b）指出了，他在步骤（7）内部的否定被限定于他语境的"客观"、"事实性"、"情况是什么"，诸此等等。接下来，他的否定就可以安全地被忽略了。原因在于，他现在所否认者并不是关于真理之善的经典主张所指。事实上，他的否定现在本身就十分晦涩。他用"客观的"、"事实性的"、"情况是什么"等在表达什么意思呢？通常而言，在他用来抗辩其怀疑论反对意见时所用的论证中，他的含义指明，这些论证也就是从道德信念的多样性而来，由从非评断性命题推出评断性命题的不可能性中而来的论证。但就我所解释步骤（6）中的信念而言，这些论证本身对其并不适用。

无论是否为怀疑论者，思考本部分整个论证和附属论证过程的任何人，都可能会理性地问，这十步中所列出的反驳论证并没有太多论证，它是否给步骤（6）和步骤（6）解释中的主张补充了什么？当然，任何反驳论证都是通过检验怀疑论者对事实的反对意见而发挥效力的，这些事实（包括对价值隐含致力于的承认和追求）是作为反对者的怀疑论者自身行为中的事实，或由其给出的事实。如果怀疑论者不赞同对他自己行为的反驳分析，那么，对他作为一个反对者（现在也作为一个反对意见分析者）自己的行为而言，他就必须被挑战给出一个更令人满意的分析。只有表明他的反对意见值得劳心费神时，这一分析才能令人满意。而只有它至少是偏离了最基本和最根本的怀疑论原理时，它才能表明这一点。反驳论证的效用在于，它表明怀疑论者必定要给出这种更令人满意的分析［这里，作为步骤（6）的一个替代选择］，如果他不被卷入形式上的自相矛盾中去的话。

VI

尽管你可以把玩观念，如真理（和知识）不是一种值得追求的善，但是，反驳论证应当说服怀疑论者中止无谓的怀疑。因为论证揭示了如下假定的非理性，也就是认为怀疑能够成熟而成为一种对"真理（及知识）不是一种天然之善"的正确确认。如果什么都不主张，怀疑论者就总能保持融贯

80

（因而古典怀疑论者建议存而不论或中止判断）。[47] 但这样的代价就是，他没有坚持一种观点，也即理性话语中或一种"深刻不赞同"中的任何部分。融贯并不是理性的唯一要求（动物绝不会陷入自相矛盾之中）。那么，是否有理由作出维持判断全面中止，全面免于确定和否定所要求的那种努力呢？（仅仅是无谓会很难充分！）怀疑论者对真理价值的有力掌握（尽管是被误导的）难道不是他作出这种努力的理由？他认为一种善的形式遭到了墨守成规、污秽、偏见、模棱两可、一厢情愿的思维和教条主义者（包括主动为真理的客观价值辩护的教条主义者）党派之争的腐蚀，对于这种善的紧迫而权威的要求，他的努力难道不是一种致敬？

因此，如果有人要主张真理具有其自身价值，不是因为其自身意愿，而是工具性地作为一种生存手段，那么，我们就应该作出一个三个层面的回应。其一，真理既具有工具性价值也具有内在价值，这是真的。其二，有些场合对待或认为真理只是具有生存价值的工具性的善，这也是真的（殉道者总是清醒地由于自身原因而重视真理）。但是，其三，对于真理，如果主张甚或是巧妙地假定其效力，将其作为某人对科学客观性或哲学合理性的承诺和贡献，那么，这就会不融贯（同时也是错误的）。

注

对本章的主题，1975 年的论文 8 是更早一些的研究，受到维特根斯坦《论确定性》的启发，关于这里的主题，同时还有早期运用一般伦理理论的一些尝试，这些理论在 *NLNR* 被更好地展示出来，之后又在 *FoE*、*NDMR* 和 *Aquinas* 中进行了持续的精炼。论文 4 对自我反驳再次进行了更为正式的论述，并且对当前论文的一些回应又作出了一些回应。

---

[47] Sextus Empiricus, *Pyrrhonean Hypotyposes* I, 8. 但是，塞克斯都·恩披里柯（Sextus Empiricus）继续做判断，持续不断……

⁺"No hierarchy of Basic Goods" … (p. 63). 更好的是：人类基本之善中，没有任何一个"不适格与其他之善或多或少地相提并论"（p. 244 及以下）。它们之间，具有一定的位阶——比如生命是其他善的前提，并且实践合理性优先于所有其他之善的实现——但并不存在单一的价值位阶。

第 4 章
再论自我反驳*

81   如果有人问我，或——更贴近主题一点——如果我问我自己，对于一个展开哲学探索的人而言，我们可以给出最具战略性的建议是什么呢？或对于柏拉图、亚里士多德、阿奎那和任何视这些哲学家为现世大师的人所共享的这些观点而言，什么是最重要的理由？我最简短的答案是：要确定你所提议或维护的所有论点和你正在这样做的事实相一致，要和你判断找出它们、验证它们、接受它们，并因而主张它们或提出它们以求认同这样做是善的这一事实相一致。因为，在你会碰到的观点中，尽管在哲学家中广为人所接受并声名良好，但其中有很多，甚至是大多数都会出现自我反驳，因为它们和它们因为其真理性值得接受而被认真提出的事实不一致。

I

    1970 年代牛津大学学院的高级哲学家是一个澳大利亚同事，名为约翰·麦基，人们可以从我们那时的大学同事——但之后则在匹茨堡——约翰·麦克道尔于牛津国家人物传记大辞典（Oxford Dictionary of National Biography）的描绘中看到，他的常识性哲学立场受到洛克和休谟经验主义的影响。对于自我反驳，麦基早期出版了一本非常有用也非常正确的形式分类学。[1] 有很多命题因为自相矛盾，或是因为它们要求了它们矛盾，从而反驳了它们自

---

* 2005b〔"Self‑Referential (or Performative) Inconsistency：Its Significance for Truth"〕.
〔1〕 Mackie, "Self‑Refutation——A formal Analysis".

身："我知道我什么都不知道"、"可以证明什么都无法证明"、"所有命题都是错误的"、"有可能是不可能的"、"所有命题都是真的"。然后会有一些论述，它们是实用主义自我反驳的，因为它们的出现——宣示性或陈述性语句——恰好会反驳它们的内容，比如唱出"我不是在唱"的论断就证伪了这一论断。这种单纯的实用主义自我反驳只是一种微小的述行不一类型——也就是一句话中所主张者和说出这句话的事实，或因这句话中所给出的事实之间，存在不一致。更多有趣的述行不一是在下列命题中例证的，这些命题之所以自我反驳是因为它们不能被融贯地主张，因为它们不可避免地要被关于它们的任何主张所证伪：例如"我不存在"、"没人能把词语（或其他符号）放在一起组成一个句子"。 82

这最后一种执行性（或操作性）不一致的，自我反驳命题在逻辑上不融贯，或是说无意义，或是空洞，或是**语义上**自相矛盾。比如"这一句子是错误的"，或一部法律只有一个条款："这部法律可由一个三分之二多数予以废除"。不，操作性自我反驳具有一种非常确定的指涉，因而可以是（并且必然是）虚假的，原因在于和关于它们的任何主张因由的事实不一致。它们本身并不是自我反驳的，但却努力主张它们中的任何一个**都是**。

麦基希望根据一个逻辑模板，尽可能贴近地模仿塑造对执行性或操作性自我反驳命题的描述。他更愿意说，这种命题中的任何一个都或者与"某人主张 P"相冲突，或者是和该命题所要求的某个命题相冲突。根据这种解释，这类命题是不融贯的，表现在人们不能融贯地主张一个自相矛盾的命题，并且主张 P 命题的任何人隐含着致力于主张的，不仅是 P 所要求的所有，还包括"某人主张 P"所要求的任何命题。根据这种解释，由自我指涉不一致论证所要做的工作在于揭示出述行不一，方式是勾勒出话语者的"隐含致力者"。或者，人们可以略过隐含致力者机制，继而寻求逻辑混乱或自相矛盾，继而称需要做的是揭示出"有人正在主张……"所要求的命题，也就是话语者话语中和由之给出的事实。因为，即便赋予其逻辑形式，一个自我指涉不一致论证（an argument from self-referential inconsistency）效果的实现也是诉诸事实，这些事实需话语者承认，承认方式不是某种纯粹的逻辑操作，而是日常的"经验"方式。因为 P 并不要求"某人主张 P"。因此，自我指涉不一致论证特有的效力就来自于和相关事实无法避免的贴近性（proximity）。自我反驳的话语者忽略了这些事实，但它们本身却在由他们的主张（争议）行为创造或例证它们。

83   我指出其主张时的自我指涉不一致，借此来反驳其主张，这个话语者可能是我自己之外的一个人，也同样可能是我自己智力的一种声音，在那一刻内心的争论中，我通过提出问题——向我自己提出它们——通过假设和反驳，或接受假想来追求理解和知识。因此，操作性自我反驳命题可被表达为一种主张，或是一种争议性假定，或就只是被表达为一个（表面上）开放的问题。某人在考虑 P 或追问是否 P 时，他并没有隐含致力于主张 P（或在那个问题上主张非 P），然而，由于他在考虑是否应当主张 P，因此他就是隐含致力于考虑"某人主张 P"所会要求者。此外，即便不是全部，那么，"某人主张 P"所要求者的大部分也同样是"某人认为 P 情况属实"所要求的。

当然，"某人主张 P"要求什么，很大程度上取决于"主张"是什么含义。如谈及隐含致力于所指出的，一种主张，只有当处于一个理性对话的世界之中，并且是（或被当作是）真实致力于这种对话时，它才会是操作性不一致，而这至少主要是通过其正确性或理性正当性予以评估和判断的，而不是（或主要不是）通过其作为一种语料（conversation-filler）、笑话或策略的效用予以评断，也不是通过其作为词语集合的和谐予以评断的。当提出时，源于自我指涉不一致的论断，很大程度上其成功有赖于对相关类型主张的解释，对于事实是什么的某些重大理性争议——或内在争论，这些主张可以被考虑作为一种推进，或一种解决方案。

II

柏拉图或苏格拉底式哲学方法的核心之处在于，揭示出了话语者的不一致。现在，表明一个话语者的不一致，既不意味着他所提出的不一致观点的错误性，也不意味着他需要承认这种错误性；相反，这只是意味着哲学观点中有一点是错误的。但是，有些时候，如在《泰阿泰德篇》（*Theaetetus*）中，所表明者却是被苏格拉底称为"极致精美"的那种结论（171a）："（想象的）话语者（普罗泰格拉）所主张的命题是自我反驳的。"我认为，在麦基分类学中，第一类这种自我反驳，是真正的述行不一：普罗泰格拉关于人类的论点相当于（苏格拉底所认为的）这样一个论点，即每一个主张的命题都是真理，这就要求指出那一论点错误的每一个主张都正确。这种展示，在形式上似乎是一种归谬法（reductio ad absurdum）——如果事实如此（如果 P，那么非 P），那么，就非 P。如果这样，它就极类似于对归谬法的一种补充，即为人所知的"可敬之果"（consequentia mirabilis）：如果情况确实如此（如果非 P，那么 P），那么 P。但在柏拉图那里，要表明"如果 P，那么非 P"，这似乎要取决于一个偶然事实，也就是有人宣称非 P。然而，关于 P 是否为真存在着内部争论，争论方式是反思如果它是真的，那么非 P 就会是真的——归谬法，即如果注意到这种内部争论可以取代对话者（可能作出也可能不作出主张），那么，就能够绕过这一困难。[2]

在《形而上学》4.4 中，亚里士多德已经表明，真正、实用主义的述行不一通过对矛盾的激烈怀疑论，同时也通过反驳多少有些激烈的怀疑论者策略，得到了例证，而其方式则是表明：他们无法避免的自我指涉不一致，乃是先由斯多葛学派提出，继而由奥古斯丁推进的。奥古斯丁在其"我错，故我在"基础上进一步主张：我们不接受怀疑论者的主张，不仅是从"我存在"和"我知道我存在"这一方面而言的，还是从"我们想存在，也知道我们存在"这一方面来说的。这进一步的主张等于是说，当我们确定我们的生活本身具有价值，并且我们的知识也同样如此时，我们是安全的。然而，对此以及源于自我指涉不一致理由随之而来的哲学探究，比如笛卡尔（或许）、朗尼根、维特根斯坦以及葛利斯（Grisez）的研究，奥古斯丁并没有做

〔2〕 关于归谬法（reductio ad absurdum）和可敬之果（consequentia mirabilis）之间的关系，参见 Nuchelmans，"A 17th‑Century Debate on the *Conseaquentia Mirabilis*"，at 43，57.

出任何努力，从而没有给出一些明确理由，并没有努力将这一策略用于关于价值的激进怀疑主义之中。直到 20 世纪中叶，这种努力才由 C. I. 刘易斯和加斯顿·伊萨一（Gaston Isaye）做出。不过，在我看来，这些不同的思想家都没能区分源于自我反驳的不同主张类型，从而过快地将时间和道德原则交相杂糅在了一起。因此，在 1970 年代中期时，约瑟夫·波义耳（Joseph Boyle）对"自我指涉不一致以及形而上学论证"进行了细致研究。受此鼓励，他将他、葛利斯及托勒森（Tollefsen）策略、有力适用于决定论者对于存在自由选择的否定，同样首次鼓励，[3] 同时也受到葛利斯著作中策略对于上帝存在和性质坚决、令人信服、卓有成效适用的鼓励，[4] 我勾勒出这样一种主张，并为之声辩，即真理是一种（并且不仅仅是工具性的）善，这种主张
85 不会融贯地遭到否定。对于这种主张，高度浓缩的版本如下：

> 怀疑论者提出知识不是一种善，这是操作性（执行上）自我反驳的。原因在于，如果有人提出这样一种主张，打算将它用作对理性探讨的一个严肃贡献，那么，他实际上隐含坚持了这样一个命题，即某人认为他的主张值得作出，并且是值得作为真理作出；这样，实际上他就是坚持这样一个命题，即某人认为真理是一种值得追求或认知的善。但是，某人最初主张的意义却恰好是，真理并非一种值得追求或认知的善。如此一来，该人就隐含坚持着形式上自相矛盾的信念。[5]

但是，麦基式将这种论证转向表明其形式自相矛盾的驱向，却掩盖了论证的核心之处，即要引出某人在主张 P 时所要求者是什么，也就是当某人在主张 P 的同时也在接受（确信）P 是真理（是正确的，情况确实如此）。因为"P 但（在作此主张时）我并不在乎 P 是否为真"是荒谬的、无意义的，并且（在一定程度上）是自相矛盾的（除在一定特定意义或语境中），或者

---

〔3〕 Boyle, Grisez and Tollefsen, *Free Choice: A Self - Referential Argument*, 122 - 38.

〔4〕 Grisez, *Beyond the New Theism*, 111 - 13, 133 - 4, 172 - 80, 349 - 53.

〔5〕 *NLNR* 79 - 5（recast in impersonal first - person syntax）.

至少说，这使得某人失去了将自己的主张作为——甚或就单纯是"主张"——对关于 P 亦或是非 P 之严肃探讨的一种贡献，或是反思。[6] 当然，也可能为了探讨其意义，"出于论证之因由"而**认为是** P。然而，即便是这种探究，由于其局限的目标，对于即便不是关于 P 的真理性，至少也是关于某些认识论上与 P 相关联的其他命题，除非那些将它们传递出去者正在努力达成一个判断，否则很可能就会错误地传递信息。而从谈论一开始直到结束，将 P 的真理性悬置起来的意愿，都要求关于 P 的所思所言将仍然留待未决，即便在探讨过程中已经主张了不同的逻辑关系。[7] 当然，在人际对话场域，仍然可能存在这样的情况，也就是 P 主张及其所要求主张（S）人们相信 P 作为真理值得确信（并因此适合于主张），每一个都是谎言。但是，一个谎言同样也无助于严肃的探讨或反思，关于任何人对于所（故意）主张者，也并无任何观点。[8]

　　马修·克莱默（Matthew Kramer）曾试图反驳真理天然之善中自我指涉不一致的论证。他提出的第一个主张是，因为所有的论证都表明真理可以仅仅是工具性的善，甚至怀疑论者对真理固有之善的否定也可以避免自我反驳，方式是"宣示自己"仅在工具意义的方式上具有价值；而怀疑主义的主张本身"通过将它们自己及其真理性定性（仅）为工具性的善，从而赞誉它们自身的真理性"。[9] 因为这种仅为工具性的宣示和自我定性毫无意义，除非真理应为工具性（而错误、混乱和无知则不是），所以这一主张失败了，并且克莱默去确定这种目的的仅有姿态——"将人们从浪费时间和精力在不

86

---

〔6〕　阿列克西提出，按照如下形式宣布的司法判决命令中，存在着"这个意义上的履行矛盾和概念瑕疵"："被告（据此）被判处终身监禁，这是对现行法的一种不正确理解"。他的论点假定法官的权威可被穷尽地描述为"根据解释法律规范去正确适用现行法律"。参见 Alexy, *The Argument from Injustice*, 38 – 9.

〔7〕　克莱默称，即使人们对"P 的真理缺乏兴趣，但他仍然能非常诚恳地主张一个命题并接受该命题所要求者，同时为了掌握其意义而为之声辩……而不是去决定其真理"。在这一点上，克莱默是错误的，同时，他还错误地称这等于是"一种 P 或非 P 的严肃谈论（或真诚争论）。参见 Kramer, "What Good Is Truth?", In His *In The Realm of Moral And Legal Philosophy*, 11 – 25, at 13.

〔8〕　说谎者所作的是一种外在主张，并不反映其内在主张，也就是说，并不反映什么相应判断。关于 P 的判断构成了一种关于 P 的内在主张。

〔9〕　Kramer, *In The Realm of Moral And Legal Philosophy*, 15.

具有工具性效用的真理性中解救出来"——也将不起作用：如果真理天然是善的，而关于它的知识天然具有价值，那么，就可能存在这样一些真理，即取得关于它们的知识并不是浪费时间和精力，即使它们以及关于它们的知识"并没有工具性效用"。对于重大有趣问题的无知及困惑，被认为本身就是坏的，而相反则被认为天然是好的，这显得很有道理。实际上，如果认为存在着某种真理，我们可以了解关于它们的知识，那么，就将永远不会具有任何作为真理进行思考或是作为其他某种目的的任何额外价值，从真理内在关联性的视角来看，这是不合理的。由于以上两方面的原因，探究真理价值怀疑论的真理性或谬误性的研究者，都不会预先认为发现和思考没有工具性价值的真理会是一种浪费。克莱默也承认，关于真理，纯粹的工具主义"很可能会被悖论所误导……而深深地割裂"。

克莱默的第二个主张是，从（*A*）（"我主张 *P*"要求"我认为 *P* 值得作为真理主张"）中推论得出（*B*）（"我主张 *P*"要求"我认为真理是一种值得追求或认知的善"）并不合乎逻辑。克莱默说，在某人的表述中，真理性的价值很可能只在于"表述本身"的价值；并且，尽管人们可能理解一般真理的价值，但人们对自己真实表述之价值的承认并不意味着他"在逻辑上要受制于"承认一般真理的价值。同样，这一观点也误解了论证，该论证并不试图从（*A*）中推出（*B*），相反，按照我的勾勒，它是将（*B*）作为一个命题提出，该命题的含义一旦被完全清晰界定，那就是"不证自明的真理"。[10] 命题（*A*）不过是对"命题评断性意义"的一个初步探究。[11] 命题（*B*）的阐明则是"通过思考在何种条件下主张值得作出、值得检验、值得评断为真理或谬误（而非流行或令人满意）、值得深深地不赞同……"[12] 这里的阐述涉及一系列问题，包括承认"真理值得认知"，既不宣称，也不认为，每一个真理都同等地值得认知或每一种主体问题都同等地值得探究。

87

---

〔10〕 论文 3 的第 77 页中，强调（*B*）并不是从（*A*）中推出的，我的意图在于（*A*），同时解释了为什么我会这样做，参见第 72 页和第 74 页。但是，在对这些"步骤"出现的"推理链条"进行重述时，克莱默综合了这一裂痕，也忽略了解释——这是他未注意论证特征的一个标志。

〔11〕 *Ibid.*, 75.

〔12〕 *Ibid.*, 77.

对于这些问题，我可以补充一点，也就是，当克莱默提出"（此种或一般）真理值得认知"时，这与不向持斧杀人者披露他打算伤害对象下落的义务不一致，这时，他已经在开始举例证明关于他这第二个反对意见。在我看来，这并不是说，不去告诉凶手这一真理的义务，[13] 并不存在着这样的倾向，也即表明真理及其认知并不是一种天然之善。和所有其他天然之善一样，从人类生命自身，或是友谊，或是忠诚，或是真实，真理及其认知在具体实例中，都可能会被误用，并对其他善或同一善的其他例证起到破坏作用，并因而导致恶的产生，而这种恶（克莱默所称的"令人厌恶的结果"），[14] 根据黄金规则或其他一些公正原则，这是人们负有义务应予以阻止的。此外，同一种天然之善的善性（goodness）并不要求不能存在这样的环境，即在这种环境中，人们自己对某种善例感兴趣，甚或是人们自己以另外一种天然善之代价对那种善感兴趣，会是错误的。假使这些均有可能，那么，克莱默第二种反对意见中的主要错误就和第一种中的错误一样，都源于他专注于语句，实际上也就是他人的语句——他人所宣示或可能宣示——而非专注于主张的主要内容：人们对一个命题内在赞同所构成的判断，对于这里的命题，人们的真理—认知—寻找式探究，期待着某种这样的判断，并将其确定为具有真理价值，进而具有真理的可主张性（assertability）——作为范例的可主张性。+

对于克莱默第三个也是最费尽心力阐述的反对意见，这种意见也同样存 88 在：人们可能会悲痛地后悔发现真理。例如，（他认为）上帝并不存在的真理，甚至人们会陷入对自我及他人的憎恨之中，因为是他们促使着某人与他人分享了这同一种真理，但对于他们而言，这种真理并不是一种善，相反，它是某种会造成伤害甚或毁灭他们的某种东西。我将巴洛克似的尼采哲学式修辞浓缩为一到两页。但是，该修辞却最终结束了游戏：吉尔是他剧情中一个充满愤恨的角色，她"凶狠地"想去伤害和破坏真理，在她的思想中

---

〔13〕 克莱默的论证认为，在告诉谋杀者自己所知的一切和对他撒谎之间并不存在含糊地带（tertium quid），因而也就忽略了关于撒谎的核心道德传统，对此可参见 *Aquinas* 154 - 63.

〔14〕 Kramer, *In The Realm of Moral and Legal Philosophy*, 17.

（因而在她的角色创造者克莱默看来），真理是，他们现在所平静且乐于接受的错误信念，这些信念乃是"自欺欺人的"、"遭到迷惑的"、"蛊惑欺骗的上当者"。[15] 无论怎样，这些诨名中的贬损之意都传递出了非自欺、未遭到迷惑、未成为某种谎言受害者的天然之善，而无论这些谎言多么令人安慰、多么持久。再次指出，要判断某种东西为天然之善，并不是去判断或认为该善的实例绝不能出现不恰当的情形，或是该善永远不会有负面作用。而是说，克莱默关于谎言受害者的修辞，对于他描述的剧情，或是对于他所要努力揭示出的反对意见及其论证而言，都是并不必要的思想，但无意中，这却成了一种自我反驳的上佳实例。

Ⅲ

如果源自自我指涉不一致的论证遭到了诸如克莱默等反对者的误解，那么，它们就几乎全部遭到某些运用它们的研究者的类似误解。在《见解》（insight）中，伯纳德·朗尼根（Bernard Lonergan）对于经验主义的批判具有很多无法超越的价值，并且在我接受教育的关键阶段中起着巨大的帮助。但是，在《见解》第四章中，当他宣称任何试图修正他对知识及其形式解构所作解释的努力都因（自我反驳）而"注定错误"，这时他是错误的。[16] 想象出和它们本身完全相容，并且和提出它们、论证它们也同样完全相容的修正，事实上是完全可能的。此外，这些修正可能是非常重大的，修正的可能是整个解释——比如为《推理》留出恰当空间并进行阐明，以之作为《见解》中所忽略的认识论上的关键因素或重大要素。如果这样论述，则是错误的：

> 认知理论和其他理论不同，（原因在于）其他理论只是通过冒
> 险纯粹假定来得到解释，但认知理论获得解释并不需要这种冒险，

89

---

[15]　*Ibid.*，20-1.

[16]　Lonergan，*Insight*，336.

而且由于它并不包含纯粹的假想因素，因此它不是重大修正的对象。[17]

原因在于，事实上，关于要认知什么、所做出主张的过程中会涉及什么的哲学解释，并没有特定的方法。此外，如阿奎那所解释的那样，当分析我们要认知的知识时（这正是认知理论的基础），我们并不能说我们理解了，除非是直到我们理解了某种东西，并且这种东西——认知的一个对象——首先不能是认知行为本身，并且同样不能被视为"只是假定的"——如果对于作为认知理论基础之理解的理解本身并非"只是假设的"。认知理论所能够取得的真理，并不存在特殊的形而上学必要性，不存在卡尔·拉纳（Karl Rahner）所谓的那种超验［亦和绝对的（后者的降级版）形成对比］必要性。他们并不处于某种"第三个层次"或"发展人类意义的平台"之上，从而超越（i）只是做的层次以及（ii）"古典意识"，该意识存在于后来朗尼根并不那么历史性思维中运用的（iii）历史意识。[18] 可以说，源自自我指涉不一致论证所确保的那种真理，其特殊之处恰恰在于——人们既想多要，又不想全部都要——对于它们的辩护（挑明它们的保证性），这种辩护尤其得到对于特定事实**接近性**的推进，（也就是说）这里的事实出现在研究、主张或**否认**它们的行为之中。

相对而言，阿奎那很少运用源自自我反驳的论证。对于这些怀疑论，阿奎那有着清醒的认识，但在那个时代他并不急迫地广泛处理它们。[19] 就我所见，他的论点中，最原创也最深奥的部分乃是对那些人（常常被称为拉丁阿威罗伊学派）的反对，该学派认为存在着一种智力，并且主张这种智力不

---

〔17〕 *Ibid.*, 342. 这一主张涉及"纯粹假定"术语的使用，武断而站不住脚；同时还包括对于认知理论中主体问题之外的一些问题知识的贬损，而这种知识对于认知理论而言，一旦离开，其本身就无法作出正当的主张，或者就会化约为唯我论。

〔18〕 参见论文 V. 9（1992d），第Ⅳ部分对朗尼根历史意识理论的阐述和分析。

〔19〕 无论亚里士多德还是阿奎那，都不认为源自自我指涉不一致的论断是原创或新颖的。他们似乎认为——当然是正确的——源自自我指涉不一致的论断不仅是正确而重要的，而且是所有有教养、常识以及简单真诚反思的组成部分。注意到这一点很重要。参见 *Sententia super Metaphysicam* Ⅳ. 6nn. 12 – 15（607 – 10）；Ⅳ. 17nn. 7 – 8（742 – 3），Ⅺ. 5n. 13（2223）；Ⅺ. 6n. 22（2246）；*In Post. Anal.* Ⅰ, 44n. 10；*In Eth.* Ⅵ. 5n. 8（1182）.

过是某种类似原动力的东西，实际上，它恰恰是某人个体现实形态的塑造性构成部分，而非只是其中一部分。此外，如果我支持这一论点的话，那么，论题与之不一致的事实则恰好是我将自己视为例证的事实，即据"我理解"所主张的事实。但是，最早在其《真理论》（*De Veritate*）中，阿奎那就作出解释，理解和认知事实的方式有两种：（i）以一种快捷非解释性，但却真正理解性进路，以及（ii）以一种解释性进路，通过这种进路，我至少理解要去理解者本性的某些东西。[20] 这些进路中，第一个是某人自己对某人自己在场的那种理解（作为理解，作为想要理解，以及作为喜爱——或诚如我们可能会说的那样，珍视——这种理解）。[21] 这并不是人们对其所犯的错误。然而，这种理解究竟属于何种现实呢？当我们试图给出解释时，错误就都非常常见了。要理解的智力，将会真的被解释为所有理解者都以某种方式共有的一种智力，作出这一主张会涉及自我指涉不一致，而要展示出这一点——作为主张者所理解的那种否定——就要进行积极的哲学研究。同样，对于人们进行思考、论证以及对话——名副其实且值得关注——的意义，要不受我所探讨过的那些因素干扰而将其展示出来，也需要投入哲学研究，而这实际上隐含着承认，真理及其知识的天然之善乃是值得追求的一种善，而无论通过追求或探索某一种可能为真理的答案所取得的其他收益是否具有前景。与之相似，对于波义耳、葛利斯以及托勒森（Tollefsen）而言，要表明人们是否曾经做出过自由选择的理性研究（以及话语）预设了研究汇总的合理性规范，也需要进行积极的哲学研究——这些规范之所以是规范性的，恰恰是因为可能会选择忽略或是违反它们，因而从未做出过自由选择的主张者就反驳了他们自己的论点。

---

　[20]　*De Veritate* q. 10. a. 8c.

　[21]　*Sent.* I d. 3 q. 4 a. 4c: "ipsa anima [est] naturaliter sibi praesens... quantum se intelligit, tantum se volt et diligit".

IV

对于我开头时提出的问题，我一个也没有直接回答：柏拉图、亚里士多德、阿奎那以及我们将其作品视为精致指导的那些人，对他们是否要感兴趣？对于抱有这种疑惑者而言，我们能够给予他们最重要的方法论保证是什么呢？现在，对于这个问题，我给出的答案已经非常明确：这些哲学，就其主流而言，和阐明它们的这些研究中所例证的事实以及设定的评断是融贯的，对于所有希望从大师那里直接或间接学到以及能够学到、应当学到的那些人而言，出于正确回答重大问题之原因，对它们提出他们自己的独立追求时，可以预期的成果是丰硕的。　91

注

   ⁺克莱默首要的两个论点……（at nn. 7 – 13）。在《真理而非结果：为什么哲学不重要》一书中（Fish, "Truth but No Consequences: Why Philosophy Doesn't Matter"）的 390 – 397 页中，菲什对克莱默首要的两个论点给予了支持，并从它们当中推出激进的结论（子标题中明示），也即真理（它们确实）处于一个完全独立于"日常、俗世"的历史或道德命题之外的"层次上"，而从这个层次到其他层次，人们（无论从哪个方向）都是**无法企及的**。和克莱默相似，他关注于语句，也忽略了判断，所以也没能注意到在努力做出正确判断行为中所例证的日常、平凡事实，而这些恰恰有助于证明关于真理价值的这些命题，并且反过来支撑着人们所具有的关于日常道德责任的命题。原因在于，真理——人们自己的以及他人作出的真理判断——乃是一种基本的智识之善（这种责任当然不包括向每位探究者揭示真理的义务，无论他们对人类之善报有多大的敌意）。

第 5 章
伯纳德·威廉姆斯论真理的价值 *

I

　　《真理与真实：谱系学论文》（2002）是伯纳德·威廉姆斯出版的最后一本书；在他死后的第二年，讣告写作人广泛评价其为当时首屈一指的英国哲学家。恰巧，威廉姆斯在道德哲学方面最富内涵的作品为《伦理和哲学的限度》（1985），而 H. L. A. 哈特最后的哲学出版物是对它的评论。[1] 这两人都曾以牛津方式研习哲学：首先从柏拉图和亚里士多德开始，通过紧凑、批判性的论证，然后论述到启蒙运动和现代。他们两人都开设了有关柏拉图的完整讲座课程——尽管威廉姆斯的课程更广泛——他们都异常精熟于我们哲学的起源，因而都能作为当代哲学方法和观点的典型代表。在《伦理学》一书中，威廉姆斯认为，伦理和道德缺乏理性基础，在对本书的评论中，哈特认同了威廉姆斯的这一观点；对于某些"厚重的"伦理判断——例如"勇敢"或"残忍"——特定文化在其范围内已经规定了用以判断某人行为或性情是勇敢抑或残忍的事实；但没有更为一般或普遍的伦理真理，也没有关于什么是义务性的、正确的或错误的道德真理。

　　威廉姆斯《真理与真实》一书中的项目，由如下术语宣示出来：

　　　　探究重估真理的价值能到何种程度，在西方，直到目前，柏拉

＊ 2008a, secs I - II. For sec. III, see essay V. 8; for secs IV - V, see essay II. 7.

〔1〕 Hart, "Who Can Tell Right from Wrong?", discussed in essay IV. 10 (2007b), sec. V.

图和基督教式的形而上学都为真理提供着主要来源，若从完全不同的视角来看，如何才能理解它们？[2]

之所以要对"真理的价值"进行"重估"，是因为如威廉姆斯所言，现　93 代思想和文化里存在一种非常突出的怀疑，即"对真理本身的普遍怀疑……以及我们是否应为此烦恼"。[3] 尽管威廉姆斯并未言明，但该书一开始，对真理的存在（及其价值）持怀疑态度的否认者们所遭遇的古典辩证法，就进行了相当有力且成功的简要阐述。[4] 这种辩证法的展开方式为，展示出那些否认意见是如何自我反驳并且依赖于其所反驳的对象的，"将他们……所能抓住最后的救命稻草堕入尘土"。[5] 后面章节遵循的方法，乃是源于大卫·休谟，此外还运用了虚构、历史的谱系学方法，借以显示"非常基本的人类需求和局限，尤其是合作的需求"。[6] 何以如此，以致"每个社会不仅需要它们作为一类性情而存在——如威廉姆斯视为美德的准确性和真诚性——而且需要它们具有本质上而非纯粹功能上的价值"。[7] 在这一论证中，确如威廉姆斯所言，"一个哲学的例子"[8] 嵌在引人注目且不断重复的论点中，这个论点即"真理本身的概念——也即，在与语言、意义和信念的关系中，真理的基本作用——不具有文化多样性，不因时因地而异"。[9] 世界各地的人们早已有了真理的概念，实际上，他们有着相同的真理概念。[10]（人们拥有非常不同的真理理论，而这些真理理论则恰恰显示出他们对真理概念

---

〔2〕　Willlams, *Truth and Truthfulness*, 18.

〔3〕　*Ibid.*, 1.

〔4〕　See *ibid.*, 5.

〔5〕　*Ibid.*, 19.

〔6〕　*Ibid.*, 38.

〔7〕　*Ibid.*, 42, with 44 and 59.

〔8〕　*Ibid.*, 39.

〔9〕　*Ibid.*, 61.

〔10〕　为避免误解，要注意"真理是个普遍概念"的意义虽然对于理解人类能力很重要，但本章考虑的问题对另一种相当不同的意义（即使它预设了理解和判断"为真"的普遍人类能力）的兴趣更大，即"真理的标志"。我们理解了断言"*P* 为真"意味着，个人相信在理想的认知条件下每个人同意这种判断时都会谈及它。参见大卫·威金斯探究真理所进行的讨论，in *FoE* 63-6.

的歪曲程度。[11]）例如，"世界上所有人都明白关于最近发生了什么（如刚发生的）的陈述是真的"，"就是真的罢了"。[12] 并且，这种普遍概念认为真理是有价值的：

> 我想知道事情目前的情况，并真诚提问，目的在于求得一个真实的答案。论断能被评价为真理，如果不能，则不是论断。对信念和论断为真的评价是值得赞成的……就此而言，真理必须被当作一种价值。[13]

真理在**何种**程度上是一种价值——是否因其本身原因，所以它才具有天然价值，威廉姆斯将其留待后文讨论。现在让我们来看他对怀疑主义的辩证批判。

这其中一部分是对弗里德里希·尼采最小化怀疑的一种努力，威廉姆斯对尼采的伦理立场很同情，但是许多后现代否认者采取了更泛化的立场——"我们应该完全放弃真理的价值"。[14] 威廉姆斯引用尼采后期的作品表明，即使在尼采积极生活的晚期，他仍致力于"真理性（truthfulness）价值，其中包含发现真理、坚持真理，尤其是对自己言说真理的需要"。[15] 威廉姆斯对尼采的贡献的评价淡化了尼采自己出于无聊提出的反证，并且在《道德谱系学》（1887）第三部分"真理的价值"（威廉姆斯之前的尼采的措辞）[16] 中，对其自相矛盾之处进行了言辞犀利的评论。在这一论证中，威廉姆斯采用了《道德谱系学》中真理部分的小标题和课题研究方法的名字（不仅仅是名字）。

---

〔11〕 *Truth and Truthfulness*, 163. See also 276："正如我们将认识到的那样，古代（希腊）真理词汇的丰富性和复杂性并不意味着缺乏真理的概念。实际上，只有当它存在，同一文化里的人们以其为准陈述事情为真，质疑它们是否为真，认其为真并予以通过，等等，我们才能理解这个含义丰富的词汇究竟意味着什么。

〔12〕 *Ibid.*, 160.

〔13〕 *Ibid.*, 84. 威廉姆斯立即强调这为论证"真理是不是一种价值"的问题开辟了空间。

〔14〕 *Ibid.*, 13.

〔15〕 *Ibid.*

〔16〕 See essay Ⅲ. 12 at 169–70 (1999b at 94).

　　实际上，威廉姆斯采纳了尼采的研究课题本身。对威廉姆斯而言，那是尼采的计划，威廉姆斯将"在本书中……尝试着对这项计划作出贡献"。[17]威廉姆斯对这项计划的陈述中提及了"柏拉图式和基督教形而上学"的理由，这在他引用尼采的这段话里能够找到：

　　　　……我们对科学的信仰仍然依赖于一种形而上学信仰……即使是当代的知识分子——我们无神论的反形而上学者——仍然因两千年来信仰点燃的激情而兴奋不已，基督教信仰也是柏拉图的信仰，即上帝是真理，真理是神圣的。[18]

　　在《真理与真实》中，威廉姆斯曾多次讨论柏拉图的对话体著作《理想国》。对于柏拉图在《理想国》中所力求更为平实易懂所表达者而言，"真理是神圣的"是一个夸张、难懂的公式。这些内容的中心是洞穴寓言："洞穴里有一群囚徒，在囚徒背后靠近洞口处，一堆火在燃烧，囚徒不知道的器物在囚徒和火之间被来回移动，囚徒尽其一生盯着器物投射在洞壁上的影子（以为那就是器物本身）。其中一个囚徒突然挣脱了束缚，转身看了一眼火堆，然后挣扎着到了洞口进入阳光中。在那里，他第一次见到了阳光，（如苏格拉底—柏拉图的对话）那是（ⅰ）影子、火堆、投射影子的器物，和（ⅱ）洞穴外地球、月亮和星辰的终极根源——总之，是这个囚徒和他的同伴们无论如何也从未见过的。[19]随后，柏拉图借苏格拉底之口道出了整个寓言的要点：正如太阳是视力可及范围内能见物存在、成长和培育的根源，"善本身"——恰当的"善的形式"作为可理解的事物，乃是我们理解实在的根源。[20]善的形式（有人主张运用"形式"，它是美德和实在的原型）使真理成为可知的事物，使知识分子从中获得知识的力量。[21]

　　柏拉图有时——例如在随后的语句中——确实夸大了纯理解性事物，比

95

---

〔17〕　*Truth and Truthfulness*, 18.

〔18〕　*Ibid.*, 14, quoting Nietzsche, *The Gay Science*, 344.

〔19〕　*Rep.* Ⅶ 514a – 517b, esp. 516c with Ⅵ 508b – 509b.

〔20〕　*Rep.* Ⅵ 508b.

〔21〕　*Rep.* Ⅵ 508e.

如几何学与经验性、物质性事物之间的差别，后一类事物的生灭使其带有模糊性。因此，亚里士多德坚持认为，在某种程度上，我们通过事物固有的形式可以认识其本身。这样做的话，他不过是借用了柏拉图在其最后的对话体著作，也即《法律篇》中简单默示的内容。在此，柏拉图论述自然、经验性世界不仅仅是原初性事实和偶然性领域，也是充满艺术并"受全知全能的上帝眷护"的世界，[22] 是一个"事物变化的原因在于自身"、其运动具有可知性的世界。[23]

尽管威廉姆斯心悦诚服地认为柏拉图是最伟大的哲学家，但他却完全不赞同柏拉图所阐述的洞穴寓言：（i）在《理想国》中，柏拉图对善之形式的解释将真理和美德联系起来，显示出它们完全先于人的旨趣而存在，甚至如同"它们自身完全独立于我们的思想和态度"，[24] 以致（ii）威廉姆斯"和尼采一样，只能假设将人的旨趣抹去的那些观点正是对人的旨趣的表达"[25]（当然，尼采指的是那些臭名昭著的、扭曲的人类旨趣，如自伤式罪行、蓄奴和愤恨的弱者对强者的恶意圈套等，这些反映了良心和道德本身可耻和降格的一面）。（iii）为了理解真理的固有美德，我们应该"仅仅考虑人类对待真理的确定态度和人们对发现及表达真理的倾向"，如此一来，我们的探究就成了"一种自然主义观点"，因而"应当被视为人类的自我理解"。[26] 只有涉及人们恰好所具有的那些态度及倾向时，我们才能谈论人类的"需求"，[27] 而要求一种"基本"且"人类"的需求，并不是要推翻其同**欲望**的关联。[28]（iv）相反，柏拉图（洞穴寓言乃至整部《理想国》）提出：

96

---

[22] *Laws* X 902e – 903a.

[23] 这个论点在 888e 到 905d 中展开。亦可参见 *Rep.* Ⅶ 530a 中关于"宇宙艺匠"安排宇宙中的星辰及其运动的论述。

[24] *Truth and Truthfulness*, 61.

[25] *Ibid.*

[26] *Ibid.*, 60.

[27] See text at n. 6 above.

[28] 关于威廉姆斯基本行为理由和基本价值概念具有的休谟式特点，参见 Rawls, *Political Liberalism*, 85 n, 33；Korsgaard, "Skepticism about Practical Reason", at 19 – 23.

真正的美和价值根本无法在这个世界找到，这里存在的只是一些想象或是关于它们的联想；就仿佛这个世界包含一张代替所爱之物本身的图像……[29]

这四点主张严重误解了作为我们文明基础的《理想国》——它是上帝为了使基督教启示在 400 年后被接受所做的最重要准备之一。单看第（iv）点。柏拉图正确指出，从知识和真理本身开始，这个世界上有许多善良和美丽的东西。[30] 它们来源于善的形式——此善为神圣的[31]善——比其他善更美好且更有价值。所以，当柏拉图称知识和真理是善的图像时——"图像般的"或"善之形式"——"图像"的意义远远有别于代替所爱之物本身静止的、无生机的照片。柏拉图谈论的图像是现在的特定实在、物品、认知、正直、公正、理解，等等，它们每一个或全部由其相似物引发、授权、控制和提供。[32] 通过将照片作为图像的相关范例，威廉姆斯说明了，他以及像他那样的许多人离《创世纪》和圣保罗给我们的启示——人类是他们的神圣权威的图像和相似物——是多么的遥远。[33] 确如阿奎那解释的，每个被创造的实在都是上帝的相似物，"如果不仅善良并且能为了他人的利益而行动，那么就会越发相像"。[34]

所以，尽管那种神圣起因如第（i）点所言，"自身完全独立于我们的思想和态度"，柏拉图以及整个哲学和神学传统仍然讨论它，并认为它（在我们的思想为真实时能最彻底）引发我们进行思考，在我们态度为公正、正直时给予支持，使其最有解释力。即使亚里士多德和基督教矫正了柏拉图最不平衡的地方，我们也不能说他的解释 [如第（ii）点所称] "抹杀"了人的

97

---

[29] *Truth and Truthfulness*, 143 with its endnote at 205. 威廉姆斯（143）指出，在《会饮篇》而非《理想国》中，柏拉图更坦率地表示，真正的美和价值在这个世界上确实能找到，"但是只能以一种不完全的、无法让人完全满意的形式"。

[30] *Rep.* Ⅵ 508 e.

[31] See *Rep.* Ⅶ 516 c.

[32] *Rep.* Ⅶ 516 b（任何事物中正确和美好部分的原因）。

[33] Genesis 1：26 – 7；Acts 17：28；Colossians 3：10；cf. Romans 8：29.

[34] *ScG* Ⅱ, c. 4. 5 n. 2.

旨趣。《理想国》中想象并在一定程度上确认了若干神圣事物，柏拉图在其中所关注者，乃是它们之于理解道德思想、政治生活所关切的所有现实所具有的意义：为那些"理解"神圣事物者提供一个模板，供其将政治共同体、公民及他们自身整合有序,[35] 而这恰是他们所要实现或尝试实现的目的，方式是与追随的他们公民分享劳动,[36] 包括立法以及最为重要的教育事业。[37]

所以，至于第（iii）点，柏拉图会说，试图理解真理和知识确实属于"人类的自我理解"，只有涉及自我理解并或多或少地扩展至它的起源和（甚至先于起源的）人类理解的目标，这种真正"自然主义的"尝试才会进展顺利。我之所以从神圣起因和取决于它的图像以及类似物这些难点入手，是因为威廉姆斯对它们无意识的打发有助于解释其伦理学中助长主观主义和怀疑主义的疏忽，这是"当代知识分子，我们的无神论反形而上学者"删节了的、"自然主义的"、自我理解的伦理学。

Ⅱ

对威廉姆斯而言，"真理的价值"是"真诚与精确"，他一贯称之为"真理的美德"。此处我将不谈真诚，只关注精确。它是一种重要的智识德性。但是，威廉姆斯从未认识到，之于倾向及渴望拥有真实的信念而言，它是必要的辅助要素。更为主要者是好奇心、对学习及寻求真理的渴望。[38]

98 最基本的见解是，知识是一种善，它本身值得追求，而无知——不仅仅是错误，还有更为根本的愚昧——应该被避免。这种见解在各方面都要先于诸如准确性这类智识德性，并作为它们的基础。对于这种见解的内容，阿奎那关于自然法的论著将其作为实践理性和自然法的首要不证自明原则，我们无法

---

[35] *Rep.* Ⅶ 540a.

[36] *Rep.* Ⅶ 519d, 520d.

[37] *Rep.* Ⅶ 519e.

[38] 因此，在《形而上学》中，亚里士多德将词句置于开场句，参见 *Metaphysics* I. 1：980a21.

通过阅读这些著作获得这种见解，而须从我们自己的经验中提出。那么是何种经验？又该提出什么呢？

　　像孩子一样，我们提出问题，然后获得回答。[39] 答案会再提出新的问题，问题又反过来引出我们理解为**答案**的回答，即对问题令人满意的回应。在某个节点上，我们的理解存在着阶跃变化；由此注意到答案之间相互联结，我们见解到的答案结合在一起构成知识。换言之，我们对答案的确信被证立，我们所相信者是真实的。在这一见解中，未来可能问题的答案将是知识这一无限开放领域的更深层次元素。所以，这种见解的核心是，知识是可能的（世界是可知的），我们将探知我们未曾探知的一切。这一见解不是一种演绎，不是推理得出的，尽管这种见解以（ⅰ）令人不解的经验，（ⅱ）相关的问题，（ⅲ）被经验确认的或至少未被其证伪的满意答案等生活经验为基础。这个见解成为许多其他见解和推理链条的基础和框架，它本身就是一个开端，正如我们所将看到的那样，它是许多那种开端中的一个。通常，在一个人智力发展（我们的传记）的历史上，这种基本见解之后紧随着另一种见解。同样，在它自己的领域里，这一见解不过是一个开端，并不是任何依据更深层次前提推理的结论：这一开端性的见解指出，知识不仅仅是一种可能性，更是一种优势——一种可取的、有益的可能性，一种善，一种利益，一种比无知更好的方式：一个人的境况会因其问题被解答而比不被解答时更好。即使在无须服务于进一步或其他目的，甚或是依靠知识能够为它们服务时，这种可能性也会被认为是有益的。实践理性首要原则，即知识是有益的——是一个值得追求；换言之，要追求的善——是关于实现机会这一实践思考的基础和框架。这种思想的核心已是规范性的："要追求的"意味着"应当被追求"，在"应当"的意义上，还不属于道德范畴（尽管乍看之下属于道德范畴）。对这种善的向往、偶尔的获得和可能性是规范性的来源。

---

　　〔39〕　此处我们可以对这种方式作更多说明：①我们得到的答案（注意：它是棘手的！）通常会被我们对确定事件或现象的经验或可靠报告进行充分的验证；②我们对这些答案的确信会通过那些答案相互之间的一致性，以及它们与进一步相关问题的有效答案的一致性得到证成；③这转而又为有相同或相似来源的其他答案提供可信性。

在这种见解中，人们认为，对我或像我一样提问或可以提问的任何人，例如隔壁桌的男孩女孩或者任何地方的男孩女孩，认知的优势都是善。如我所言，这并不属于道德思考。规范性尚不具备"他们应当追寻知识"或"我应当帮助他们战胜无知与困惑"这种形式，而是正如我因战胜了自己的无知而变好，他们也会因战胜了无知而变好这样一种理解、一种承认。[40]

那种理解立即就能被另一种理解所强化，即如果我们相互之间都乐见对方变好，并能从他人（战胜无知或困惑）的成功中获得满足甚至喜悦，那么对我们每个人而言就都是善的。换言之，进一步的见解是，较之那种每个人对他人成功或失败漠不关心、对他人苦难和耻辱幸灾乐祸的状态——例如操场上的恶霸想要看到被他欺负的受害者的不幸和羞耻——人们之间的这种状态更好。如同知识之善的那种见解，这进一步的见解既不是从任何命题出发进行的演绎，也不是纯粹的"直觉"，它与某些近乎理性的倾向和感觉一致。然而，个人对现实的看法及其可能性发生阶跃变化时方能获得这种见解，可能性可理解为本身值得追求的优势、利益和机会。可理解的善是这进一步见解的对象（内容），我们可将这种善称为友谊，它能随着广泛的人际关系层面进行最广泛的扩展。例如，从关注保护过路陌生人免于路上灌木丛中迫近的危险，到建立多方的、稳定的、受人喜爱之善的友谊，成为真正的朋友。

友谊之善是一种共同之善，它不会专属于我，而将你之善仅仅作为手段；也不会专属于你，而将我之善仅仅作为手段。我们每个人的善都与他人的福祉相互培育、关联和促进，原因既在其自身，又在于我们双方。无论是只有两人，还是更多人，每一个这种特定共善，都是普遍人类机会、优势及利益的实例，如友谊。对于每一个其他类型的普遍机会、每一个其他方面的人类福祉之可理解性而言，这种共善的可理解性都对之构成了例证和强化。

100

---

〔40〕 虽然任何人都知道知识能令人不安或分心，并且许多事情是不值得知晓的，但任何人都不会下结论说知识本身不好，或仅仅作为一种满足其他欲望的工具才是好的；不如说，任何人都清楚（或应该清楚）知识的负面效能被提防和/或变通，对战略性或基础性知识的追求优先于那些可能引起好奇心或制胜一局的鸡毛蒜皮的追求。

我在谈论知识和友谊时提到了这两个方面和理由，除此之外，还有其他方面的人类福祉，还有其他基本行为理性。例如，可理解的人类生命和健康之善，以及人类生命延续之善，比如父母通过生殖性友谊繁衍后代，他们是丈夫和妻子的结合，他们一起作为孩子的父亲母亲、共同先辈、教育者，并且在一定程度上是适当的终身伴侣。

对于行为理性，伯纳德·威廉姆斯提出了著名的内外因之分，但却为这里所有以及个别其他人类基本之善所超越。它们能够为那些没有积极作出回应、缺乏追求利益"主观动机"的个人行为提供理性，即便那个人的既有动机无法"理性达至"[41] 对利益的回应。[42] 威廉姆斯武断地反对外因，其论点假设，对获得经验及（非实践）理解的可能性，所提供的固有优势（利益、机会——可理解的善）不存在原初性的实践见解；因此，这些论点与毫无根据的休谟教义一致，都认为那样的理性不能激发起积极性。这一教义没有注意到理性的多样性，并且疏忽了以下重要的人类现实，也即人类意志能使人们为可理解之善所激励并对其作出回应，这些可理解之善指不作为其他事物的手段，因自身原因而成为善的那些善，每个能思考和选择的人的行为理性都可以将它们辨识出来。显然，如果一个理由不能激励理性人，它就不是实践理性，此外，不能被理性激励的人也不是理性的。尽管如此，它绝不意味着在任何情况下实践理性都会对每个人具有激励作用；也绝不意味

101

---

〔41〕　Williams, "Internal and External Reasons", in *Moral Luck*, at 109. 关于这一区分，一般亦可参见 4 of Chappel, "Bernard Williams". 与此句中进行的概要描述相匹配的是威廉姆斯所称的"外因"（他认为这不可能）。在上文注释 24 所指的文本中，威廉姆斯的第①点实际上是对柏拉图将善的形式看作外因的抱怨。对威廉姆斯内因和外因的分类进行的有力批判，参见 Korgaard, "Skepticism about Practical Reason".

〔42〕　克里斯多夫·托勒森在"基本善，实践洞察和外因"中对威廉姆斯的内/外因论点提出了批评，查普尔在随后也接受了这种批评，对此我无法赞同。在托勒森的论述范围内，伯纳德·威廉姆斯依赖阿奎那的立场："所有人都共享正确思考的起点——行为的要义是基本善和对人类福祉的承认。"我并不怀疑这个论题对足够智慧和成熟的人而言是真实的。但是我认为，不诉诸诸如普遍共享的起点这种事实而使实践理性复杂化会更好。假如只有经验和对每个人实际上都可获得的可能性的非实践理解，没有推理，基本善和行为理由仍是可理解的。

着，不被理性激励者并不存在。[43]

如它所形塑的对象善一样，所有个人选择和行为都受到基本行为理性指引，这种指引之善正是伦理思想，道德本身所形塑的对象。这种基本理性也未受到潜在理性的污染——对于任何一个此种基本理性而言，这些潜在动机都会反过来削减这些基本理性的指引性。实践合理性之善，将道德（或伦理）的首要原则作为命题核心，即一种追求整体性——有人称为普遍性——人类实现的意愿，这种实现包括所有个人和群体。一些特殊的道德原则，诸如黄金规则，作为首要原则的具体化，有着它们自己的可理解性和力量：正如一个为了伤害他人而施加伤害行为者，不可能有追求整体人类满足的意愿，一个以某种方式对待别人而不愿别人以同样方式待他者，也不会有这样一种意愿。更具体地说，道德规则筛选出那些导致错误选择的方式，因为那样的选择会破坏、损害或妨碍人们生活中的人类基本之善。这种筛选出的种种绝对错误行为的道德规则，其识别方式是通过行为的对象，也就是行为的切近目的，而非通过行为的后果或其他情况。所以，这样的规则属于一般化[44]的例外，以至于道德推理变得更不确定，因为它的命题来源于高级的普遍原则，这些普遍原则是对特别可选择项所下的结论，针对的是复杂而无法预知和控制的情形。许多原则或规则都认同多少具有明确性的肯定性责任，相对较少的绝对道德规则是否定性的，它们通常将各种选择排除出人们的审议范围。[45] 无论什么情况，那些必然错误的选择都和行动中的人们与其他人之间的关系有关，这些同样的绝对否定规范、规则或训言所选出的是

102

---

[43] 本句中的这些要点是科尔斯戈德用以反对威廉姆斯的。参见 Korsgaard，"Skepticism about Practical Reason"，at 11 - 25. 亦可参见 Korsgaard，"The Normativity of Instrumental Reason"；and essay 1，secs II and III，接受科尔斯戈德对休谟主义的批评，但批判她试图果断地超越休谟主义的康德式努力，这种努力没有顾及实践理由，正是这些实践理由将我们导向除了诸如知识、生活和友谊这些实践合理性和善之外的人类的基本善。

[44] See *ST* I - II q. 94 a. 4c；*Aquinas* 90 - 1.

[45] 肯定性道德规则认同各种值得的选择，这些道德规则总是那么中肯，但人们也不是在任何情形下都会选择它；只有否定性道德规则总是中肯且无论如何都会被遵守。排除掉必然错误的选择后将留下更多的选择，即使是选择不行动。See *Aquinas* 163 - 4.

不可转让的、(或用欧洲人权法院的术语)[46] 绝对的人权内容,例如不被侵害的权利。[47]

　　我所粗略回顾的那些道德真理是伯纳德·威廉姆斯所说的"道德体系"的主要部分,在哈特的评论中,他尖刻地称之为"罕见的制度"(美国南部对奴隶制的委婉指称)。根据威廉姆斯的解释,道德有 9 个或 10 个典型特征,他对每一个都发起了攻击;对其观点的主要批评集中于西·查普尔所著的《斯坦福哲学百科全书》中。[48] 在该书中,你可以看到那些批判在修辞上的强势,但在反驳上却无力。大多数批评简单地假设,那些指引我们实现人类基本之善的基本行为理性所提供的任何实质性的实践理性(道德合理性)首要原则并不存在。据我所知,这种假设经不起威廉姆斯的检验,查普尔背离和忽视了主流传统,这一传统乃是经由阿奎那例证,由霍布斯、洛克、休谟、功利主义者、康德和古往今来英语世界的哲学家们所展示的。同样如我所言,对于某些主要著作及其基本内容,对于人们的实践理解和推理而言,这种假设缺乏进行充分反思的意识,这些实践理解和推理显在于(尽管有时草率)能进行理性选择者的日常生活之中,并且为每个人所可及。在"应当"、"正当"和"善"这些完全抽象和形式化的判断与那些具有道德负载性和情境、文化相对性的,如被威廉姆斯称为厚重判断(勇敢、残忍及其 103

---

〔46〕　See. e. g. *Saadi v Italy*(2008)ECHR 179,49 EHRR30. 然而,这个全体一致通过的法庭判决将一个绝对禁令(没有例外情形的规范)与不得致使他人违反该禁令(或同样没有例外情形的道德、自然法规范)的绝对义务连结在一起。该判决消除了预期结果与负面效果之间的区分,这种负面效果对于保持包括绝对否定性规范在内的道德教义的内在一致性是必要的。See *MA* 67 – 74. 该案采用的规则根据本身的优点(如通过一种米兰达式的政策论据)可以得到辩护,尽管驱逐出境存在侵权的风险,但它并非有意将被驱逐出境者置于那种风险之下,也不是与潜在的侵权人合谋如此,这至少使得"侵权"与"有辱人格的待遇"区分开来,加拿大最高法院审理的 *Suresh v Canada* 一案中的非绝对性规则似乎更为可取。可以确定的是,*Saadi* 案中的规则无法解释公约的意图,也无法阐释"绝对"这一解释性术语的逻辑。就 *NLNR* 225 – 6 中"绝对权利"部分的最后一段而言,法院的论证(如果不是它的终局裁定)混淆了双项权利与三项权利。

〔47〕　*NLNR* 224. 对自然权利(人权)不受侵害进行哲学辩护的推导过程,与某种确定被视为侵权的行为一致,并且这种权利与基本的人类之善有关。See Lee,"Interrogational Torture".

〔48〕　Chappell,"Bernard Williams".

类似物）之间，指引我们追求诸如生活、知识、友谊等实质之善的这些实质性首要原则，提供了真正"厚重"的实践判断。但是据我看来，这些首要原则、基本之善和行为理性，都未被提及和思考。

第6章

理性、权威与友谊 *

我们应如何向某人解释游戏是什么？我想我们应该向他描述游戏，并指 ₁₀₄ 出"这以及与之相似之物可称为'游戏'"。我们自己还知道更多关于它的东西吗？我们只是无法准确地告诉他人游戏是什么吗？但这不是无知。我们不知道界线，因为从未有人划过。为了重复进行游戏，我们可以为了特定目的划出一个界线。它能使游戏这个概念有用吗？一点也不！（除非是为了那个特定目的。）

——维特根斯坦，**哲学研究** §69

I

然而，人们普遍认为存在一种事业，其名称为"对作为社会现象的法律进行的理论和科学研究"（哈特《法律的概念》205，vii；凯尔森《纯粹法理论》1-2）。这项事业的"理论目的"是"深化对法律、强制和道德这些相互区别但又相互关联的社会现象的理解"[《法律的概念》vii（《法律的概念》[2] vi）]。**

进行这项预示性的"理论研究"，任何人都会安心使用"法"、"法律"、"一部法律"、"法律的"、"合法的"等术语；在制定、遵守、违反、适用、规避、维持、执行、谴责和称赞我们称之为"法"、"法律"等东西的时候，

---

* 1970a（"法律与道德中的理性、权威与友谊"）。

** 本章书名上标"2"，指英文原著的版次。——译者注

我们使用这些术语建构出我们的意图。

若非制定、维持法律的活动，没有任何东西能被有所意图的理论家认为是一种"社会现象"。此外，人类实在法"现象"间的界线必定（不管理论家是想说"法律"，还是想创制他自己的术语）或多或少由人们定位法律、对法律作出反应时所意图并接受其作为法律（而非其他）者所决定——这也就是，出于制定和维持法律之实践目的，人们愿意称之为"法"、"法律"、"一部法律"者。（当然，有些社会可能不愿意或厌烦区分法律和道德——然而，理论家也许想说，它们拥有法律体系和道德体系；但理论家也指出，对于这些社会中人们的意图和行为，他乐意用我们社会中人们使用的术语重新解释。在我们类型的社会中，法律与道德被区分开来，那些决策过程中所采取的行动或做出的反应，总体上相当于一种独特的"社会现象"。）

此外，显而易见的是，在制定、维持、适用、遵守、规避法律等活动语境下，法律与它们之间的关系通常被理解为行为理性与行为之间的关系。某些情况下，制定一部法律意味着提出一个行动理由；维持、适用、遵守一部法律，是以某种方式将法律作为一个行为理性，或作为一个特定行为方式的理由；规避法律是将法律作为被提倡行为方式的不充分理由。

目前，这些范畴之间、"行为理性"和"社会现象"之间的关系似乎相当模糊，而且法律"理论家们"还没有提供明确的解释。为了看清他们将什么囊括在"对作为社会现象的法律进行的理论研究"中，检查他们所做的事情是必要的。

凯尔森认为，法律是一种社会现象，他对其进行了科学研究，描述了特定时空条件下一系列人类意愿聚合行为的"客观规范性意义"。当意义能以"如果 A 行为导致 B 结果，那么，强制制裁应当被适用"这一命题形式表达时，它在法律上就是"规范性的"。当该规范属于一个单一规范体系，该规范体系源于假定有效（即客观）的第一规范或一组规范（"历史上的第一部宪法"）时，规范性意义乃是"客观的"。如果（i）所有规范都出自于同一个规范，并且（ii）规范体系中的规范不互相矛盾，那么这个规范体系就是单一的。

凯尔森以前述方式划定了"现象"间的界线，对这种"理论"理由，任何人都有权进行追问。例如，该理论中描述的现象为何不包含"矛盾的"规范，或（以一种较不冒犯逻辑学家的方式表达）"冲突的"规范。毕竟，如果历史学家对特定时空条件下的人们将什么当作"法律"进行描述后，必须在其报告中指出，人们承认，在相互矛盾的两个规范中每一个规范都有效，那么他就不会认为他的描述是自相矛盾的；他就会认为，糊涂的是这些人，而不是他的报告。为什么呢？原因在于，对于社会中承认一部法律有效的人们而言，他们是将法律视为行为理性；但一个人不会将他实践审议只是当作以某种方式提出的，或是在凯尔森"相互矛盾"意义上互相冲突的两个"行为理性"。很显然，凯尔森坚持认为，特定社会的"法律"应当"不自相矛盾"，其理由至少部分[1]源于他对法律的最初描述，也就是"以对相反行为适用强制措施为威胁，促成所欲人类[2]社会行为的特定社会技术"（凯尔森，《法和国家的一般理论》，19；《纯粹法理论》，33）。因为，尽管一对相互冲突的规则也许会引致符合统治者期望的某种行为——例如，对其效忠，广泛的神经衰弱症或者避免将人置于这对规则范围内的所有情境——并且，尽管强制措施的威胁将产生这种效果，但更宁愿想尽办法留意相互冲突的规则中提到的行为或事实，而不是通过适用于相反行为的强制措施威胁来实现。

但是，对法律的功能和法律所构成的行为理性来说，凯尔森所进行的是"理论上"充分的阐释吗？哈特认为并非如此。对于凯尔森归之于法律的功

---

〔1〕　在某种程度上，凯尔森的坚持以他对"法律"和"法律科学"之间关系的认识论观点为基础；这些观点使他不可能容许对特定社会"法律"的科学描述能指出有效的冲突规范同时存在。这些观点的复杂性和奇特性最好参见 Kelsen, *The Communist Theory of Law*, pp. 12 – 16. 但是，文中提到的理由也支持凯尔森对规范间冲突的拒绝。因此，他说道："不可能通过主张规范的效力来描述一个规范性命令：'A 应当是'同时 'A 不应当是'……我们不能说这二者同时有效。这可以由法律和道德的关系来证明。实际上，这样的冲突是可能的……在这一困境中，一个将法律视为有效规范系统的人也必须将道德视为那样一个系统，反之亦然……没有人将法律和道德同时视为有效的规范性命令，也没有人能同时服务于两个人（纯粹法理论，328 – 9）。"此处，借助于会对做何事、服务于何人进行实践考虑的"个人"面临的这一困境，"认识论的假设"至少在一定程度上得到了证成。

〔2〕　需注意，实施讨论中的行为者对凯尔森而言，主要是负责实施强制制裁的官员而非其他公民：*Pure Theory*, p. 25. 这一复杂性与其他复杂性一起——例如基础规范——在当前的讨论中被忽略了。

能和运行方法（modus operandi），哈特并未予以否认。在哈特看来，一个法律体系肯定必须包含"初级规则"，由它们规定某些行为必为或必不可为，一般而言以制裁为后盾；这些规则——哈特超越凯尔森之处即在于此——至少必须限制暴力、盗窃和欺诈的使用。如果这一体系运作起来具有确定性和可预测性，能使制裁或其他社会压力得到有效的适用，并且考虑到调整的变更，那么，如哈特所言，它就必须包括"次级规则"，用以承认某类规则为"法律规则"，用以确立裁判和执行程序，也用以调整法律规则和法律关系中的变更。变更规则尤其重要，原因在于这些规则有利于人们规划生活，也为交易提供了便利，并且有助于人们实现他们的愿望，其方式是创造一种私权架构。在这个框架内，去为权利主张的形式、证据、评估和执行创造条件（《法律的概念》，27，39，89－96，224）。凭借这些功能性考量，哈特到达了他将法律描述为"一种社会现象"的核心：法律是"初级规则和次级规则的结合"。

　　为避免误解，需要对这种阐述进行详细阐释。因为不乏有人认为，研究社会现象就是观察人们按照规则字面含义所做的事，然后"依照可观察的行为规律、可预见性、可能性和标志"去描述生活（《法律的概念》，87）。在哈特的阐释中，当且仅当一种行为模式被人们以一种批判反思性态度视为一种通常的行为标准，是行动、批判、要求、主张、承认等与规则规定的行为模式一致的行为共同理由时，一个社会规则才存在。相应地，哈特有时也从称法律为一种社会现象转而称它为一种"特定的社会控制方式"（《法律的概念》，205，151，39），即通过制定、承认和维持"引导性标准"（38，43）实现控制——我们也许会说是通过提供和接受特定类型的行为理性实现控制。正是这些"引导性标准"使得"法律体系"成为"初级规则和次级规则的结合"。（但须注意，如果有人说聚合性的制定、维持、提供和接受构成一种"社会现象"，或者说那些标准或制定、维持等行为理性构成一种"社会现象"，那他就是含糊其辞的。含糊其辞的根源非常重要，但这里我不欲就此着墨过多。）

　　然而如我们所见，法律乃是通过创造"特定"类型的行为理性而进行的

"特定"社会控制方式，对此，凯尔森也有话要说：规范规定了适用强制制裁的条件。凯尔森也许会反对这种提问：在什么基础上，哈特对类型界线的具体化比凯尔森的更可取？毕竟，在每个社会中，许多人的循规蹈矩并不是因为有了规划他们生活及交易可预测性的有用标准，而是受制于强制制裁之威胁，这种威胁指向不符合统治者期望的行为。对这样的人而言，法律作为 108 一种行为理性，只因为它是可能性制裁的标志。凯尔森不正是因此而变得极富辨识性吗？在《尼各马可伦理学》(1180a12) 第 10 卷中，亚里士多德对法律的介绍表明，法律的核心即通过制裁的威胁对野蛮人实行强制。

　　实际上，对于诸多法哲学研究之间的区别，比如柏拉图（《法律篇》，722)、亚里士多德（《尼各马可伦理学》，9：1179b4）和阿奎那（《神学大全》1 - 2 卷，q.96a.5c)，哈特都进行了回应。哈特都从多方面表达了这一区别；其中一个版本如下：

　　　　法律体系的存在是一种社会现象，它总是呈现出两个方面，如果我们对它持现实主义的观点，那么我们必须顾及这两方面。它包括自愿接受规则的态度和行为，也包括单纯服从或默许更为简单的态度和行为。因此，一个有法律的社会存在着从内在观点出发将规则视为行为标准的人，他们并不只是将法律视为他们不遵守规则时，对由官员所操控而将要发生于他们身上后果的可靠预测。这个社会也存在着因畏惧暴力或暴力威胁而遵守法律标准的作恶者或无助受害者，他们仅将规则视为可能惩罚的来源［《法律的概念》，197（《法律的概念》²201)］。

　　因此，对哈特而言，只有在对规则持内在观点而自愿将其作为共同行为标准的社会成员的生活中，法律体系才能"使规则作为规则而运作"(88)，法律体系作为一种"社会现象"的"观点"也才是"现实的"。对这些人而言，法律规则的出现不仅作为威胁性的制裁，还将便利地为交易行为提供确定性标准，这些标准乃是交易行为中所应该遵守的，因为交易行为所追求的不是逃避处罚，而是建立在确定性、可预测性、公平交易等一致观念、快捷协商——在评论我们所称的实在法时，亚里士多德简要提到这些，其中一例即在玉米和葡萄酒批发业或零售市场上，人们确立了便于广大平民而不是特定对象的措施（《尼各马可伦理学》V.7：1134a35）——基础上的相互获利。

然而，与亚里士多德的法律观点相比，更重要的是，他的主张对人类事务进行哲学研究的"理论方法"。"我们认为，在所有这样的情形下，对成熟的人，也即'成熟之人'（spoudaios）而言，事物本身即它所显示出的那样"（《尼各马可伦理学》X.5：1176a17）。如果被问及他作出理论区分或详细阐述一个理论概念的目的，亚里士多德将会回答道，他是在努力展示对"成熟之人"及"德性城邦"（spoudaia polis）相关范畴的关切和自我理解（《政治学》VII.12：1332a33）。在激进意义上，根本不存在独立的"科学观察者"之"理论目的"。据称，在对其社会生活中划定概念边界时，这种"理论目的"可被"成熟之人"用以和其持有的"实践目的"相对。对于人类事务，"理论"并没有独特的法定地位（locus standi）。对凯尔森可能提出的反对意见，哈特的回应证明了维持独特"理论"基础或态度的困难：

> 有时候需要支持［凯尔森］理论所主张的，通过对适用制裁的指引这种形式重铸法律，将提高明确性，因为这种**形式**使"坏人"想了解的**法律**变得平易可懂。这也许是真的，但它尚不能为那样的理论进行充分辩护。为什么法律不能是平等的？如果它不是更关心那些假定他们能被告知法律的要求甘愿做法律所要求之事的"茫然者"或"无知者"，如果它不是更关心"那些假定能够被告知如何去做就愿意安排他们事务的人"，那么法律为什么不应该是平等的呢？（《法律的概念》39［《法律的概念》²40］；强调为原文作者所加）

如果一个人太按照字面意思接受具有独特"理论目的"的法的"纯粹理论"，那么，本章从对"理论"的关注轻易转向对"法"的关注，就会令人吃惊。

凯尔森也许会进一步反驳哈特（正如哈特反驳其他的理论家）并指出，在范围上，他主张的法律概念要比哈特的法律概念更广。例如，它包括不存在法院、立法者或集中性组织化制裁的"原始"法律秩序——例如国际法（《纯粹法理论》，38）。凯尔森能用哈特自己的话语：凯尔森会说，在原始法、国内法和国际法中，都可以看到"使用狭义概念不可避免地会以一种令人迷惑的方式，消解我们理解特定社会控制方式发展及其潜力的努力。"［cf.《法律的概念》205（《法律的概念》²210）］。

　　事实上，针对这种反驳，哈特会回应道：

　　　　各种情形下使用的"法"这个词，并非通过简单的一致性才产生关联的，而是通过更不直接的关系而产生关联的——这些直接关系通常来自与中心情形之形式或内容的类比［《法律的概念》79（《法律的概念》²81）］。

　　对哈特而言，在功能和内容上，国际法都可以表现为法的"中心情形"，即初级规则和次级规则的结合，尽管在形式上它难以如此。对我而言，在目前看来，这一回应是完全有效的。然而，在对这种类比的明确讨论中，对于这类情形的中心性的标准，哈特并没有明示。他提到了亚里士多德（234），并举了他常用的健康例子——首先，一个人的健康状况是可以断定的；其次，他的面色可以作为标志，并且运动有助于健康（15）。但他并没有提亚里士多德将他概念的中心或核心意义应用到人类事务哲学中所用的概念上，诸如"公民"、"城邦的秩序"和"友谊"。然而较之他说的或引用的其他而言，对核心意义的这些分析使哈特的程序得到了更多阐明。也许最明确和最易理解的就是亚里士多德学派对友谊的分析（cf.《优台谟伦理学》Ⅶ. 2；《尼各马可伦理学》Ⅷ. 2）。 110

　　亚里士多德认为，如果某人的某种讨人喜欢的品质使我对他心存善意或希望他安好，并且我们双方互享这些情感，那么，我和他就是朋友（《尼各马可伦理学》1156a1 - 5）。友谊随朋友在彼此身上所发现的可爱之处而变化：（i）对方是一个讨人喜欢的人，或者（ii）拥有一种给予欢乐的能力，或者（iii）是商业利益的来源。亚里士多德认为，"友谊"的核心意义是第一类友谊；只有在相关的、次要的、扩展的和限制性的意义上，玩乐者和商业伙伴之间的关系才是友谊。亚里士多德认为，第一类友谊体现了"友谊"的主要或核心意义，这至少有两个理由。其一，如果希望朋友安好是任何形式友谊的核心，那么，只有在第一类友谊中，我朋友的善而非我自己的善才是善意情感之主要、直接、非衍生性的对象。其二，作为我朋友的朋友，关系的稳定性是我能带给他最大的善之一；酒肉朋友只能看起来是朋友，但不是真正的朋友；只有在第一类友谊中为它自身之故（即为了朋友——如我们所说，"为了友谊"），关系的稳定性才能得到维持和培养；在其他种类的友谊中，有价值的是我们自己的快乐或利益，一旦这种关系不能带来快乐和利益，我就没有培养它的理由了。只有在以一种限制性形式来维持时的意义上，玩乐关系和商业关系才能被称为友谊；而在第一类友谊中，这些形式则是直接无保留培养的对象：互仁、互助、互慰、愉快的交流和共同的价值观。

在《优台谟伦理学》中，当他指出术语的核心意义与定义隐含在其他同名事物的定义之中的事物相关时，亚里士多德就相当直白地表达了这一点（1236a20；哈迪，《亚里士多德的伦理学理论》，64；欧文，"亚里士多德早期著作中的逻辑学和形而上学"，188）。在第一类友谊中，尽管人们并不追求快乐和利益，但第一类友谊一般会给每个朋友都带来快乐和利益，部分原因在于给予比接受更令人愉快（《尼各马可伦理学》IX.7），如果考虑到这一点，我们就能理解亚里士多德的要义了。所以，在人类的沟通中，人们能领会到快乐和利益；但是在这种沟通中，单纯追求自身快乐和利益者不能领会到出于自身原因而去爱对方的感觉。

因此，对亚里士多德而言，友谊的主要情形是成熟之人之间的友谊，他们能在彼此身上合理地找到可爱之处，城邦的主要情形是德性城邦，公民资格的定义主要适用于作为德性城邦公民的成熟之人（《政治学》1275a33，1332a33）。

亚里士多德做了必要的方法论注解。也许有些人没有经历过真正的友谊，原因例如他们太不成熟以至于容易被玩乐之事所动摇（cf.《尼各马可伦理学》1156a32）；又或者因为他们贪婪，自私地想得到超出公平分配份额的利益（cf. 《尼各马可伦理学》1179b15，1095a1–6，1167b9）。因此，他们不能进行哲学分析，从而区分"友谊"或其他类似概念的核心意义。毋宁说，如果这些人认为，友谊可以是这类建立在他人权威基础之上者，那么，他们就只能做一些此类分析了。亚里士多德引用赫西俄德的诗描绘了这种哲学情境的特性：

> 自己有头脑最好，
>
> 肯听别人的劝告也不错，
>
> 那些既无头脑又不肯听从的人，
>
> 是最低等的人。
>
> （《尼各马可伦理学》Ⅰ.4：1095b10，罗斯译）*

也就是说，他无法掌握伦理知识（cf. 阿奎那，inloc.）。现在，要完全陷入贪婪者承认和回应成熟人的权威，当然是不大可能的。但是，亚里士多德的整体观点似乎是正确的：如果你打算进行使有这种经历的人完全信服的哲学分析，而这种分析对那些没有这种经历并且不情愿或不能富有同情心地对其进行重构的人来说就只是想想而已，那么，要么你经历过友谊，要么你能对这样的经历具有想象性的同情（cf. 《尼各马可伦理学》，1179b27）。

因此，与哈特区分两类人相似——自愿接受法律规则者和仅仅出于自利害怕制裁而考虑法律规则的作恶者——亚里士多德也区分了两类人：一种是寻欢作乐逃避痛苦，甚至不知道什么是真正值得做（kalon）和真正令人愉悦 112（例如友谊）者；另一种人则有着丰富的经历，但对他们而言，这些经历不是主要的，它们不涉及任何额外的"价值判断"或"道德原则"，而是仅就其本身而论的（例如友谊）。然而，亚里士多德将后一类人又细分为两类：一种人具有这些经历，另一种人则或此或彼尊重第一种人，并多少会追随其后（cf. 《政治学》1277b29）。这是仁慈的，因为它意味着无须真正成为成熟之人、圣人或英雄，我们就可研习道德哲学或法哲学；我们只须识别它们即可。

---

* 廖申白中文译本第 11 页。——译者注

此外，亚里士多德的哲学划分明确诉诸经历和成熟之人的辨别力，与之相似，哈特的法哲学划分诉诸（不是那么明确）愿意将法律视为特定类型行为指引者的态度。亚里士多德对友谊、公民资格、政治秩序类型的次要形式进行了详细分析，与之相似，哈特则乐意讨论原始法和国际法。无论是亚里士多德还是哈特，对主要情形的划分都没有提议将次要情形的研究驱逐到"另一学科"［cf.《法律的概念》，205（和152页一起阅读），"托马斯学派传统"因作了这样的提议而被指责——但这种指责是错误的，因为在这点上，阿奎那完全属于亚里士多德学派（cf.《神学大全》Ⅰ–Ⅱq.93a.3ad2）］。这样，我们所设想凯尔森提出的反驳就能够最终化解了。

尽管如此，哈特所称的持"内在观点"者还是不同于亚里士多德的"成熟之人"。他无疑乐意去做法律要求的事；他希望能预见性地安排他的事务（《法律的概念》39）；他没有理由对不限制使用暴力、盗窃和欺诈（89，189）的法律或没有制裁支持这些限制（193）的法律保持忠诚。实际上，哈特并不认可内在观点与任何动机都一致。例如，仅仅出于避免制裁的短期自利考虑而将法律视为一个行为理性，准确地说，这并不是持有内在观点（88，111–13，197）。但尽管如此，哈特将否认内在观点是以公共或公民友谊为基础，而柏拉图、亚里士多德和阿奎那则倾向于将它们视为依法律主要形式制定法律和维持法律的标准动机。哈特确实将"不关心他人利益"作为忠于法律的可能动机之一；但他坚持认为，"按别人方式行事的简单意愿"、"一种未加反思继承的或传统的态度"或"长期自利的计算"足矣（198，226）。

这些动机无疑是足够了。但是，对于哈特在法哲学分析中应用的"内在观点"这一哲学概念和那些哲学技术，是否存在不适用的理性呢？——也就是，在其他可以辨认但次要的情形中如何识别出主要或标准的情形？并且，事实上，视法律为行为理由的所列理性并不同样适合作为哲学上的标准，从而用以决定将法律标准作为特定类型的行为理性。"传统态度"和"遵守规则的欲望"派生于，因而也是继发于那些因其他理由而接受内在观点者（祖先和同伴）的态度。此外，仅仅出于对传统的尊重或尤其是出于长期的自利打算（在此术语的狭义和通俗意义上）而接受法律，将无法为以严格法律形式遵守或适用法律提供理由——即使"合法"仅仅是哈特所称社会控制的特定法律手段的最小功能和特征：这种法律手段由规则构成，这些规则提供变化、可预见性和应用的确定性。因为前述提及的传统和自利动机并没有提供充分的理由，用以支持"认真对待"（cf. 156）根据情形区别适用这一政策——对"内在观点"和忠于法律而言是主要的，并用以反对相互竞争的压力和吸引力，即"没有偏见、利益或任性，相同的一般规则"（《法律的概念》² 161）。

关于人们忠于法律的可能充分动机，当哈特列出他的清单时，我们是否应该接受哈特所拒绝的那种立场：只由按那些视其为一种具有特定操作方式的行为理性，即视其为特定类型行为的道德理由而接受他者所理解的那样，法律才能被充分理解？一旦哈特放弃将坏人的关注点作为法哲学上的相关标准，由于没能将道德上善者的关注点作为标准，他是否具有停止的理由呢？我们无法立即作出结论，因为"坏人"不被认为是哲学上的标准。不是因为他在道德上是恶的，而是因为他"拒绝"法律而仅将其视为可能惩罚的标志（88）；谈到"道德上"的善者，则为争论引入了一个新术语。"道德"意味着什么？

II

与一种行为理性、一种审议因素相关的道德哲学，是沃诺克（Warnock）反对直觉主义、情感主义和规定主义（20 世纪英语世界道德哲学的三大流派）的论据基础。沃诺克认为，关于道德信息是如何与"世界的其他特征"[114] 相关联，道德命题的真理如何能被证实，道德品质（如"义务的"）如何为行动、选择和批评等行为提供一种独特的理由等问题，直觉主义者的理论无法阐释清楚（沃诺克，《当代道德哲学》，15 – 16）。情感主义者无法将这种善或恶的行为理性区分于对行为的有效或无效影响，例如传播和强行灌输。规定主义者则将道德理由歪曲成我们视为理由的理由。在这一点上，沃诺克对论证中"成熟之人"的标准不可避免地要诉诸：

> 我认为，存在其道德观点以这种方式形成和得到辩护的人……
> 他们不仅选取何谓对错这一问题，还会选取什么会被认为是相关考量
> 因素这一问题。这样一个人确实算不上是个威胁的模型；他不是道德
> 推理的榜样，他完全放弃理性。(47)

最后，在"我们"启动道德哲学前诉诸"我们"所认为合理者，这是沃诺克对反自然主义论题进行批判的基础。他可能会说，对于一个人想要什么、偏好什么或接受什么作为评估功过的标准，并不存在"逻辑上的限制"；但对于什么能被理解为一种欲望、一种偏好、一种评估功过的标准或选择理由，则是有限制的。同样地，"并不是任何东西都能作为道德评估的标准"或是行为的道德理由 (66-7)。

至此，我们接近了基本问题，也就是确定道德哲学的主题和划分道德型行为的理性界线。关于这一点，沃诺克和当代其他的道德哲学家对以下两点的关注变得支吾其词：（i）作为行为理性或辅助理性，道德命题的地位；（ii）道德哲学中，通过诉诸道德推理的"典型"和"榜样"，而不是道德"威胁"或"节制者"的关注点和语言，而进行争辩和区分的必要性。

沃诺克反复强调，道德哲学中的首要问题可能会变成，"从道德观点评判事物是什么，尤其是，采用这种观点所隐含的相关考量因素范围是什么"(68)。他声称，道德哲学中的首要研究应该显示出这些相关考量因素；如果我们知道这些因素，仅在此时 (60) 我们才能有效地考虑道德考量在实践判断 (76) 问题上是否是"唯一权威的"。虽然沃诺克保留了正式答案，但他使读者们确信，他们应该肯定地回答这个问题："道德观点先天地涉及某些主题，但需要研究的是，在此种或彼种立场下，这种观点在生活中（或话语中）的各种情形下可能扮演什么样的角色？"(56) 在我看来，沃诺克隐含的肯定性答案是一种公共意见。据说，道德的特性出自于它的对象：世界上我们能研究的人类之善和伤害——一系列主题，例如我们感兴趣的正义或共同之善（cf. 菲利帕·富特，《伦理学理论》，9，92）。

"先天的"似乎不像是真实的观点。《理想国》中，格劳孔对苏格拉底所提问题的力量和尖锐之处在于：不公正的人能看起来是公正的；他能掌握所有道德"考量"的关联性，并且关心社会中作为道德主题的一切。他与公正者的不同之处在于，他利用所有这些考量并只是出于自利处理这些主题（《理想国》，361－2）。他的"观点"，即他的思考方式和评价方式，并不是一种道德"观点"，而毋宁说是一种彻底的非道德观点。它不认真对待道德上关涉"我们"的主题，并且以一种彻底非道德的推理方式模仿"我们的"道德话语。

为了得出他的结论，沃诺克首先面对这一观点："道德"的主要特征是"持道德观点的人看待这一特征的方式"。他说，有四个"要素"已被视为道德的主要特征，但遗憾的是，在予以考虑时，沃诺克似乎忘记了他最初的评判，那就是，这些要素既可以单独存在，也可以多个结合（53）。因此，对于他所称的被要求以某种方式行为的"感觉"，他将其与道德原则的重要性这一问题区分开来，这就歪曲了对"感觉"和重要性的解释。他反对"特定感觉是道德特征"的这一观点，他认为，对道德上令人反感的行为可能有适当的感觉，然而他并不相信一个人的行为真正在道德上令人反感。对我而言，这一反对意见只是针对一种粗略的观点，用沃诺克的措辞，即某种"心理阴影"伴随着道德信念。信念令人愉悦之处在于一种在其他事物之中获得的意识体验，尤其是在根据一个人的信念——遵循一个人所相信的明智和合理的做法——行动和决定的那些情境中，这种意识体验包括克服一个人的情绪和情感，如果一个人心理正常，这些情绪和情感通常会伴随他理性决定的信念而非与之竞争。针对羞耻和其他这类感觉，弗洛伊德出版了《梦的解析》。他认为，这是唯一要做的明智可靠之事，当此之时，他无疑正是处于这种情形中。所以，就沃诺克所说的一切而言，事情道德观点的核心特征确实是一种特定感觉，也就是出于某人自己的意识而被要求以某种方式行为的特定感觉，而不是一种"做错事的感觉"，但是不值得、内疚感、做错事的感觉或不理性的感觉，都会使人不那样做。这种特定感觉无疑是特定的，因为它是对这种情形中以此方式发挥作用的重要性的一种感觉或领会，这种

116

感觉不顾一个人的情绪和情感，哪怕是一个人正常的道德情绪和情感。

这里，更重要的是，沃诺克转而处理重要性问题时出现的方法混乱。他攻击了这样一种观点，即个人道德原则被确认为支配其生活行为。他忽略了"支配"的模糊性。一个人可能将行为原则——例如对友谊的需要——视为最重要的原则，即使他有时因为无法符合它们的要求而感到失败或不值，或即使每当它们恰好与其他原则——例如"以我为先"——相冲突时，他总是因无法符合它们的要求而感到失败（我会说：对这样的人来讲，友谊原则在其考量中处于法律上的支配地位）。如果说，只是由于它们最常为人们遵循，因而被视为支配性原则，那么，这就会放弃如下努力，即重现原则在接受其为原则者审议（先前的良心）中运作的方式。无论如何，针对道德原则是支配性原则这一未分化而又模棱两可的论点，沃诺克提出了两点反对意见。

第一，一个人也许认为某种考量比道德考量更重要。有时，他不做从道德角度看是[3]正确的事情，却完全可以通过那种考量获得正当理由。这是一种常见的、以各种形式出现的论证。例如，据说在道德哲学中，重要的是要认识到当破坏一个人（自身或朋友）喜爱的对象是不理性的时候，或真心承认如此这般做确实不理性时，真诚承认这是一个人的道德义务，然后说"那又怎样"，并不是不理性的。

但是，只有放弃沃诺克和其他人用于反驳直觉主义者、情感主义者和规定主义者的基本论据，即如果它歪曲了为道德典型（而非威胁——榜样，而非完全不关心道德推理的节制者）所接受的合理道德推理，那么，对道德推理的哲学阐释就是不可接受的，这整个思路在道德哲学上才是一个似乎可信的进展。沃诺克描述的这种人当然是存在的，并且无须质疑他们的真诚。但仅仅为了适应某些人的道德怪癖（不至于称为堕落），而支持道德哲学应该调整它用以判定什么是"道德的"或"道德上合理的"标准，却是毫无理由可言的。对这些人来说，道德义务并不处于法律上的支配地位（即只能以

---

〔3〕 但须注意，沃诺克在《当代道德哲学》第72页中称这样的人是不理性的，道德论据不同于"为并不总是理性的人们提供理由"的其他论据。但是，如果这样的人不理性，为什么要对他、他的真诚和他使用的语言煞费苦心？

不值得或内疚为代价才可违反）；道德论据提供不了（或提供不了充分的）行为理性；道德范畴和标准仅仅是内嵌于社会语言中的准则，是一种外在的"社会标准"。当然，如果伦理学是对通行于特定社会并与某些"道德主题"相关的标准、原则和观点的历史解释，那么，关于这些观点在圣人、斗争者和非道德论者生活中的作用，就将会有一种严肃的解释。但是，新近道德哲学一直在主张，它们并不仅仅是社会历史，这一点是正确的。这种主张完全以一种要求为基础，它要求能准确显示为"我们"（如关心"共同之善"的人，富特，9）接受为行为理性或视为行为道德理由的东西。"我们"和众多的道德节制者形成对比，如火星人（沃诺克，66）、认为一个小时握手三次是种美德的人（富特，99）、为了鸡毛蒜皮之事的请愿者、对发生在自身之外任何人身上的事情毫不在乎的人、决定接受何种原则和视什么证据为证据的人，等等。反规定主义者和反自然主义者论据的核心一直都是，杂乱人群的那些欲望、标准、评价、思考模式等在道德哲学中不算欲望、标准、评价、思考模式等的最坏实例，充其量只是曲解了它们。道德哲学是对它们的解释，它们为道德哲学概念的细化提供了可用且相关的标准：如"道德的"、"理性的"、"善的"，等等。沃诺克所说通过不做"道德上正确的"事使自己完全获得正当理由的人，应该属于道德怪癖者；他对"完全获得正当理由"或"道德上正确"这些术语的使用充其量应被视为是次要的、歪曲的、古怪的或者（稍微严格地说）根本上不"道德的"。也就是说，对"事物道德观点"或"理性"的道德判断的具体特征是什么这一问题，此人的观点不应影响到其决定——除非是，此人思考正当理由和义务的方式在道德上的古怪性，有助于指明道德上标准理性者审议中的核心之处，方式是通过对比道德考量中重要感和理性，这或许是反思性的（这更像是对如暴政这般离经叛道宪法的反思，因为有助于指出更符合宪法的政府形式，因而才是合宪的）。

　　第二，一个人支配性理想也许无法称为"道德的"（这里的"支配性"是指我所说的"法律上的支配"）。沃诺克举出了两个例子来支持这种主张：

　　(i) 据说，荷马采用了不同于我们的道德标准认可战争首领的残忍、诡计、炫耀；不妨说他根本没有运用道德标准。

118

（ii）如尼采所言，与其说提出一个不寻常的道德原则体系看起来更自然，不如说完全放弃道德态度或宣扬一种理想的行为和相当不同的特点更自然。

这些评论容易引起离题。除了"道德的"，我不知道该如何形容荷马身上散发出的对灵魂和社会中无序的担忧，或他对邪恶病因学、罪行的技术性细节和正当秩序的思考。如果超人终究没被尼采赞为能有效自我完善或自我满足，因而就被否认是一种"道德理想"，这应该是因为尼采谴责意识、责任、罪行和功绩仅仅是引起怨恨的幻象。但这些离题了。重要的是要注意到，一旦我们保卫用以寻找核心意义和主要情形的哲学技术，我们就应谢绝沃诺克的邀请，也就是宣称荷马式和尼采哲学的伦理学"根本不是道德的"，而是"相当不同的"类型。我们不应放弃道德哲学之外的其他学科对这些理想的批判，但是我们应该做好准备，将它们视为离经叛道的或是道德的次要形式（也许尼采的理想比荷马的理想更离经叛道）。沃诺克的整个反驳立足于道德/非道德这一严格的二分法，我认为，它不足以处理道德哲学、政治哲学或法哲学中的分类问题。

使道德关怀成为"道德的"，乃是对某些主题的关切。在沃诺克这本颇有价值的小书的后半部分中，这一观点成为其各种古怪之处的基础。

第一，沃诺克认为，道德哲学"有趣的事情"是"研究道德评判"，即"探究'从道德角度'评判事物……"（68）。现在，如果这是道德哲学的事情，人民将很快发现，与"从道德角度"评价个人自己可能的行为选择相比，从道德角度评价《伊利亚特》是相当不同的。人们能够随意地从道德角度或历史、田园诗、悲剧、美学等角度评价《伊利亚特》，或对其根本不予置评；但是，如果一个人打算随意从道德角度评判或不评判自己的生活，那么他就不再是实用地考虑道德"观点"，毋宁说，他将以次要的或离经叛道的方式考虑所谓的"道德角度"——这种方式例如，一个人在他母亲身上学到的标准，或者是内嵌于一个社会语言中的准则。一个没有潜在主题的"观点"不能完全算是道德观点，潜在主题与对个人行为（进一步推论，对一个人思考的习惯和对"观点"的采纳）的要求之间存在着张力。从具有充分道德性的角度来看，一个人的所有选择，包括出于一个人自己选择而采纳或放弃道德观点，看起来是有序的或者是有结构的，并且这种秩序和结构的特点能通过对比表达出来，这种特点是道德异化文学和最早时代开始斗争的主题：过失与功绩、正确和错误、值得与不值得、死亡和生命……（如我所想，如果道德哲学中反自然主义者立场的核心在于，灵魂中这种张力的存在、方向或形式是不可通过任何事实或"世界特征"进行解释或证立的，那么，沃诺克根本就没有将其置于那种立场的核心）。

第二，需要注意的是，作为对直觉主义者的反对，虽然沃诺克已经指出，"我们希望知道……对一个行为而言什么是义务性的，并且我们未被告知"，但在他自己观点的探究中，义务这个概念仍是缺失的。这本身不能作为抱怨探索性阐述的理由。然而，它是一个更深层问题的标志。沃诺克认 120 为，如果某些种类的"事实"和"世界特征"（例如，人类的善行和伤害）是道德评判的必要标志，那么原则上道德论据就具有逻辑上的证明力（69）。人们会问：对什么的证明？沃诺克举了一个"逻辑上强有力的"论据作为例子："可以论断，我引诱我的孩子沉迷于海洛因，在道德上必然是错误的。"否认这一结论的人，既没有听从那个论据，也不知道"道德上必然是错误的"意味着什么（70）。

但是，某些种类的事实或特征是道德评判的标准［因为，沃诺克将会告知（67）"道德的"意味着什么］，从这一前提出发，如果存在，那么，所有能遵循者，都是具有这种形式的逻辑上可证明的结论：这样的问题是一个道德问题，或者能引起人们对道德的兴趣，与道德具有相关性。出于这样的假设，不可能存在这种形式的可证明的结论：这样的事情在道德上是错误的、坏的、可耻的、有罪的、不可取的、过度的、非法的或邪恶的。从道德考量相关主题的前提中，以这种形式得出结论不仅是不可能的，而且假定对与善、错和恶乃是道德推理中的同义词，同样也是轻率的。当然，如果海洛因论据得出结论："因此，使一个人的孩子沉迷于海洛因在道德上是恶的"，那么就会有人追问，道德善行是否是最高的善？道德罪恶是否是最坏的恶？追求道德上的善者，避开道德上的恶者，是否总是义务性的？这也就是沃诺克责难直觉主义者所无法回答的那些问题。沃诺克忽视了这一问题，那就是：道德相关考量因素与人类行为相关联的特定方式。

　　然而，有时候，我会怀疑这是否真的是一种疏忽。毕竟，沃诺克似乎完全遵循了菲利帕·富特（Philippa Foot）的论据，并且，富特提议对西方道德语言的意义进行影响深远的修正，也许这是自霍布斯以来最意义深远的一次修正。因为她坚持认为（《伦理学理论》，95，9）审慎是一种基本美德，显然"无论一个人的特定目标和欲望是什么"，[4] 他都需要审慎。（并且，在对这篇文字的评论中，她再次重申："审慎是一种与正义关联不大的基本美德。"）藉此，柏拉图哲学、亚里士多德哲学和基督教"美德"概念的各种含义都被一举取消了。因为西方伦理学最重大的主题之一是：如果"审慎"是一种基本美德，那么，任何人都需要审慎则不是显而易见的。柏拉图的实践智慧是一种具体的美德，阿迦同（Agathon）认为，它产生于罕见之人的灵魂中：所有人都有拥有它的能力，但只有少数人真正拥有，柏拉图将其与恶毒人的聪明作了明确区分（《理想国》518e－519a；《泰阿泰德篇》176b）。如果可能，更须强调，亚里士多德区分了自然聪明和审慎，前者是任何人都需要的，而后者没有美德就不可获得，它涉及一种善，对于解救成熟之人和明智者的所有人而言毫无意义（《尼各马可伦理学》1144a24－36）。基督徒谈到新人的审慎（《罗马书》8：6），在他们看来，一个审慎之人只实现尘世之善是罪孽深重的；它只是审慎这一基本美德的影子，这个影子则是所有人类美德的衡量标准（《神学大全》Ⅱ－Ⅱ q. 47a. 13）。此外，假设一个不正义（我是指我们现代意义上或富特夫人的"正义"）者能有真正的实践智慧（智慧或审慎），这难道不会使《理想国》变得毫无意义吗？有人详细阐述了富特夫人随意使用的"基本美德"这一概念，他们相当强调基本美德之间必要的相互依赖（cf. 《神学大全》Ⅰ－Ⅱ q. 65a. 1；Lottin，"Aristote et la connexion des vertus morales"，

---

　　〔4〕　在《伦理学理论》第9页的导言中，富特指出："对任何人的遭遇漠不关心，只关心自己的人也许会说他没有理由做一个正直的人。"通过解释她在写于1958年而重印在《伦理学理论》第83－100页的"道德信念"中作的更具一般性的评论，她指出："质疑道德判断为每个人提供行为理由这一格言还没发生在我身上。这在目前（1967年）对我而言是一个错误。"休谟屈从于欲望的理性和理由概念在菲利帕·富特的见解中发挥着作用，这种见解正是本章评论的对象。进一步的内容可以参见尾注。

at 344)。而且，他们显然是正确的：远离正义的审慎不是一种基本美德，毋宁说是一种为恶的便利手段。在对我文章的回应中，富特夫人指出，任何人都需要"能形成善之附着物的智慧"。但是，"无论其特定目标和欲望是什么"，如果没有真正友谊所固有的正义，形成"附着物"者都将无法轻易地（也许除了在能量和冷酷方面）区别于格劳孔（Glaucon）所说的不公正者。如格劳孔所言，"由于他的勇气、长处、人脉和财富"（《理想国》361b，琳赛译），他机敏地追求那些完全自私的"特定目标和欲望"，并且实现它们。"朋友？"不如说是"好的附着物"，像猫的爪子那样很好地连接在一起。如果一种道德哲学拒绝正视格劳孔困境，[5] 那么，我们就很难知道如何去反对它。这种道德哲学打算明目张胆地放弃区分美德观点的经典尝试，放弃区分其核心情形（一个人因其审慎而正当）和其他种类的善在思考中的角色。

　　很容易得出这样的结论，也就是，我认为，道德考量的具体特征是它对个人义务的重视。这个结论太轻率了。我认为，对义务的反思不是对行为道德理性特定特征进行思考的最好方式。这样的反思实在太可能——尽力回避"使事情复杂化的宗教信念"（富特，《伦理学理论》，97）——陷入这样的结论，即义务的力量是社会中"公正者"对"不公正者"施加的外部压力（cf. 富特，9）（因此我认为，良心的声音正是符合社会要求的超我内部的回音）。与此类似，我不确定思考的道德方式是最好的，或是通过检验我们对正义的推理而最易得到揭示。如果亚里士多德是正确的，那么友谊在主体和客体方面与正义就是周延的；但在对友谊的要求中，有些内容和行为道德理由的所有力量将更容易进入视野。

　　友谊使我们和亚里士多德一起超越自私自利的蔓延和正义之间的对比反照，富特夫人恰当地将这种对比视为我们道德难题的开始。因为在真正的友谊中，一个人会发现，友谊对他自己的发展或自我完善而言是必要的；与此

---

　　[5]　这个困境并不稀奇，正如弗洛伊德曾经所说：当我问自己为何总是尽可能表现得体面，愿意饶恕他人显得友善，为何当我注意到因为其他人是野蛮和不值得信任的，一个人那样做会伤害自己并成为一个铁砧时，我也不放弃那样做？我真的没有答案。这确实是不明智的。Jones, *The Life and Work of Sigmund Freud*, 473.）

同时，友谊本质上又不能为了个人发展或自我完善而得到培养，只有出于对他朋友无私的爱才行（我认为，通常来说，这是一般道德之善的特定标志）。此外，对于个人的行为，友谊有着严格的要求，需要内疚的痛苦和不理性（自鸣得意地接受对某人所爱之物进行的破坏是不理性的），这些要求包括所有对正义的需求；但是，如果一个人仅仅为了饶恕自己的不理性和对义务的违反而去履行这些义务，他将不再是希求友谊，因为他不再是为了朋友出于友谊而行为（cf. 对这个问题的转换参见《神学大全》Ⅱ－Ⅱ q. 44a. 1 ad 2）。

对亚里士多德而言，成熟之人之间的友谊是美德的绽放；亚氏道德哲学的所有手段聚合起来是为了他对这种美德进行长篇大论而又令人钟情的分析。这些手段被他信手拈来。一开始，友谊这种美德并不在他道德的/智力的这一图式中。更重要的是，亚里士多德未能成功解决自爱和友谊之间的冲突。没有人比他更固执地寻找解决方法了。真正的朋友在"精神"上有共同点，这是他们每个人身上最好和最讨喜的东西。这种共同点的培养，是一个人选择的最高呼求，也就是努力实现沉思中的（《尼各马可伦理学》X. 7）不朽，即"追求不朽"（athanatizein）这种美德。但是"有共同点"即"相通"这种话语的模棱两可是无法避免的（cf. 1171b32）。"精神"毕竟是我们每个人的"一部分"（1166a16，1168b28－35；1178a2），所以每个人的道德努力最终会成为自身的修养；解释友谊中的自我牺牲是种无用的尝试。亚里士多德的形而上学打败了他的伦理学；亚里士多德极为简练地（1159a6）声称，上帝离我们过于遥远，无法成为我们的朋友。亚里士多德无法给出一个极其合理又可欲的解释。除非一个人在他身上能看到比他朋友或他自己更令人喜爱的上帝形象，不然就没有明显的理由认为一个人的朋友于"正义"上的要求在各方面都等同他自己出于理性选择的要求。

Ⅲ

参与者的关注点决定游戏的边界并生成一种表达进出的语言。法律是有许多不同类型参与者的游戏秩序。但正如哈特所言，它之所以制定共同的行为标准，其原因不仅仅在于趋善避恶，还在于追求善行。所以不仅是它的精微玄妙之处，还有它在人类事务中扮演的精确角色，都要借助它对那些之于共同点即"相通之处"，即出于公民的或公共的友谊，看待法律的"内部态度"的主要情形有不同的关注，而只有参与其中、发挥了作用的人方能理解。这样的人为法律的关注提供了适当的标准——法哲学中对充分和不充分的权威衡量。但是，对道德生活中友谊的中心性进行的伦理学分析使我们更进一步。现在我们能说，对法律义务的承认是对一个人道德义务的理解；法律义务因而是道德义务的一种特定类型；制定和维持法律这项事业是道德生活的一部分——这种生活以不寻常且核心的形式存在。

注

菲利帕·富特在她宣读这篇论文的乔维特学会（Jowett Society）的会议上回应指出，当我说她提议"……对西方道德语言意义进行自霍布斯以来影响最深远的修订"时，我误解了她对"勇气、节制、审慎和正义这些基本美德"的评论。（在我正在评论的 1958 年的论文中）她确实说过，虽然无论其特定目标和欲望是什么，任何人都需要勇气、节制和审慎，但有些人也许会辩称，如果没有正义的限制，他们会更好。但是（她说），我推论她所谓"审慎"是指亚里士多德"聪明"名义下区别于"实践智慧"的机灵，则是错误的：124

> 因为任何人不仅在选择达成目标的手段中需要聪明，而且为了形成良好的附着物也需要智慧。所以智慧者不会和世俗或贪婪的人有同样的价值观。在讨论基本美德的情境中，我理所当然地将任何人都需要的"审慎"理解为"智慧"，而无论此人是否需要正义。当然，我并不是说，如果一个人拒绝正义的要求，那么他也会认为，同样的行为会被世界上其他人认为有悖于勇气、节制或审慎；因为他的行为规则是不同的，并且他不会认为将另一个人而不是他自己置于危险之中是怯懦的。我所说的是勇气、节制和智慧是与正义无甚相关

的道德美德，并且我不知道为何这让菲尼斯先生觉得如此吃惊。

[富特，"评论"第 124 页（增加的重点）]

她的这一评论表明，"错误的"推论并不是那么错误，因为她确实认为彻底不公正者"审慎"或"智慧"可称为一种美德，只是这种美德不同于"其他人"认可的那种审慎（实践智慧或合理性）美德。她漠视对道德语言所作的修正，并忽视与美德相关的经典论题，这略为让人惊奇。第一篇文章的注释 24 提到了她思想的后期改变，但是她 2001 年的《自然善》则更进一步：

……（从 1958 年到 1972 年间）我仍然多少坚持主张休谟式的行为理性理论，认为理由理所当然地以行为主体的欲望为基础。[6]

因此，她当然会"怀疑道德的合理地位"并"相当过分地倾向于对人们限制（无私正义的合理性），这些人因他们的欲望而被称为爱正义的人"。[7]

与其他人一样，那时我理所当然地认为，讨论道德行为的合理性要从关于"行为理性必须是什么"的理论开始：而不是支持对自利因素的力量予以特别考量的欲望实现理论。现在我认为，理性的自利理论和理性的欲望实现理论都是错误的。此外，努力使道德行为的合理性符合其中一种理论的策略是一个错误：这样的一个事业意味着，我们首先提出一个理性行为理论，然后尽我们所能来挖掘正义和慈善行为的合理性。[8]

进一步的阐述参见她的《自然善》第一章和 4. Cf. *Aquinas* 111。

---

[6] *Natural Goodness*, 10.
[7] *Ibid.*
[8] *Ibid.*

第 7 章

理性、普遍性和道德思想 *

休谟对道德思想和话语的分析源于他对理性主义传统的批判——瓦斯奎 125
兹（Vasquez）、苏亚雷斯（Suarez）、格老秀斯、克拉克（Clarke）和巴特勒
（Butler）——对他而言，道德推理就是要领会"事物之间的抽象关系"，这
种抽象关系在逻辑上类似于数字之间的数学关系。对于休谟有关这一传统的
怀疑，亚里士多德会鼓而呼之。然而，休谟的要点是道德话语"指示"（我
选择一个能在休谟的原意及其现代追随者对其原意的尊奉之间实现平衡的词
语）同情感和言说者对某些人类行为或性格的赞同或反对。"现在显然如
此"（says Hurme *Teatise*, Part Ⅱ, sec. 1）：

> 无论那些情感源于何处，它们一定根据与对象的亲疏远近而变化
> ……我们不可能仅仅集中谈论合理的术语，我们会考虑那些有独特观
> 点的人物。因此，为了防止连续的矛盾并对事物作出可靠的判断，我
> 们确定了一些稳定的和一般性的观点……

此外：

> 我们知道，命运的改变可能使我们仁慈的性情完全萎缩；因此，
> 要尽可能地将那种命运和这种性情分开。当我们修正那些因与我们距
> 离不同而不同的美德感时，情形也是一样的。激情并不总是跟随这些
> 修正；但这些修正充分地服务于调整我们的抽象观念，并且在我们一
> 般性地宣称要关注善与恶的程度时，它们会被单独考虑。

---

* 未公开发表；1971 年 9 月 14 日在墨尔本拉特罗布大学哲学系的一个教师研讨会上宣读。

126　　　并且，在他《道德原则研究》第九章"整体结论"第一部分的第 6 段
写道：

> 当一个人形容他人残酷、可憎或堕落时，他表达了自己的情感。
> 在这种情感中，他预期所有听众都会赞同他。因此，他必须超脱他私
> 人的特定情境，选择一种和其他人共同的立场。

对休谟而言，这种"共同立场"是"任何一般体系和关于惩罚或认可
的既有理论"的基础。（para. 5）

这样看来，很显然的是，在这些段落中，理性在起作用并被描述成是在
起作用，且要多于休谟关于道德的一般理论所明确允许的。一个问题随之出
现："为何我们应该以某种方式控制我们的同情心？"休谟乐于给出理由，
对这一问题进行回应：因为你的判断对别人而言将因而是可靠的、统一的、
持续的、内在一致的、确定的、可交流的和可理解的，你的论述将因而是合
理的。在休谟看来，思想和论述中合理性这些属性的可欲性是不言自明的。
简言之，采取一种本身合理的政策是有理由的。这两方面中，无论同情对人
类社会是一种多么重要的构成要素，合理性已经在对道德思想和语言的分析
中占据了最终地位——休谟对相反情形进行了正式和严肃的宣称。

所有人都有一系列的情感，有以这一方式而非另一方式控制那些情感的
倾向；有某种先天的心智结构，因而某些深刻语法原则才具有普遍性（尽管
仍然是依情况而定——这是说，此种情况下界定的那种可能语法不是本身一
致并且可理解的那种逻辑上可能的语法）；就相似和差异之间的二元相关和
对立而言，以图腾、神话、笑话、社会组织等形式表达的某种象征结构在所
有社会环境中都能发现——这些以及与之相似的事实并没有提供充分的理
由，用以论断哪些情感能被合理地放纵、控制它们的哪种方式是最好的、哪
些心智结构是理性的原则或知识的来源，或正因为心智有结构，分析原则才
是真实的。观念的先天性或普遍性从来都不是我们认为该观念合理、真实或
正确的理由。"我不禁这样想"是一个事实，对于做什么和想什么这一理性
讨论而言，它不是一个可诉诸的理由和贡献。

此外，合理判断对理性的需要比获得共同判断对理性的需要更为根本。127
因为（正如每个人都可以说），对我而言：

> 相比于别人的想法，我自己目前的想法是明确的。我无法在
> “我认为 P 吗”和“P 情况属实吗”（或“考虑 P 是正确的吗”）这
> 个与我自身或我的信念没有本质关联的问题之间作出区分。[1]

这表明合理判断既是共同或普遍的，也是私人或个人的。它们之所以是
共同的，是因为对所有进行合理判断的人而言，同样明确的是：没有人会认
为“我在考虑什么”和“这是什么情况”这两个问题有所不同。这些判断
也是私人的，因为出于同样的理由，其他人认为 P（或不认为 P）与“我认
为 P 吗”这一问题并不相关。

相反，由于“我认为 P 吗”与“P 情况属实吗”明显对立，所以这后
一个问题明显与“我应该考虑 P 是正确的吗”这一问题相对立。所有这些
问题都需要相同的答案。但最后一个问题的形式表明，哪个答案如何在一定
程度上算作是“应做什么”（“做”指的是询问、假设、考虑、判断、反思
等）这一问题的答案。

推理和通过合理判断而获得认识有各种形式和用途，是完成一个作品、
一部著作、一个行为、通过合理安排达至目标所必需的。我们可以说，因为
它是哲学家们可能最熟悉的行为，因而它能为哲学家分析道德语言、思想、
行为以及与它们的关系提供一个好的实例。

如同其他形式的行为，理性探究和判断因其目标、要点或引导性的目的
而有意义，它们取代无知、错误、误解、困惑、幻觉和空想，是探寻知识和
关于真理、现实的明确性的成果。

真理和关于现实的明确性比无知等更受人喜欢，每一个理性的调查者都
会预设一个比另一个好。这种偏爱和隐含价值判断的合理性无法被合理地挑
战和质疑；只有在质疑者本人假设那种偏爱是明智的和对愿望的隐含判断是 128

---

[1] Edgley, *Reason in Theory and Practice*, 90.

有保证的情况下，费心去质疑这种偏爱和预设本身才有意义。

作为具体的方法或至少是作为达至欲求目标的条件，对于思考如何成为一个认真的学生、真才实学和骗子行为、蒙昧主义和启蒙之间的差别的人来说，这种合理性美德是众所周知的。对这种美德的任何解释都必须包含不偏不倚、没有偏见、对事物的公正鉴别、专注、调查中的诚信、对想法的提炼、耐心、直面现实和逻辑本身时的谦逊等美德。

对愿意成为一个理性调查者的任何人而言，这些美德仅仅是"我认为 P 吗？"明显与"我应考虑 P 吗？"和"P 实际上是那种情形吗？"相对立这一逻辑事实的实践意蕴。对任何理性的人而言，真理不仅是会让一个人获得后而感到高兴的东西，它本身就是一种善，应该追求真理本身而非我的快乐。真理是一种善，它有超出自爱的权威，它反对利己主义。毫无疑问，即使我们意识到，这个世界上并不是任何东西都向人们敞开，真理是一种**理想**界限，一种一直被追求但从未被人完全获得的完美，但它也有可取之处。

一直以来，我都在尝试描述并提供一种路径，亚里士多德道德主义者或者理性人可以借之摆脱休谟为自己建构的桎梏。道德哲学的展开方式，并不是通过描述同情、情感或需求等含糊粗糙的普遍结构真实性（也不是如康德和黑尔（Hare）所言，嵌于日常语言之中的规范），而是通过参与并反思性地描述推理工作。其中的理性，并不是我行动或应依其思考的方式的事实，而是对思考的指引，为思考行动或应如何行动提供理由——正如休谟，即便是他自己也认为，获得可靠和普遍性判断这一目标为以某种方式控制个人的情感提供了有力、充分的理由。道德思考的起点不会是众人皆知的关于人类天性或事实的老生常谈，而是某些明显可以追求的东西——我已经讨论过一种，即通过理性探究发现的真理。一个人反思这些明显可以追求的目标——如真理——的权威时，这种追求的独特道德特征就会显现出来，"权威"意味着，对此目标的追求（在逻辑上）不能以一种道德意义相对欠缺而仅有个人意义的自我追求的方式进行。当利己主义已经被目标的权威和达至目标的手段的"强制性"超越时，生活和话语的道德形式也就开始展开。

友谊中也有同样的权威，存在着相同的利己主义和权威间的张力。权威对我实现自身繁荣发展是必不可少的，但是只有为了朋友繁荣而非自身的繁荣才能追求它。当对友谊的需求和寻求真理的需求合于一处时，被休谟[2]称赞为道德观而亚里士多德学派称之为理性观的那种观念将会出现（尽管我只是提到它，并不论证它）——我是指人类舞台中力图作为整个舞台的见证者而行动和判断的参与者的普遍观点，这种参与者将每个人的利益放在心上，人们希望他采取行动。因为那个见证者被认为是公正的（正如理性所要求的），而非冷漠的和不受欢迎的（因为理性是一种激情，合理性是合理欲望的基本对象之一），我们会接受他的合理观点。

注

与其说"理性是一种激情"是一个本身值得提议和辩护的论题，不如说是一个帕提亚回马箭（Parthian shot）。它的辩护意义在于理性，恰当地理解为，具有休谟归入激情中的反应性和激励能力/活动性。

大约从 1971 年开始，直到 1983 年《伦理学基础》的写作，在我对伦理（"生活的道德形式"）和实践合理性结构的理解中，理性观点属于普遍旁观者这种理念，尽管没有完全误导或曲解恰当的观念，但它并不适当：这一主要的道德原则为，个人选择必须适应于整个人类的满足，也就是所有个人和共同体的满足。

---

〔2〕　因此，他必须超脱他私人的独特情境，选择一种众所周知的观点：*Enquiry*, sec. 9, conclusion, Part 1.

第 8 章

伦理学中的客观性与内容[*]

130　　在 1949 年末至 1951 年 4 月离世前两天的期间，维特根斯坦将他对客观性与合理性（reasonableness）的深思写在讨论确实性问题的笔记之中。目前，这些文稿由伊丽莎白·安斯科姆（Elizabeth Anscombe）、冯·赖特（Von Wright）和丹尼斯·保罗（Denis Paul）以《论确定性》^{**} 为书名编译出版。这部著作消除了一些对客观性与合理性的常见误解。

　　在这部著作中，维特根斯坦探究的并不是彻底确信（complete conviction）或完全无疑（total absence of doubt）的状态，他将这称为"主观确定性"。他所在乎的实际上是"某种事物在何时是客观确定的"（194；也参见 273）。当摩尔（Moore）说，他**知道**这是他的手或地球已经存在了很久时，他仅仅成功地表达了主观确定性和确切的精神状态。但只有"当错误不可能出现时"，某种事物才是客观确定的（194）。而且，一个人是否可能对某种事物不出错，这一点仍须客观确立（16，15）。使确定性得以客观化的是强力依据（compelling grounds）（270），并且"我不能对一个事物的显著依据（telling grounds）做任何决定"（271）。但是当我们说"不可能出现错误"时，我们究竟在讨论何种可能性？"错误绝不能逻辑地得到排除吗？"（194）于是，维特根斯坦说道：

---

　　* 写作于 1975 年 1 月 1 日，未出版。本章是为一个神职哲学团体而作（因此，注释格式针对神职哲学家伯纳德·隆格），文中列举的《论确实性》的注解或段落由括号中的数字标识，这些数字未经确认。

　　** 该书 2002 年译本为《论确实性》，但根据知网检索结果，近年文献均称《论确定性》——译者注在某些环境下，一个人不可能犯错误（此处的"可能"是逻辑表达，这一命题并不是指一个人在那样的环境中不会说出任何错误的话）。摩尔宣称了这些命题，但如果他主张的是与之相反者，我们就不仅仅是不应当认同其观点，而是应当视其为精神错乱（155；另参见217）。

对客观确定命题的否认不是（维特根斯坦所言的）误解，而是判断无能，或只是对语言的错误理解的疯狂、无知或愚蠢的证据。这也可能是个笑话。相应地，对于此类命题的怀疑是不可能的。"某些情况下怀疑是不合理的，但其他时候却是逻辑上不可能的，而这两者之间似乎没有一道清晰的界限"（454）。命题的客观确定性与人们的合理性（reasonableness）相互关联，所以我们会说："作为一个理性人，我不可能对那个命题产生任何怀疑。"（219）并且，"当我们说我们**知道**这个或那个时，我们意思是说，在同样的位置上，任何一个理性人都会如此认为，怀疑则变成了不理性（281：疯狂）"（325）。

但是，理性人如何能始终排除怀疑呢？一个人又如何能在怀疑论哲学家的影响下去抵御怀疑一切的诱惑呢？维特根斯坦对这一问题的反思沿着若干进路展开。在第一条进路中，他反思道：有些命题内嵌于一个庞大的命题系统，"其中的结果和预设之间相互支持"（142），又如同内嵌于一个"命题之巢"（225）或"一大群相互依赖的命题"，它们"之所以坚实可靠，是仰仗其周围的信念"（144；另参见243，312，594）。然而，尽管该系统中的部分命题能够被其他命题所确认，它们却不同于那些被维特根斯坦称为"基础"（foundation）或"基本原理"（fundamentals）的命题，它们是一种怀疑，会把一**切事物**（everything）都置于怀疑之下并使之陷入混乱（613）。这些基础是由整体（wholehouse）来支撑的。举例来说，正因如此，这句话在地球上已经存在多年——"在整个语言游戏系统中属于基础"（411）。诸类命题可能是经验性命题，但"很明显，我们的经验性命题并不都具有相同的地位，这是因为有的命题（比如刚刚提到的那个）构成了我们全部思想的基础，这些命题因此也不仅仅是（或绝不是）经验性的（308），它们还是描述的规范（norms of description）"（167，321；634）、规则（309，319，494）。

但在第二条进路中，维特根斯坦注重表明：这些确定性不仅仅是判断的规则或原则，也是"我们怀疑或探究的方法"。我认为这一进路更有意思。有些命题被认为是"不容怀疑的，它们好像正是这些（怀疑）和（争议：657）赖以转动的枢轴"（341）。"有些事情的确是**真正**（indeed）不容怀疑的，这一点属于我们科学研究的逻辑"（342）。这不是因为"我们根本无法研究所有事物并因此被迫向假设妥协"，而是因为"如果我们想要转动那扇门，就必须得把门轴固定住"（343）。

这里，维特根斯坦似乎考虑到四点。其一，只有在某些命题普遍被论者视为无可争议之时，讨论与争议才能展开，否则论辩双方便无法理解彼此意在提出的问题究竟是什么。其二，对一个假设的所有检验，都要求某些命题被视作无需检验。其三，怀疑是无法系统阐述的，真理也无法在质疑的过程中寻得，除非那些用以阐释怀疑的语词（至少是部分语词）的意义是我们确知的（known with certainty）（506，507，514）。其四，部分关于怀疑的论证形式对自身有削弱作用（certain forms of arguments for doubt undermine themselves）。维特根斯坦并未专门强调第四点，它无法完全区分于探讨阐释怀疑之意义的第三点，但我欲深思的恰是这第四点。

第三点与第四点的共同之处在于，它们都导致了对一项既定怀疑合理性的怀疑，以及对诱惑我们怀疑一切合理性（reasonableness）的怀疑。这些对怀疑的怀疑，不是通过指明理性人的观点而提出的，也不是通过指明其他命题——这些命题支持着那些被怀疑者怀疑的命题——来提出的，而是指出这样一种情况：特定怀疑其本身，或怀疑者在提出怀疑的过程或表现之中存在着一种不融贯。比如，正因如此，维特根斯坦设想某人去看医生，将自己的手展示给他，并说"这是一只手，不是……我把它弄伤了"，等等。除了极罕见的情况，宣称"这是一只手"不仅仅是多余的，而且是荒谬的，因为如果"这是一只手"仅仅是一条信息，"我们如何能指望对方理解此信息呢？的确，如果可以怀疑'那是否是一只手'，为什么不能去怀疑我是否是一个正在向医生告知此信息的人类呢？"（460）又或者，"如果一位店主毫无理由地想要检查他的每一个苹果，以保持对一切事物的确定，他难道不应当对检查本身进行检查吗？"（459）最后，维特根斯坦惊人地指出："'我可能在做梦'这一陈述是毫无意义的。理由是：如果我在做梦，这番言辞本身也是被梦到的——而且这些词语所具有的任何意义也都是梦幻出来的"（383）。

维特根斯坦言之有理吗？"我可能在做梦"这一陈述看起来并非毫无意义。但在论辩中将"我可能在做梦"当作说服自己或对话者的论据，着实荒谬。那就相当于说，命题 P "假定我是在梦中提出这一推断，且是在梦中指引自己为自己论辩，这样做可以推进我在论证中的上述假定"为假。这样一个推断无法推进一条论证，这是因为，在做梦这种经验状态下，我们无法**经由**（via）已获得可靠理解的、指向可接受结论之命题而理性地判断为**理性**（rational）论据。又因为，对任何注意区分做梦与走路的人来说，命题 P 为假都是不证自明的（self‑evident）。**假装**（act）命题 P 为真，亦即去**论证**（argue）"我可能在做梦"都是荒谬的，或如维特根斯坦所言，是无意义的。

但在《论确定性》中，维特根斯坦没有利用这种方法排除怀疑并建立客观确定性（以及知识：308）。正因如此，他对自己所深思的其中一个中心问题产生了动摇。"由于语言游戏是一种在时间中不断反复的程序所构成的事物，所以，如果语言游戏要存在，我们就不能于任何个案中说这样那样（的经验事实）必须是超越怀疑的……"（519）。我认为，维特根斯坦此处所谓的语言游戏，是指怀疑（doubting）与判断（judging）。

但若依照这种解释，维特根斯坦似乎错了。有些关于经验事实的命题是融贯的，且它们的指涉是语义上确定的，它们不可避免、不容置疑地为假［它们的反向命题（contradictories）则不可避免、不容置疑地为真］——如果存在任何怀疑或判断的话。也就是说，怀疑和判断的存在，是不容置疑的真理（truth）。没有人可以持续地声称论断与判断不存在，因为该陈述不可避免地与其论断的陈述这一命题所成就的事实相矛盾。也没有人能够融贯地表达对一条命题（的错误）的怀疑，这一命题认为怀疑是令人费解的，或说怀疑不是一种有效的语言游戏，也不是语言游戏中的行动。

现在有很多不能怀疑的命题，因为它们的反向命题必然为假，后者具有自我指涉和述行的不一致性。一组有关这种必然错误（inevitable falsity）的明显例子如下："没有人可以在语言游戏中行动"，或"没有人可以将词语组成句子"，或"没有人存在"，或"没有人能过记住任何事"（无论如何，这些陈述中，语词的意义是被陈述者所记住的，所以他在陈述的过程中实际上表达了某种意义）。

此处所涉及的究竟是何种不一致性，看清这一点很重要。这不是那种单纯来自于词语意义的不一致与荒谬，这些词语构成用以阐述（表达）命题的句子；也不是来自自我指涉的虚无（emptiness）和"该陈述（或句子）为假"此类陈述的无意义。我认为，述行不一与必然错误之间并非严格一致，亚里士多德曾用诸如"所有命题为真"或"所有命题为假"的命题评论必然错误。他的证明是："陈述不可能全部为假，也不可能全部为真——原因在于，如果所有陈述为假，那么该陈述本身也为假；如果全部为真，那么全部为假的陈述也为真"（Meta. Ⅳ.8；1012b13；Ⅺ.6）。然而，在我所思考的这些情况中，究其根本，这种不一致并不是命题、陈述或句子本身之间的不一致，而是一种存在于命题和证伪该命题的情形之间的不一致与差异。在这些情况中，不可避免的是，没有这些存在差异的事实，命题**不能**（cannot）被陈述或论证。

对于维特根斯坦在《论确定性》中的深思，他自己是这样说的："我们所在乎的是知识而非确定性。也就是一种事实，即对于某些经验命题，如果想要进行判断，就不能存在怀疑"（308）。与此同时，［如果我的陈述是没问题的（is checked）］"我的精神状态，即'知晓'，就不能为我确保未来会发生什么。但它存在于这样一个事实中，即我无法知道怀疑**能**（could）在何处出现，也无法知道可以在何处作进一步考察"（356）。而且，在《论确定性》一书中，维特根斯坦所恰巧并不感兴趣的那类经验命题，如"我存在"，或"我确实理解某些词语"，或"做判断是可能的"，我可以确定（如果对任何事都存在确定的话），我能够理解**为什么**（why）怀疑是没有立足点的。维特根斯坦沉思的伟大意义在于，他完全彻底地突破了一种观念，即客观性是通过认真观察此刻存在什么或自己的精神状态而确立的。

当我问"我是知道还是仅仅相信我名叫……"时，自我审视是没有用的。但我却可以说：我不仅从未对我的名字是什么有过一丝怀疑，而且如果我对此产生怀疑，我就没有可以确信的判断了。

当然，**事实**（fact）上，如果"怀疑"所指的是草率地考虑问题，或仅仅是对可能性的思考等，一个人便总是能够怀疑任何事物。但正如维特根斯坦多次提及的理性问题：一个理性人，不仅仅会试图指出一个残酷事实，即出现普遍意见的频率，以及一种特定的、将那些描述成或诉诸频率与普遍性［因为他说"这种怀疑不是我们游戏中的那种（但也不是说我们**选择**了这个游戏］"（317），他还更为模棱两可但也更意味深长地指出，"怀疑（我朋友的脑子里是否有木屑）在我看来是丧失理性的——当然，这与别人的意见是一致的，但我同意他们"（281），所以那种反驳论证的独特力量和哲学相关性（它们来自自我指涉的述行不一）在于，它们展示了客观性三个维度（aspects）或要素的最紧密结合。

首先，在经验方面，存在着独立于问题和答案而展示出的经验上的客观性（此处使用 Lonergan 的术语）。所以阿奎那主张［根据辛迪加（Hintikka）的论辩，笛卡尔的主张与之相同；更确切地说，我倾向于认为这与奥古斯丁的主张相同，辛迪加则予以否认］，"没有人能够认为自己不存在，因为在考虑这一问题的时候，他就已经感知到了自己的存在"。[1]

其次，还存在着关于正确判断的绝对客观性。有充分证据（维特根斯坦所言的强力依据）能够确证的命题，并且没有进一步问题产生［维特根斯坦将其与**当然正确**（certainly correct）的判断联系在一起］，一个人就不会理解怀疑**能够**（could）在何处找到立足点，也不会明白在何处作进一步检验。

最后，存在着一种规范客观性（normative objectivity）。在偏见、猜测、**前见**（parti pris）、希望、恐惧、爱和憎恶中存在着一种"痴心妄想的主观性"（Lonergan，Insight，380），它来自于求知欲的展开。当我们质疑、判断以及排

---

[1] Nullus potest cogitare se non esse cum assensu; in hoc enim quod cogitate aliquid, percipit se esse: *De Veritale* q. 10 a. 12 ad. 7.

除上述主观性时，我们所追求的就是这种规范客观性。正是纯粹求知欲中的规范客观性，排除了对质疑的搬弄。因为，尽管一个人可以随意主张他自己并不存在，或他什么也不理解，反驳论证是能通过同步诉诸（i）经验中不可避免的资料（inescapable data of exp.）和（ii）自己对一致性的关注（concern for consistency），来缩减这种无聊怀疑的。因此，反驳论证**展示**（shows）了进一步假设的不合理，这种假设主张一个人的怀疑**可能**（could）**导致**（issue in）一个正确的判断，即他本身并不存在。

当我说反驳论证缩减了无聊的怀疑时，我是指广义上的，或说规范的模式——也就是**法律上的**（de jure）。因为只有怀疑者自己才能缩减他们的怀疑。**事实上**（Defacto），一个人可以无视反驳论证，以及所有其他对理由的考量（consideration of reason）。在面对**全部**（all）证据，即**所有**（every）说服性考量（telling consideration）或主张，而不仅仅是面对反驳论证时，作为一个真理追求者的真实性（authenticity）是岌岌可危的。反驳论证的唯一特别优势在于，其所用作提示和判断的规范（norm of judgment）的那个事实，是一项关于这种论证中各方参与者的事实，这种论证清晰地将争论各方摆在了作为推定知情者（putative knowers）、理性人、客观判断和名副其实的争议者他们自己的面前。但我们无法否认的是，一个人可以无视论证、证据和他所喜爱的具有吸引力的对象，即真理——正确判断的绝对客观性以及此类判断中被称为真实（reality）的东西。**事实上**，任何人都能拒绝理性论证所具有的权威，无论这种论证是有关揭示出进一步质询毫无意义的问题，还是有关规范的客观性。正如一个人能够拒绝其他任何形式的权威一样（无需它们因而不再是规范性或权威性的）。

在什么情况下，一个反驳论证能够把握一个主张自我指涉不一命题的争议者，而这个命题的不一致性又会被反驳论证展示出来？其一，争议者必须坚称他的命题为真［且必须视他的宣称是真诚、理性的，即阿奎那"带着认同思考（或言说）"所指的］。但是，其二，他必须视真理不仅仅为他所坚持之命题的属性，还需视之为他所坚持的内部或主体间（intersubjective）讨论的目标。并且，其三，他必须视真理为对象，关于确切作为真理的它，其实现存在真实且有价值的实例，尽管这些实例与当他展开讨论并对其所追求的目标提出命题时，他已存于脑中的、已有预期的或实际看重的那些实例不同。否则的话，对他所错误提出反向命题的真理之善，他将始终无法肯定自己予以掌握。简单地说，他必须视真理为一种理想，即首先，视某种为实例所实现，但却并未为具体实例所穷尽的某种东西，这些实例能被明确地接受或拒斥；其次，视为一种凌驾于或针对自恋的权威，这种自恋是偏见、疏忽、偏好以及其他思想恶习的根基（我将马上详细地讨论关于视真理为理想这一点）。

现在，我们开始发现，在区分主客观确定性的过程中，维特根斯坦对理性人的讨论是有价值的，这种价值不是对特定语言游戏之普遍性这一简单事实的提示，而是作为其对话者尊重或忠诚于一个权威理想的诉求，一种**善的**（good）［并且是唯一**值得**（worthy）］的思维**活动**（activity）形式。正如他准确指出的，就连"数学命题也是由一系列与我们余下生活毫无不同的行动所获取，并且同样易被遗忘、忽视或产生的错觉"（651）。所以，维特根斯坦特意跳出桎梏去比较客观确定性与主观确定性，前者能够保障基础命题，后者"立基于我的愚蠢或轻信"（235）、"草率或肤浅"（358；cf. 150）和"欠缺考虑"中（657）。

或许，我们可以将另一个反驳论证拉入该议题。维特根斯坦显示了一种对真理、清晰或明朗的偏好，这种偏好针对我们可以了解什么（与无知、错误、误解、无意义、信念、糊涂、错觉和幻想相对）。对于这种偏好和对价值的含蓄判断的合理之处，我们无法理性地挑战、争议或怀疑。因为，把问题代入偏好或含蓄判断的做法，只有在提问者本身预设这种偏好可感知（sensible），而且对价值、可取性和可欲性的含蓄判断能够得到保证时，才说得通。

但请注意，反驳论证仅在我们作出某种区分的范围内立论：**一方面**（on the one hand），我们将获取真理视作特定研究或特定论证（例如前段提到的反驳论证中的相关问题和论点）的具体目标，这一目标能通过智力和有限手段（如逻辑手段）的巧妙处理，通过确定的策略、系统或技术被完全实现、获

137

取和实行。**另一方面**（on the other hand），我们将获取真理视作我所谓的（有被误解的危险）一种理想，亦即作为一种人类满足、人类目的、人类繁荣的一个维度，人类之善的一种形式上独特又普遍的可能性。这将导致诸如：其一，如果答案针对特定环境下特定人提出的特定问题，那么获取某一特定真理就是一种目的的具体化，一种可能性的现实化，一种人类之善形式的实现；其二，目的、善的形式——简单说就是**价值**（value）——能够保持有价值和永存，某种完全有能力进一步参与并实现的东西，其方式不仅是通过其他人在其他情况下，并且也能由同一人在相关问题中进行。除非我们将"对真理的偏好"理解为后者的意思，即对真理的价值的承认（recognition），否则，上段反驳论证就未能对此作出成功说明。此外，更为重要的是，维特根斯坦为对抗肤浅等问题而含蓄诉诸合理性的做法并没有什么重要意义。

那么，人类繁荣与自决的一个维度正当阐明意义上的"**价值**"（value），和确定目的（goal）或目标（objective）意义上的"**良善**"（good），两者之间的区分，在我看来是伦理学上的重要问题。阿奎那对此缺乏系统的关注，这使得他对伦理问题许多阐释的基础并不牢靠。朗尼根近期似乎意识到了这一点。在《见解》（*Insight*）[2] 一书中，他将价值定义为"如理性选择可能对象的善"（as the good as the possible object of rational choice），但他同样清楚地阐明了这些理性选择的可能对象，全部都是欲望对象的可理解命令，亦即这些可能对象是秩序之善的示例。[3] 但是，在他 1968 年关于阿奎那"主体"的演讲中，他提到的"价值"不是指亚里士多德的"欲望对象"，也不是托马斯主义的"秩序之善"（也就是确保能满足嗜好或欲望事物的常规循环的客观安排），而是指某种"非常独特"，即"值得的、相对于错误之正确、相对于恶（evil）而非坏（bad）的良益（good）"，以至于价值的实例是"善的选择和行动"。借此，好人得以自由负责地建构自己的性格、完满自己的个性，并成功地成为他自己。[4]

---

〔2〕 *Insight*, 601.

〔3〕 *Ibid.*, 596.

〔4〕 See Lonergan, *A Second Collection*, 84, 79, 83.

朗尼根在《见解》一书中将目的操作系统与人类自决的某些维度（在我看来，也就是人类自觉的某些价值）结合在一起，对于表达其价值观念来说，这做法射偏了靶子。同样，在"主体"和《神学方法》中，他将（我所谓的）这些价值与道德之善（the morally good），也即正确（the right）+联系在一起，这种做法也未能把握住问题的关键。我认为，事实的真理是，道德之善和正确仅仅是作为一种行动，或行动系统，或行动倾向，或性格、个性——它们以善的、理性的、正确的**方式**（way）意识到或参与到人类基本价值的完整集合之中。我认为，朗尼根在讨论中省略元音（elision）的做法之所以会发生，原因在于，他和他的门徒（disciples）都未实际去尝试制定一项道德规范——尽管朗尼根相信，他所识别出的意识、存在和价值的结构，如果能够为一位品行高尚者所清楚地了解，那么这个人制定出的道德规范就将具有"对传统观点的显著的家族相似性"。[5]

在《神学方法》中，朗尼根对迪特里希·范·希尔德勃兰特（Dietrich von Hilderbrand）《基督教伦理学》的部分内容表达了高度的尊崇，这包括价值理论、作为"价值理解"（似乎包括道德价值）的感觉器官（包括道德感觉），以及这些价值的尺度（或这些价值的偏好）。那么，作为一种描述如何融入固定（基督教义的）道德（以及导致道德生活和判断分解的原因）行动和个人生活结构的方法，希尔德勃兰特的分析值得称赞。但是，作为一种对那种道德原则内容的解释或证立（justification），它就鲜有贡献了。这是因为，他的分析完全默示依赖于纯粹的（fully）道德原则和价值假定直觉，以及对实践智识（practical intellect）的描绘，这种智识与朗尼根成功地从认识论和形而上学的角度抹黑的"产生抽象概念的绞肉机"[6]之间，有着某种神秘的相似性。的确，这看起来像是在依赖经院主义的普遍假设，这种假设宣称**先天理念**（synderesis）是一种关于道德原则的直觉，"你不可杀人"和永远不能从人们心中抹去的自然律首要原则正是此类。亦即一种或一组假设，它使许 139

---

〔5〕 *Ibid.*，40.

〔6〕 *Ibid.*，222；Lonergan，*Verbum*，34.

多天主教教义的理论化变得滑稽可笑。或许可以这样评价：阿奎那并不认同这种假设，他很清楚，先天理念和自然法的首要原则是这样一种形式："生命是一种应被追寻和理解的善，且应规避针对它的威胁"，或"真理知识是一种应被寻求的善，应当规避针对它的威胁（即无知，等等）"[7] 这样一来，在这些公式（formulae）中，"善"这一术语与我所使用"价值"一词的意义是相同的：都是指人类幸福的一个基本维度，能够以无穷的方式、被任何人参与而实现。以我最后提到的那个原则为例，阿奎那曾反复强调，知识之善（good of knowledge）所具有的吸引力和实践相关性的构成，作为一种思考者［优秀思考者（*bonum quoddam speculantis*）］的善时，是具有吸引力的。这种善包含于（*comprehenditur sub* or *continetur sub*）认知者（knower）作为一种独特之善（*ut quoddam bonum particulare*[8]）的完全、完美的幸福之中（*sc. happiness*）——尽管，如我刚才所言，阿奎那可能会青睐（tend to spoil）他自己的阐释，这种阐释通过类比完成，这种类比将两种关系——一是一个人的完整的幸福和一个人的幸福的这个维度之间的关系；二是具体之善和一种特别的获取善的方式之间的关系，例如军队中良好秩序之善和一套指挥系统的方式（the method of a chain of command）——结合起来。[9] 朗尼根也认为，"对科学的追求是对一种价值的追求"。[10] 此处他与阿奎那的不同在于：其一，在提供并重复一个"价值"的列表时不同，这个列表中"美丽、理解和真理"与"高尚的行动、高贵的行为、伟大的成就"混合在一起；其二，在主张以一种上升的顺序［即根据"偏好尺度"（scale of preference）］区分"重要的、社会的、文化的、个人的和宗教的价值"时，它们存在不同。[11]

据我所知，杰曼格·葛利斯是最有精力和能力以严格的自我意识来重新

---

〔7〕 *ST* I－II q. 94 a. 2；q. 10 a. 1；I q. 79 a. 12c and ad 3；II－II q. 47 a. 6c and ad 3.

〔8〕 ST I－II q. 1 a. 6 ad 2；q. 9 a. 1. ad 3；q. 10 a. 2c.

〔9〕 例见 *ST* I－II q. 9 a. 1c.

〔10〕 Lonergan, *A Second Collecgtion*, 143；参见 Lonergan, *Method in Theology*, 31, 38.

〔11〕 *Method in Theology*, 31, 38.

全面地思考自然（以及基督教的）伦理学的哲学家。[12] 他识别出八种我所捍卫的那种意义上的基础目的、良善或价值，其他所有的人类目的、人们实际具有的理想，都可被化约为其中一种或多种的某些维度或某些维度的组合。它们分别是：生命、游戏（play）、美学体验、理论知识（speculative knowledge）、友谊、内在完整性（inner integrity）、真实性（一个人是什么与一个人做什么之间的和谐），以及宗教（与上帝之间的和谐）。他还令人信服地主张："这八项基础目的中不存在客观上的价值位阶"；也不存在"一般性的共同特征（denominator），能够借以宣称它们之中的某一个相比于其他来说对人类更重要、更终极、更优价值或更本质的尺码、测量或标准，是不存在的"；"这八项基础目的中的每一个——从他们自身的立场来看——都是最重要的"。[13]

是的，正如朗尼根和亚里士多德所坚称的，现在，一套可靠的伦理规范（ethics）只会被一个道德高尚者［或者，至少如亚里士多德所注意到的，一个能够识别道德（moral）之善者］制定出来；但是，即便在此之前，我们也能说，这项工作可以被一个客观的人完成，这个人没有在追求纯粹的、不受限制的求知欲望，也就是探求对人来说什么为善的工作中会偏离正常轨道。但如我们所注意到的，这种追求指向一种价值，我们没有理由去假定这种价值是唯一的，或是最重要的。所以，一方面，我们已掌握的事实是，道德客观性与通过直觉感知道德概念和完全成熟的原则是两回事；另一方面，我们还可以确定，人类之善那些平等的基本维度是具有多元性的，没有用来将它们按重要性进行排序的单一尺度，可以指向这些特殊之善的更具体目标——就如有效手段指向决定性结果——也是不存在的。那么，这个招数（trick）究竟是如何完成的？当然，我是指，"制定出"（朗尼根的术语）良善、正确追求、实现和参与人类基本之善的方式。

唉（Alas），很明显，我不会在所剩无几的时间里（更不要说加时了）以

---

[12]　See Grisez, *Beyond the New Morality*; Grisez, *Contraception and the Natural Law*; Grisez, *Abortion*, ch. 6.

[13]　*Beyond the New Morality*, 71.

哲学的方式去回答这个问题。所以，让我以最扼要的方式外加少许我的个人见解，来展现葛利斯是如何处理这个问题的。

葛利斯主张，道德责任标准是人类的完满（fullness），是参与人类之善的完满，由人类繁荣的八种基本目的、价值或维度构成的人类可能性的完整循环或范围，它们也就是上述道德责任标准。如果你倾向于认同葛利斯之前所说且现在也不会反对的观点，即道德责任的标准就是理性，那么，这就可以说，理性包含了对这八项基础而不可通约的原则或实践理性之起点在人们审议中地位的承认，并且可以避免对其中任意一项或其他项的忽视。不管在何种情况下，当它们中的每一项都以我所表达的那种意义——价值——来理解，并且不作为具体操作目标（当然，价值仅仅是通过特殊行动和具体操作目标来实现的），那么，当每一个目的都被视为其所应被视为的——价值——时，对这些价值、实践原则的运用的回应就都将是充足和理性的。葛利斯把这种道德责任的一般形式分析为八种责任模式（不是特别功能）。他不仅联系实际情况阐释这些问题，还与众所周知的哲学伦理学体系的指引联系起来，这些体系强调了八种模式中的某些部分，并排除其他部分。所以，首要责任是对一组和谐的目的或价值进行智慧融贯地肯认（intelligent and consistent commitment），而不仅仅是追寻突发奇想、内心倾向或期盼某个特定的未来目标。在常被忽视的《正义论》（1972）第三部分中，约翰·罗尔斯对该问题有过大量探讨。第二种责任，即始终将所有善的基本形式纳入考量，且不仅仅是**作为**（qua）可以被某个人自己实现的善，还包括可以被所有其他人实现的善。这第二种模式包含了可普遍化原则（principle of universalizability），这一原则奠基了康德和黑尔（R. M. Hare）的伦理学。第三种责任，即愿意为他人的需求与发展做贡献，即便是在没有与他人之间建立起组织性关系的情况下。第四种是超然性（detachment）责任，即不愿意将任何特定操作性目标（operational objective）视作好像它本身就是某种基本人类价值：可以说，爱比克泰德（Epictetus）的《哲学谈话录》（Discourses）一书就是立基于这项原则之上。第五种责任是，平衡第四种模式，一个人应当忠于他所做的承诺，这种忠诚不仅需要稳定性，还需要足智多谋和才思敏捷，以使其能够通过职业、婚姻或其他途径去寻得新颖又合适的方法来实现那些他所专门承诺的价值。在其《忠诚的哲学》（*Philosophy of Loyalty*）（1908）中，乔赛亚·罗伊斯（Josiah Royce）详细阐述了第四和第五种模式。第六种是有效追寻特定操作性目标的责任，这种责任将推进人们自身所致力于的那些更广泛、更深层的价值，在有效情境的使用进行功利主义计算，这种计算（与功利主义道德家们的不理性主张相悖）仅在一个人面对人们实现一种善以及同种基本价值或善之形式时所面对。⁺⁺第七种是道德责任，要求我们不仅要满足一个人的契约义务（总体来说，这些义务在第二种责任模式及其原则那里得到了充分说明，该原则是"像你所希望他人如何对待你一样对待他人"），还要满足作为许多组织和社群成员之一所履行的义务，这里社群的特点是共享承诺以实现某些 142 基本人类目标；也是结构、角色和相应合适的活动。消极地说，存在着不"搭便车"的责任，也就是不放弃自己在与（公共）价值有关的公共参与中的角色，这种价值指向人们超越情境能为自己获取的有限操作性目标。很明显，这一切都具有广阔的应用空间。

第八项责任与其他责任不同，它本质上是消极的：永远不要直接做与第八项价值的实现相反的行为。这可说是道德的一般原则，当一个人将他的思想从功利主义中净化出来时，正是因为这项原则被运用于他的良知之中。并且，鉴于许许多多的原因，思想应当从功利主义中净化出来，这其中最具相关性的两个原因是：其一，功利主义的一切形式都混淆了道德行动［该行动通过参与作为价值的基本人类目标以完成自决（self–determination）］与对具体操作目标（因为只有参照这样一种目标，特定行动的有效性和可欲性才能被计算）的追求；其二，功利主义的一切形式都会任意（arbitrarily）假设某种普遍的公约数或尺度作为其计算的基础（然而基本价值却是不可通约的，并且，从它们自身的立场来说，每种价值都是最重要的）。

第八项责任提供了一种角度，可以将葛利斯的伦理学视作"无聊"意义上的基督教伦理学。在谈及此意义上的基督教哲学时，朗尼根称之为"对接受基督教教义持开放态度，能够与之相容。而且，对这种哲学的拒斥将导致对基督教教义的拒斥"。[14] 我想，基督教道德教学（*doctrina de moribus*）的一个部分或维度在于，它存在着特定种类的行动，根据某个人的道德责任，他永远不应当选择参与这些行动，无论可预见的后果如何：例如滥杀无辜、非生殖目的的性行为、节育以及欺骗——并不奇怪的是，作为一种行动，这些例子是能够被理解的（intelligible），这种行动不可避免地使行为人犹豫不决地选择与生命的基本价值直接对抗，包括在传承或生殖中的生命（life - in - it-stransmission or procreation），以及真理。

最后，我将通过回归规范客观性来阐明这种类型的伦理解释。我认为，维特根斯坦或多或少清晰地意识到，并确切地在其本人身上意识到或实现了这种客观性。朗尼根说："哲学研究的全部，都是由一种审慎、自觉对真理的追求来引导和统治的"。[15] 对价值的追求立基于欲望和倾向之上，朗根的确经常将欲望描述为具有"详细的、漠然的、无限制的求知欲"的特征。[16] 这是一个很好的定性。但实际上，作为一个哲学家，漠然并不超然于人的欲望，（一定程度上）作为一个人的多维实现。当亚里士多德思考我们是否能在沉思性哲学生活或城邦中的积极生活中发现**圆满**（eudaimonia）和**成熟之人**（spoudaios）的**德性**（arēte）时，他陷入了一种挣扎不已的困境，如果你感到我们正漫无目标地游荡于这个困境之中，请考虑"无限制"（unrestricted）这个词。无限制的欲望并不需要履行良知的要求——不需要在考虑生命、健康、他人的幸福或某种狂热追求任何其他方面的情况下追求真理，这种狂热来自于允许一种特定的操作对象，例如追求某一特定问题的答案，侵犯某种基本人类价值的地位。一言以蔽之，一个人搁置对真理的追求以履行他作为一位父亲、朋友、公民、邻居或崇拜者（worshipper）的责任时，即便这种搁置是广泛或永久的，他也没有辜负（falling short of）规范客观性（normative objectivity）。但若当一个人直截了当地选择对抗真理，并立即审慎地编造谎言来回答自身的疑问，或忽视相关问题，又或在一个真理及对它的追求存在风险

---

[14] Lonergan in McShane (ed.), *Language, Truth and Meaning*, 309.

[15] *Ibid.*, 308.

[16] 例如 *Insight*, 596.

——如科学合作或哲学合作——的脉络中存在某个谬误，而这个人在知晓该谬误的情况下仍间接地陈述之，那么即便这仅仅发生于一个单一的情况中，他也就**的确**（does）彻底地辜负了客观性（objectivity），并且因此以某种意义上的恣意使一切变得无意义——简单说，这种行为和生活就是不道德的。

注

我已意识到本章第一段中对《论确定性》的解读与安东尼·肯尼（Anthony Kenny）1973 年对该书同一方面的解读是对立的。肯尼将其总结于《维特根斯坦》一书"怀疑主义与确定性"这一章节的最终陈述："维特根斯坦认为无法回答怀疑论者，只能使其缄默。"这里的用词很含糊，但如果我们必须予以采纳，则不如说在《论确定性》中维特根斯坦认为我们无法使怀疑论者缄默，而只能回应他们。

⁺朗尼根关于价值的理论（*Lonergan's theory of value*）… （at nn. 4 – 5）。对朗尼根价值与道德理论的一种更坚决且详尽的批判，参见 *FoE* 42 – 5, 54 以及 essay V. 9（1992d）。

⁺⁺当问题（issue）是实现同一个基本价值或善之形式的方法时，功利主义的"计算"（calculus）是有效的。这一妥协被严重地误解了。即便问题只是一个人类基本之善（例如生命）时，道德上各种重要选项之间的不可通约性仍然挫败了功利主义方法。例见第二部分，第 15 篇［早期论文参见 *FoE* 89；*NDMR* 251 – 67；essay Ⅳ. 17（1990d）at 357］。

第 9 章

阿奎那论实然与应然 *

144　　会议秘书提议了一个题目，为"自然倾向和自然权利：阿奎那视角中的从实然中推导应然"，我将它视为一个挑战予以接受。对于阿奎那而言，应当做什么的命题所具有真理性的相关根本事实，并不是自然倾向。他从来都没有使用过"自然权利"这一短语；此外，就"权利"于现代用法中所一直有效具备的那种意义而言，他也从未使用过。⁺此外，对于阿奎那而言，道德"应然命题"乃是实践理性命题，在"推理"的逻辑意义上而言，它并不是源自理论理性的"实然命题"。

尽管如此，对于自然倾向和自然权利之间的关系，对于道德现实对于人性的依赖，仍然可以作出一种分析，并且，当然可以完全和阿奎那对于自然法（或自然权利）的论断相一致，与人们掌握自然法而形塑的美德相一致，与可从自然法首要原则中推演出来的具体道德规范相一致。

I

在 *ST* Ⅰ－Ⅱ，q. 94a. 2c 中，对于这些主题的正式探讨，阿奎那并没有从自我注解（persenota）命题原则中人类实践理性所具备的倾向开始，而是从善开始的。原因在于，"善是首先可为实践理性所理解者"（*bonum est primum quod cadit in apprehensione practicae rationis*），因而"应当为善追寻善，应当避免恶"

---

　　* 1987a（"自然倾向和自然权利：阿奎那如何从实然中推导出应然"）；本章是李奥·J. 埃尔德斯（Leo J. Elders）（秘书）为在马斯特里赫特附近的罗达克修道院举行的阿奎那哲学研讨会准备的。

（*primum principium in ratione practica* and *primum praeceptum legis* is "*bonum est faciendum et prosequendum*，*et malum vitandum*"）。但是，人类之善是多方面的，因此圣托马斯很快就转向了复数形式：所有"应然"命题的目标，也就是所有需要实现或避免的事情（*omnia illa facienda vel vitanda*），都从属于自然法的戒律，这是在实践理性自然地将这些戒律理解为人类之善的限度内而言的（*ratio practica naturaliter apprehendit illa esse bona humana*）。不证自明的首要原则（primum principium per se notum）并非只有一个，而是有多个，每一个都确定一种理性认为值得追寻的善。Q. 94a. 2 将继续识别这些首要或因由（*secundum se*）之善：[1] 人类生命、生产组织、关于上帝真理的认识、社会性以及其他此种之善（*et alia huiusmodi*）。

不过，在对人类主要或基本之善进行具体说明而准备时，圣托马斯直接借助于人类天然具备的倾向。他说："人们天然倾向者，则理性自然理解为善，并因而值得追寻（ratio naturaliter apprehendit ut bona，et per consequens ut opere prosequenda，et contraria eorum ut mala et vitanda）。"不久之后，在 ad 2m 中，他就会说："所有这类倾向，无论它们从属于人类哪部分天性（比如想要或拒绝部分），就**它们由理性统治的范围而言**，它们都从属于自然法（*omnes huiusmodi inclinationes quarumcumque partium naturae humanae，puta concupiscibilis et irascibilis，secundum quod regulantur ratione，pertinent ad legem naturalem*）。"然而，这一表述本身似乎过于无力，以至于无法表达出其全部含义，这听起来像是他在说：只不过是在它们必须被融入理性所能够掌控的生活范围意义上，人类的所有倾向才和道德法和道德生活相关。但这却是对文本的严重误读。原因首先在于，在这一点上，阿奎那并未将他的实践理性和自然法观念限定于选择及行为的道德理性和道德标准中；其次还因为，在他对实践合理性的阐述（sapientia/prudentia）中，人类自然倾向的作用并非一个乌合之众的角色，而只是坐等外来者（*ab extra*）对其强加领导的角色。

那么，在解释理性证立"应然"（特别是道德的或相反的）时，自然倾

---

　[1]　See *ST* I q. 60 a. 2c.

向的这种基本作用究竟是什么呢？[2]

146　　解释可以从圣托马斯在《神学大全》（*Summa Theologiae*）的论述开始。在 I q. 19a. 1c 中，他开始将自然欲望（*appetitus naturalis*）解释为一种自然习俗（*habitudo ad bonum naturae*）。更确切地说，就是"每种事物都有一种接近于它自然形态的倾向，当缺乏这种形态时，它就会朝着这种倾向发展，当具备那种形态时，它就会在这种倾向中休整；同样的道理也适用于每一种自然事物的完善，而这就是自然之善（Quaelibet…res ad suam formam naturalem hanc habet habitudinem, ut quando non habet ipsam, tendit in eam, et quando habet ipsam quiescat in *ea*; et idem est de qualibet perfectione naturali, quod est bonum naturae）"。这就是我们所寻求的线索，也就是谈论自然倾向，实际上是在谈论对具有这种倾向事物的完善。

　　事物的自然完善，也就是不容忽视的独特性和它繁荣发展的基本方面，对于被我们称为自然法的那些选择指引命题原则而言，是其内容最为直接贴近的一个相关因素，即使如此，它也仍然和谈论倾向具有高度的相关性，这至少有两个原因。[3] 其一，如果没有这种一致的倾向，那么自然法（lex naturae）的一般首要原则（*prima principia communia*）[4] 就难以激发起人们思考、

---

〔2〕当然，阿奎那常常在和 appetitus sensiitivus 与 inclinatio intelligiblis or voluntas 冲突的意义上使用 naturalis appetitus 和 naturalis inclinatio。例如 I q. 19. a. 1c; q. 59 a. 1c; q. 87 a. 4c〔阿奎那称，这种意义上的"自然的"为割裂的——如人区别于 id quod est animal tantum（cum praecisione sumptum），而非绝对的 De Veritate q. 22 a. 5 ad 6〕。但是，例如在 I–Ⅱ q. 94 a. 2（cf. also In Eth. V, Lect. 12, para. 1019），naturalis inclinatio 则包括（至少和具体确定的倾向相关）对一种理解的善诉诸自然意志、智力欲望（意愿），其依据的解释例见 I–Ⅱ q. 26 a. 1 ad 3: "amor naturalis non solum est in viribus vegeta–tivae, sed in omnibus potentiis animae…cum unaquaeque res habeat connaturalitatem ad id quod est sibi conveniens secundum seam naturam"。"Unde in natura intellectuali invenitur inclinatio naturalis（vel amor）secundum voluntatem…" I q. 60 a. 1c. 关于自然倾向和自然意志之间的关系，参见 Grisez, "The Structures of Practical Reason", sec. Ⅲ.

〔3〕关于"善"和"完善"或人类圆满之间的关系（据阿奎那自己所言——ST I q. 5 a. 1c and ad 1——较之 I–Ⅱ q. 94 a. 2c 所集中探讨的食欲而言，这种关系甚至更加根本），参见 I q. 5 a. 3c; q. 48 a. 1c; I–Ⅱ q. 18 a. 1c; de Vertate q. 21 aa. 1–3; 也可参见 NLNR 78–9. 强调指出：作为一种智慧倾向，每种首要之善都被确切地理解为完善的（因此弗利彭认为，"倾向对象之善"比"完善之善"更为基本、更具决定性，并认为后者乃是一种"思辨的事后想法"，这是完全错误的）。（关于弗利彭和阿奎那伦理理论中对自然倾向的恰当理解，也可参见 Grisez, "Natural Law and Natural Inclinations". ）

〔4〕I–Ⅱ q. 94 a. 4c 中使用的措辞。

选择或行为的努力（而这恰是实践理性首次掌握首要原则后的意义所在）。其二，这种情形在本体论上更贴近于这样的天性，其特定特征使得对某一具体类型事物为善者，确实对那种事物有益。的确，我们开始了解这样一种事物的本质或天性时，乃是通过了解它的潜力和能力来实现的 [per obiecta cognosc（i）mus actus, et per actus potentias, *et per potentias essentiam* animae]。[5]

对于亚里士多德和托马斯主义方法论的主导原则，我强调了最后两个词。但是，必须要整体来看这一原则，而只有这样做时，它才能既揭示出（i）（阿奎那认为）"应然"并不由"实然"推导而来的理由，又揭示出（ii）（阿奎那认为）"应然"由"实然"推导而来的理由。

就（i）而言，关于首要人类之善的命题并不是从关于人类天性的命题中，或从任何关于思考理性的命题中推导而来，如阿奎那最大限度所澄清，并且毫不动摇坚持所言的那样，它们是自我注解（*per se nota*）和原则（*indemonstrabilia*）[I - II q. 58aa. 4c and 5c；q. 91a. 3c；q. 94a. 2c；*In Eth.* V，lect. 12（para. 1018）]。由于我们开始了解人类天性时是通过了解它们的潜力而实现的，我们是通过了解它们的动力而开始了解这些潜力的；反过来，我们了解这里的动力则是通过了解它们的对象实现的——此外，作为代表其特征的人类倾向和行为的目对象，意志则恰恰是首要的人类之善。[6] [所以，如果可能的话，那么，对人类天性的一种完全了解也是由我们对人类之善的实践性、非推演性（per se notum）知识中推导而来，这是阿奎那在 I - II q. 94a. 2 中所谈到的]。从这个意义上说，"应然"并非由"实然"推导而来。

---

〔5〕　*In* II *de Anima* lect. 6 no. 308. See also Q. D. de Anima q. 6 ad 8；*FoE* 21, 25.

〔6〕　See *ST* I - II q. 10 a. lc：

…principia intellectualis cognitionis sunt naturaliter nota. Similiter etiam principium motuum voluntariorum oportet esse aliquid naturaliter nota. Hoc autem est bonum in communi, in quod voluntas naturaliter tendit, sicut etiam quaelibet potentia in suum obiectum…et universaliter omnia illa quae convenient volenti secundum suam naturam. Non enim per voluntatem appe timis solum ea quae pertinent ad potentiam voluntatis sed etiam ea quae pertinent ad singulas potentias, et ad totum hominem. Unde naturaliter homo vult non solum obiectum voluntatis, sed etiam alia quae convenient aliis potentiis：ut *cognitionem veri*, quae convenit intellectui；et *esse et vivere* et alia huiusmodi, quae respiciunt consistentiam naturalem；quae omnia comprehenduntur sub obiecto voluntatis, sicut *quaedam particularia bona*.

但是（ii）：如果我们从认识论转向本体论模式，那么，同一方法论原则在对人类适用时，就会预设并因而要求所有人类之善的善性（goodness）（并因而还有所有人类责任的适宜性和协同性）都推衍自（也就是依赖于）这些善所要趋向完美的天性，而这天性乃是由其善性所驱使的。因为，如果这些善作为目的，它们乃是实践规范或"应然"的理由——若非如此，则不会完美化那种天性。[7] 因此，从本体论上而言，应然依赖于实然——并且，在这种意义上，必然可以说是由之而来。[8]

148

II

我们回过头重新看一下认识论模式。实践理性首要原则是自我注解而无法证明的（indemonstrabilia）。因此，它们并不是由任何推理命题形式从思辨理性（speculative reason）命题中演绎或推理而来的。但这并不是说，在我们对人性的思辨（包括非正规的常识）知识中，实践规范的"实然"和"应然"之间存在着一堵"分离之墙"。[9] 相反，我们需要理智和记忆去安放实践理性原则的知识 ["ad determinationem cognitionis（principiorum rationis practicae）sensu et memoria indigemus"]：*Sent.* II d. 24, q. 2, a. 3 sol.；因此，和思辨理性首要原则一

---

〔7〕 显然（但无论怎样，需要指出），实践理性/知识必须不能在任何康德主义（或新康德主义，如伽达默尔）的意义上来理解。为实践理解所取得和使用，并以一定形式成为思辨知识遗产以及形而上学和神学的一部分真理知识，就是真正的、科学的真理知识（*ST* I q. 79 a. 11 ad 2）。因此，具有"思考"和"决定"人类生活及人类事务终极目的的作用的，乃是实践理性：*In Eth.* I, lext. 2 [n. 31]；II, Lect. 2 [n. 256] and lect. 9 [n. 35]；VI, lect. 8 [n. 1233]；*In Pol.* Proem [nn. 5 - 8]；*In Lib. Boet. de Trin.* Q. 5 a. 1c and ad 4；essay 10 at 159 - 60, 168 - 70. 指出这一点，并不是要争议形而上学（或神学）的至高地位；see *In lib. Boet. de Trin.* q. 5 a. 1 ad 9，探讨了科学如何得以独立而无需围绕任何怪圈的方式，因为每种科学——即便是从属于其他的——都可以引出一些为自我注解的原则，因而无需从其他科学中推衍出来。

〔8〕 此外，semper pries salvatur in posteriori. Natura antem prior est quam intellectus, quia natura cuius - cumque rei est. essentia eius. Unde id quod est natnrae, oportet salvari etiam in habentibus intellectum. Est autem hoc commune omni naturae, ut habeat aliquam inclinationem, quae est appetites naturalis, vel amot…Unde in natura intellectuali invenitur inclinatio naturalis secun dum voluntatem. （*ST* I q. 60 a. 1c.）再次重复："appetitus naturalis est inclinatio cuiuslibet rei in aliquid ex natura sua；unde naturali appetitu quaelibet potentia desiderat sibi conveniens"：I q. 73 a. 1 ad 3.

〔9〕 有关这一区别的一些误读，参见 1981e at 267 - 9.

样，也可以说，这些首要实践性原则乃是从经验中"推衍"而来，[10] 这里的经验不仅包括欲望和憎恨的激发，还包括对概率、可能性、典型结果以及诸此等等的意识。[11] 尽管存在这些招致误读的语句，[12] 但阿奎那实践理性的首要原则理论和自然法理论既不是一种"天生"知识的理论，也不是现代"制度"通常意义上的制度主义。

Ⅲ

要理解阿奎那的自然法或实践理性首要原则观念，还是让我们回到这样一个问题（并不是一个晦涩的问题）中来，就其意义和效力而言，这些原则是道德的还是**有些**先道德的呢？

我认为，答案是我们必须区别对待。就它们被理解、被接受、被提出及被融入一种由审慎（prudentia）和其他道德美德所型塑的生活中而言，它们是道德原则。因为，它们对于人类的完全实现而言是真正开放性的，并且是对其热衷的，这种人类的完全实现也就是圣托马斯在《论圣爱》a.2c 中所论及的（被祝福的耶路撒冷社会中公民的实现）。

但是，被每个心智健全的成年人所自然掌握的实践理性首要原则，并不是道德原则，这是就其保持一定的真正可理解性和实践相关性来说的，也就是从其被理解、接受以及应用（i）于根本上偏离审慎和美德的一个人的生活中，或（ii）于因为纯粹的技术理性（例如军事战术）之目的，而不考虑善恶的那些人的实践理性中而言的。

149

---

〔10〕 Cf. e. g. *In Post. Anal.* Ⅱ lect. 20 [n. 14]；Veatch, *Two Logics*, 167 – 9；Veatch, *Aristotle*, 172 – 80. NB: at *ibid.*, 180. 维奇（Veatch）将这种推理形式称为"演绎"；但是，我认同许多哲学家更倾向于将"演绎"这一术语限定为从一个命题或一个命题原则推导出另外一个命题的推理——这种用法似乎和阿奎那提到的自我（也就是非推论的）注解相一致。

〔11〕 See *NLNR* 19, 65, 66, 71, 77, 85；*FoE* 22.

〔12〕 e. g. *Sent.* Ⅱ d. 24 q. 2 a. 3 sol. : Synderesis a ratione practica distinguitur non quidem per suhstantiam potentiae, sed per habitum, qui *est quodammodo innatus menti nostnae* ex ipso lumine intellectus agentis, sicut et habitus principiorum speculativorum…关于阿奎那对"天生"的知识，也就是无需经验就能取得的人类知识的否认，参见 *ST* Ⅰ q. 79 a. 2c；*De Veritate* q. 16 a. 1c.

每个人——至少是具有足够经验理解词语意义的每个人——都理解，同时在一定意义上承认这些首要实践性原则，并且对于他们认为值得选择的目的/善/对象，都具有一定的意志倾向。即使是那些被诅咒者[13]——在他们看来，抢劫一度被认为不是恶行。[14]

因为这些首要一般原则（prima principia communissima），"无法完全脱离人类心灵进行解释"，[15] 它们并不是如"作为戒律边界"那般的训诫。[16] 同样，它们还是道德美德的两端（fines moralium virtutum）。[17] 它们还没有成为道德原则或实际的美德理性，而毋宁是智力道德美德的初级阶段（quaedam seminalia intellectualium virtutum et moralium），[18] 它们只是一些种子，如果只有它们而缺少智慧[19]和审慎[20]对初级实践理解予以补充的话，则不足以识别一种道德美德或这种美德的构成性或因变性道德戒律。

150   在这种意义上，实践理性首要原则所识别的目的/善乃是先道德性的，因此，在一定意义上，它们同样也是后道德性的。原因在于，它们乃是（至少暂时是）幸福的构成要素（在此，道德美德仅需于简化模式中存续）。这

---

〔13〕 *Sent.* Ⅱ d. 39 q. 3 a. 1 sol. and ad 5；*ST Supp.* q. 98，a. 2c.

〔14〕 Ⅰ－Ⅱ q. 94aa. 4c and 6c. 关于不道德的人们对首要原则作出回应的（不完美）方式，参见 1982a at 27－8.

〔15〕（"无法从人类心灵中完全抹去"）Ⅰ－Ⅱ q. 94 a. 6c；also q. 99 a. 2 ad 2；q. 100 a. 5 ad 1；q. 100 a. 11c；q. 58. a. 5c；q. 77 a. 2c；q. 79 a. 12 ad 3；*De Veritate* q. 16 a. 3c.

〔16〕 Ⅰ－Ⅱ q. 100 a. 11c；and see *ST* Ⅱ－Ⅱ q. 56 a. 1c（"fines humanae vitae se babent in agendis sicut principia naturaliter cognita in specnlativis"）.

〔17〕 "necesse est quod fines moralium virtutum praeexistant in ratione…principia naturaliter nota…quia finis se habet in operabilibus sicut principium in speculativis…〔Ⅴ〕irtutes morales…tendunt in finem a ratione naturali praestitutum. Unde relinquitur quod prudentia…moveat eas；sed synderesis movet prudentiam sicut intellectus principiorum scientiam"：Ⅱ－Ⅱ q. 97 a. 6c and ad 3. See also Ⅰ－Ⅱ q. 58 a. 3 ad 2 and 4c；*Sent.* Ⅲ d. 36 d. 1 ad 3.

〔18〕 *ST* Ⅰ－Ⅱ q. 63 a. lc and a. 2 ad 3.

〔19〕 Ⅰ－Ⅱ q. 94 a. 2："Quaedam vero propositiones sunt per se notae solis sapientibus". 令人遗憾的是，阿奎那从未明确表明，那种实践原则是仅作为智慧自我注解的；cf. Ⅰ－Ⅱ q. 100 aa. 3 and 11，似乎只是将这些戒律作为智慧者通过理性发现才能了解的。

〔20〕 如果道德美德要实现作为它们善性本质的平常理性，那么，审慎（"sapientia in rebus humanis"：Ⅱ－Ⅱ q. 47 a. 2）就应包括理性所应当提供的所有：see Ⅰ－Ⅱ q. 63 a. 1c；q. 66 a. 3 ad 3. 关于"自然倾向……cuilibet homini ad hoc quod agat secundum rationem"（"hoc est agare secundum virtutem"），see Ⅰ－Ⅱ q. 94 a. 3c.

里，我不会对这一复杂的争议问题展开讨论，因为我最近在其他地方已经对之进行了分析。[21]

Ⅳ

我所接受的题目要求我追随思想的演变过程，从将善视为任意自然倾向的对象发展到将善视为道德权利。所以，现在是时候注意到《神学大全》既不是一部道德哲学的研究，也不是一部关于审慎的研究——这在阿奎那看来，审慎乃是道德哲学之本质。[22] 第二部分建构在宏大的话题之上，一为至福（beatitude）将之作为理性生物重返造物者的圆满；二为自由自我建构人类行为，作为手段，人类借之在重返或想象（或蔑视）神圣的榜样维度前进或（受挫）。当然，圣托马斯关注人类行为的决策和他对人类行为原则的关注是一致的，他也的确如此，这些原则包括道德规范所提供的原则，既有自然的，也有被揭示的。然而，这个决策的直接结果却是，论文对于特定道德问题的处置方式将会建构在美德（和恶习）之上，（"tota materia morali ad considerationem virtum reduca……"[23]）

尽管这一决策具有各种天然美德（我对此毫无异议），但它却仍然具有令人遗憾的副作用。常规理性（regular vel mensura rationis）或平常理性（medium rationis）乃是由理性命题原则构建的，具体来说，该原则将美德和恶行区别开来，[24] 但却从来没有成为阿奎那关注的中心问题。后来的神学家们和道德哲学家们，甚至直到今日，都未能弥补这种忽略——很多研究者似乎没有注意到它；另有很多研究者虽然主动来填补这一空白，但所有的原则却或多

---

〔21〕　Essay 10.

〔22〕　有关将道德哲学从审慎中分离的问题，阿奎那缺乏关注，这可以从他对于《伦理学：智慧即命令》的公开评论中发现。这种智慧显然指的是《智慧在人间》中的智慧，也就是审慎，并且"仅附属于实践理性"（Ⅱ－Ⅱ q. 47 a. 2）；实际上，道德哲学也是如此（*In Pol.*, proem 5－8；*In Eth.* Ⅱ, lect. 2［n. 256］；lect. 9［n, 351］）.

〔23〕　*ST* Ⅱ－Ⅱ，序言。关于行为的中心性，例见 Lafont, *Structures et Méthode dans la Somme Théologique de Saint Thomas d'Aquin*, 177－92, 205－6, 216－62.

〔24〕　Ⅰ－Ⅱ q. 64 a. 1c and ad 1.

或少不同于阿奎那，也不同于理性。

既然我冒险称之为忽略，那么，就让我对此给出两个例子吧。在《神学大全》中，撒谎的道德性是在正义美德的话题之下讨论的。但是，撒谎不正义，但这一点却极少有助于撒谎道德性难题的解决。我们是否应当撒谎以拯救一个会被他人谋杀的人？或许，从正义角度而言，可能的受害者是否享有一项被谎言所救的权利？今天，无数的理论家会说："是这样的，因为 minus malum est eligendum ut vitetur maius malum；sicut medicus praescindit membrum ne corrumpatur totum corpus…Ergo licite potest homo mentiri ut unum praeservet ab homicidio et alium praeservet a morte。"[25]

阿奎那在此认为，这样的理论家是错误的，他只是简单拒绝了他们通过"选择较小之恶"（minus malum eligendum）的主张，一如在**每个地方**拒绝解决道德问题的每一种努力一样；[26]"撒谎有罪不仅仅因为这会伤害到人们的邻居，还因为它的无序……（mendacium non solum habet rationem peccati ex damno quod infertur proximo，sed ex sua inordinatione…）"[27] 但这种无序（inordinatio）究竟是什么呢？它要求撒谎"本身及其同类是邪恶的"（secundum se malum ex genere），因而绝对不会是善以及被允许的（nullo modo potest bonum et licitum）。[28] 这里就有了著名的解释，认为撒谎是一种具有不恰当目的的行为（actus cadens super indebitam materiam），因为"cum voces naturaliter sint signa intellectuum，innaturale est et indebitum quod aliquis voce significet id quod non habet in mente"。[29] 然而，这一解释仍然晦涩；就这些属于表达"理性的"或"不理性的"意义

---

〔25〕 Ⅱ-Ⅱ q. 110 a. 3 obj. 4（"因为人们应当选择较小的恶以避免更大的恶，正如医生截肢以防止整个身体被感染……因而撒谎从一个杀人凶手以及死亡那里拯救一个人，乃是允许的"）。

〔26〕 Ⅱ-Ⅱ q. 110 a. 3 ad. 4. 对这一标签的拒绝：Sent. Ⅳ d. 6 q. 1 a. 1 qa. 1 obj. 4 and ad 4；d. 9 q. 1 a. 5 qa. 1 obj. 3 and ad 3；ST Ⅲ q. 68 a. 11 obj. 3 and ad 3；q. 80 a. 6 obj. 2 and ad 2. 在分析易变和轻率时，对标签的使用：Sent. Ⅳ d. 6 q. 1 a. 2c. 一般可参见 Generally, Lee, "Permanence of the Commandments：St Thomas and His Modern Commentators"；May, "Aquinas and Janssens on the Moral Meaning of Hnman Arts".

〔27〕 Ⅱ-Ⅱ q. 110 a. 3 ad 4.

〔28〕 Ibid. , a. 3c.

〔29〕 Id. （因为话语天然是传递理解的符号，如果某人的话语表达是他心中未曾想过的意义，那么它就是不自然、不恰当的）。

而言，阿奎那自己的一般理论已经做了准备，让我们可以将"自然的"或"非自然的"作为与公正具有伦理上的相关物而对待。[30] 不过，一旦作出这种替换，那么，这种对撒谎之恶的解释就似乎会引发问题。[31]

我的第二个例子是 *ST* Ⅱ－Ⅱ qq. 153 和 154 中对性道德的处理方式。这里，最一般的美德是节制，尤其是对性快感的节制，也就是同色欲（luxuria）相对的贞洁。但是，将色欲和节制区分开来的正当理性（recta ratio）规范，却从未得到明确的肯定或表述。似乎明确的是，这一论断的前提是不直接提及性器官或精液的生物功能或目的论。相反，它似乎在努力建构起一种一般形态++的善之观念，尤其是人类生命的传递或延续性的延续，这一观念和一种人类关系（婚姻）相伴，[32] 对之而言，多种形态的性行为就可以被称作"令人厌恶的"。这里的令人厌恶似乎本质上并不是由产生这样一种可能性或风险而构成，也就是这些形态的性行为从经验上及结果而言，会破坏或阻碍那种维系事物状态的人类之善（无论是存在还是享受，亦或是作为一种操作目的予以追求）。然而，它似乎由这种行为的选择失败而构成，也就是它们不能赋予善这种形式或各种形式以正当的肢体表达方式。[33] 不过，对于这些文本，这种解释也必定仍然是臆测且存疑的，一如其他的解释那样。

V

这样，对于阿奎那来说，思考撒谎或通奸的道德性就是思考《摩西十

---

　　[30]　e. g. Ⅰ－Ⅱ q. 71 a. 2c; q. 18 a. 5c; q. 94 a. 3 ad 3; q. 100 a. 1c; [and essay Ⅲ. 22 (1997d) at nn. 58－65, 72].

　　[31]　可以通过从新诉诸 Ⅱ－Ⅱ q. 110 a. 1 and q. 109 a. 2. 取得一些进步。但是，这并不够。随后，在 *Aquinas* 151－63 中，通过更多的文本，对这一提议的解释进路进行了大大扩展。但是，我更倾向于认为，这一解释仍有值得期待的发展之处。

　　[32]　See Ⅰ－Ⅱ q. 154 a. 2c.

　　[33]　See q. 154 a. 12c and ad 4. 这种思维路径来自 1985e at 49－55. 但是，葛利斯已经注意到，如果作为操作目标的人类之善和作为"理想"的人类之善（sc, 作为善的形式，分别一般且通用）之间的区别被观察到，那么，阿奎那在 *ScG* Ⅲ, 122 中反对通奸和避孕的理由就开始讲得通了［see essay Ⅲ. 22 (1997d) n. 116 and passim］.

诫》（Decalogue）[34] 命令之形式及内容的道德规范问题——当然，这些命令本身并不必然是神圣命令，但却是自然法规范，且可通过理性被认知。[35]此外，阿奎那充分清楚地表明了诸如此类的规范并不是自我注解，而是结论——无疑是接近且很容易即刻实现——无论怎样，它们是结论。"Derivantur quaedam a principiis communibus legis naturae per modum conclusionum：sicut hoc quod est *non esse occidendum* ut conclusio quaedam derivari potest ab eo quod est nulli esse malum faciendum"[36]）又或再次表明："illa（praecepta）…quae sunt prima et communia…sunt scripta in ratione naturali quasi per se nota，sicut quod nulli debet homo malefacere et alia huiusmodi…（et）…continentur（in praeceptis decalogi）sicut principia in conclusionibus proximis."[37]

这样，如果诸如阻止撒谎、通奸或厮杀的道德规范乃是从前提得出的结论，这些前提就必须也包括一个或更多的道德原则。那么，这个或这些首要的**道德**原则的内容可以是什么呢？这个或这些道德原则和 *ST* I - Ⅱ q. 94 a. 2 中所表达的原则——应当扬善避恶（bonum est faciendum et prosequendum et malum

---

〔34〕 Indeed，"legislator *per prohibitionem moechiae* prohibuit fornicationem simplicem，et *per falsum testimnium* prohibuit omne mendacium"，in as much as the lesser moral evil is included in the greater，"non via syllogistica…tamen eo modo quo ea quae ex seminibus naturae progrediuntur，in rationibus seminalibus continentur"：*Sent.* Ⅲ d. 37 q. 2 a. 3 qa. l ad 2.

〔35〕 "Quaedam（praecepta moralia）…statim per se ratio naturalis cuiuslibet hominis diiudicat esse facienda vel non facienda：sicut…*Non occides*…Et huiusmodi sent absolute de lege naturae"：*ST* I - Ⅱ q. 100 a. 1c.（As the end of the *responsio* makes clear，the *per se* here signifies，not a *per se notum* principle，but a principle knowable *per rationem* as opposed to *per instructionem divinam*）.

〔36〕 I - Ⅱ q. 95 a. 2c〔"有些是从自然法一般原则中通过演绎（归纳）的方式得出的：例如禁止杀人可以作为一个从没有人应被伤害得出的结论"〕…omne iudicium rationis practicae procedit ex quibusdam principiis naturaliter cognitis… Ex quibus diversimode procedi potest ad iudicandum de diversis. Quaedam enim sunt in humanis actibus adeo explicita quod statim，cum modica consideratione，possunt approbari vel reprobari per illa connnunia et prima principia：q. 100 a. 1；然后，在前文脚注中就提到了《摩西十诫》中的一个例子。See also q. 100 a. 5c. NB：阿奎那在有关段落中提到《摩西十诫》类型的道德规范，似乎它们乃是最高层次的自然法或自我注解。但是，这必须被理解为区分此类规范以及它们由之推演而来的规范的内容，不过，较之所有此类规范以及仅能为睿智者所能认知的规范，或由其实证颁布者获得效力的规范之间的区别，这种区分就不重要，或没有那么重要。

〔37〕 Q. 100 a. 3c（"这些原则是首要的、一般的……它们不言而喻地内含于自然理性里，例如一个人不应伤害他人，诸此等等；并且，这些都包含在《摩西十诫》所包含的那些戒律中，这些都作为原则包含于相近的结论之中。"）see also ad. 1；a. 6c；a. 11c and ad 1；q. 94 a. 6c.

vitandum）——之间会是什么关系呢？又或者，对于该文章论据所隐含的各种特定的首要原则，例如"人类生命是应当培育和追寻的一种善，应避免威胁他者"和"上帝的知识是一种应追求的善，应避免歧视他者"之间会是什么关系呢？对于这些问题，阿奎那既没有提出，也没有明确告诉我们答案。 154

　　但他确实说了，比起《摩西十诫》中的道德戒律，爱上帝及邻居的道德戒律要更为有益，更容易为人所知——至少之于信仰而言（因为上帝的存在和属性对于理性而言并非不言自明的）[38]——并且，这些基本的道德戒律乃是和《摩西十诫》的戒律边界并行一致的。[39] 对于真正的道德首要原则而言，这可能是一个有益的指引。[40] 但它并不是一个对于这一原则的准确表述，因为（首先）在爱上帝和爱邻居之间存在着一种层级关系，他在其他地方也曾这样说过：Ⅱ-Ⅱ q. 26a. 2c。此外，这些戒律本身似乎并不能构成前提，以使人们能够对阿奎那的立场得出结论，即每一种谎言、每一种故意或选择杀害无辜者，或每一次通奸，都是道德上的恶行。

　　似乎阿奎那的确考虑过的是，这样的结论能够从之前提到的道德原则中推导而来。该原则也就是：人们不应当伤害他人。但是，如果有人要明确表明将后者纳入首要道德原则之中乃是合理可信之举，那么，首先他就需要一种明确的行为理论。该理论要将伤害进行区分：一种意义是故意将伤害作为一种目的或选择将其作为一种手段；另一种意义是只接受伤害为一种行为的副作用，这就不包括故意或选择伤害。这样一种行为理论的主体要素在阿奎那的研究中已经可以找到，[41] 但是，他却并没有提出这样的解释，也没有为之声辩。

　　其次，他还需要对以下问题给出比阿奎那更明确的答案。也就是，人们是否可以故意选择伤害那些该受惩罚的伤害他人者，或那些对之前造成的伤

---

〔38〕　I-Ⅱ q. 100 a. 3 ad 1.

〔39〕　I-Ⅱ q. 100 a. 11c. See Boyle, "Aquinas, Karat and Donagan on Moral Principles".

〔40〕　on the first principle of morality, see Grisez, *Christian Moral Principles*, 459 – 76, 807 – 30; *FoE* 72; *NDMR* ch. X, 4 – 5.

〔41〕　e. g. *ST* Ⅱ-Ⅱ q. 64 a. 7c.

害有罪者（如果是，那么为什么）？[42]

此外，紧接着"伤害概念"（nocumentum，malefacere）的，还有更为基础的人类之善概念。这样，我们就可能猜测认为，阿奎那隐含着对一种（除其他形式之外）首要道德原则的研究，这种形式现在已经为葛利斯、波义耳、梅（May）、李（Lee）及其他人所提出、发扬并捍卫：别选择去破坏、损害或阻碍一种人类基本之善的具体化（也即 I – II q. 94 a. 2c 中所提及的那种任意首要至善）。[43]

诸如这样的一个原则可以解释并证立对如下行为类型所作的很多主张，这些行为始终是错误的（mala ex genere），而无论拒绝选择以及做这些的环境和结果究竟如何。从我的题目的现代术语学意义上而言，这也就解释和证立了这样一种主张，即存在一定的绝对人权，例如无辜者不被直接杀害的权利，即被作为一种目的或作为一种手段来杀害。

没有理由认为这（不直接攻击任何首要基本之善）是唯一的道德原则，用以解释和证立阿奎那所提出或为之辩护的道德规范。还需要其他的"中介原则"（在实践理性首要原则以及具体如《摩西十诫》的道德规范之间起调节作用），并且也能够确认。例如，对于分配正义中要尊重的自然权利，就需要公正原则来具体说明和解释。我认为，这些中介性首要原则只是在最近才能成为托马斯主义思考的一个显著命题或话题。[44] 本章所能做的也不过是对这种原则所出现问题的托马斯主义框架予以勾勒，而这些问题所迫切需要的仍然是解释和发展。

155

注

+阿奎那从未在现代"权利"意义上使用过"iura" … （at 144）。这不过

---

〔42〕 "Nocumentum…inferre alicui non licet nisi per modum poenae propter iustitiam"（除非是司法施加的惩罚，否则不允许对他人强加伤害）：II – II a. 2c；cf. *FoE* 128 – 33.

〔43〕 李认为这是阿奎那的一种解释，实际上是 I – II q. 94 a. 2, in "Permanence of the Ten Commandments"，at 492 – 3.

〔44〕 更新近的研究参见 Grisez, *Christian Moral Principles*, chs 8 and 26; also *NLNR* ch. V.

是一个错误。阿奎那在论文 IV. 5（2002a）第 VIII 部分中进行了充分总结，参见 *Aquinas* 133 – 8；2002c。

††《生命延续和婚姻关系》（at n. 32）。这是一种善还是两种善？这种不确定性的解决方式是理解问题中的人类基本之善是婚姻的唯一之善？（具有两方面：生育和友谊）。对于阿奎那原文 *ST* I – II q. 94a. 2c 关键点的更是增强了这一点的晦涩性：see *Aquinas* 82，97 – 8.

第二部分
在基础之上建构

第 10 章

行为最终目的[*]

对于真正可欲的那些目的，如果我们能识别充分获取和实现的方法，我 159
们的实践理性就会运行顺利并获得其真理。只有这样的目的才算得上是真正
可欲的（善），它们或者是本身可欲的，或是获得和实现其他本身可欲的目
的或一些目的的手段。如果只有一个本身可欲的目的，那么，只有在认识到
这一目的是什么的情况下，我们的实践理性才能运行顺利。就更可能的情况
而言，如果有很多本身而言可欲的目的存在，我们的实践理性就只能在知道
是否有进一步目的需要被获得或实现的情况下才能运行顺利；或者说，我们
的实践理性是否只有在知道追求一些或所有本身可欲的目的时，仍会有获得
或实现进一步的目的才能运行顺利，如果答案为"是"，那么这进一步的意
义或目的的"最终目的"实际上是什么呢？

一些人说，真正的最终目的是某些本身可欲的目的，即在人类一生之中
可被获得最高善的最高形式的例证。例如，在对于被造物来说的可知范围内
对上帝的沉思。一些人同意最终目的应该是某一人类之善，即对于上帝的最
终憧憬和沉思，但是，这一人类之善超越于此生之外，超越于人类自身能
力。还有一些人则否认最终目的是某一人类之善，而是整体人类自我实现的
众多人类之善。就我们所知的人类能力来看，对实践理性来说，这种自我实
现只是不能充分获得的价值，但对于理想的实践理性来说，其可以在神圣完
满的上帝的领域中被这一领域内的所有成员作为可获取、可实现的目标分享

---

* 1984a（"Practical Reasoning, Human Goods and the End of Man"）.

181

和取得。

对于最后提到的那一些人的立场，本章将予以辩护，并详细论述。

首先是关于方法论的提示。就像阿奎那所清楚表明的，考虑和确定人类生命及人类实务终极目的的哲学工作，归属于实践科学的原则。[1] 亚里士多德称之为伦理学，托马斯称之为道德哲学，[2] 但二人都承认这一学科从始至终都是实践性的。[3] 然后，就需要进行（假如能够智慧地进行）哲学化的工作，从而获得或实现本身可欲的人类之善。[4] 这种哲学化（如果人能使得自己的行动结合起来）就与其余的实践理性构成一个整体。

160

I

在《尼各马可伦理学》第一章第二部分中，亚里士多德提出了一个理论，这一理论被很多人解读为一种谬误：如果所有的选择链都需要在某处终结，那么就必然会有一个单一的地方是所有选择链的终结之处。然而，亚里士多德的文本[5] 却没有这么简单。

如果……

［1］并不是我们选择的所有东西都是为了某种进一步所做的选择（因为这会导致无限的后退，从而致使欲望空洞且没有意义）；

并且

［2］有一个各种行动的目的，我们为了其自身之故而需要它，同时当我

---

〔1〕 *In. Eth.* I, lect. 2, (ed. Spiazzi) n. 31; see also Ⅲ, lect. 8, n. 1233, with n. 3 below.

〔2〕 参见 Gauthier 和 Jolif, *L. Ethique à Nicomaque*, ii, 1–2; *In Eth.* I, lect. 1, nn. 2, 3, 7.

〔3〕 关于亚里士多德，参见 *NE* 1.3: 1095a–6; Ⅱ.2: 1103b27–9; Ⅵ.8: 1141b23; 关于 Teichmuller 论证的充分概述和辩护，参见 Ando, *Aristotle's Theory of Practical Cognition*, 121, 168–74. 就圣托马斯，参见 *Pol.* proem. (ed. Spiazzi), nn. 5–8; 在 *Eth.* Ⅱ, lect. 2, n. 256; lect. 9, n. 351; *In Lib. Boet. De Trin.* q. 5 a. 1c and ad. 4. 清楚的是，阿奎那没有兴趣在道德哲学和审慎之学之间作出严格的区分；他将得出道德哲学的论述与这句话一起 " sapientis est ordinare", 智慧之士的任务是布置秩序（参见 *Eth.* I, lect. 1, n. 1），随着论述的展开可以清楚地看出，这里所谓的智慧之士，是指在人类事务中的智者，他们是审慎的且仅与实践理性相关 (*ST* Ⅱ-Ⅱ q. 47 a. 2).

〔4〕 参见 *FoE* ch. 1.

〔5〕 *NE* I. 2: 1094a18–22, 语句顺序进行了重新安排。

们需要其他目的时也是为了它。

因此，以下结论就很清楚了：

[3] 有这么一个目的，它是善且实际上是最高的善。

这里没有任何谬误。[1] 并没有论断，如果不想所有的选择最终都是徒劳的，就必然有一处所有的选择链终结的地方。它只是表明，每个选择链都指向一个目的，但每一条选择链的指向、目的和最终之善（并不一定与其他选择链的指向是同一个）。像亚里士多德所指出的，[6] 某一个实践推理链条的目的可能是作为荣誉的善，另外还有作为快乐的善，作为理解的善，以及其他的作为杰出和美德的善。

现在 [2] 又表明，即便是这些"其他的"最终之善或者说是本身可欲的目的，[7] 我们选择它们也并不因为它们本身，而是为了进一步的目的。因而 [3] 某一个目的将会是最高的善，被亚里士多德称作（这是一种省略的并容易引起误解的说法）绝对的善。

在《尼各马可伦理学》第一章第七节中，亚里士多德试图解释这一结论以及他确信 [2] 中所蕴含论断的理由，即确定确实存在一种作为多种行动的目的，我们因其自身之故而需要它，并且对其他目的的需要也是为了它。首先，我们考虑结论 [3]。

要认识到某些事情有可能或实际上是善，就是要认识到这些事情具有或能给出意义，即由于自身原因而被需要的一种目的。如亚里士多德所说，这种无需进一步条件限制的善，就是那种最根本的目的。这种善将是一种最终极意义上的善，因为它将使得人类的生活（A）无所或缺，即自足（autarchēs），并且（B）是完全可欲的（值得选择的，Airetos, eligibilis）。

而自足和无限制的可欲性都是对圆满（eudaimonia）的定义，相对于更为技术性的概念善，这个幸福的概念更为亚里士多德的读者们所熟悉。因而

161

---

〔6〕 *NE* I. 7：1097b2.

〔7〕 对这个术语"其他的"解释，参见 *Eth.* I, lect. 2, n. 19. 在柏拉图对苏格拉底的批评中，柏拉图已经认识到了基本善可以因自身之故而被追求和珍视，也可以作为完整的最终善（幸福）的组成部分而被追求和珍视。参见 Irwin, *Plato's Moral Theory*, 167.

"善"就是圆满。如果我们能够理解圆满是这样一种状态（无论其最后被证明是什么），这种状态能使（A）人生是完全自足的，即不缺乏任何东西并满足了所有欲望，[8] 并且这种状态（B）是无条件最终极意义上的，它是所有选择的指向所在，即便对那些因本身之故并以自身作为终极目的的善所作出的选择。

特勒尔斯·恩格博格·彼得森（Troels Engberg - Pedersen）曾经强有力地论证了《尼各马可伦理学》第一章中所讨论的圆满实际上只是一个纯形式概念，即关于完满人生的概念：一种不确定状态（A）涉及所有欲望的满足，并且（B）是所有选择的意义。这里，亚里士多德并没有区分关于这一概念的众多相互竞争的观念间的不同；这一状态其实是完全没有被决定的。甚至当这一论证引导亚里士多德去确定这一状态是哪种活动时，他也只是说："当最终需要我们回答这一圆满状态的内容究竟是什么，是一种东西或一种活动，或多种东西还是多种活动时，我们也只能说，这一问题是完全开放的"。[9]

《尼各马可伦理学》第一章第七节（1095b5）说到了圆满的形式特征，它是指：当我们让我们的选择链（实践理性之链）在某些善或目的那里终止时，我们这么做不仅是为了这些因其本身之故而被我们选择的善，同样也是出于一种信念，即我们通过这些善能够保证自身的圆满。

因此，我们终于找到了 [2] 中所论断的假设根据。具体来说，幸福的概念简言之就是一种有关完满人生的概念——这种状态是（不论其具体可以是什么）所有选择的意义和所有欲望的满足——所以，可以说那些根本之善（如亚里士多德所假设的）如荣誉、快乐、理解和美德，不仅仅是因它们自身之故而被选择，也是因圆满之故而被选择。因此，圆满就是亚里士多德所设想的"那一个目的"。

但是，有人也许希望能检验这个问题，那些众多根本之善确实是由于幸

---

〔8〕无需多说的是，自始至终，欲望都要被理解为亚里士多德意义上的，而非休谟意义上的。参见 *FoE* 44；also 30 - 7，44 - 5；1981e at 266 - 70。

〔9〕Engberg - Pedersen，*Aristotle's Theory of Moral Insight*，31；see also 12，17 - 18，20，31 - 2。

福之故而被选择的吗？亚里士多德的回答为"是"，但他并没有给出任何论证去证明这一点。我想，这一缺失的论证一定是被阿奎那提出来了。[10] 对于阿奎那来说，这一事实并不仅仅简单发生了，即偶尔是这样、偶尔不是这样；而是出于必然性——自然的必然性和（由于意志是一种智识性和理性选择的力量）理性的必然性。为什么是这样？当然是因为，对于每一种具体人类之善来说，不论其善是如何全面独立而非衍生的（因此有能力终结一个实践理性之链并且使得"为了什么？"这一问题变成多余的），我们依然可以提出这个进一步的问题："这一被我选择所实现的善或这些善的状态，真是一种完全完满的状态吗？"

这一问题卓有意义，且取得了成功，它使得即便是我们最成功获取的人类基本之善也变得相对化了。这一问题保持了其意义和力量，即便我们完全不能确定一种现实的"完全完满人生"，或可获得的"完美之善"、"现实无可或缺的状态"、"作为自足的完美"（perfectum et sufficiens）。[11]

具体的基本之善，即那些非衍生的作为选择链的终止点的善，在这一范畴面前，也就是在这进一步不可逃避的问题面前，也既有被批判的一面，也有被支持的一面。它们被批判，是因为它们当中没有一个有可能自称是选择的完全完满的目的。它们有被支持的一面，是因为它们所拥有的吸引力不仅仅是它们本身之善，还因为它们是实现完全完满的一个部分，无论这个完全完满可能是什么。

Ⅱ

但是，这些人类基本之善是如何实际与完全完满发生联系的呢？在亚里士多德和阿奎那的意识里，这一完全完满应该是有现实性的。但阿奎那明智 163
指出，在我们这一生中获取完全完满（"排斥所有的恶且实现所有的欲望"）

〔10〕　参见 *ST* Ⅰ-Ⅱ q. 5 a. 8c；see also q. 5 a. 8 ad 2 and a. 4 ad 2；q. 13 a. 6c；I q. 19 a. 3c and a. 10c；q. 60 a. 2c；q. 82 a. 1c and a. 2c；q. 94 a. 1c；*de Malo* q. 3 a. 3c；*In Eth.* Ⅲ，lect. 2，n. 403.

〔11〕　*ST* Ⅰ-Ⅱ q. 5 aa. 3c，4c，quoting *NE* I. 7：1097b8.

显然是不可能的。[12] 他说，只有一种不完美至福才在我们的能力范围之内。[13]

但是这一"不完美至福"是一个融贯的概念吗？毕竟，"完美"、"完全完满"正是圆满/至福（eudaimonia/beatitudo）这一概念所要表达的意思所在。就"不完美至福"本身的定义来说，所指称的就是一种没有"充分实现人性良好愿景"的状态。这一观念显然是自相矛盾的。

想要判断这一自相矛盾是否值得作出，我们首先需要探讨阿奎那对这一不完美至福如何构成的思考。我以他多种回答中最有启发的那一个作为开始："不完美至福在于美德的实操"，不完美至福在于美德的运行（美德在行动中）。[14]

而美德就是任何使得其拥有者或拥有者的行动具有善的东西。以道德美德为例，阿奎那说他们具有这种意义：人类幸福（bonum humanum）、人类之善，[15] 并且，认识到和热爱这种善是美德的必要条件。[16]

现在，我们遇上了对于我整个论证具有决定性的一个问题。这一人类幸福，即美德的意义和善是多面的；圣托马斯指出，这是因为**美好道德美德**的多元性以及道德美德的多种目的。[17] 这些目的可被现实的认知实践根据一种阿奎那称之为先天理念（synderesis）的自然倾向所确认出来。[18] 对这些最终和最根本之善的认识，是通过实践理性首要原则（prima principia）所形成的，这一原理被阿奎那称为自然法或自然权利的首要原则。[19] 被首要原则所认识到的这些善是被自然地需求的；它们是与人的能力、本性全面发展相

---

[12] *ST* Ⅰ - Ⅱ q. 5 a. 3c; also *In Eth.* nn. 129, 202, 2103, 2136, 2110.

[13] Ⅰ - Ⅱ q. 3 a. 2 ad 4; a. 5c and a. 6c; q. 5 a. 3 ad 2; a. 5c.

[14] Ⅰ - Ⅱ q. 5 a. 5c.

[15] *ST* Ⅱ - Ⅱ q. 47 a. 6c.

[16] *Q. D. de Caritate*, a. 2c.

[17] *ST* Ⅱ - Ⅱ q. 47 a. 6c.

[18] Ⅱ - Ⅱ q. 47 a. 6 ad 1 ad 3; Ⅰ - Ⅱ q. 58 a. 4c; Ⅰ q. 79 a. 12c.

[19] Ⅰ - Ⅱ q. 94 aa. 2c, 4c; a. 3c = q. 63 a. 1c = Ⅱ - Ⅱ q. 47 a. 6c = Ⅰ - Ⅱ q. 58 a. 4c; *de Malo* q. 3 a. 12 ad 13.

关联倾向的适当对象。[20] 就其本身而言，它们被包括在意志自然对象的全面普遍之善中；[21] 但是，它们每一个又都是最终的，因其本身之故而是善的，就像阿奎那最直接确认的那样，把这些多面的对应实践理性称为自我说明的（persenota）和首要的（prima）。然而，在这些基本之善中，没有一个是绝对的，或直接的，或（像亚里士多德将会说的）"最终"的。

现在我将在这里插入三个总结性的评论。(i) 相对于尼各马可伦理学第一章第七节那种没有做充分思考的条目化（荣誉、快乐、智慧以及各种美德），阿奎那提出了一种有关于最终和基本之善的更好清单。(ii) 清单上包含了认识关于上帝的真理，但明确的是，清单上没有体现哪一个善在这种意义上是最高级的，即其他善都只是它的手段，或者其他善相对于它来说并不是更加不可或缺的，或者其他善可以被正当地牺牲以保障那个最高的善。[22] (iii) 我们从一个关于道德美德和探寻其意义的命题出发，但是还有智识美德或者卓越（不用说审慎）能够在没有道德美德的情况下存在。[23] 圣托马斯虽然自己就是一个伟大的智者，但却不讳于指出智慧的美德可以被用以做恶，但道德美德却不能。[24] 确实，他将表明，如果考虑到它们与人类活动间的关系，智慧的美德相比于道德美德来说更少一些**高贵**。[25] 我们也许会说，并不存在一个单一的优先视角，人类之善由之可以作为理论知识被掌握或享有，因而显然在各方面都是至高的，尤其是当至高意味着值得选择。

让我们回到阿奎那的"不完美至福"：现在我们能够看出，为什么有人认为这一概念在于美德的运行。因为我们可以设想出一种生活，在其中，所有基本之善都各就其位；没有任何一种受到压制；没有任何一种被武断地过于强调或过于贬低；理性调节着各种基本之善之间的相互关系，就像理性调节着个体的各种感情和倾向一样，也像理性调节着个体之间的友谊和其他社

---

[20] *ST* Ⅰ - Ⅱ q. 10 a. 1; q. 9 a. 1; q. 18 a. 7c; q. 94 a. 2c.

[21] Ⅰ - Ⅱ q. 8 a. 2c and ad 1; q. 9 a. 1; q. 19 a. 1c and ad 3.

[22] Ⅰ - Ⅱ q. 94 a. 2c (the main list); Ⅱ - Ⅱ q. 64 a. 5 ad 3; a. 6 ad 2; Ⅲ q. 68 a. 11 ad 3.

[23] Ⅰ - Ⅱ q. 58 a. 5c.

[24] Ⅰ - Ⅱ q. 57 a. 1c.

[25] Ⅰ - Ⅱ q. 66 a. 3c. See also Buckley, *Man's Last End*, 208 - 10.

群关系一样。作为个体繁盛其中一方面的行为美德，并没有为这种繁盛添加新的价值组成部分，即没有带来一种新的基本之善。[26] 但是，它们确实构成了一种更有意义、更有价值的善。简而言之，这种善就是富于意义及价值的其他善的实现（衍生的和非终极的，或非衍生的和终极/基本的），这种善在其他善各就其位时出现，其他善需要为了实现这一种善各自做出让步。

这就是为什么即便会有一些悖论的意味，阿奎那也能较有助益地提出不完美至福的原因：不完美至福这一概念名副其实，原因是在实践理性思考和选择中，它在某些方面扮演了同自然、不可避免的（完美）完全（没有不完美）满足（不论其满足了什么）的至福和圆满一样的角色……由于不完美，不完美至福既不是实现了所有选择的价值，也不是不缺乏任何可欲的东西。但是，具体的本身之故的善和本身之故的目的可以且应该被"放置"（既是批判地也是支持地）在更广泛的善之下。不完美至福，是一种在某种程度上通过一种适当方式被实现其他基本之善所实现的善。[27]

III

但是这里还有一个相当不同的说法，在圣托马斯的解释中，也许更引人注目、更广为人知。最显而易见的说法是，"这种可以在此生中获得的不完美的人类幸福就是指由通过智慧的习性所认识到的不同的实体"。[28] 更加正式地说：

> 正如亚里士多德在《伦理学》中所说，我们此生中可以获得的
> 不完美至福，首先且主要在于沉思，其次在于引导我们行动和情感

---

[26] See *NE* I.7：1097b17 – 19.

〔27〕需要注意到，我们完全没有理由去假设作为某些方面不确定的基本善的实现，只能够被一种"正当"的实现方式所证实。可能有很多的根据某种标准而称得上是有意义、有价值的实现基本善的方法，并且我们没有理由去假设这些标准是可以通约或可被一个进一步的标准所衡量的。参见 *NLNR* ch. 5.

[28] *In Lib. Boet. De Trin* q. 6. a. 4 ad 3.

活动的实践理解活动……〔29〕

于是，这里的问题就是：为什么圣托马斯会说，在此生可得的不完美至福里，沉思具有"首要地位"（不论其在实践中可能意味着什么……）？尽管提出了多种不同理由，〔30〕但其中决定性的一个理由似乎是，在沉思中及在智慧美德中，"我们似乎开启了一种（真正的）幸福，它存在于真理知识之中"。〔31〕

为了检测对这种真正至福定性的充分性，并因而通过预期的"不完美至福"，我们需要追问是否我们这种真正无限制实现或繁荣确实仅仅在于沉思，即便这种沉思是在理想的愿景中对上帝本质的沉思。

阿奎那说，人类至福"仅能在上帝的视域〔32〕中"被发现。这要被理解为与他在《上帝是所有人类之善》（Deus est *totum* hominis bonum）中的表述具有同等意义。〔33〕每一种表述都极为省略；它们都存在着由于字面理解所引出的同等危险（由此被误解）。这正如亚里士多德说"幸福是一种善"所冒风险一样（亚里士多德将这一表述和另一表述结合起来，后者为存在很多本身而言的人类目的）。"上帝是所有人类之善"与阿奎那所说的独爱上帝〔34〕是一种"不充分、不完美的爱"是相容的，事实上，这种爱要次于因上帝之故而对邻人的爱。上帝之善性是我们全部的善，这种说法只是在这种意义上而言的，即它是（i）我们爱的自足、充分的对象，且（ii）它是所有其他善的原因（包括人，此外还包括由我们对人在内的事物之热爱所构成的

166

---

〔29〕　*ST* Ⅰ-Ⅱ q. 3 a. 5c.

〔30〕　圣托马斯将诉诸（Ⅱ-Ⅱ q. 182 a. lc）亚里士多德在 *NE* X. 7：1177a11-b13 中提出的七个理由。这些理由的弱点以及与伦理学的很多矛盾之处已经被 Moline 很好地指出了，"Contemplation and Human Good"，40-5.（虽然 Moline 自己关于亚里士多德的反讽意图的论述很难让人信服）。

〔31〕　*ST* Ⅰ-Ⅱ q. 66 a. 4 ad 1；q. 3 a. 6c；q. 57 a. 1 ad. 2.

〔32〕　*Sola visio Dei*；cf. 以及 "solo Deo beatitudo hominis consistit"：Ⅰ-Ⅱ q. 2 a. 8c；q. 3 a. 8c.

〔33〕　（"上帝是人类全部的善"）Ⅱ-Ⅱ q. 26 a. 13 ad 3. 被充分实现的至福，当然要包括这样一种愿景，因为缺少它的话，我们对于理解的诉求将不会被满足。事实上，这一愿景可说是整个人类自我实现的中心，因为其中所体现出来的善必须是这样一种情况，即其他全部的善必须被理解（"看成"）或领会为把这些善参与（相似性与影响）到首要的原初之善中。参见下一章Ⅳ以下。

〔34〕　Ⅱ-Ⅱ q. 27 a. 8c："dilectio Dei accip [i] tur secundum quod solus diligitur".

善）。但是，上帝之善也并不是我们全部的善。对于上帝来说，通过非必要选择，创造出了不同于其自身的善之体系，包括这种人们之间可及且值得我们友谊之爱（amor amicitiae）的善。

圣托马斯指出，究其作为一个人而言，这里必然存在一种人类的终极目的，因为人类的天性是一个整体。[35] 非常好。但我们是否必须要承认，人类的天性是一种复杂的整体呢？首先，"我的灵魂不是我"（Anima mea non est ego）。[36] 其次，人类的天性通过人类的能力而得知，而人类的能力通过人类的行动而得知，行动通过其对象而得知。[37] 很大程度上，这些对象就是通过实践理性首要原则所鉴别出来的基本之善。[38] 由于这些是多元的，因而显露出来的人类天性也是复杂的。所以，最终的目的——如果是人类本质的统一——必然会有一种复杂性反映在人性统一之中。

让我们来认真思考一下这种复杂性的其中一面。在所有的人类能力中，（potentiae animae）对于人性最根本的能力是友谊之爱，[39] 它是人类倾向于社会生活中的一个最重要的目的。[40] 没有机会参与友谊之爱关系的人就等于被剥夺阻碍了其自身发展的机会，对此，如果没有人能理解的话，那么就没有人能够理解什么是人性。友谊之爱涉及互惠地期望他者能够充分实现自我繁盛的意愿，也就是说，通过与他者分享诸善（是因为他者也具有同样的欲望即希望他者能够自身实现自我繁盛）——这些善的实现是为了他者——才是自身繁盛的必需。对此，如果没有人能理解的话，那么就没有人理解什么是友爱。自爱，在正确的意义上，对于最完美、最慷慨的友爱来说是天然的；友爱，即为了实现他者之善而甘冒自身福利之危险，对于自我的福利来说，也是最天然的。所以，如果没有人能够理解这种联合而不吸收的复杂

167

---

[35] "Propter unitatem humanae naturae": *in Eth.* I, lect, 9. n. 106.

[36] （"我的灵魂不是我"）阿奎那，*In I Cor.*，c. 15, lect. 2. 参见 *Aquinas* 318. n106; essay II. 2 at 40 −2）.

[37] *ST* I q. 26 a. 2 ad 2; q. 87 a. 3c; etc.; 参见 *FoE* 21 −2, 25.

[38] 参见 n 19 上；阿奎那对这一关键问题的一系列思考，参见 *ST* I −II q. 94 a. 2c 以及 I q. 80 a. 1 ad 1; q. 82 a. 4c and I −II q. 10 a. 1c.

[39] I −II q. 26 a. 4; I −II q. 25 a. 2c.

[40] I −II q. 94 a. 2.

性，那么，就没有人能够理解人性的统一性；如果人性要完全实在化，那么，善的这种不可化约二元性（事实上是多元性），就必须要实现。

因此，我们发现，阿奎那得出结论说，朋友关系（societas amicorum）——友爱中的同志是一种"暂时（bene esse）（完美）的至福"。[41] 但为什么是暂时的呢？因为他说这不是至福所绝对必要的，因为我们可能设想出一个宇宙，在其中有且只有一个灵魂与上帝沟通，而这一个将会是至福的；但是，在现实的宇宙中，我们每个人都有邻人。

然而，我们需要进一步追问，为什么阿奎那要提到"完全"的完善，或者"暂时"完美的至福？因为我们发现，他不仅在提到友爱关系时使用了这个表述，在谈到身体健康时也使用了这个表述："至福，作为一种全方位的善（beatitudo omnibus modis perfecta），需要自身身体的福祉。"[42] 如同不完美至福一样，这种表述也自相矛盾，并且等于承认了他在其他地方否定的东西：在至福之中可获得和实现的诸善不是单一的，而是**众多的**，并且具有正当的顺序。[43] 这一依据的正当方式对至福中诸善热爱的要求，并非不同于以我们此生所识别和使用、以实践理性为标准的其自身可理解的结构。

圣托马斯自己得出了这一必然结论：在至福状态中，当信念和希望都不再是一种美德时，实践理性（prudentia）和正义因此将始终是一种被需要的美德——同时还需要慈悲，这包括对上帝和自身的爱（也包括身体），以及如爱自己般对邻人之爱。[44]

在这篇文章的开始，我曾指出，人类真正的目的是**完整的人类实现**。[45]

---

〔41〕　Ⅰ－Ⅱ q. 4 a. 8c ad 3.

〔42〕　Ⅰ－Ⅱ q. 4 a. 6c 及 a. 5c.

〔43〕　Ⅱ－Ⅱ q. 26 a. 13. 这一让步也出现在其他方式中。阿奎那说，在完美的至福状态中，爱的优先顺位 ordo caritatis 将会保持和此生同样的地位；并且在至福状态中，所有的"爱的正当基础"（honestae causae dilectionis）都会在此生中保持：a. 13c. 但什么是 causa dilectionis？什么是爱的基础？这是一种善，提供了 ratio diligendi：Ⅱ－Ⅱ q. 26 a. 2 ad 1. 因此，我们发现阿奎那再一次正式确认了涉及至福之爱的多元性，以及通过正当方式热爱和尊重这些善的必要性。

〔44〕　Ⅰ－Ⅱ q. 67；Ⅱ－Ⅱ q. 26 a. 13；q. 52 a. 3；de Virt . Card. 4；de Car. a. 2c（patria；heavenly homeland）.

〔45〕　参见 FoE 70－4，120－1，151－2.

在此生中，这根本就不是一个实际的目标；其在实践理性中的作用毋宁是一种理想，用以给道德首要原则提供内容。[46] 它是信念而非哲学，它提出，这一理想可以实现，方式是凭借神圣的力量与魅力。我认为，实现的将是这样一种状态，它不是正式的人类活动，也不是正式的人类占有，虽然会涉及活动和享受。圣托马斯自己时常会超越亚里士多德所设想的人类最终目的范畴，在这些范畴中，他常常将人类生命作为最终目的：关于行动和完美的范畴，以及没有在理想和目标之间作出区分，没有在仅作为工具的手段和作为善之组成部分的手段之间进行区分的词汇。他经常说，至福的意义（目标）在于神圣的善。[47] 有时，他又会进一步说，作为一种明确的至福目标，善不能被理解为只是可以被拥有或占有的东西，而是要被理解为一个由圣人组成的天堂般的社会内的共同之善。[48]

再强调一遍这整个问题：现在我们可以评价阿奎那的这一论证了，不完美至福首要且主要在于沉思。这是因为，完美的至福"在于"沉思。即便是对于阿奎那晚期著作的不懈唯理智论解读，至福也不仅仅存在于启发了存在和其他有价值者的沉思之中，[49] 同时也存在于对实践智慧和理性运用的美德之中，存在于正义和友爱之中，以及存在于对自己人生中物质欲满足的享乐之中。因此，即便人们接受的是上帝视野限度的至福的首要性，对人们把主要沉思放在不完美至福视野之中、基于期望的论证也只是给出了一个薄弱的依据，因为根据圣托马斯自己的解释，生活的美德同样也在于期望。

Ⅳ

在既有认知的经验主义图景的影响下，我们倾向于认为，相比于我们的视野来说，上帝的视野是一种对场景更完美的凝视：一种远比我们所曾见过

---

〔46〕 关于可获得的"目标"与"理想"的对立，参见 *NLNR* 61 and 75–6. 关于人类自我实现的完美状态是道德的第一原则，参见 n. 45 以上。

〔47〕 *ST* Ⅰ–Ⅱ q. 2 aa. 7c, 8c；Ⅰ q. 65a. 2；Ⅰ–Ⅱ q. 1a. 8.

〔48〕 *de Car.*, a. 2c.

〔49〕 *ST* Ⅱ–Ⅱ q. 25 a. 1.

的更完美、更令人满足的场景。[50] 并且在既有经验的经验主义模式影响下，我们倾向于认为，作为一种给主体造成一定影响的欲望的满足是被动的，但是在某些原因的影响下能挑动我们的感观而引发愉悦。

对于经验的经验主义模式的批评是在伦理学中完成的，亚里士多德和圣 169
托马斯给出了这一名字，原因是为了使人们能够更充分地理解人类天性，这就要求理解作为我们行动的目标之善。如此理解，那就是实现自身的能力，这里，如此理解的能力就构成了这里所说的人类天性。[51] 因而一个人拒绝像一个满足的奶牛（亚里士多德的例子）那样生活的选择，或者就像大脑被插在体验机上（葛利斯以及后来诺齐克更生动和充分的思想实验）的生活，这个人拒绝这种生活方式正是因为，对于此人自己和他人来说，这种生活方式是不值得、不充分、不令人满意的（即便其本身完全自足）。[52]

与之类似，经验主义模式的神之圣见（*visio Dei*）被实践理性的反思所克服了。去见证上帝的本质不仅仅是看到他作为原因，也是看到他作为人或人们，并且不仅仅是作为人或人们，还是其亲自导致了宇宙中的所有善（包括人类之善）。并且，知道我们自身行动的实践意义，也就是知道作为一种原因，我们人类的行动并不等同于一种经验意义上的球体之间的来回碰撞。作为人类原因，最终取得的效果是一种善，它是从最开始就通过一种智力过程及实践认知、理性、选择和行动所想象到的。见证上帝，就是第一次真正地认识到所有被创造诸善的意义（善），包括被创造出来的人以及他们之间的友谊。在完整意义上，爱人如己就将变得不再是不可能的，不再是不可理喻

---

〔50〕 如奥古斯丁这样的新柏拉图主义者，可以被视为将这种不完美的认知模式适用在了其最高的形式中：Lonergan, *Insight*, 412.

〔51〕 See at nn1, 3 和 37 以上。相似的关于伦理学在人类本性知识中的相对优先的认识论地位的结论被一些与圣托马斯关系密切的学生所得出，如 Belmans, *Le sens objectif de l'agir humain*, 142 – 3, 428；de Finance, "Sur la notion de loi naturelle", at 209 – 10. 一个重要但被忽略的处理各学科如何相互关联同时又避免由于每一学科（即便是相互潜在交替的）能够要求的原则是，以其本身为标准因而并非衍生于其他学科而导致的恶性循环的处理方法，参见 St Thomas, *In Lib. Boet. de Trin.* q. 5 a. 1 ad 9.

〔52〕 *Eud. Eth.* I. 5：1216a；Grisez, *Beyond the New Morality*, 26；Nozick, *Anarchy, Stateand Utopia*, 42 – 5；*FoE* 37 – 42, 46, 48, 89.

的，而变得在此生中更加可能、更加适当。

我们还可以再进一步。在沉思中，推理式的提问和思考在此生向我们揭露了上帝的存在，而上帝的存在并不是亚里士多德所说的纯粹的沉思 noēsis noēseos（对理解的理解），而是 dominus suorum actuum（自身行动的主人），是自由的创造者、行动者，也是宇宙的引领者。要获得完美人类知识以及上帝之爱的至福，就是要充分获得上帝的完美形象。[53] 所以，在此生中，（虽然很不完美，但真正的知识以及对于上帝之爱是可能的生命）上帝的形象塑造并不是对于亚里士多德所谓神圣沉思的模仿，而是一种完全实践的（同时也是推理的）理智和真正上帝的意志，是多种形式的不可化约之善的创造者。

一个人理解了真理是善，一个人的理智将其导向了一个需要（因而可以被隐约设想到）被回答却无法回答的问题，并且因此导向了一个不可比拟的对于完美真理可欲的期望，虽不是幻想但依然无法在此生获得。要意识到这个问题，意识到回答这个问题它们的不可得之善，就要有一个超验的观念，并且我们要对其抱有开放的态度。[54] 但是，智识也急于认同友谊、实践理性和生命本身都是善，因此这种理解将引导我们尽可能理智地实现这些善，正如同对那不可比拟的可欲期望，以及最充分地理解善及其渊源的雄心壮志，还有对它们最充分的实现和享用。

经验主义诱使我们把我们的倾向理解为盲目的冲动，从内部把我们推来推去。但事实上，对我们来说，事物是因其可欲性而可欲的，那是因为它们对我们以及我们的智识来说是善。[55] 对基本之善的掌握，对于其内涵的理性评价，以及在我们的行动和执行中对于实现它们的直接引导，全部都是智识独有的任务。如果一个人的智识使得这个人向超验性开放，那么，其原因就不仅仅在于对思辨真理的追求，同样也在于对人类之善和人类行动真理的

---

〔53〕 *ST* I q. 93 a. 4c.（And see *Aquinas* 312－19.）

〔54〕 在这里，圣托马斯对其著名论断的主要论证就是，每个智慧的存在都是"自然地希望神圣实体的愿景"：*ScG* III c. 57.

〔55〕 参见 n. 8 以上；*FoE* ch. 2.

追求（这一真理被托马斯不懈地称为实践）。如果我们的心是永不停歇的，这不仅是因为思辨真理同样也因为实践性真理——这种实践性真理的构成要素是（理智的欲望的满足）对诸如生命、快乐、友谊这些善的实现和真正的体验——无可怀疑的是，除非参与进上帝的创造性理解和人生中去，这些要比我们所能设想或完成的任何参与更为丰满，否则，对于这些善的充分理解和完美实现都是不可能的。

V

一个最简单的口头教诲（或者被碎片化的记忆为教导）指出人类有一个目的——对于上帝的愿景，以及把那种愿景简单地视为对美德的诸种形式的回报，这些形式显然没有使得一人适合一种完全沉思的生活。[56] 171

对于基督徒的信仰来说，这样一种陈述从来不是充分的。这种信仰被第二次梵蒂冈大公会议（Vatican II）更为充分地传达出来，其把人类之善不仅仅确定为对于真理的愿景，甚至也不仅仅简单是对于神圣和伟大的参与，更是多种人对于多元化之善的参与，如人类尊严之善、兄弟情义之善和自由之善以及所有我们本性和选择的美好之善果："一个真理与生机、神圣与伟大、正义、爱与和平的王国。"[57]

因此，此生的道德美德以及人类完整实现至福之间就可被确定为不是一种工具性的手段和外在目的的关系，也不仅仅是品德和对其的一种纯粹外在

---

〔56〕 一种有缺陷形式的说教更近一步，把基督徒的道德生活还原为追求幸福，很多伦理学的书籍可以被视作遵循了这一路径。如 Vernon Bourke 的 *Ethics* 的开头："（那一）基本的、自然的对幸福的冲动深深地植根于每一个存在的人中……每一个人的道德问题……就是要选择以及做那种能够有益于人的幸福的行动……伦理学就可以被定义为从这一种视角对人类行动进行系统的研究。这一视角就是把人类行动视为一种手段，看其是否有利于最终幸福的实现……就目前为止，我们可以说，一个好的行动就是那种应该被做出来……有益于人类幸福的行动（3，4）。而幸福就在于对完美的、善的、智性的沉思（*ibid.*，vi）。一个更为充分论述的基督教信仰把这个贫瘠的道德概念抛到一边。对个人幸福的追求不再被当成是一种道德规则；其地位我们可以从 Vatican II 中的言论得知。人类活动的规则是这样的：神圣的心灵（consilium）与意志相符合，人类活动应与人类这一种族真正的善相协调，并且允许人作为个体或者社会中的一员去追求实现完美的天命（*Gaudium et spes*，35）。"

〔57〕 *Gaudium et spes*，39.

的奖励式关系，而是一种引人注目的参与：善被实施以及美德将在此时此刻建立起一个超越的王国。而在这一王国实现"之后"，那些实施中的善和美德将被再一次发现，就像其内在于一种神圣的生活和宪章。[58] 这凸显了圣典中反复提及的奖赏是内在的关联于对善的正当追求：这并不是一种类似于长时间工作后在迈阿密度假的图景，而更像是这样一种（经过必要修正）图景：经过长时间的自律、学习和工作后，一个管弦乐队终于能以卓越的表现完成一首交响乐。[59]

VI

在被葛利斯、波义耳以及我和其他人所提出的实践理性理论之中，一些善被认定为是基本的。与之相反，有人反对说"这八种基本之善所蕴含的多元性与圣托马斯的教义截然不同——他认为，只有一个对于全人类来说的最终之善"。[60] 但正如我们所见，若说与阿奎那全人类唯一最终之善这样复杂的理论截然相反，人们应该谨慎。圣托马斯的那一结论可以被最好地诠释，但却经常因其言说方式而变得模棱两可。这一结论，为葛利斯和我自己所声辩，但与对阿奎那的权威解读不同，它是：任何能被算作"全人类唯一最终之善"的状态，都必然涉及多元之善，它是一种人类完整实现不可化约的复杂性。

仅仅哲学论证并不能得出委员会所重新表达的关于信仰和希望的结论。但考虑到一个哲学化阐明的处理方式，其针对的是：（ⅰ）人类繁盛的基本方面与人类基本之善；（ⅱ）作为一种结构性善的实践理性，其显在于主要的思想和全面实现的原则，并为人类基本之善提供了良好实现的标准；（ⅲ）通过自由选择的人类自我构成，这种自由选择可无限持续，除非忏悔以及因此可理解地去天然适应或不适应一个人，去全面永恒参与在不仅仅只

---

〔58〕 *Ibid.*

〔59〕 Cf. D'Arcy, "The Withering Away of Disbelief", at 163.

〔60〕 Bourke, "Justice as Equitable Reciprocity：Aquinas Updated", at 25.

以推理真理为中心的王国之中，且不仅仅只在沉思的上帝生活之中。并且
（iv）实践理性具有一种可能性，超越其自身作为参与上帝自由游戏的意义，
上帝的这个游戏涉及创造和使之自我实现，这种创世的实现包括实际的人类
完整实现。我们可以理性地说：如有人所声称那样，[61] 所有这些都等于
"对人类最终天性的自觉地拒斥"吗？对我而言，这毋宁是，自始至终以其
不可化约的复杂性方式对人类终极性（如果你喜欢，可以说是本体论的终极
性）的明确探讨和解释。

---

〔61〕 *Ibid.*, at 24. Bourke 补充道："菲尼斯并没有把这个近似的人类之善的清单与任何对最终
善的考虑联系起来。"但是，参见 *NLNR* 49，405 – 10.

第 11 章

关于目的的审议*

I

173   在 1990 年发表的一篇优秀论文中，特伦斯·埃尔文指出，阿奎那对审议的范围作了狭义理解，以至于他对美德与邪恶之间的区别无法给出融贯现实的解释。[1] 这是因为，根据阿奎那的论证，审议始终是关于手段而非目的的，审议和良好审议的智识美德——审慎——无法在品行高尚者对正确目的或目的的识别与采用中发挥作用。相反，阿奎那将那种角色分配给了先天理念（synderesis），即对基本目的和实践理性之首要原则的非审议性理解。但先天理念并不适合于这种角色，这是因为邪恶与美德同样存在于先天理念之中。所以，要解释美德与邪恶之间的区别（尤其是要变得品行高尚或邪恶都是在我们可控范围之内这一事实），他就不得不给审议与审慎分配一个更宽泛的作用，而他又努力将智力运转（intellectual operation）及其美德限制为手段而非目的，这就是相互冲突的。

---

*　本章是我为 1997 年 11 月在维克森林（Wake Forest）的北卡罗来纳大学哲学系举办的一次会议所撰写的论文，至今未发表。在那次会议中，我从特伦斯·埃尔文处得知，他改变了先前的观点；此外，他还于一周前发表了阐述他对阿奎那的理解的大作 "Practical Reason Divided：Aquinas and his Critics". 我在 sec. IV of essay 1 中做了简评。我注意到，在阿奎那对该议题的处理中确实存在一个解释性问题（problem）；此外，埃尔文的第二个思想（second thoughts）存在一些可改进之处，尽管其思想主线是正确的；因此，当前这篇论文仍然切题。本章尾注触及了埃尔文最近（2007 年）对这一问题的讨论。

〔1〕 "The Scope of Deliberation：A Conflict in Aquinas". 文中插入的数字是指该文献的页码。

　　埃尔文接着指出：他"并不确定这是阿奎那理论中的一个真正冲突……关于他的观点，一种更好的解释可能会暴露我（埃尔文）对一些能够使它们都变得融贯的特性的忽视"。在这篇论文中，我提出，就阿奎那对法律推理、人类目的、自由选择、美德以及自然法的理解来说，埃尔文并没有过多地忽视其中的特性或一些重要因素。的确，埃尔文所提出的（我们会看到，在传统中，这并不是第一次）那些文本和实质议题吸引人的地方在于，它们 174 迫使我们向某些道德（进而是法律）规范性的来源妥协。我相信，这一来源消失在即便是苏亚雷斯至为温和的唯意志论视野之中，也消失在康德在恢复实践合理性适当尊严的善意尝试之中。

II

　　其实，我们完全可以比埃尔文更直接地指出阿奎那理论中一个明显的冲突之处。我们只需要将《神学大全》中的两段文字并置即可。其中一段正是埃尔文所主要批评的："……确定道德美德的目的（或确定各种目的）[2]并不属于审慎的功能，审慎的功能仅仅是将手段与目的（或确定各种目的）安排在一起。"[3]另一段出现在《神学大全》一书更前面的部分："审慎对道德美德的引导不仅仅在于选择手段，也在于确定目的（或各种目的）。"[4]埃尔文最终确实引用并考虑了这第二个、更前面部分的段落，但他在"但也……'确定'……目的"之后补充了"在审慎决定美德所包含之手段的范

---

　　〔2〕　无数文章中，阿奎那都在没有任何拉丁文替代英语作为提示的情况下使用了单数形式，这意味着强制把名词用英语翻译成与复数形式对应的单数形式的做法是非常有误导性的，此处的情况如同其他地方。

　　〔3〕　*ST* II - II q. 47 a. 6c（埃尔文翻译为）："ad prudentiam non pertinent praestituere finem virtuti－bus moralibus, sed solum disponere de his quae sunt ad finem"［他在 1997 年发表的论文中大体上也在讨论相同的议题，"Practical Reason Divided: Aquinas and his Critics"，埃尔文通常（但不总是）将 *praes-tituere* 翻译为"提出"（to present）而不是"确定"（to fix）或"决定"（determine）；但我认为，后面两个词语更接近阿奎那在相关语境下对 *praestituere* 的使用中所可能表达的含义］。

　　〔4〕　*ST* I - II q. 66 a. 3 ad 3："prudential non solum dirigit virtutes morales in eligendo ea quae sunt ad finem, sed etiam in praestituendo finem."

围之内"，借此，他弱化了这个显而易见的冲突 (35)。拉丁原文基本上无法支持这一解读，因为它提到了审慎在决定手段过程中所发挥的作用，但这一点的提出，既没有将其作为主张审慎确定目的的依据，[5] 也没有将其作为该主张的意义或外延，而仅仅是作为一种对该宣称的例证 (exemplification)。所以，就它们所表达者而言，这两段文本似乎是完全矛盾的：审慎会、也不会为出于美德确定目的（或各种目的）。正如卡耶坦 (Cajetan) 约五百年前所指出的那样：这是一个严重问题 (arduum dubium)，不仅是一个 "人身" (ad-hominem) 问题，即阿奎那的理论是否融贯的问题。[6]

175 　　在他的论文中，埃尔文极大地强化了阿奎那的消极命题。在埃尔文对阿奎那的理解中，审慎不仅 "自身没有为道德美德规定目的" (24)，并且的确在 "决定何者为正确目的中不起任何作用" (25)；此外，"对正确目的的倾向 (inclination) 乃是**独立于审慎的** (independent of prudence)" (32)。相应地（审慎作为审议的美德），审议完全 "不关注目的" (31)，"无法改变我们关于目的的观点" (33)，也没有对 "找寻正确目的起任何作用" (40n.)；阿奎那 "假设审议受到 '手段到目的' 的选择限制，这种选择**排除** (excludes) 了那种区分美德与邪恶对目的的选择" (28)。在这一点上，埃尔文所引用的六段文字中 (24n.)，仅有两处表达了任意类型的消极命题：II – II q. 47 a. 6，这段文字表达了我们所说的其中一对明显矛盾的陈述；还有一段简要文本在 II – II q. 56 a. 1，这段文字再次诉诸那段文本，该文本主张 "审慎与目的（或各种目的）无关，而与手段有关 (circa ea quae sunt ad finem)：关涉指向一种目的者"。这些引用的文字均没有表达或默示埃尔文对此主题的各种刚性版本。

　　那么，根据埃尔文的解读，究竟是什么为道德美德确定目的呢？此外，实际上，"美德的目的" 究竟又是什么？又是什么对 "确定"（确立）目的起作用呢？埃尔文充分讨论了前一个问题，而对后面这个初步议题则鲜有

---

　　[5] 因此，在上面那个脚注的引用中，接下来的句子是这样开头的："est *autem*…"，而不是 "est enim…"

　　[6] Cajetan 论 *ST* I – II q. 66 a. 3 ad 3 [Aquinas, *Opera Omnia*, vol. Ⅵ (Leonine edn, Rome, 1891), 433].

涉及。

在埃尔文理解的阿奎那理论中，先天理念的作用，也就是我们对首要实践性原则的直觉性理解，正是确定美德的目的。[7] 所以，"美德之所以聚焦于正确目的，不是因为审慎，而是因为一种独特的非审议性智力状态，该状态把握着对正确目的的理解，它就是先天理念"（26）。此外，"品行高尚之人与邪恶之人的区别在于，他们能否正确地瞄准目的。由于这个正确目的不可能是审慎的产物，所以它一定是先天理念的产物"（27）。

但这是一种过度简化。如埃尔文所指出的，阿奎那的标准公式将"对正确目的的倾向"归功于"美德"（29－30，另参见 24 页对 *ST* I－II q. 58 a. 5 的引用）。所以，尽管这种由先天理念所把握的实践原则所引导的倾向是不受质疑的，但我们仍然无法说"品行高尚者对这些目的的**接受**（acceptance）"仅仅是（根据阿奎那的观点）"先天理念的产物"（31）或先天理念独立"解释了"（比较 38，40）美德与邪恶之间的区别，或独立揭示了美德如何正确地导致目的。阿奎那有一段未被埃尔文所引用的内容说得比较清楚，[8] 对美德的解释包含了三个必要要素（necessaria）：确定目的（或各种目的）、对已确定之目的（或各种目的）的倾向和对手段的选择。但人类生活的近似目的（the proximate end）——他指近似的统一（unifying）或终极目的——是实践 176
合理性（reasonableness）之善，**是理性之善**（bonum rationis）。此外，所有道德美德的意图都是实践和理性，**即理性公正**（rectitudo rationis）。所以，目的（或各种目的）的确立以这样的方式从属于自然理性（亦即先天理念），并处于审慎之前。但审慎对行动和感觉中手段的确定（settling）明确了（determinatur）实践合理性之善。并且，"审慎因此以某种方式确定了道德美德的目的，它

---

　　[7]　埃尔文（25）称之为一种"特殊的能力（faculty）"，并嵌入他对 *ST* II－II q. 47 a. 6 ad 1 的词语"（自然理性）自然美德"的翻译之中，此处拉丁语原文写的仅仅是 *ratio naturalis*；但他所引用的 *ST* I q. 79 a. 12 否认先天理念是一种力量或能力（capacity），并因此否认这是一种通常意义上的能力（faculty）。就人的理解（*habitus intellectus*）来说，先天理念是它的一种自然性情。但此处并未讨论这个议题，详见 n. 14 以下。
　　[8]　*Sent.* III d. 33 q. 2 a. 3.

的行为也与道德美德的行为混同……"〔9〕 在这段文字中，实质上，阿奎那是在声称我们在本节一开始所提到的那两个明显冲突的陈述，并指出它们是如何能够融贯的。

若要理解这个段落及其预设，并进一步解决整个议题，现在是时候更具体地讨论先天理念的**内容**（content）了，也即关于什么是人类生命的目的以及究竟什么是人类美德。具体说明这一问题将使那些混乱的陈述集合（melange）变得清晰起来，并能成功分解那些显而易见的矛盾、冲突和悖论。

Ⅲ

人类生命和美德的目的是阿奎那（在不假装彻底地）所识别出的善，这177 些工作完成于他对自然法和实践理性之首要原则的著名讨论之中，从 *ST* Ⅰ -

---

〔9〕 "et sic quodammodo prudentia praestituit finem virtutibus moralibus, et ejus actus in earum actibus immiscetur. "原文在此：Respondeo dicendum, quod ad perfectionem virtutis moralis tria sunt necessaria. Primum est praestitutio finis; secundum autem est inclination ad finem praestitutum; tertium est election eorum quae sunt ad finem, *Finis autem proximus humanae vitae est bonum rationis in commuui*; unde dicit Dionysius, quod malum hominis est contra rationem esse：et ideo est intentum in omnibus virtutibus moralibus, ut passions et operations ad rectitudinem rationis reducantur. Rectitudo autem rationis naturalis est; unde *hoc modo praestitutio finis ad naturalem rationem pertinent, et praecedit prudentiam*, sicut intellectus principiorum scientiam; et ideo dicit Philosophus, 6 Ethic. , quod prudential habet principia fines virtutum. *Sed hoc bonum rationis determinatur secundem quod constitutur medium in actionibus et passionibus* per debitam commensurationem circumstantiarum, *quod facit prudential*. Unde medium virtutis moralis, ut in 2 Ethic. dicitur, est secundum rationem rectam, quae est prudentia; *et sic quodammodo prudentia praestituit finem virtutibus moralibus, et ejus actus in earum actibus immiscetur*; sed inclination in finem illum pertint ad virtutem morale quae consentit in bonum rationis per modum naturae：et haec inclinatio in finem dicitur electio, inquantum finis proximus ad finem ultimum ordinatur. Et ideo dicit Philosophus, 2 Ethic. , quod virtus moralis facit electionem rectam. Sed *discretio eorum quibus hoc bonum rationis consequi possumus et in operationibus et in passionibus, est actus prudentiae：unde praestitutio finis praecedit actum prudentiae et virtutis moralis*; sed inclinatio in finem, sive recta electio finis proximi, est actus moralis virtutis principaliter, sed prudentiae originaliter. Unde Philosophus dicit, quod rectitude electionis est in aliis virtutibus a prudentia, sicut rectitudo in intentione naturae est ex sapientia divina ordinante naturam：et secundum hoc actus etiam prudentiae immixtus est actibus aliarum virtutum. Sicut enim inclinatio naturalis est a ratione, *ita inclinatio virtutis moralis a prudentia*; electio autem eorum quae sunt ad finem, secundum quod electio importat praeceptum rationis de his prosequendis. Sed actus prudentiae sibi propruis est, et distinctus ab actibus aliarum virtutum〔*Sent*. Ⅲ d. 33 q. 2 a. 33c（强调字体为原文作者所加，其他处亦同）〕。

Ⅱq. 94a. 2 直到 a. 3. 完成。[10] 在 a. 2 中，阿奎那鉴别了自然倾向以及相对应的生命与健康、婚姻、**社会**（societas）以及知识［特别是那些最重要的事情（各种目的）］等基本之善；在 a. 3 中，他添加了一种更深层次的自然倾向：即依据理性，亦即根据美德行动的倾向。在其他地方，如 *Sent.* Ⅲ d. 33q. 2a. 3 作为前一段末尾的文字中，与该倾向对应的基本之善被称为**理性之善**，即实践合理性之善，亦即保持理智之善——因其本身之原因。所以，作为该做什么正确思考之规范性依据的自然法，其实践理性的首要原则正是如下形式的原则：人类生命是一种应当去追求的善，应当避免对其产生的威胁；知识是一种应当去追寻的善，应当避免无知；行动中的合理性是一种应当追寻并以此来行动之善……；等等。[11]

在依据我们的研究主线推进并考量这些首要原则的内容之前，简单谈一下它们在哪两种意义上是"自然的"，会有助于我们的研究。埃尔文评论道：尽管按照阿奎那理解的首要原则，"是一种关于知识与理性的事物"，

---

〔10〕 更早期的描述参见 *Sent.* Id. 48 q. 1 a. 4c；*Sent* Ⅳ d. 33 q. 1 a. 1c；*ST* Ⅰ - Ⅱ q. 10 a. 1c.

〔11〕 尽管如 *ST* Ⅰ - Ⅱ q. 94 a. 2 中所明确表达的，实践理性的绝对首要、正式原则将**"必做之事"**（faciendum）置于"追求之事"（prosequendum）之前，且评论者们经常错误地将其以"*bonum est faciendum*"的形式（甚至更糟糕地以命令式的"行善而避免恶！"）呈现出来，赋予这个原则以初始和本质意义的是 *prosequendum*［应当追寻（is to be pursued）］。阿奎那在隔一个句子后写得很明白："所有那些人们具有一种自然倾向的理由去做的事情，自然地被理解为良善的，并因此被认为是应当在行动中追寻的（opera prosequenda）……"正如他在一段更成熟的文本中所说的，参见 *De Malo* q. 10 a. 1c：归根结底，所有行为有关欲望能力（如意愿）的行动就是两种普遍性事物：追寻（prosecutionem）与逃脱（作为实质上就是确认与否认的一种智识能力的行动）；所以追寻（prosecutio）是一种欲望（特别是意愿），对其的确认在智力上是……良善并且具有一种"有吸引力的"（attracti-vi）特点，因为"良善是所有事物所欲的（appetunt）"（*NE* I. 1：1094a2 - 3）……（阿奎那致力于澄清实践理性的绝对首要原则，*ST* Ⅰ - Ⅱ q. 94 a. 2c 同样求助于——模糊而因此没有太大帮助的——亚里士多德的标签。）将"*prosequendum*"视为实践理性（以及作为消极对应物的"*vitandum*"）积极的定向性（positive directiveness）的文本包括 Ⅰ - Ⅱ q. 84 a. 4c；Ⅱ - Ⅱ q. 125 a. 1c；q. 147 a. 1 ad 2；*ScG* I c. 90 n. 2 ［750］；*Virt. Card.* q. 1 a. 1c；*In Meta.* Ⅴ. 1 n. 14 ［762］；*In Eth.* Ⅵ. 2 n. 5 ［1128］. "*Bonum…faciendum*"是相当不常见的；的确，在 Ⅰ - Ⅱ q. 94 a. 2c 之外，只能在相对边缘的文本中发现，几乎所有文本都在关注道德或其他法律：Ⅱ - Ⅱ q. 79 a. 3 ad 3（praecept［a］affirmative［a］pertinent ad faciendum bonum）；*In Rom.* 7. 4 ad v. 23 ［586］（lex inducit ad bonum faciendum）；13. 1 ad v. 3 ［1030］. 苏亚雷斯传统通过其为支持 *faciendum* 或 *fac*！命令："（这样或那样）去做！"或"（这样或那样）去行动！"］而对 *prosequendum* 所做的简单消除显示出，其对唯意志论与直觉主义和/或形而上学的伦理理性主义的混同（亦即，它对四种秩序中的第一种和第三种与阿奎那在 *In Eth.* prol 中鉴别的科学之间的混淆）。

亦即，"即便说它们不具有任何深层的理性证立；阿奎那似乎也在主张目的是'内置的'（built‑in）；我们只看到了他们是正确的，而未察觉任何深层次的论证或依据"（27）。我将以不同的方式处理这个议题。恰当地说，首要的实践原则并不是与生俱来的；[12] 婴儿并不知晓这些原则，年轻人也是循序渐进地了解。[13] 例如，我们不能理解知识是一种人类之善，除非我们体验过对是否……或为什么……的苦思不解，还对寻找一个问题的答案有过体验，并且已经注意到答案意味着更多的问题，也知道问题的答案有结合在一起成为"知识"的倾向，并且知道其他人也享有这种能力和机会。任何具有这种正常经验的人都能够轻易通过正常的智力活动来超越之，这种智力活动我们通常称为"理解"（intellectus）——一种简单的见解，在人类知识的所有领域中，我们都需要它来为全部推理和所有结论提供预设。这些见解行动（acts of insight）生产出新的概念，并生产出能够通过无穷无尽特例的有关共性的命题。此处相关的新见解是一种实践思考中的**不证自明原则**（*principium per se notum*），这种见解认为，知识不仅仅是一种可能性，它还是一种机会——也就是一种值得追寻之善。这一见解认为，知识（且不仅仅是对这个目前吸引我的问题的答案）是一种对任何如我一样的生命（being）存在的善（而不仅仅是为我存在的一种善）。相似地，**人类生命**（human life）（而不仅仅是在

---

〔12〕 人类的心智自始至终（*ab initio*）就不存在与生俱来的概念：*Quaestio Disputata de Anima* a. 8c. 阿奎那常说，首要原则对我们来说是与生"俱来"（indita）的；但他实际上是在说，我们被赋予了一种理解、一种智力上的"领悟"（light），一旦我们具备了关于世界和我们的感知（情绪）欲望的相关体验，我们就可以凭此理解这些原则。与生俱来的正是这种"理性领悟"（rational light）（*In Lib. Boet. De Trin.* Ⅱ q. 3 a. 1 ad 4），通过这种转移，阿奎那有时就会说原则是与生俱来的，并且/或者原则引导我们走向的目的是与生俱来的（例见 *Sent.* Ⅲ d. 33 q. 2 a. 4 sol. 4c）。但我们全部的知识都始于这种意义：*In Eth.* Ⅱ lect. 1 n. 2（246），包括我们关于首要原则的知识：*ex sensu acquiruntur*（*Sent.* Ⅲ d. 25 q. 2 a. 1 sol. 4 ad 1；*Sent.* Ⅳ d. 9 q. 1 a. 4 sol. 1c；*ST* Ⅰ‑Ⅱ q. 94 a. 1 ad sed contra）。在讨论 *principia iuris communis* 之前，阿奎那声称，关于原则的知识来自感觉（cognition principiorum provenit nobis a sensu）：Ⅰ‑Ⅱ q. 51 a. 1c. 我们关于这些原则的知识是"自然的"，其原因不在于它是与生俱来的，而因为它是未经研究调查而自发获取的（*De Veritate* q. 16 a. 1c；*De Vertutibus* q. 1 a. 8c），即"自然地，而非来自于努力（studio）或我们的意愿"。*ScG* Ⅲ c. 43 n. 2（2203）. 人类的智力以一种"上面什么都没写"的法典形式为开端：*ST* Ⅰ q. 79 a. 2c；*Sent.* Ⅰ d. 39 q. 2 a. 2 ad 4. 即便是那些我们不借助调查研究所能知道的知识，我们也无法在不借助从感觉处获取东西的情况下了解它们：*De Veritate* q. 16 a. 1c.

〔13〕 *ST* Ⅰ‑Ⅱ q. 94 a. 1 ad s. c.

当下危险中我的存活）是一种善；等等。[14] 认为对这些命题的理解是自然且“与生俱来”的，就相当于认为，任何人的体验（一旦被积累起来）和任何人的智力（除非由于无能而被削减）使这些不可化约（**自我注解**但并非缺乏数据）的见解变得**显而易见**（obvious）。　179

　　这些首要原则在另一种意义上还是“自然的”。我们通过理解人的能力来理解人的本质，又通过理解人的行动来理解人的能力，再通过理解行动的目标来理解行动。这是阿奎那首要的方法论上的——或如果你愿意的话——也可称为认识论上的原则，他在这些原则的影响下考量一个行动生命（an active being）的本质。[15] 但是，人类选择行动的目标恰恰是基本目的（fines），亦即阿奎那所关注的善（bona），如我们所见，在他对首要实践性原则最详细的阐释之中。[16] 所以，首要实践性原则的认识来源不是人类本质或一种潜在的对人类本质的理论理解（尽管以特定可选择行为效率理论知识的临界水平作为一种手段，和我们的首要实践性原则相关）。毋宁是，认识论关系是相反的：任何关于人类本质的理解都是一种在其来源之中的，对未经展示但却真实的那些相关善与目的的实践知识的理解——这里，人类本质指的是通过参与并实现那些善和**完美**（perfections）的行动所完满达成的能力。简单地说：

---

　　〔14〕　阿奎那为这一系列实践的、指令性的、普遍的命题（要使用的后天获得的理解与稳定的能力）起了一个名字：先天理念，任何人在童年时期都可能通过这种完全正常的非演绎的洞见获得。例见 *ST* Ⅰ - Ⅱ q. 94 a. 1 ad 2；Ⅰ q. 79 a. 12；Ⅱ - Ⅱ q. 47 a. 6c 以及 ad 1 和 ad 3；*Sent.* Ⅱ d. 24 q. 2 a. 3c；d. 24 q. 2 a. 4c；*Sent.* Ⅲ d. 33 q. 2 a. 4 sol. 4c. 但并没有什么开启这一古怪的中世纪早期词语，特别是对于这一系列见解而言，阿奎那经常赞同并使用同样的名字，如他在非实践问题首要原则后天获取的理解中所使用的那样：*intellectus*（*nous*）：例如 *ST* Ⅱ - Ⅱ q. 49 a. 2c；*De Veritate* q. 5 a. 1c. 实践原则一经理解，就被鲜明地刻在（inscribuntur）一个人的心智之中（即便这个人不再思考这些原则），那种方式等同于几何学原则被刻在某个理解几何学的人的心智中一样，参见 *Sent.* Ⅱ d. 24 q. 2 a. 3 ad 3.

　　〔15〕　阿奎那在亚里士多德关于感官知识和智识知识的论文中发现了这个方法论原则：*De Anima* Ⅱ. 4：415a16 - 22；参见阿奎那 *In De An.* Ⅱ. 6 nn. 6 - 10（304 - 8）；Ⅲ. 14 n. 9（803）. 另参见 *ST* Ⅰ q. 87 a. 3c. 但从阿奎那的第一部主要著作的前几页来看（*Sent* Ⅰ d. 1 q. 1 a. 1 ad 3），在所有对某些活动的实体之本质的讨论中，他都对这一原则进行了运用。

　　〔16〕　*De Malo* q. 16 a. 2c.

并不是说使用"自然的"一词来指涉那些鉴别并指向人类之善进而[17]再到人类本质的实践原则["法"（qua）作为指令]，是不合适的。但如果我们真的在这个语境中使用"自然的"一词，那么我们就必须意识到，会不知不觉地陷入任何关于该术语的不合法（illegitimate）意义或含义中。例如，我们必须牢记类似下述阿奎那的陈述："我们身上有一种自然倾向，它朝向那些反对实践合理性之善的身体感受所带来的吸引力。"[18]

我再回到论文的主线。对这些内在可欲目的、基本之善、首要原则的非审议性理解，为我们要做什么事的任何和全部审议提供了起点。在这一意义上，是自然理性而非审议确定/决定了（praestituit）我们的目的，任何好人（decent person）的目的。这就是阿奎那在那篇文章（Ⅱ-Ⅱq. 47 a. 6）中所坚持的观点，埃尔文的讨论主要寄托于此。但请注意，有五种特点因此得到确定。

（i）基本的、天生的目的不只有一个，而是许多。我们可以不以追求其他目的为代价而追求并实现某个目的。从这个意义上说，并不存在据之可以认为全部目的都能被追寻并立即实现的理由。（ii）每个基本目的都能通过无数方式追求和实现，但再次强调，实现一种目的仍然要以另一种其他目的为代价：我对疟疾的研究将以我对阿奎那的研究为代价。（iii）基本原则不具备专有名称；我之存在所实现的善也是你之存在所实现的善，同理之于任何一位孟加拉国农夫。（iv）此外，一种基本之善乃是**社会性**（societas），友谊、同情以及作为我们之间一种关系状态的共同体，它要求对当我如鲁滨逊·克鲁索一样孤身一人待在小岛上时可能会有的这种优先性做出调整。（v）另一项基本之善就是实践合理性本身。保持完全理智之善、不以情绪变化为转移之善，这里，情绪是指不完全与每一个首要原则的指导性保持一致

---

[17] "道德感知与人类本质是一致的（consequuntur），因为它们都是自然理性（cum sint dictamine rationis naturalis）的要求/规定"：Sent. Ⅳ 2 q. 1 a. 4 sol. 1 ad 2；同样再次地，ST Ⅰ-Ⅱ q. 71 a. 2c（例如"在与理智保持一致的范围内，美德……与人类本质是一致的；在对抗秩序或合理性的情况下，罪恶对抗人类的本质"）；另参见 q. 94 a. 3 ad 2；q. 18 a. 5c；q. 78 a. 3c；Ⅱ-Ⅱ q. 158 a. 2 ad 4 ["在与理智协调一致的情况下，（有关愤怒能力的）活动对人类来说是自然的；在合理性的秩序之外，愤怒与人类本质是相反的"]；等等。

[18] De Malo q. 16 a. 2c.

的情绪，这些原则是我们分别亦步亦趋或整合在一起接受的原则。

这五项构成了我们目的的特点，它们共同且分别要求我们审慎地思考如何追求、实现和去做那些被自然理性挑选出来作为善的事情。简而言之，自然理性对目的与首要原则的确定——埃尔文（37）称之为"对原则的初级和概要式理解，（阿奎那）认为，每个人都掌握了这一点"——为我们每一个以及所有人都创造了一种巨大的麻烦（或无休止的问题集）。审议是对该问题唯一的理性回应。审慎乃是成功地、完全理性地作出回应的名称。

这种回应显然需要我们对（about）那些目的进行审慎思考，亦即对如何在它们之间进行排序、决定谁具有优先性、如何进行相互关联以及对它们的例证之间进行思考，一如每个人之间以及在我之存在与其他人存在的例证之间。所有这些审议都可被称为关于"手段"的审议，亦即关于 id quod ad finem est，关于 ea quae sunt ad finem，关于是什么实现了目的、具体化了目的、构成了在一个特定个体或群体之存在实现过程中的目的。如埃尔文所强调的，阿奎那经常以这样的方式言说。但至少在其中一种关于审议的阶段或维度上，相同的审议可被等同地称为关于目的的审议，也能在其他那些我们可能选择的目的中为我们或多或少地确定具体一部分的优先目的（如成为一个暴君/花花公子的目的）。[19] 而且，阿奎那也经常以后者的方式言说。这其中并没有什么冲突。 181

对于为什么这两种讨论审议与审慎的方式之间没有冲突，存在一个结构性的、概念性的理由。除那个终极目的之外，所有目的都是一种相对于终极目的的手段。除了那个最接近的手段之外（那个行为本身），所有手段，相

---

[19] 如埃尔文（38）所说："要看清哪些类型的行动和规则能够恰当地嵌入或具体化那些为先天理念所把握的一般性原则，我们就不能仅仅依靠工具推理。"

对于更接近行动的手段来说，同样也都是一种目的。[20] 所以，对于审慎是
关于诸如此类手段（并因而无关诸如此类目的）的坚称，与对于审慎延伸
至有关目的的审议的坚称是完全一致的，并且，对于它们的合理识别和采纳
（确定）来说，这也是至关重要的。

<h2 style="text-align:center">IV</h2>

让我们考察阿奎那对关于目的审议的部分语境吧。

或许是在阿奎那关于基本之善的最早讨论中，言及善时，他称之为"一
种我们自然而然所感兴趣（voluntas）的目标（objects）"，并且，"当整体考量
事物时，它会追随（follow）理性的理解（sequitur apprehensionem rationis prout est al-
iquid absolute considerans）"：因此"人们对于知识、美德、健康等具有这种兴
趣"。"此外，"阿奎那接着说，"我们身上还存在着一种经过审议的意愿，
它依据理性的行动来对**目的和**环境进行审议（voluntas deliberata consequens actum
rationis deliberantis de fine et diversis circunstantiis）。"[21] 这段文字并没有对其自身进
行进一步解释，但却揭示出在阿奎那撰写 *ST* Ⅰ－Ⅱ q. 66a. 3ad 3 的很久之
前，他就很乐于——尽管早已对亚里士多德的《伦理学》有了深度理解——
在不拘谨的状态中讨论关涉目的的审议。再进一步，在关于的《箴言录》
182 （*Sentences*）的早期评注中，阿奎那将会注意到，当我们在做某事时，我们不
能为自己（finem sibi praestituere）定一个目的，除非我们既知晓目的的特性

---

　〔20〕 "鉴于行动者的行动，与其前者之间有关系而被称为**目的**（end）的并不仅仅是终极目的：
每一个（each of）存在于初始行动者与终极目的之间的居间手段都被称为一种目的，相较其前在者
而言（omnia intermedia quae sunt inter primum agens et ultimum finem dicuntur finis respectu praecedenti-
um）"：*In Meta.* V. 2 n. 9〔771〕；另见 *In Phys.* Ⅱ. 5 n. 6〔181〕；*ST* Ⅰ－Ⅱ q. 1 a. 3 ad 3；essay Ⅱ. 9
（1991a），sec. Ⅱ；essay Ⅱ. 14 at 271（2010a at 494－5）。关于这组目的的反思，提供给我们一些应
当牢记的知识：这组目的揭示了为什么"手段"含有它在讨论脉络中所含有之目的的原因目的的反
思，还揭示了为什么这个对阿奎那的标准词组 *id quod ad finem est*（"即朝向目的的东西"）的翻译是
基本良好的。这些知识是①此处的"手段"并不是在指涉器物（organa），确切而言也不是诸如此类
的技术，而是选择者的某些行动（参见 *ST* Ⅰ－Ⅱ q. 13 a. 4c："选择永远关乎人类行动"），还有②有
些"手段"是（如埃尔文所恰当强调的）相关目的的构成部分或面向。

　〔21〕 *Sent* I d. 48 q. 1 a. 4c.

（rationem finis cognoscat），也知晓目的与相关手段之间的关系。[22] 这种相对彻底的对目的的"知晓"，特别是关于目的与手段之间联系的"知晓"，几乎不可能是审慎之外的东西。对于目的的确定，在阿奎那看来，仿佛不是发生在审慎的过程之前而是之中，它乃是构成审议作为审议之善三大要素的首要元素。[23] 在这之后，阿奎那很快就注意到，"自然倾向预设了一种特定的理解"——不受质疑的先天理念——"它确定了自然目的，并赋予其自身对终极目的的一种倾向"；此外，他补充认为，"同样如此的还有审慎先于道德美德对目的的倾向——通过展示后者而先于它，并指引它趋向目的"。[24]

在 sec. Ⅱ，Ⅲ，*Sent.* d. 33 q. 2 a. 3c 的段落中，我已经诠释解释了审慎是如何在被实践合理性所预设之善的引导下"确定了道德美德的目的"。在 a. 5 的同样问题中——同时也评论了埃尔文所引用自 a. 4 的内容，即审慎关涉着实践理性对手段的处理——阿奎那解释道，良好判断是一项事关审慎的问题（discretio quae ad prudentia pertinet），它是美德的来源、守护者和治理者（genitrix et custos et moderator virtutum）。之所以如此，是因为美德预设了（praeexigit）"一种知识，用以确定目的（或各种目的），**并**（and）使人们倾向于（这一）目的（或各种目的）；此外，它还提供了我们获得该目的（或各种目的）的手段"。并且，通过这种方式，"**通过审慎而变得完美且正确的那个理由**，也为其他美德确定了目的——不仅仅是全部目的，也是最接近的目的"。[25]

现在，整个结构就清晰起来了。审慎总是会预设某个目的，该目的的手

---

[22]　*Sent.* Ⅱ d. 25 q. 1 a. 1c. 几年后，在 *ST* Ⅰ-Ⅱ q. 6 a. 2c 中，使用了几乎相同的措辞"既知晓目的的特性也知晓它与相关手段之间的关系"，阿奎那会说，存在一种不完美的关于目的的知识，它仅仅意味着在不知晓其特性或行动中如何施展的情况下对目的的理解……在它更完整意义层面的意愿以及相伴随的一种相对完美的关于目的的知识，因为它把握住了目的（apprehenso），在**对目的的慎思**（*deliberating about the end*）以及对达成该目的之手段的慎思中，我们既可以动身也可以不动身去（追求）它。

[23]　*Sent.* Ⅱ d. 40 q. 1 a. 2c："Ad bonitatem enim consilii…tria exiguntur. Unum scilicet, quod *consilians praestituat* sibi debitum finem…"

[24]　*Sent.* Ⅱ d. 41 q. 1 a. 1 ad 6.

[25]　*Sent.* Ⅲ d. 33 q. 2 a. 5c.

段为审慎自身所关涉。但那个预设的目的能够并的确是一种目的，相较"合理（being reasonable）"——理性之善（the bonum rationis）——这个在许多此类一般性善/目的来说，是同样终极的、抽象的、形式的/结构的，这些善/目的中的每一个都被理解为一种初始的实践思维原则。[26] **如何变得合理？**这给审慎留下整个领域，即对特定目的识别和有效采纳，关于这一特定目的，有人可能会说是一项具体的生活方案——它符合那些标准，并使我们得以参与那些超级正式之善。[27] 自始至终，这一领域就是要去完成**关于目的**（about ends）的审议工作——关于那些作为我们真正在此时此刻并终其一生成为一个理性人的必要手段或至少与之符合的目的。

对理性的可理解之善，我们具有一种天然兴趣（inclinatio ad）。但是，只要这种兴趣尚未被整合进一种成熟品格和美德生活，这种整合乃是通过正确审议、选择、自我引导和行动（一言以蔽之就是审慎[28]）来完成的，这种自然兴趣就仍然是欠发达的（imperfecta），"对寻找合理手段来说也是不充分的"。[29]

阿奎那自己醉心于一种完全道德的生活的初始时刻，即当我们达到了"理智的年龄"并能够做出具有重要道德意义的选择，而无论是对还是错的时候。阿奎那认为，在那个初始时刻，我们面临的是一个重大选择，它关涉

---

[26] "审慎的人从同一个起点（pricipio）出发，关联到所有美德所关注的事物（everything with which the virtues are concend）；且这个起点是理性之良善的打算（the intending of the good of reason）。" *Sent.* Ⅲ d. 36 q. 1 a. 1 ad 2. 同样参见 d. 33 q. 1 a. 1 sol. 1c 以及 sol. 2 ad 1；又参见 d. 33 q. 2 a. 3c, at nn. 8–9 以上。

[27] 因此，具有激发性的（motivating）**理性善**（*bonum rationis*）实际上就是阿奎那在 *ST* Ⅰ–Ⅱ q. 57 a. 5 ad 1 以及Ⅱ–Ⅱ q. 53 a. 5 ad 1 中所说的具有激发性的**审慎善**（*bonum prudentiae*）。埃尔文对此评论道（39）："如果所有比那些试图使欲望符合于理智的普遍倾向更具体的事物都对关于审慎的慎思性活动有需求，那么慎思在品行高尚者与邪恶者之间就一定是不同的。某个人可以以一种依据理性的概要式行动目的为起点，错误地从慎思中推出结论，认为这一目的是由不公、怯懦等导致的。如果他要把握住正确的目的，他的慎思就必须是正确的。"他又说道（41）："但这与阿奎那所提供的解答不同。"我这篇论文的责任在于说出：我不认为二者有什么不同。

[28] *ST* Ⅱ–Ⅱ q. 47 a. 7 ad 3.

[29] 这种从不完美/不完整（对先天理念所提供之内容的自然回应）到完美/完整（对审慎中的目的和手段之理解的品行高尚的、完整的回应）的发展是 Cajetan 独特的、积极的、深思的、启发性的解决方案的精华，这一方案旨在解决埃尔文随后提出的那个"严肃问题"。参见 Aquinas, *Opera Omnia*, vol. Ⅵ, 433–4（secs 12–14）ad Ⅰ–Ⅱ q. 66 a. 3 ad 3.

到我们的总体目的。在这个时刻，我们自愿地、义务性地为我们的全部生活（只要我们将其设想为一个整体）确定（praestitutio）一种合适（或不合适）的目的。他以许多不同的方式讨论了已确定的合适目的。有时，他会将其视为这样一个问题，也就是"将自己交给上帝并在上帝的指引下建构自己的目的"。[30] 有时，他又会说真正重要的是自己，这应该被自己视为目的，对他而言，其他事物应当作为准手段（quasi – means）与之关联（de seipso cogitet，ad quem alia ordinet sicut ad finem），所以我们做或未能做乃是我们自己（quod in se est）。[31] 这两种方式表达的是相同的思想：在这个关键的初始时刻，我们应当考虑我们的救赎（ut de salute sua cogitet），[32] 即我们自身与我们终极目的的关系（即我们的来源于我们最深层之希望的唯一满足对象）。尽管如此，此处关涉到我们的观点在于将自身作为一种目的，或将与上帝的关联作为目的的思考，对一种能够组织我们随后全部选择恰当目的的确立，被阿奎那精准地称为**审议**（deliberating）（deliberare de seipso）。[33]

V

阿奎那坚称，审慎关涉手段而不是目的，对我们来说当然是奇怪且令人不安的。因为要具备**审慎性**、实践合理性或智慧，就当然意味着具备做出道德上可靠判断的**全部**（all）条件；而且，如果审慎遗漏或仅仅非批判地将某些事物想当然地作为人类存在的目的的基础，或道德的意义，那么这就似乎缺少了某种既是必要也是决定性的事物。对我们来说，伦理学的决定性问题在于是否真的存在值得追求的人类存在的目的，以及道德是否具有一种意义，它可能通过在可替代选择项咨询进行考量和比较来发现，而不是通过单纯选择或对某些例子的盲从来创造或采纳。

---

〔30〕 *De Veritate* q. 28 a. 3 ad 4（这段文章将其称为一种 *praestitutio finis*）.

〔31〕 *ST* I – II q. 89 a. 6c 以及 ad 3.

〔32〕 *Sent.* II d. 42 q. 1 a. 5 ad 7.

〔33〕 *ST* I – II q. 89 a. 6c.

这些并不是阿奎那在讨论审慎时脑中最为关注的。我们可能会说，他在这段文章中所主要关注的，是去鉴别在苏格拉底关于美德是认知（knowing）而邪恶是无知的观点中什么是真的，什么又是具有误导性的。这个观点无法被承认，[34] 但在它犹抱琵琶半遮面中，存在的真理是，邪恶对于热情的自愿自我奴役包含了某些关于（合）理性的失败，也就是一些**非审慎**（imprudentia）。[35] 因为，审慎的作用在于确保我们对人类基本之善的自然理解，**是一路贯穿到行动以及行动的整个一生之中**（is brought all the way down to action and a whole lifetime of actions）。即便作出正确的选择并不充分；审慎的根本领域仍然是 *imprerare* 或 *praecipere*，随之而来的是我们有意识的判断（如果我们是品行高尚者的话）和相应的选择，我们为自己设定去做某事，并通过我们的选择在做的过程中指引自己。[36]

说到审慎所关注的是手段而非目的，阿奎那期望我们牢记：所有手段，除了最终极的那个之外，都仍然是一种目的；而相反，如果没有任何目的，即便是最终极的，我们也无法在未能理解它与手段之间的关系时对其产生实际的意图，[37] 亦即对任何可能在特定生活中以特定方式使之变为现实的东西。在哲学所能鉴别的范围内，人类生命的终极目的在于一种关于有效美德生活的**至福**（beatitudo），尽管它是**发育不全的**（imperfecta）。[38] 因此，关于这个目的的全部可理解内容都是审议的主题，是引导并指引美德的审慎的主题。主张审慎关涉的是手段而非目的，就相当于主张这种智力卓越（intellectual excellence）有一个起点、原则，即便是对于那些没有卓越应对苛刻却又具有吸引力的机遇的人，这些起点和原则也是可获取的（accesible），这是一个理性（being reasonable）的机遇，构成对一个理性个体和群体生活的初始馈赠的机遇。我对自然法首要原则的最初理解，使我需要去审议并决定是要做一个利己主义者，还是承认一般的正义主张（即一般意义上的美德，因为无论

---

[34]　I - II q. 58 a. 2c.

[35]　On *imprudentia*, see ST I - II q. 53.

[36]　II - II q. 47 a. 8.

[37]　I - II q. 12 a. 4. 另参见 essay II. 9（1991a）.

[38]　I - II q. 5 a. 5c 这**在行动中**（*in action*）意味着实践理性：I - II q. 4 a. 5c.

怎样它都会影响我和他人的关系）；它使得人们去审议并决定是去追寻实现优先考虑"爱他人如爱自己"这种观念的生活，还是去追寻实现对激情的满足。此外，它还使我要去审议并决定——*de meipso*——是去做一个富有责任感且自我拥有（self‑possession）的人，还是去做一个不负责任且放荡的人。在这些和其他一些相似的方式中，审慎的疆域扩展到我全部目的的审议与决定之中。

一言以蔽之，在构成了阿奎那对自然法、美德和审慎的实质解释的那些命题中——他以各种不同的方式清楚地表达出来——并不存在冲突。[39] 自然法的首要原则以及人类存在的最基本且终极的目的，是可以通过理解来认知的，这种理解先于推理和审议。但有关那些原则和目的之意义的全部——有关它们的适用性、相互关系以及它们的**全部意义**（full meaning）——都是关于推理、审议、判断和选择的问题。当它被良好完成时，我们称之为审慎，也即关于个体、家庭、政治以及其他共同体的实践合理性。[40]

注

FoE 67 – 8：

（伦）理学在我看来，自亚里士多德之后取得了进步。他的伦理学专著在实践理性的起点问题上明显是模糊的，这在 19 和 20 世纪评注学派之间的巨大争吵中得以展现，这些争吵是关于亚里士多德是主张目的与手段同样是审议的主题，还是认为连**智力**（intelligent）鉴别也被包括进来。今天有许多人（Allan，Gauthier，McDowell，Wiggins…）正确地论道：亚里士多德确实想象了 186

---

〔39〕 埃尔文在 1997 年对该问题的处理中事实上承认了这一点，但其仍然缺乏对基础性问题的考量，该问题旨在回答人类存在的终极意义（目的）是一种单一的良善还是一种复杂的、伴有多重组成部分的良善，这些组成中的每一部分都是一种基本人类之善，也是一种初始的（underived）原则或行动理由——如果是这样的话，关于哪些良善与理由会出现在基本目的的列表之上，参见 essay 1 at n. 21.

〔40〕 我在 *Aquinas* 一书中将这篇文章的议题置于更宽泛的脉络中予以进一步的考量，特别是第三章和第四章。

关于目的的审议和智力识别的目的，也即那些某种程度上构成圆满以及有意义的或繁荣的生活的目的。但是，关于那些目的可能是什么，没有人能说得上来。我认为，那是一个被阿奎那推进了的议题。但由于阿奎那没有予以贯彻并巩固他自己提出的观点，这种推进已经消失于我们的视线之中。

埃尔文在氏著 *The Development of Ethics*（2007）中，从经济学的角度阐述：

> 审慎的范围很宽泛。它所深思的问题是，总的来说是什么为我们的良好生活做出了贡献（1140a28）……亚里士多德关于审议的观点解释了为什么审议是审慎的特征性功能，还解释了是什么构成了那种目的。但尽管如此，审慎仍然是对目的的正确把握（1142b32 – 3）（FN：一个不那么可靠的译本使得审慎把握了达致目的的手段）。亚里士多德并没有暗示说我们需要通过审慎的一些非审议性维度来理解目的，也没有说我们无法通过审议来理解审慎。

因此，关于审慎与审议（只关乎目的而非手段）的更早期的陈述（*ibid.*，162），应被视为将亚里士多德理解成一个"反理性主义者"（anti – rationalist）的要素，这是一种埃尔文会批驳的理解，埃尔文会认为这是依据一种选择性的、不全面的、对文本证据的审视（167et seq.）。

但是，*ibid.*，575，埃尔文又称（更换了部分词汇）：

> 唯一被亚里士多德明确认定为实践理性之功能的就是审议，但通常认为，在他的思想中实践理性并不仅此一项功能。阿奎那可能受到了这种观点的影响：（i）审议是关于手段而非目的的，且必须对某些有关目的的初始理解进行假设。（ii）这种对目的的初始理解必须是实践理性的一项功能。（iii）因此它必然是直觉的而非审议的。（iv）因此它必须包含一种对不证自明之原则的理解。

sec. 320，"How Prudence Discovers Ends"（581 - 3）避免了——虽然没有明确的批驳——这种对"直觉的"与"审议的"不必要的比较，且总体上与这一章以及讨论这些议题的第一章的立场相融贯。

第 12 章

亚里士多德和阿奎那的道德绝对性*

I

187 在《自然权利与历史》一书的正中部分，（也即这本书的第 160 到 162 页边码——译者注），列奥·施特劳斯描述了亚里士多德主义，这乃是"三种古典自然权利学说"的核心类型。[1] 施特劳斯提出一种学说，这构成了他自己思想及影响的核心。

这段话以对亚里士多德的解释作为起点，但最终超越了亚里士多德的论述，进入了施特劳斯自己的领域：

> 所有的行动都与具体情势相关。因此，正义和自然权利仿佛就栖身于具体裁决而非一般性规则之中。……每一种人类的冲突中都存在着这种公正裁决的可能性：基于对环境条件充分考虑的裁决，即根据情势所作出的裁决。此类裁决构成了自然权利。如此一来，自然权利显然是可变的。然而，人们也很难否认在所有具体的裁决中都隐含或预设了一般性原则。亚里士多德意识到存在着此种原则——亦即他在谈到"交换"和"分配"正义时所说的那些原则。

---

* 1990a

〔1〕 Strauss, *Natural Right and History*（1949 年 10 月，"查尔斯·R. 沃尔格林"讲座扩展版），第 146 页。在这一版本中，如果将导言以及第五章、第六章格子的两部分都计算在内的话，那么引用部分同样处于该书章节的正中位置。

……共同之善通常是由交换和分配的正义或其他此类道德原则构成，或者，是由与这些要求相匹配的事物构成。然而，共同之善理所当然地也包含了我们所讨论政治共同体的纯然存在、维系和独立。我们把一个社会的存在和独立危在旦夕的情形称之为极端情形。在极端情形下，在社会自我保全所要求的东西与交换正义和分配正义所要求的东西之间，可能会出现冲突。在此种情形且唯有在此种情形下，人们可以恰当地说，公共安全乃是至高无上的法律。除非有正当的理由，否则，一个正派的社会不会走向战争。可是，它在战争期间的所作所为在某种程度上取决于它的敌人——很可能是一个全无顾忌而生性野蛮的敌人——会迫使它干些什么。没有可以预先规定的界限，没有什么可被指定为正当报复的界限。但是，战争将它的阴影投向了和平。……社会所受到的威胁并非只来自外部。施用于外部敌人的方法也可以用于社会内部的颠覆分子。我们且不谈这些令人忧郁的紧急情况，它们都被一层帷幕恰当地遮盖着。我们只需要重复说，在极端情形下，正常有效的自然权利规则被恰当地改变了，或者说，根据自然权利而改变了；例外与规则同样是正义的。[2]

188

结论便是：柏拉图和亚里士多德成功地避开了绝对主义和相对主义的进退维谷，[3] 而阿奎那却没有避开。

从而，施特劳斯预知了接下来 40 年批评的主旋律，那便是，在特定天主教教义的指导下、针对阿奎那布施基督教教义的批评。这些批评的主题包括：只有在"具体情势"下，道德判断才是真的；在"冲突"的情势下，应该依照具体的"共同之善"来作出决定，而共同之善使正义原则相对化并且推迟了"自然权利规则"的适用；"没有任何一项（道德）规则能够避

---

〔2〕　Strauss, *Natural Right and History*, 159 - 60.（与本书相关的翻译借鉴了［美］施特劳斯：《自然权利与历史》，彭刚译，生活·读书·新知三联书店 2003 年版，在此鸣谢。——译者注）

〔3〕　*Ibid*.

免例外";[4] 而至为重要的是，在例外情势中，并非一个人做了什么，而是一个人基于何种**态度**做了什么，如不情愿的行为。无论施特劳斯在阐明古典精神方面获得了如何巨大的成功，他确实借此传播了某些来自 20 世纪中后期的精神特性。

除此之外，施特劳斯的这段话还被认为是对同盟国"全面战争"政策的辩护，他讲演的时间距离那场战争结束只有 4 年而已，而这一政策一直延续到战后西方国家的安全政策当中。决定性的表现便是，用核威慑来应对极端情形简直再正常不过了。[5]

施特劳斯现在仍然教导大家，一个社会的纯然独立性受到威胁这一情形为不受限制的报复行为和其他被认为违背交换正义的行为提供了正当性。阿奎那——这位将"交换"和"正义"结合使用的首创者——指出，交换正义的第一构成要素便是：绝对排斥故意杀害无辜者。[6] 然而，施特劳斯简直是现代人的代表，他和他们**都认为**审判耶稣的该亚法（Caiaphas）的原则是正确的：一人（或极少数人）被不公正地杀掉，总比所有人都死亡要好。在这个具有决定意义的道德—政治问题上，施特劳斯不同于沃格林、阿伦特、罗尔斯、内格尔、德沃金以及其他数不胜数的被历史湮没的人。直到往昔的承诺成了空头支票，他们都一致地拒绝我们文明中的道德绝对性。

Ⅱ

施特劳斯宣称，这一典型的现代教义也是亚里士多德的观点，并且还是

---

〔4〕 *Ibid.*，161.

〔5〕 Joseph Cropsey，*The History of Political Philosophy* 一书除施特劳斯之外的另一位编者，也是在后者 65 岁大寿时进献 *Festschrift* 的得意门生。1961 年发表的"The Moral Basis of International Action"一文（特别注意 1977 年版的第 184–185 页）中，为核威慑进行了辩护。在这篇纯粹的学术文章中，他指出核威慑的基础可以被简单地归结为"死亡比赤色更好"。毕竟，他所要为之辩护的政策核心就是：如果我们将要死于赤色政权之手，那么**我们对其的反抗就没有丝毫的限制**。

〔6〕 *ST* Ⅱ-Ⅱ q. 64 a. 2 ad 3；a. 6. 其中，Q. 64 是十五问中的第一问，而第 65 部分则致力于展示交换正义。

阿威罗伊传统主义和阿奎那绝对主义两个极端中间的安全道路。[7]

　　而亚里士多德事实上想表达什么？施特劳斯仅仅依赖一处文本，经推测，该文本和 *NE* V.7 之间产生了个别的关联：尽管自然造就的正义"在任何地方都有着相同的强制力"，但它"充满了可变性"。

　　于是，相似的地方出现了，很明显，普遍适用（全部信奉）也出现在阿奎那的著作中。我将举出两个重要的例子。首先，也是最重要的，对任何地方的任何人来说，共同道德原则都是真实的，但特定结论只在绝大多数情况（*ut in pluribus*）中才是真实的，而这存在着例外（*ut in paucioribus*）。因为当你越是接近于获得与之相关的所有行为的特殊性的时候，一般原则就会变得越发的不充分。[8]

　　但这一论述本身仅仅是一个概述。它适用于绝大多数道德原则和规范，因为这些都为做某事需要承担何种责任提供了积极指引，比如返还借取之物。但它并不适用于少量重要的消极道德规范，这些规范无处不在，如禁止杀害无辜之人，禁止撒谎，禁止通奸或鸡奸。这类训诫的约束不因时空而改变（*semper et ad semper*）。没有一个时期可以盗窃或通奸。然而，尽管积极的训诫也一直约束着我们，但并非适用于任何一种情形，而仅适用于特定的时空之中（*semper, sed non ad semper, sed pro loco et tempore*）。[9]（于是，当出借人现在已经疯了或者成为叛逃者的时候，你就不应该将借来的致命武器还给他。）[10] 再次重申："道德规则是概括性的，不是普遍适用的"本身就是一种概括，并不普遍适用。

190

---

　　[7]　仔细的读者应该不会太认真地对待这一中庸之道，因为施特劳斯自己的观点与阿威罗伊主义者的贡献（包括伊斯兰教和犹太教的阿威罗伊主义者）具有明确的一致性：一个社会中道德规则的普遍有效性事实上只是通常意义的有效性，一旦离开了条件和例外，这一有效性就不再是真实的了，因此也就不再是自然的，而是传统的。✝

　　[8]　*ST* Ⅰ-Ⅱ q.94 a.4c；在 ad 2m 中，阿奎那认为 *Ethics* V.7 中的自然正当是可变的，"可变"就是这个意思。

　　[9]　"一直，但并非适用于任何一种情形，而仅适用于特定的时空之中。"Aquinas, *ad Rom*, c.13 lect.2；*Sent.* Ⅲ d.25 q.2 a.1b ad 3；*Sent*, Ⅳ d.17 q.3 a.1d ad 3；*Q. D. de Virt.* Ⅲ（*de Correct. Frat.*）a.1c and ad 4；*de Malo* q.7 a.1 and 8；*ST* Ⅱ-Ⅱ q.33 a.2c.

　　[10]　Ⅰ-Ⅱ q.94 a.4c. 这是针对绝大多数道德规范的特性"*ut in pluribus*"给出的例子。

然而，在特定的道德规范受制于例外这一问题上，阿奎那貌似还有第二种论述。我们发现，他认为如果有神圣豁免，那么"摩西十诫"中的训令（如不得杀人，不得奸淫，不得偷盗）存在例外，也就是说，上帝在此时通过神迹的彰显来体现其意志，允许进行杀戮、奸淫、盗窃及其他行为。[11]

一些神学家试图用这些章节作为基础来论证施特劳斯所指的"中间道路"。但阿奎那的教导与之不同。当他直接且正式地触及上帝是否能够免除十诫的时候，他的回答十分清楚：不能，对于后七诫，不存在任何的豁免。[12]

这里并没有矛盾。在前面的那些篇章中，阿奎那只是顺带提及了神圣豁免。他所考虑的是包含在杀戮、性交、拿走他人财产这些人类行为中的**身体行为**；如果认为十诫仅仅约束肉身的行为，或者仅仅约束此类表现的**传统**类型，那么，通常意义上（或者传统类型中）被禁止的表现以及特例的存在，都是神意所允许的。但是，从严格意义上来说，道德所处理的并非此类身体行为（也并非纯然的传统类型），而是与**人类行为**相关的**人为选择和欲求的身体行为**。[13] 当其作用于人类行为的时候，十诫并无任何例外，即便是上帝也不能免除它们，因为上帝的仁慈和神圣意味着他无法容忍罪恶的存在。当然，如同阿奎那在注释中提到的，貌似上帝会同意十诫存在例外的情况，这是真的。此时，阿奎那的教导是，上帝改变的是身体行为的周遭情形，使得此时一个人意欲所作或所选的行为不再是杀害无辜（而是对罪责实施神罚），不再是与配偶之外的女人通奸（而是通过性交使得这个女人成为他的配偶），也不再是偷盗（而是获得上帝已经授予他的财产）**的行为**。[14]

191　　因此，如同"具体规范都有例外"一样，阿奎那只是在某一未经言明的情况中才坚持"十诫是能够免除的"。于是，是否可以说，亚里士多德所指的"自然权利充满了可变性"这一判断也是在某一未经言明的情况中呢？

---

〔11〕 *Sent.* Ⅰ d. 47 q. 1 a. 4；*Sent.* Ⅳ d. 33 q. 1 a. 2；*de Malo* q. 3 a. 1 ad 17.

〔12〕 *Sent.* Ⅲ d. 37 q. un. a. 4c and ad 1；*ST* Ⅰ－Ⅱ q. 100 a. 8.

〔13〕 *Sent.* Ⅱ d. 36 q. un. a. 5 ad 5；d. 40 q. un. a. 1 ad 4；a. 2c and ad 3；*Sent.* Ⅳ d. 16 q. 3 a. 1b ad 2；*de Malo* q. 2 a. 4c and ad 9；a. 6 ad 9；*ST* Ⅰ－Ⅱ q. 1 a. 3 ad 3；q. 20 a. 2c.

〔14〕 See Lee, "Permanence of the Ten Commandments".

在 *NE* Ⅱ.6 定义了正当行动、情感和作为中介的性情之后，亚里士多德写道：

> 但是，并非每一种行动或感情都有中值，因为有些一听名字便知道它们就是恶的，比如怨恨、无耻、嫉妒，以及通奸、盗窃、谋杀……那么，与它们关联在一起就永远不可能是正确的，必然一直都是错误的。比如，并不会因为你在正确的时间通过正确的方式和一个正确的女人通奸，你就实施了正当的行为。在这些事情上，没有正确和错误的分别，而是只要去做了就是错误的。[15]

W. F. R. 哈迪对这段话做出了典型的 20 世纪中叶的学术解释，认为此时的亚里士多德：

> 纯粹从逻辑上指出，事实上，某些具有特定含义的词汇其含义中就意味着过分或有缺失，因此它们就是错误的。……询问谋杀是否正确本身就没有什么意义，因为当称一种杀戮行为是"谋杀"的时候，就已经是在表示这一行为是错误的。……亚里士多德所指的就是如此，并没有其他的内容。[16]

这就如同亚里士多德已经预知了会有神学家忠告我们，十诫是有条理的表达，它借助同义反复的方式，避免了我们用另外一种方式来理解"错误"：不能错误杀人，不得与错误的人或在错误的情况下性交……对这些神学家来说，圣保罗坚称的"基于善的目的为恶"（Rom. 3：8）仅仅意味着："不得为了追求非道德的善而为道德上的恶"。用他们的说法便是："为了全体更多的善，不得选择全体更少的善！"

哈迪没有给出论证，并且对"并不会因为你在正确时间通过正确方式和一个正确的女人通奸，你就实施了正当的行为"这句话保持沉默。当然，他假定亚里士多德会同意这一点，即在正确的情形下（可能是例外情况），一

---

[15]　*NE* Ⅱ.6：1107a9 – 17.

[16]　Hardie, *Aristotle's Ethical Theory*, 137.

个人能够和一个并非是他配偶的人性交。如果是这样，亚里士多德就选择了一条误导之路。在哈迪并未提及的《圆满》（*Eudemian*）的篇章中，亚里士多德貌似并没有那么多"纯粹的逻辑"："一个男人和已婚女人性交，并非意味着他就是一个奸夫，但这一行为已经是一种恶习。"[17]

192　　　同样是在《圆满》中，亚里士多德指出，被控告通奸之人会承认他与已婚女人性交，但不承认是通奸，因为他是被胁迫的，不得已而为之。而强迫或紧急避险（亚里士多德认为二者是等同的）则是其他与道德绝对性相关章节的主题（*NE* Ⅲ.1）。他谈及了"违背意愿"的感情和行动，然后设问当人做卑劣之事（*aischron*，拉丁文是 *turpe*）时是否存在违背意愿的情况：

> 出于恐惧更大的罪恶或为了某一神圣的目的，比如一个僭主以某人的父母和子女为人质，命令此人去做卑劣之事。做了，就放人，不做，就杀掉……（1110a4 – 7）

在亚里士多德看来，为了更为伟大和高尚的目标，一个人做何种卑劣行为才值得赞许呢？阿奎那接受了亚里士多德早期的评论者——阿司巴修（Aspasius）（公元前 200 年）的解释路径。他认为，在亚里士多德那里，这些行为并非道德上的恶，而是纯然下流的。[18] 于是，阿司巴修说到，如果僭主威胁一个人，不在公开场合穿着错误性别的服饰的话就毁掉此人的城邦和家庭，那么，此人为此卑劣之事就是值得称颂的。[19]

但籍籍无名的旧注释学派（公元 200 年前后）提供了一种解释，如同亚里士多德的文本中什么都没有一样，迫使中世纪的基督教阐明他们自己的道德教诲，此时的清晰程度甚至超过了 20 世纪后期修正主义者所作出的误导。因为旧注释学派为值得称颂的卑劣行为提供了一个例子：为推翻僭主与他人的配偶性交。他进一步指出，道德错误并非归于行为，而是在他们的**意图**之中：我们可能会这样来说他的观点，即目的证立了手段。[20]

---

〔17〕　*Eud. Eth.* Ⅱ.3；1221b20 – 2.

〔18〕　*In Eth.* nn. 393 – 4.

〔19〕　Aspasius in Heylbut（ed.），*Commentaria in Aristotelem Graeca*，vol. 19（1），61.

〔20〕　Heylbut（ed.），*Commentaria in Aristotelem Graeca*，vol. 20，142.

伦敦大主教罗伯特·格罗斯泰斯特（Robert Grosseteste）将旧注释学派的话语转化成了拉丁基督教教义。在这一部分评注中，他难得地加入了自己的观点：

> 基督教明确坚守不得触犯罪孽的信条，无论是追求善（*utilitas*）还是避免其他损失。于是，无论采取何种方式，撒谎和与他人妻子性交（*alienae uxori misceri*）都是一种罪孽。在上面的例子中，这些教导并非教条而是错觉。因为不会因行为目的是善的，这一罪孽的邪恶就没有彰显。（在这里，格罗斯泰斯特重申了圣保罗在拉丁文 *Romans* 3：8 中的话。）此外，承受邪恶或给予惩罚（*poena*），即使他们受到了真实的差辱（*turpia*），但其中并没有呈现出罪孽性，只是表明了对善的追求和与之相关的忍耐。[21]

在将近三十年之后，托马斯·阿奎那展示了他的大巧不工。他假定以下 193
论述表明了婚外性行为本质上并非错误（*peccatum ex genere* 或者 *secundum se*）：

> 即便是为了追求善的目的，也不能去做本质上就是罪孽之事，如同保罗在 *Romans* 3:8 中教导的那样……但是，如同《伦理学》的评论者所言，一个正直的人与僭主的妻子通奸，进而可能导致僭主被杀和城邦的解放。因此，与已婚女子性交并非本质上是错误的，通奸或乱伦还存在着其他表现形式。（*de Malo* q. 15 a. 1 arg. 4）

阿奎那的回应呢？

> 评论者在如下的重要事项上并未获得支持：因为一个人通奸可能不是为了追求任何的善（*pro nulla enim utilitate debet aliquis adulterium committere*），如同奥古斯丁在 Contra Mendacium 中所说，一个人撒谎并非为了其他什么利益（*propter utilitatem aliquem*）。[22]

---

〔21〕　Mercken（ed.），*Corpus Latinum Commentarium in Aristotelem Graecorum*，Ⅵ，1，239. 还参见 *ibid.*，57，格罗斯泰斯特对 1110a1 的评注（*notula*）。
〔22〕　*de Malo* q. 15 a. 1 ad 4.

因此，从 4 世纪的奥古斯丁（其实，在他之前就已存在类似的观点，不过奥古斯丁使其不再具有争议）开始，直到 1964 年，类似"通奸"这样的词汇并没有被伟大的哲学家和神学家**定义**为错误的性行为。相反地，例如将已婚之人和婚外他者之间的性行为中实施行为者始终被判定为是错误的，无论在何种情形之下，无论对于"共同之善"的"追求是否濒于险境"。

同样的情况也适用于谋杀。事实上，阿奎那对它的定义是故意杀害无辜之人。他认为这是第五诫明确排除的行为，邪恶本身（*secundum se malum*）在本质上就是一种错误的行为。对这类行为，他注释到"不能因为追求任何的善而去做它们，奥古斯丁和亚里士多德说得很清楚"。[23] 亚里士多德的观点取自于 *Ethics* II.6，按照现代的解释，这部分缺乏伦理层面的内容。对我来说，亚里士多德的文本并没有明确偏向中世纪的解释或者现代的解释。但是，当将亚里士多德和奥古斯丁放在一起的时候，阿奎那提出了绝对道德规范不存在的例外，对此哲学思想可以理解，反思性实践理性也可以理解，并无需借助神圣启示。

194

III

真的如此吗？虽然没有明确反对，但亚里士多德也从未明确论断不存在例外的道德规范。这并不奇怪。除非有特定的说明来加以阐释，否则，当一个人面对真实存在的**义务冲突**时，由于情况极其复杂，就难保不做错事。这一说明要避免以下这些道德谬误：（i）行为和结果具有内在的复杂性，一个人的选择何以导致这些行为和结果？这就需要这个人能够区分什么是意图**去选择**的（无论是目的还是手段），什么是可预见的、由此引发的、可接受的结果，但**并非**来自于此人的意图。（ii）必须注意到，由绝对道德规范所排出的**行动**是与目的或手段的欲求相关的，而并非和与之匹配的身体行为或其他可预见但并不意图出现的结果相关。（iii）必须指出，为何排除与目的和

---

[23] *ST* II – II q. 64 a. 2 obj. 3 and ad 3.

手段相关的特定欲求以及与此欲求相关的身体行动具有道德上的重要性。进而，一个人同时还需要（iv）一系列为选择提供最终理由的基本之善，以及（v）自由选择的概念，以便当确定一个和目的或手段有关的规划时此人不受其他因素（无论是推理还是欲望）的影响，只为他自身负责。

　　尽管亚里士多德没有否认这些必需之物，而且这些要素散见于他的论述之中，但他也没有承认其中的任何一点。而阿奎那，他承认这些要素，并且为其中的一些提供了解释和证明。但它们没有被理性（rational）精神和道德绝对性的力量整合成有序的、可为人接受的列表。阿奎那的后继者们则没有提供此类列表。宣称道德绝对性，排除谋杀、通奸、盗窃等成为了一项标准，这在直觉上是绝对的基础以及首要的、无需推演的原则。它存在于首要原则的习性之中，阿奎那称之为"先天理念"（synderesis）。施特劳斯将这一观点归于阿奎那，没有人因此而驳斥他。但这却不是阿奎那的观点。

　　因为阿奎那说得非常清楚，十诫中道德规范的形式和内容并不是首要的、自我注解的（per se nota）、无需推演的原则，而是从先存的、无需推演的、真正自我注解的原则中产生的结论。[24] 但我们需要知道推演出这些结论的道德首要原则的清单。

195

　　提供此类清单来判断各自的哲学努力是否是正确的，引发了最近 25 年来伦理学理论的核心关注，杰曼·格里兹、约瑟夫·博伊尔、我以及其他人都是这样做的。我们的理论奠基于 1986 年，收于《**核威慑、道德和现实主义**》（*Nuclear Deterrence, Morality and Realism*）一书的第 10 章和第 11 章中。我在此处，只提及几个重要的部分。

　　当行动与理性相悖时，就是不道德的。现在，如果有**一个**理由反对采取这一行动，而没有**理性上更为良善**的理由支持采取这一行动，那么，选择行动就是违背理性的。在众多可能反对选择此行动的理由中，有这样一个理由：该选择将损害或阻碍某一基本（如非工具性的、本质的）人类之善——

----

〔24〕　比如 *ST* Ⅰ - Ⅱ q. 95 a. 2c；q. 100 aa. 1c, 3c and ad 1, 6c, 11c and ad 1；q. 94 a. 6c. 参见 essay 9, sec. Ⅴ.

某些人类个体福利不可化约的方面，如身心的生命、真正的知识、与他人合作及其他——的实现，无论何时选择采取行动，都没有一种**支持**选它的理由能够比**反对**选它的理由更加合理。

因为如果存在一个理由支持做 X，该理由通过理性的方法可以确定（优先于道德判断）比替代理由（反对做 X 的理由）更为可取，那么，就可以停止进一步诉诸理性来对当下的选择作出判断。被理性认为更可取的理由和这个理由所指向的选择，从理性的角度来说就是不受反对的。此时，并没有道德动机去进一步衡量替代理由之间的道德重要性并作出**选择**。因为当选择是**自由**的时候，没有其他因素影响的选择**确定**选择了替代理由；而只有当确实有理由为替代选择提供支持的时候，一个人才作出理性动机的选择。

存在道德重要性选择理由的原因就是，优先于道德判断（*prior to moral judgment*），没有理性的方法可以确定替代选择的理由在理性推演中是更高级还是更低级。人类基本之善的实例之间是相互不可通约的，因为这些实例明确考虑了道德判断和行动的理由。这并不令人惊讶，因为这些实例本身就是人类个体于现在和未来所体现出的、人类个体无法加以权衡的实例。

这种前道德的、在理性推演上不可通约的道德重要性的选择为自由选择确立了**自我反驳性**。选择，不由任何事物决定的选择，保证了选择者对行为的可选性，反过来又塑造了选择者的特性、人格、灵魂。事实上，选择，**持久的选择**；它们与选择者同在，直到——如果有的话——被转化为一个不存在的选择。一个人如何评估前道德的价值和反面价值的转换？又如何从单独一个选择所导致的结果中改变了态度、气质和实践？不能简单地认为这一结果与该选择的其他结果是同等重要的。

阿奎那从来没有借助确定某一选择具有较少的邪恶而解决这个道德问题。他时刻都拒绝通过这一来自 20 世纪晚期的原则来解决道德问题，包括他在神学上的追随者们也将不证自明的道德帝王原则（或至少是解决"冲

196

突情景"的帝王原则）归为："选择更少的恶！"[25] 尽管阿奎那没有明确地
主张这一事项，但他似乎很清楚，在道德重要性的选择中不可能——并非不
道德，而是不可能——通过确定一个选择比替代选择拥有更多的善或更少的
恶来进行道德判断，这并不能给出指引。

　　许多"更多的善"和"更少的恶"的使用是合理的，并不假设一个人
无法做到它：（i）借助技术理性，一个人将理由按照它们的工具性、功效与
某一单一特定目标的相关性进行排列；（ii）在冥想中，对尊严或价值给出
一个普遍性的序列关系；（iii）认为道德判断已经完成；或者（iv）认为虽
然理性未能给出排列，但感受和情感相应地**造就**了此类排列。[26] 从启蒙运
动开始，[27] 那些试图借助理性来评估存在于选择和结果中的全部前道德善
恶的人，在"更多的善"和"更少的恶"的等级排序问题上就没有形成一
个合理的通说。

　　实质（而非形式）道德绝对性是一种在特定人类行为中的规范，对这类
行为的描述虽然无关道德，但能够使我们认识到离开偏好情感的理性无法对
拥有确切定义的行为作出选择，离开了某些情感偏好，在某一人类基本之善 197
中理性也将有所缺失：比如，人的生命（在直接杀人的案例中）、交往（在
通常意义上的欺骗案例中）、人际和谐（在奴隶制，比亚里士多德和阿奎那
的理解更为明确的程度上；或者制造人类的案例中），或者更为复杂的生活
和人际和谐的基本之善，在生育后代的伙伴关系中所展现出来的两性关系
（如在通奸案例中）。

---

　　[25]　阿奎那在如下的章节中拒绝了这一原则 Sent. IV d. 6 q. 1 a. 1 qa. 1 ad 4；d. 9 q. 1 a. 5 qa. 1 ad
3；ST II - II q. 110 a. 3 ad 4；III q. 68 a. 11 ad 3；q. 80 a. 6 ad 2. 他的相关呼吁只出现在对反复无常和
轻率的分析之中，那里并没有需要解决的道德问题。

　　[26]　所有道德行动的可能性都来自于感受和情感；感受塑造偏好和优先次序是十分正常的，由
此制定了许多法律、政治和其他文化模式，而且还经常通过表示它们并不与其他理由相冲突而使自
身"合理化"。它们包括，不选择去破坏或损害基本的人类之善、不得不合理地偏爱某人、以及简单
来说，不能仅仅因为情感的欲求、厌恶、历史或惰性就展现出对人类成就（个体或共同体之善）的
偏好。然而，感受是偏好的基础，它们并不展现理性的偏好，比如同时给出选择做与不做的理由，
这一理由并不以感受为基础，但却构成了一些基本人类之善的（目前来说所欲求的）实例。

　　[27]　在 1964 - 1966 年间，天主教神学理论开始流传开来。

　　此类绝对道德规范只是道德基本原则的碎片。一个人应该一直选择那些可能与整体人类成就——全体个体和共同体之善并非千百万年来确定的目标，而是一个始终建设的、可以批判的理想——相关的欲求选择。这一原则展示并把握了由人类基本之善的整体指引的个体在智力实践时所体现出的行动理由的开放性，好像所有的**理由**都为了使这一行动能够存下去一样。

　　生命、真理、人际和谐以及其他，这些人类基本之善为共同体（并非仅限于政治共同体，即国家）的繁荣和荣誉提供了理由。于是，一种最为常见和逼真伪装的情感，通过赋予命运而将自己的现实政体绝对化，超越了政体人类成就——个体审慎考虑和选择的领域。可能只有基督教的信仰和末世论——这与亚里士多德无关——能够允许一个超越绝对化的情感决定领域。

　　某些此类情感是施特劳斯，以及事实上我们这一代的所有政治哲学家都含蓄支持的政策的基础，这些政策试图借助塑造和宣传此类意图来维护我们政治（连同它那不容置疑的真实之善，包括正义）的未来安全，将这些意图有条件但真实地直接强加于侵略国家中的无辜者身上，并且间接强加于许多乃至所有其他国家中的无辜者，从而导致肉体的毁灭和死亡，以及作为他们自身目标的那些价值——人类之善的毁灭。

　　所有指出这个政策是共同之善的理性偏好的观点在论证上都是荒谬的，如同我们在《**核威慑、道德和现实主义**》一书的第7章和第9章中所批判的那种；同样的荒谬之处，如我们在这本书第8章和第9章所批判的那样，宣称这一政策包含着"更多的（前道德的）罪恶"。所有这些结果主义的主张都不可避免地存在错误，这一错误为指引我们做出道德重要选择找到了更为适当的方法。

　　它同样为保护和尊敬共同之善的政治概念提供了一条道路，此间的共同之善不仅包括时刻准备着在必要的情况下以针对无辜之人的大屠杀作为报复这种**不正义**，也包括在必要的情况下意图执行这种报复的荒谬行径。这一情况便是，在我们的共同体及其过于狭窄地建构、过于技术地追求的"共同之善"一起毁灭的时候。

198

注

本章所讨论的问题在 *MA* 第二章重新讨论过。

⁺*Averroism of the Islamic and Jewish Aristotelian falā sifa*（*and Strauss*）…
（n.7），如施特劳斯所赞赏地描绘的那样，这种观点类似于秘传的/通俗的
（esoteric/exoteric）两种层面，或称亨利·西季威克（Herry Sidgwick）在 *The
Methods of Ethics*（1874）的末篇谨慎揭示出的功利主义所谓的"大天使和普
罗大众"，R. M. Hare 在 *Moral Thinking：Its Levels，Method，and Point*（1981）
中也无意地揭示了这一点。

第 13 章
"自然法"*

Ⅰ. 为何是 "自然"？ 为何是 "法"？

199 　　在伦理商谈、政治理论或法哲学中，"存在自然法"这一主张乃是用于解释与捍卫在先理论商谈（道德论证、政治和/或法律）中以各种形式创造的特定主张。先理论地（可以这么说）、选择、行动，以及/或者处置可能被说成是"无人性的"、"非自然残忍的"、"有悖常理的"或者"道德上不合理的"；建议、政策或行为可能被描述为是对"人权"的冒犯；国家行为、团体或个人可能被描述为犯有"反人类罪"；市民可能通过诉诸一个"高级法"而宣称豁免法律责任或法律义务。自然法理论被用于解释为什么这些主张能够获得理性论证并且是真实的。它将这些主张置于有关人类生活——就此而言，人类生活被审议与选择所形塑——善恶的一般理论语境中。

　　这种关于善恶的理论也可被称为有关人类选择与行动对错的一般理论。它将既包括（ⅰ）识别选择、行动、处置是否正确、是允许性抑或义务性的规范性命题，也包括（ⅱ）有关客观性的非规范性命题与规范性命题的认识论理由。

　　将其有关善恶、对错之描述解释为"自然法理论"的学者并非致力于论断其捍卫的规范性命题是"源于自然"，或者"记录"或"发现""事物的

---

* ［1996e］（"Loi naturelle" in Canto – Sperber ed. ， *Dictionanaire de Philosophie Morale*）；an earlier version is 1986a.

本性"。确实，很少有自然法理论作这种论断，因为其感觉是非常模糊的。如果不是不可能的话，理解何种认知和理性进程将涉及这种"发源"、"记 [200] 录"或"发现"也是困难的。

更少有自然法学者致力于宣称其捍卫的规范性命题与在规约、观察与解释性要素意义上的自然法之间存在明确关系，或者被该自然法则证立，或者被自然科学（物理学、生物学、"经验心理学"、生态学，等等）所证立。托马斯·阿奎那这位声名卓著的自然法学者严格区分了道德—政治哲学命题（在其中，自然法原则与规范是可识别且详尽的）与（i）构成自然科学的命题，（ii）逻辑原则和规范、其他被称作"思维法则"的东西，以及（iii）任何且每个从属于我们意志的操纵事物的人工技能的原则和规范。[1]

人类之善没有什么典型的自然法理论（古典的、中世纪的或现当代的）关注任何所谓"自然状态"——一种黄金时代或者先于人类不道德行为的状态，或者先于人类社会或政治共同体之形成的状态。

至于"法"一词，就在"自然法"这一词组中作理解而言，并非暗示着相关原则和规范具有准确作为号令、指令或优越意志之命令的指示性强力。甚至宣称对那些原则和规范，一如其他所有现实的终极性解释是超验的、创造性的、具有存在的神性源泉、意义和价值的自然法学者也会认为，那些原则和规范是内在适宜的，且具有强制力的（而并非因为被命令才是适宜的和具有强制力的），或者认为他们义务的源泉与其说是神明意志，毋宁说是神明智慧。

相反，在"自然法"词组中，"法"一词之所以是指向正确选择的标准、规范性标准（即理性指引的以及义务性的），乃因为它们是真实并且被选定的，与之相悖者就是不合理性的。

"自然"一词（以及与此相关的"就本质而言"、"与本质相符"以及"本质的"）在此语境中意味着以下表述中的任何一种或更多种：（i）相关标准（原则和规范）并非"实定的"，即先于个体决定或集体选择或习惯的

---

[1] *In Eth*, prol.

任何创设的指示性规范；（ⅱ）相关标准较之实在法、习惯以及实践更为高级，即提供对这些法律、习惯与实践的批判性评估以及拒绝、违反之赞同或证立的前提；（ⅲ）相关标准符合批判理性的最高要求，并且是客观的，在此意义上，一个不能接受它们作为正当标准的人是错误的；（ⅳ）遵守相关标准趋于系统地促进人类繁荣以及人类个体和共同体的完善。

Ⅱ. 对怀疑主义和教条主义的批判

历史上，自然法学者被描述为是对伦理怀疑主义（无论是虚无主义、相对主义、主观主义抑或享乐主义）作出的哲学批判的一个部分或一个产物。由此被自然法学者（譬如柏拉图）或自然权利/正义学者（譬如亚里士多德）所批判和拒斥的怀疑论自身，描述为与未经批判而被动接受的习惯或宗教上被升华的规范有关，因此对怀疑主义的哲学批判包括了对自然法（或自然权利）理性背景规范与道德教条主义或因循主义的区分。

在当代思想中，有关自然法（以及其他宣称为客观或真实的道德理论）的批判往往建立在逻辑不正确且无法获得理性证立的某些命题上，这些命题是关于什么"是"好的、义务性的命题。该无效推理的特定形式频频被用于古代怀疑主义手册中，并复活于 16 世纪欧洲的著述中（参见 Sextus Empiricus, *Pyrrhonean Hypotyposes* Ⅲ, xxiv, 198 – 238）（塞克斯都·恩披里柯使用"教条主义"一词暗示所有非怀疑主义的伦理学理论都是没有批判性的，譬如自然法理论；但这一指控并无充足根据，并且该文中所用教条主义一词指向的是并不向批判性问题开放的道德地位）。

这些今天常见的无效推理的实例如下所述：

——X 并非被普遍认为是善的或义务性的，因此 X 不是善的或义务性的。

——在现代思想（"现代性"）中，X 被普遍认为不是善的或不是义务性的；因此 X 不是善的或不是义务性的。

——在当代社会中，X 被普遍认为是善的或义务性的；因此 X

是善的或义务性的。

　　——我有一种赞同 X 的情感；因此至少就我而言，X 是善的（或有价值的……或义务性的……）。

202

　　——我选择或决定或忠诚于"应当做 X 行为"这一实践原则；因此至少就我而言，应当做 X 行为。

正如这份无前提推论的列表主张，伦理怀疑主义（至少是其流行形式）与伦理因循主义之间存在关联。此外，存在很多种自然法理论，它们并不应对这样那样的谬误——该谬误包括得出结论说一个规范性判断来自并无规范性命题的前提——负责。

大卫·休谟主张，先于其批判的"每种道德体系"都不合逻辑，因为它们声称"**应当**"或"**不应当**"来自"**是**"或"**不是**"。[2] 该主张是毫无根据的，然而不当推论可能在某些 18 世纪的理性主义者（尤其是塞缪尔·克拉克）那里有迹可循。在写作《人类理智研究》（*Treaties*）时，休谟似乎已经卓著地记住了克拉克。在这个意义上，休谟关乎道德判断本质或基础的支配性观点（在四或五个不融贯的观点中他似乎已经有所考虑）是：它们是关乎什么是唤起赞同或反对的特质或行动的判断，休谟自己对这种不当推论承担清晰的责任。举例言之，同样的说法却不适用于柏拉图、亚里士多德和阿奎那。

"事实—价值之分"的现代形式以及对"价值判断客观性"的否定，可能被认为是由马克斯·韦伯在其方法论著作中所明确表述出来的。该著作结论说，任何意义或价值必须由意志行为施加于这个世界（一个意志行为如何可能创造或施加价值仍然悬而未决）。韦伯对其否定伦理客观性的主要论证似乎是简单的，即人们，或受过教育的人们，事实上在价值层面并不赞同彼此。但这并不比上述列出的流行论证具有更强的效力；不赞同的事实之于证伪一个命题也并不比赞同的事实之于证明一个命题更有关系。韦伯还有三条其他论证。第一种是新康德主义论证，即所有判断必须依赖于预设，在彼此

---

　　[2]　Hume, *A Treatise of Human Nature*, Ⅲ, i. 1.

竞争的预设中所作出的选择必然是非理性的。这一论证就其一般形式而言是自我反驳的,没有方法限制其(如韦伯所寻求的那样)价值判断。正如其后的萨特那样,韦伯接下来的论证指出,某些假定的政治和/或伦理困境中理性被认为是沉默的。然而事实上,这种"困境"似乎并不比对差别更为细微且灵活多样的实践理性的刺激——在其中,人们可能识别出选择困境一端的有力理由,或设定第三种行动路线的有力理由,或将选择限缩在一个合理且值得选择的小范围选择项域(任何该选择项都能够优先于不确定的大量非理性或至少是不合理的替代项而被合理地适用)之内的有力理由——更多。韦伯最后的论证主张,存在不同且不可通约的实践判断"范围",譬如政治的、情欲的、伦理的,每一个自身都有其终极价值,理性在它们之间不能作出判决,因为理性只能在一定范围内发挥作用。这一并未被韦伯辩护的最后主张与他自己关于这些范围彼此贯通的主张是自相矛盾的。[3]

韦伯对自然法理论的直接挑战以失败告终。因为他宣称在该理论中"一般命题——关乎实际发生的事情的规约与行为的一般规范——是与此符合的……应当被等同于'是',即存在于普遍平均之中"。[4] 然而,事实上,亚里士多德清晰地将自然与平均作了对比(Pol. Ⅳ.1:1288b10 - 40 and *NE* V.7:1135a5),并且阿奎那经常强调绝大多数人及其行动是愚蠢和腐化的(*ST* I q.113 a.1;Ⅰ - Ⅱ q.9 a.5ad 3;q.94 a.4;etc.)。

或许,对伦理怀疑主义最丰富的批判由亚里士多德对一般怀疑主义(Metaphysics Ⅳ.4:1005b35 - 1006a28;Ⅳ.8:1012a29 - b18;Ⅺ.5:1062b1 - 11;Ⅺ.6:1063b30 -5)作出的批判提供了线索。如果怀疑论者意图将其立场确定为作为被理性证明的立场,那么,他们就会被表明是在否定(i)在理性思考和提出自己或任何其他人立场的行为中,一些东西被给定或被例示,以及/或者(ii)他们的立场主张理性驱使他们所致力的某些命题。就既有的例子来说,相关给定包括理性规范——它引导对那些选择遵循它们并拒绝通过潜

---

〔3〕 See Turner and Factor, *Max Weber and the Dispute over Reason and Value*, 31 - 46.

〔4〕 Weber, *Economy and Society*, 849. [See essay Ⅳ.9 (1985b), sec. Ⅲ.]

理性的途径获得结论的诱惑；以及命题——一个被论证的主张要求人们主张它，这包括对真理（至少是某人所主张这些命题的真理）的认知是在那种论证和主张中值得追求和例证的善，这既出于这种善本身的原因，也是因为它可能折服的任务技术性优势。对探究、论证和判断行为的分析能够显示出，当其否定存在自由选择时，是自我反驳的；[5] 当其否定存在任何内在的、工具性善时，也是自我反驳的。[6] "真理知识是值得追求的善，无知、[204] 自我欺骗和混淆将被避免"，这一命题是个实践原则，它为对它否定的自我指涉不融贯否定分析所辩护，但并非立基于此。

Ⅲ. 认知主义与自然法

不是每种非怀疑主义伦理都能够被恰当地称为自然法理论。从四个主要方面而言，自然法理论区别于一系列更广泛意义上的认知主义或客观主义伦理理论。

首先，自然法理论区别于任何在康德主义模式中的伦理之处在于，它意图将某些人类基本之善，譬如知识、生命健康以及友谊，作为实践理性的实质性首要原则识别出来。这些人类基本之善合在一起就形塑并满足了人类兴旺的观念以及人类天性的观念。因为，亚里士多德方法的原理（De Anima Ⅱ. 4：4 15a16 – 21）——阿奎那更一般性地予以了施展——显示出，当自然在形而上学意义上（本体论）是根本的，关于某个事物本性的知识在知识论上就是衍生的：一个有生命事物的本性通过理解其性能而获得理解，其性能又通过理解其行为而获得理解，其行为又通过理解那些行为对象而获得理解。就人类而言，必须在理解和懂得人类天性之前在选择中对每个人类能够因理解而感兴趣的事物提供理由，而被理解的"对象"是作为人类意志对象的基本之善，即人类行动的基本理由对人类理解感兴趣的每件事物提供理由。

---

〔5〕 See Boyle, Grisez and Tollefsen, *Free Choice*：*A Self – Referential Argument*. ［And essays 3 – 4.］
〔6〕 See *NLNR* 73 – 5.

其次，自然法理论区别于任何主张道德是能够被离散"直觉"所实质理解的理论。毋宁说，自然法理论主张，关乎义务或权利的特定道德判断是更高级原则的适用或具体化。该"体系"的首要原则是通过见解予以认知（nous：cf. *NE* Ⅵ. 6：1141a8 with 5：1140b17 and 6：1142a26），而非通过任何中介性的推断（they are per se nota：*ST* Ⅰ‑Ⅱ q. 94 a. 2）。然而其内容是实践知识不证自明原则的见解，却并非直觉——无需材料的"见解"。毋宁，它们是这样的见解，其材料首先是自然和感官欲望以及情绪性回应。这些材料由理论知识或关于可能性的真实观点（譬如关于危及或加强健康，或关于哪些知识是可用的），或者不和谐的经验（受挫折的意图）予以持续丰富。此外，那些古典自然法理论会拒绝马里旦（Maritain）的理论，后者主张首要实践性原则的知识是"与生俱来的"或"具有亲和性或精神同质性"或"来自倾向"，而非概念的。[7] 正如马里旦在关于"通过倾向的知识"表达中所承认的，这种表达绝不会被阿奎那在自然法原则的讨论中予以使用。[8] 阿奎那也不会像马里旦那样诉诸任何种类的非概念性知识作为道德规范中难以解释的例外的直觉性源泉。[9] 似乎存在不接受马里旦之主张的具有说服力的理由：当阿奎那说（in *ST* Ⅰ‑Ⅱ q. 94 a. 2）"理性本质上是作为人类倾向的所有对象之善来理解"时，他必然诉诸这样的"知识"。对阿奎那而言，所有知识都是概念性的（*De Veritate* q. 4 a. 2 ad 5），并且对人类基本之善的理解也是相当平常、非神秘且概念性的，[10] 尽管是实践性的，即尽管是直接的或规定性的（"去做且追求"），而非纯粹"理论的"或描述性的（"是"）。自然法首要原则而非倾向，则是被理解为行动理性的人类基本之善。

再次，自然法理论区别于任何关于正当的基本整合性观念。因为，可行的自然法理论设定——没有一个人类行为的目的可能是有效手段，没有以相称的替代性选择作为简单好坏形式的价值，没有不依靠在其他原则和规范中

---

[7] Maritain, *Man and the State*, 91‑4；*La loi naturelle ou loi non écrite*, 30.

[8] *Man and the State*, 91.

[9] *La loi naturelle*, 155‑6.

[10] Grisez, *"The First Principle of Practical Reason"*, at 172, 196‑7.

进一步具体化的原则——应该指导意图和选择。毋宁是，他们主张识别大量人类基本之善，而这些善中没有什么仅仅是任何其他这样基本之善的手段或部分；他们也更进一步通过以下途径识别大量指导（"道德上"）必要选择的原则：（i）各种基本之善和行动理由；（ii）具体化这些善的多种方式，以及通过明智且有创造性的选择（或确实通过其首要动机并非理性而是情感的错误选择）而获得的行动理由而行动。

最后，自然法理论显著区别于其他伦理学理论，因为它主张不仅澄清规范性戒律和话语体系，也澄清描述性与解释性社会理论（政治理论或政治科学、经济学、法律理论……）的方法。人类社会及其形成的概念如何能够在没有错觉的情况下以普遍方式得到最好的理解，如亚里士多德《政治学》和马克斯·韦伯《经济与社会》（*Wirtschaft und Gesellschaft*）中的表达那样？这种理解是"价值自由"的吗？抑或在选择其概念时，描述性—解释性学者也必须依赖于一些"人类存在中什么是重要的"明确观念？他们是否必然不使用这些观念作为选择研究主题的标准以及描述那些主题的概念？他们是否必然不使用这些标准去判断人类制度或实践的一些种类和示例是：这些制度或实践的"核心事例"；以及是否——就批判的描述性理论而言——也必然不在判断中使用诸如"法律"或"宪法"或"权威"之类的语词作为那些语词的"焦点性"用法和感觉？是否这些观念与关于重要性的标准必然是主题，而非"恶魔式的"个人偏好（韦伯）所导致的选择或者对于学术潮流或政治偏见的沉默因循，毋宁是开放、公共和批判性的证立？这种古典类型的自然法学者，譬如亚里士多德和阿奎那，主张提供这样一种证立。[11]

IV. 自然法则（*LOI NATURELLE*）、自然秩序（*DROIT NATUREL*）、自然权利（*DROITS NATURELS*）

在近些时候，对自然法的反思，由于一些作者［最出名的米歇尔·维耶

---

〔11〕 关于这一问题，可参见 *NLNR* 3 – 22.

里〔Michel Villey)〕主张——在阿奎那那里以及事实上存在着权利和法律之间的对立（une opposition capitale entre droit et loi）——而变得复杂了。尽管很多人坚持认为：理解所谓的"对立"或"极端区别"并非易事。维耶里将"权利"的核心作为"什么是正当的"来理解，作为人与"物"（非常广义上的"物"，包括被自由选择的人类行为，譬如支付赔偿）的权利关系集合来理解；这种理解回应了阿奎那关于正义就是"什么是正当的"首要定义。然而维耶里坚持认为，这种权利的知识，即使是作为区别于成文权利的自然权利，也不是来自被阿奎那称之为（可互换地！）自然法和自然权利的实践理性更高原则的具体化，而是来自对大自然的观察（当然包括人的天性、社会本身以及自然界的资料）。他严格区分了个人道德和权利，认为前者能够被自然法原则与戒律所适当引导，后者则被上述"观察"所引导。〔12〕然而，在阿奎那那里找不到这种知识论区别。更重要的是，司法科学、立法或法律解释能够立基于对**事实观察**的这种宣称，必然被判断为是从指向理性的理性要求逃离——在**实践**领域，无论是个人的抑或社会的理性，必然是规范性（指导性）的理性（原则以及原则的具体化），因为它指向人类成就（个人和社会的）这方面。

当然，在自然法和自然权利之间存在区别。如果说后者被理解为（正如有时，但并非总是，在阿奎那看来那样）指向罗马法中的"正义"（ius）概念——作为说两个人和一个主体—事物（譬如其中之一的某些行动）之间可辨识的道德（或正当）关系。该区别是简单的，自然法是证立对相关自然权利主张的理性（原则）集合。后者是前者对一个特定类别人和主体—事物的适用。尽管存在区别，但并不存在对立，或者说是存在更少的对立。

对于从上述罗马法的"正义"观到"我的权利"、"自然权利"和主观权利的现代观念（或许始自奥卡姆针对托马斯主义者约翰十二世主教的辩论术，c.1325）之转变，维耶里以及许多其他学者也已经强调了其重要性。但是，尽管很明显这一转变与社会、权威、法律和义务的契约主义与唯意志论

---

〔12〕 Villey, "Abrégé du droit naturel classique".

观念之产生相伴，也与能够被含糊地称为"个人主义"的现代观念或态度相伴，然而，区分 droit 与 droits 之间的语义和逻辑差异并判断具有何种真正基本重要性却似乎是不可能的。⁺维耶里唤起对危险——对权利（即权利的）的单方主张将掩盖对其他利益以及具有可行性的公平分配的"整体"的全然漠视——的注意，这是正确的。然而，这一危险并非仅仅遭遇在活生生的使用中被替代的语义所区别，而是识别和坚持对引导个人和社会的判断与选择具有可行性，且对批判个人或集体的不正当（unilateral）需求，以及忽视其他相关权利的权利主张具有可行性的理性原则。该主题是充分明确的权利之一，而非寻求对言说这些权利的放逐，在两个人以及一个主体—事物之间的一个以及同一个道德或正当关系可以被说成是既具有整合性（简单的正义），又可被说成是通过该关系中涉及关于"主观"权利的陈述所描述时，这就是一个逻辑真理。

V. 实在法的渊源

道德和政治哲学的历史，以及自然法理论的历史，深受阿奎那著作中某些空缺（lacunae）的影响。他是对亚里士多德（因此，在此意义上也是对柏拉图）实践哲学要素予以最清晰描述和解释的思想家，所以能够代表他们或关于他们自然法理论的命题。然而，阿奎那没能对实践理性首要原则作出一个清晰、全面、审慎和融贯的陈述，也没能对实践理性首要原则（譬如"人类生命是一种被促进和尊重的善"）或首要道德原则（譬如黄金规则）在并非更基本原则和规范之具体化方式上作出一个令人满意的解释。显然，这一失败有助于唯意志论和信仰主义潮流——实际上压倒了自然法理论的传统——作为一种鲜活思想流派的蔓延。随之，它产生了新托马斯主义的主张（譬如上文提及的马里旦和维耶里），这些主张作为解释抑或哲学命题都几乎不可辩护。

阿奎那是第一个探索"实在法"概念——该概念出现于 12 世纪中期的神学和法学推理——的思想家。他对自然法的高级原则与下述事物之间关系的不同类型给出了一个较之今日亦不分伯仲的、具有原创性和裨益性的概括：（i）能够被那些在人类困境和机遇的循环类型中原则含义的实践推理所获得更为具体化的原则；（ii）规范、规则、规诫和法律制度，它们不能被说成是被作为实践推理任何环节的结论来要求，但却以其他一些方式被理性关联或来源于最首要的两种原则，并且如果被适当的权威选择和设定的话，它们则对正直的法官和善良的公民具有权威性。经第二种方式得来的法律、权利以及制度是"实在的"，假定其是被人或宪法性权威机构设定以作出某些决定，并且这些决定是在没有对其他相关道德原则和权利或所有共同体成员的"公共"（与党派性相对立）善予以真正漠视的情况下作出的，那么，因与更高级自然法原则相似，它们在良知中就因而具有道德强力。

这第二种推衍模式被阿奎那称为限定（*determinatio*），这个词可以被翻译为"具体化"。最好通过阿奎那所提供的一种解释途径对照来理解它。从其委员会（"为我们的乡镇修建一个妇产科医院"），一个建筑师能够推断各种具体化（建筑物必然在高度上高于 1 米，必须包括门、冬天取暖空间的方法，等等）。但对该委员会的关注（该建筑师工作的"原则"）和对环境的关注（包括"事物的本性"）不会产生一个对下述不可回避问题的单一、理性要求的答案：门应该 2.1 米高还是 2.2 米高？用这种金属建筑还是用那种？后一种类型的问题必须被限定（*determinationes*）所回答，这是理性欠确定的（under‑determined），然而智识上与（在这个弱意上"来自"）首要原则（该委员会或多或少有必要提示）相关。

在这一解释中，很多国家法律体系的单纯实在性能够完全获得承认。但同时，法律命令和制度的道德重要性得到了肯定和解释。这种肯定是有条件的。如果"推衍"关系——即使是非推论的和"自由的"——被越权（*ultra vires*）（法律权威的缺位）或不公正歧视或被不可侵犯权利的冒犯所破坏，那么，这种实在法的适当道德权威就被消除了。从有良知法官、公民或立法者的视角来看，这种适当（"常规"）道德权威的缺位见于柏拉图、西塞罗、阿奎那和蔓延至 19 世纪的大多数哲学、神学和法学传统中：一部不公正的法律，即使从法律体系自身的效力标准（在此意义上能够被适当地描述为法律）来看是有效的，它也并非真正的法律，或者干脆就不是一部法律。存在一些附属义务性，从这个意义上讲，其他人公开违反是不公正的（譬如因为这样做将鼓励他人在没有正当理由的情况下违反其他法律）。"恶法非法"（*lex iniusta non est lex*）这一被适当解释的经典命题，完全能够与法学家或历史学家对采用一个"法律效力"的道德无涉或历史认知的希望相容。

VI. 不可侵犯的人权

作为当代法律和政治秩序的母体，基督教以及其他宗教文化的崩溃带来了对那些希望肯定存在自然法的人们的挑战：要表明自然法——即便没有宗教保证的具有同一重叠内容的伦理（启示神法）支撑——具有哲学上的正确理由来肯定如下非人定原则或规范存在的真理性，尽管并不主张它们因为规定而具有权威性，但这种真理性因为排除整体"反人类罪"（纽伦堡，1945；奴隶；堕胎；非自愿安乐死），巩固了公民社会的主要制度（家庭、财产、宗教自由，诸如此类），因而就已经充分。尤其是，挑战在于要表明道德和政治推理的集合性观念——譬如古典或当代的功利主义或结果主义或"法律的经济分析"——是有缺陷的。

因此，自然法理论的当代著作包括对批判集合性伦理的延伸性努力，这 210 一努力的方式是，表明它们的价值观念忽视了某些或全部人类基本之善，以及/或者它们最大化价值的首要原则忽视了其不可通约性——该不可通约性不只关乎其他善的人类基本之善，也是对道德上重要的选择之替代性选择的一个或同样的善的具体化。那些担当这一批评的假定——假如该批评是成功的话——将是对识别一个指导选择的更丰富道德原则具有开放性的途径。整个哲学伦理（譬如康德主义的普世主义、爱比克泰德的超脱、由罗伊斯和马歇尔阐述的承诺原则）的任何组织性或支配性原则在一个发达的自然法理论中占有一席之地，而一个作为基础的假定就是任何这样的原则。

但理论反思已经产生了更为体系化和统一化的"道德首要原则"。这个原则经由如下思考获得：只要在某人权力之内，这个人就应该允许以符合人类基本之善的原则形塑其实践思维。阿奎那的首要原则"应当做与追求善而避免邪恶",如其所言,却仍是非道德的;它只是要求一个人不能无意义地行为,即不能没有理由地行为;它只是要求一个人应当至少遵从符合人类基本之善的原则之一,并且通过行为多少具体化那些善。该首要道德原则生成这些更强的需要,不仅仅是一个人应当足够理性以避免无意义,更是一个人应当在其实践思维、选择和行为中具有的整体理性。这可以被表达为:在为实现人类之善与远离与之相反事物的自愿行为中,一个人应当选择并因此希望那些(并且只是那些)其意图与人类成就整体相容的意图(即所有人类个人和共同体的成就)。

被如此定义的整体人类成就,不是一个指向行为能够被作为手段组织的目的。但在识别由情绪束缚和偏离理性而刺激的选择上,它并不缺乏批判性力量。作为黄金规则(凌驾于康德之替代品的原则——普世性)的反面,不公正是与整体人类成就开放性不相容的意图之一。出于仇恨而破坏对人类基本之善某些具体化的选择,则是另一种。出于其他目的而恰恰破坏或毁灭人类基本之善某些具体化的选择,则是第三种;一旦集合性理论的批判已经证实被忽视理性的不可通约性——这些忽视来自一些人,他们认为由某些被设想的目的而承诺的善胜过那些在对这种类型的选择中被考虑的人类个体善的破坏或毁灭——对这些选择的排除就显示出理性的要求。

其中第三个道德原则不仅与"目的不能证立手段"的传统思想契合,也与康德主义的命令"始终将人当作目的而绝非仅仅是手段"相契合。然而,在今日的自然法理论中,"人"被理解为并不具有对理性能力的康德式二元限制。它是传统道德规范形式中特定(更加特定)的一个原则,与谋杀和欺诈相对抗。可以说,它是传统和现代法律体系的支柱。从道德保护的受益人视角来表达,它是在那些人权——不仅是不可剥夺的,也是不可侵犯的和绝对的——中被具体化的。这是古典原则——理性绝不需要也绝不应该是感性的奴隶——的结果,并且与下述相伴:(i)对自由选择的准确理解(使被选择的和只是被作为附属性后果接受之间的区别稳固而清晰),以及(ii)一种理解,这种理解发展对于选择之替代性选择而言濒至险境的善、个人和可能性之不可通约的启蒙以及后启蒙的集合性伦理的辩证联系中。在此以及与此相关的方面,一个人可以认为,经典类型的自然法理论的发展在哲学上能够得到保障。

注

⁺主观意义的权利……(英文页码第 207 页)词汇中的"转向"甚至可能比本章论述的具有更少的重要性。参见 *Aquinas* 133 – 8;2002c;and essay Ⅳ. 5 (2002a). sec. Ⅷ. at 116.

第 14 章

作为实践理性的法律推理[*]

212　如果不留意模糊性（ambiguity）的两种不同渊源，我们将难以反思地理解道德推理、法律推理以及它们之间的相互关系。在各种情况下，这种渊源都是广为人知的：理性（reasons）与感觉之间的区别；做（doing，通过选择来塑造一个人自身的存在）与制作（making，依据某种形式的"文化"目的或方法活动运用技术）之间的区别。但是，我们通常没能很好地理解这些区别，在我们进行道德分析和裁决的时候，经常坠入这些区别所布下的陷阱。

I

与其他相比，我们都是动物，但具有智慧。我们的行动都含有一种情感动机，包括感觉、想象以及肉身（bodiliness）的其他方面，并且它们作为行为的一部分都能够为我们所观察（在某些情况下，甚至仅仅是通过自省）。但理智驱动的行为也有一种理智的动机——寻求实现（保护、提升）某种可理解的善。

所以，对于所寻求的事态（states of affairs），我们的目的通常有两个方面：其一，我们想象的和吸引我们感受的；其二，一种可理解的益处（intelligible benefit），它通过承诺立即地或有益地（instrumentally）去例证某些人类基本之善来诉诸我们的理性（appeals to our rationality）。尽管其中有些我们需倚靠智力

---

[*] 1992a，更早的版本为 1990c，参见 essay Ⅳ. 17at 357，n. 11.

244

去追寻的目的，**可能**（may）最终仅仅是由感觉驱动，其他则是来自（我们对）某种人类基本之善（的理解）。

习语中，"理性"一词指涉的目的——"他那么做的理由"，相当于"我那么做的目的"——没能标明这种区别。但是，"目的"、"目标"、"意图"这些常见谈话中涉及的术语，都具有同样的模糊性。所以我提出，当我在这篇文章中谈到"理性"一词时，指涉的是（除去讨论技术性理由时）由人类基本之善（更确切地说是基本之善的例证所许诺的可理解的益处）所驱动的智力行动提供的基础理性。[1]

对基本行动理性的解释不应是理性主义的。人类繁荣不应仅仅被描绘成把能力运用为理性。作为动物，我们是有机物质，我们福利的一部分就在于维持健康、活力和安全的**身体生命**（bodily life），并向新的人类转变。将人类生命视为一种基本的行动理性，就是把生命理解为一种善，无数人可通过无数的方式参与其中，它远远超过任何人所能够想象或追求的目标或目的，却使无数的目的变得有意义，并对无数的目标提供理性的（rational）支持。[2]

这种意义上的"（基本）行动理性"适用于其他所有人类基本之善：关于现实的**知识**（knowledge）（包括关于现实的审美）；人们转化自然事实来表达意义、服务某些目的时所凭借的**工作和娱乐中的卓越**（excellence in work and play）；人类**个体与群体**之间的和谐（和平、和睦与友谊）；人的感受与其判断、选择之间的和谐（内心平和）；人的选择、判断与其行为之间〔良心与真实性（authenticity）、自我与自我表达之间融贯意义上的真实性〕的和谐；以及自己与更广阔真实之间的和谐，**意义与价值**有着一种为世界所依赖的远超人类境界的来源，由这一点所构成的真实也被包含其中。

这段关于人类基本之善的陈述包含了对人类本质的说明。[3] 但它并没有预设这种解释，它并非尝试从人类本质理论观念的预设中推演出行动理

---

〔1〕　此处我所使用的"目的"、"目标"、"益处"、"驱动"、"基本人类之善"，参见 1987f, at 99 – 110.

〔2〕　参见 *NDMR* 227 – 228；*NLNR* 84 – 85, 100.

〔3〕　参见 *FoE* 20 – 22；essay 9, at 146 – 7. 〔更充分的关于"基本人类之善的陈述"的讨论，参见 essay 15 at 244 n. 25 below, or essay Ⅲ. 5 at 88（1996a, sec. Ⅲ）.〕

性。尝试推翻实然无法导出应然这一（深受古代人尊重的)[4] 逻辑真理的努力是徒劳的，一个三段论推理的结论无法包含其预设中不存在的内容。相反，只有在事实上理解人类之善者，才能全面解释人类本质；也就是说，要把人类之善理解为选择和行动的理性以及完全理解支持感觉与自然的理性。

我们可以将对实践合理性（reasonableness）的解释称为"自然法"理论，因为实践推理的首要原则正是一些基本理性，它们能够将人类基本之善识别为选择和行动的终极理性——这些行动理性能够例证并表达出人类本质的原因正在于它们参与到了那些善之中，即例证（实现）了那些人类繁荣的根本维度。[5]

II

某种程度上来说，法律推理源自并参与到实践理性之中，从这一点来看，一种可靠的法律推理理论必须区别于当前流行的某些理论。例如，"批判性法律研究"的核心在于否认客观人类之善的存在。罗伯托·昂格尔（Roberto Unger）指出了四个否认存在客观人类之善的（糟糕）理由，在我看来，其中最接近核心的论证是：

> 通过确认存在这种善，我们"否认除了被动接受或拒绝独立真理（independent truths）之外，选择没有任何其他意义……作为一种个性表达的选择意义（significance of choice）也会被忽略"。[6]

但是，在实际中，理性诉诸人类之善的形式是多样的，这种多样性使得

---

〔4〕 所以，亚里士多德关于人类本质的主要著述就是《尼各马可伦理学》，其中他尝试识别人类之善；根据他的论述，从头到尾都致力于讨论实践（practical）理解，而不是理论（theoretical）理解。（例见 *NE* I. 1；1094a26 - b12 即阿奎那的评注）；*FoE* 24. 亚里士多德《尼各马可伦理学》并非衍生自先前关于人类本质的相关论著，甚至与其 *De Anima* 一书也无甚相关。

〔5〕 在亚里士多德那里，"自然"［如"自然权利"（natural right）或"自然的权利"（right by nature）］也指涉客观性与真理。参见 *FoE* 24.

〔6〕 Unger, *Knowledge and Politics*, 77. 关于这一点以及其他的论证，参见文章 IV. 13（1985c），第 VI 部分。

214

自由选择是可能的，经常也是必须的。如同其他涉及人类活动的术语一样，我们常说的"选择"是令人困扰的，这种困扰是由一些特别的[7]模糊性造成的，它们生发于理性与感觉的区别之中。就其核心意义来说，选择就是从二者或更多者里采纳其中一个，它们都是诉诸理性的、不可相容的，只能择一，因此，选择并追求哪一个工作是由选择本身而非其他什么来决定的。[8]个体和社会生活（social life）的许多方面，以及许多个体和社会义务都是通过选择来塑造的，这些选择是在理性诉诸的选择项之间作出的，这些选择项的理性吸引力最终仅能通过基本人类机会的术语解释为客观之善（尽管可以通过不同的方式来实现）。如果不对所有相关问题都保持理性判断（rational judgment）的方式，那么任何情况下我们都没有可靠的感觉能够被称为"客观性"和"真理"。

但是，对于人类基本之善的全部客观性和真理来说，如果对自由选择如此开放的话，我们能把什么作为鉴别那些尽管具备理性（rational），但因不合理（unreasonable）、错误或不道德而应当被拒绝选择的基础呢？

道德思想其实就是竭尽全力的理性思想，是对情感和感觉的整合，但不　215
被它们左右。实践理性（rationality）的基本原则是：至少将一种基本行动理由视为前提条件，直至你通过行动带来了关于那种良善的例证。不做无意义的行动。道德思维的基本原则要求我们理性：在你的能力范围之内，仅仅倚靠基本行动理由而不是别的什么来型塑我们的实践思考，以追寻、发展和把握自己的机遇，通过选择行动来追求人类繁荣。做完全理智（reasonable）的人。[9] 亚里士多德所说的**论正**（orthos logos）及之后其追随者所说的**论行直**（recta ratio）、正确理由，都应被理解为"自由的理性"（unfettered reason），即不以情感和感觉为转移的理性。首要道德原则指引着这些理性，也指引着道

---

　　〔7〕　但不是排他的；模糊性也生发于不同的现象来源与文化来源之中；所以，只有当"选择"和"自由"不受物理限制、外在限制或社会限制等的支配时，行动（movements）才可被称为"选择"和"自由"。

　　〔8〕　关于自由选择及其条件，例见 *NDMR* 256 - 60；Boyle, Grisez, Tollefsen：*Free Choice：A Self - Referential Argument*；Aquinas, *De Malo*, q. 6 a. un.

　　〔9〕　参见 *NDMR* 119 - 25.

德上良善的意愿（morally good will）。这个原则是：一个人应当且仅应当选择（或意愿）这样一些可能性，他们的意愿能够与一种追求所有基本之善中的全人类成就的意愿相容，与追求人类整体成就的理想相容。

以不道德（immorality）的简单典范形式（paradigmatic form）来说，情感可能使一个人破坏或摧毁他所憎恨者的生命之善，或知识之善；所以他是出于厌恶之情而杀掉、伤害或欺骗那个人。这是不道德的，原因是在这周围（hereabouts）存在一种一般性的，也可以说是方法论的道德原则，它居间立于最基本实践理性原则和特殊的反对杀生或说谎的道德规范之间。有些人称这一作为居间的道德原则为一种责任模式，[10] 它会排除相互伤害，或回应自身弱点，或回应因自我毁灭导致的挫折。

或许，与政治法律理论更直接相关的是居间道德原则，该原则要求人们公正地行事（act fairly），即一个人不得仅凭自我偏好或与他亲近之人的偏好来限制自己对人类基本之善的关怀。公平（及其在黄金规则中的典型公式）并不排除对不同人的区别对待；它只是对这种区别对待的证立提出一种要求，即要么依据对人类行为不可避免的限制，要么依据基本之善自身可理解的需求（intelligible requirements）。关于感觉在作出公平选择之中所扮演的正当角色，我应该多说一些（sec. Ⅶ），在这种公平选择中，在不仅凭感觉优先考虑某些人的情况下，人们要根据感觉优先考虑某些善（或例证某些基本之善）。

还存在其他一些居间道德原则。对法律思想的构成起到重要作用的是这样一项原则：它排斥一种行动，该行动通过选择毁灭或毁坏任何人对基本之善的任意例证以对抗基本理性（sec. Ⅵ以下）。一种人类基本之善永远是一项行动理性，也总会给出一项不选择毁灭、毁坏或阻碍某种关于该善例证的理性；但是，在具有道德上的重要意义的任何选择中，由于对相关人类之善的例证都无法被前在于（prior to）选择的**理性**（reason）所通约，所以，就永远

---

〔10〕 所以在 NDMR 的第 284－287 页和 NLNR 的第 100－113 页中，我将它们称为"实践理性的基本要求"（basic requirements of practical reasonableness）。在 FoE 的第 69－70、74－76 页中，我称之为"中介道德原则"。

不会存在一个充分理由使我们在作选择时不把那个"不做……的理由"视为决定性理由。只有如欲望或厌恶等情感因素能够驱动我们作出拒绝它的选择。

当然，正如有人所说的那样，基本行动理性为人们呈献了许多选择和行动的理由以及去做某事的理由。并且，由于人是有限的（one is finite），他基于任何目的的选择，无论有多么深远的影响，都不可避免地具有一些作为负面效果的消极影响作用于（最低限度的、未予实现的）其他可能有关基本之善的例证之上。如此说来，所有选择都"与基本行动理性对抗"，但这也仅仅是作为一种副作用。我们所说的居间道德原则排除了部分选择，这些选择是一种伤害、毁灭或阻碍例证基本之善——伤害人们存在和幸福的某些基本方面——的手段（means），亦即一种描绘经由选择（choice）而产生的选择项（option）工作的一部分。然而，首要居间原则避免了使这种伤害或毁灭成为人的目的（end），当前的原则则避免使其成为人们的手段。（这个）目的与手段（界定选择项）的概念一起组成了关于法律的一个基础观念：意图（intention）。[11]

III

尽管关于人类之善的理论首先是一种实践推理原则，但这种速描式的概括仍然能够使我们明白自然法理论必须与其对世界中某些特点的解释——它本身作为一种实践推理也必须纳入考量——相匹配。

这些特点所展现的现实就是自由选择，以及这些选择的重要意义：持续存在于选择者的性格之中，它超过执行这些选择行为的时长；这些特点还展现出一种区别，它存在于被选的目的或手段（例如那些有意向的）与被预见并接受为副作用（例如一种无意向的效果）这两者之间。此外，存在一 217

---

〔11〕关于意图的讨论，参见 essay II.10（1991b）；关于此处所描绘的对行动的分析与责任模式——排除毁灭、伤害或阻碍任何对基本人类之善之例证的选择的责任模式——之间的关系，参见 *NDMR*，286 – 90.

些基本事实，在宣称（几乎）所有来到世上的事物都已经依附于某个对其享有权利的人时，罗伯特·诺奇克忽视了它们——相反，现实是这样的：作为一切事物之来源的自然资源先在于所有权利，它"来到这个世界"时并不依附于任何特殊的人；从根本上说，世界资源是共同的，没有一种权利理论能够恰当地将任何资源论证为绝对属于某一个人，以至于我们可以无视世界资源的原始共同性。[12]

一种正确的自然法理论应当接受世界的另一特点，即人类理性所关涉的各种现实秩序之间存在的区别。为了理解这种区别，我们应当注意我一开始提到的两种模糊性来源中的第二种。

几乎所有有趣的人类状态都例证了四种人类理性所关注的现实秩序。例如演讲。（ i ）听众听到说话人（speaker）的声带所发出的**声音**（sounds）：这里存在一种我们无法通过自己理解来确立的自然秩序（order of nature），但我们能够通过理解在自然科学或形而上学（这正是此刻我们在做）的层面上进行研习。（ ii ）听众听到说话人的**阐述**（expsitions）、**论证**（arguments）和解释（explanations），然后以自己的理解与之达成一致（如果必要的话，某种程度上也会因说话人的谬误而拒斥之）：这里存在一种我们可以纳入自己探究、理解和推理中的秩序，即逻辑、方法论和认识论所研究的那种秩序。（ iii ）听众听到**那个演讲者**（the lecturer），这个演讲者自由地从事一种活动并因此参与到一种人类关系之中：这里存在一种可以被置入（bring into）我们性情、选择和行动——我们的**实践**（praxis）、活动（doing）、**生存**（existenz）——中的秩序，即心理学、传记、人类事务（human affairs）、道德哲学和政治哲学所研究的那种"存在"（existential）秩序。（ iv ）我们听到**英语语言**（English language）和陈述是由一项解释性或修辞性的技艺来赋予秩序的，它们制作并

---

[12] Nozick, *Anarchy, State and Utopia*, 160；*NLNR* 187. 比较：土地征用权原则，或破产法是如何围绕债权人或债权人受偿顺序的某些平等原则而构成的。但是，最明显的含义在于这样一项原则：在发生巨大匮乏与损失的条件下，货物（goods）再一次依据需要的程度而成为公共品以使那些有危险的人们占有他们所需要的东西来避免如饿死之类的情况，这项道德原则甚至能够使盗窃的法律定义正当化（qualify），无论我们是直接这样做，还是通过（不）正直的概念。Smith, *Justification and Excuse in the Criminal Law*, 50 – 2.

解码以下内容：语言的形式化符号、缺乏形式化但仍具有惯习性质的符号、218
某种文化形式和技艺的表达惯例，这是一种我们能够明智并且认真对待的秩
序，这种秩序受制于我们的权力，以此我们得以通过文学和科技、语言学和
修辞学来研究这些事物——例如音素（phonemes）、词语、诗歌、船、软件、
弹道导弹及其内置轨道（inbuilt trajectories）——创制（*poiēsis*）、制作、文化的
秩序。[13] ［与这四种秩序对应的是四种"听觉"（hearing）不可化约的独特
感知。］

在社会理论（如政治理论）中，几乎所有形式的化约论变形（deforma-
tion）以及在如法律理论的所有维度中，都存在着许许多多的破坏性误解，
都能被溯源至一种忽视，即对这四种秩序之间不可化约差别（distinction）所
造就的复杂性和模糊性的忽视，这种不可化约性被一种事实遮掩了，这一事
实即每种秩序都至少包含了其他各项秩序中的某些维度。

与法律理论特别相关的差别在于第三（存在的、道德的）秩序与第四
（文化的、技术性的）秩序。如果使用文化构成的技术，则几乎没有哪个具
有重要道德意义的选择能够得以贯彻；如果没有具有重要道德意义的选择，
那么也就没有什么技术可以施用于人类。但是，所有技术都具有一种完整的
第四秩序理智能力（fourth - order intelligibility），我们能够在不涉及那些道德上
重要选择的情况下对其进行阐释，尽管也存在被涉及的可能。这种阐释也不
涉及与这些选择相关的实践合理性的道德原则（moral principles of practical reason-
ableness）。

在第三、第四秩序之间的差异所造就的那些模糊性中，有一种被称为
"理性选择"（rational choice）。它（至少）具有三个重要且不同的意义：

第一，这种选择是完全理智的（fully reasonable），符合实践理性的所有要
求，并因此道德正确（morally upright）；

第二，这种选择的目标已经被实践智慧所形构，并具有理性吸引力（ra-

---

〔13〕 有关此处的一种初级解释（以不同方式列举），参见 *NLNR* 136 - 8，157；关于这四种秩序
的详细阐述、解释和反思，参见 Grisez，*Beyond the New Theism*，230 - 40；以及本章 essay Ⅱ.2
（2005c），secs Ⅱ and Ⅸ.

tional appeal），即便在某（些）方面它是最终被感觉的而非理性驱动的，从这种意义上说，这种选择是由理智驱动的（rationally motivated）。这种感觉在某种层面上束缚并工具化（instrumentalized）了理性（reason），并因此是不合理（unreasonable）且不道德的，尽管它是理性的（rational）。

第三，这种决策和行动在技术上是正确的，也就是说，它们可以依据某种艺术（art）或技术（technique）来识别为实现相关技术目标（objective）的最有效方式——一般来说，在这种技术之中（如这种游戏），该决策包含一个支配性（dominant）理性，它可与支持其他替代性选择项的理性相互通约，也包含了这些理性所提供的所有选择项，甚至更多。

经济学家认为，和"博弈"理论、"选择"理论的阐释者们通常使用的"理性选择"（rational choice）就是指第三种意义。我在 Sec. Ⅱ 以上所使用的"理性"（rational）（及其同根词）则是指第二种意义（或第一种和第二种），不曾指向第三种意义。这里很有可能产生误解。[14] 在这两种意义上，包含在各种选择项中可理解的（intelligible）善（goods）恶（bads），它们的不可通约性使得理性选择变得必要；如果这些选择项是完全可以通约的，那么，各种替代性选择就将被识别为不适格的优等或次等，而后者将失去其理性吸引力（rational appeal），不再被理性审议所考量；理性选择就将变得不必要，而且在很大意义上是不可能的（sec. Ⅵ 以下）。但在第三种意义上，只有当一个选择项能被鉴别为不适格优等时，理性选择才是可能的。

Ⅳ

我推测，法律推理和理性（rationality）之所以具有一种特殊性（distinctiveness）和特定飘忽不定性，原因是在服务于第三秩序、存在的（existential）、道德的和被选择的目标（purpose）的过程中，也就是在服务于共同生活于一个公平秩序和正确关系的过程中，也建构着一个第四秩序对象（object），即

---

[14] 参见 essay Ⅳ. 17 (1990d), sec. Ⅱ, at 358.

"法律"（如"英国的法律"）。这是一个非常复杂的文化对象，它包含着一套精妙赋值（assigned）的意义、一套被用以识别允许与排除式论证和决定（permitted and excluded arguments and decision）的规则，并相应含有许多由这些程式（formulae）、其赋值意义以及论证和决定的规则（rules of argument and decision）所构成并规制的技术性惯例或程序。

这种由创造性人类选择所建构或（如我们所说的）设定的文化对象，是一种工具，一种为了道德目标而被采用的技术。之所以被采用是因为，对于一种关于究竟如何良好地追求道德事业（moral project），没有其他可行方案能够在如此长时间跨度内达成共识。政治权威的全部表现，包括法律制度在内，都是一种技术，致力于在不具有全体一致性（unanimity）情况下作出社会选择——这种全体一致性几乎总是无法获取的或暂时性的——以保护在协调社会成员行动这个问题上的实践一致性。[15]

那么，法律推理（至少在很大程度上）就是技术性推理——而非道德推 220 理。如同所有技术性推理一样，他们都致力于达成一种独特的目标（purpose），一种确定的、能够通过对手段与目的的有效部署来完成的状态。此处的独特目标是指对争议（以及其他对不端行为的指控）的解决，通过足够确切和具体的指令来识别哪一方是对的（合理）、哪一方是错的（不合理）。

因此，法律的独特机制（devices）：通过足够且必要的拟制清晰度（artificial clarity）和确定性来定义术语、明晰规则，以此确立一道"明线"（brightline），才使许许多多实际生活中的法律问题变成**简单问题**（easy questions）。法律定义和规则旨在为公民、法律咨询工作者和法官提供一种用以决定尽可能多问题的运算法则（algorithm）——原则上来说是所有问题——是（或不是），这种做法会（或不会）合乎法律的（lawful）；这种安排是有效力的；这种契约（contract）是一种完结（at an end）；这些损失可以弥补，而那些则不可以；等等。在法律力所能及的范围之中，它将为推理提供来源——成文法以及基于成文法的规则、普通法规则和习惯——这种来源能够就不同的争议解决方

---

〔15〕　另参见 *NLNR* 231 - 7；essay Ⅳ. 2（1984b）；essay Ⅳ. 3（1989b）.

案是对是错、是好是坏进行排列（通约）。

法律人的交易工具——他们找寻使用权威性来源的能力——是服务于一种目的的手段。对于构成一种技艺、一种技术性推理模式来说，这种目的是足够确切的。此外，这一目的是所有争议（以及正确判决所涉及的其他问题）的明确（unequivocal）解决方案，我们能以某种方式预见并提供这一方案。这种对确定性以及对一整套独特正确答案的追求，其本身仍然是在服务于一种更广泛的善，这一种善与所有人类基本之善一样，都无法化约为一种确定的目标（goal），而是一种开放式的（open-ended）善，人们以及他们的社群可以参与到这种善之中，而永远不必理解或竭尽它：这就是正义和谐之善（the good of just harmony）。只要它是倚靠自身来作为一种完整人类成就的一个维度而得到提升和尊重，那么，这就是一种道德之善。作为一种道德之善，它的意义（implication）通过所有与之相关的道德原则得以具体化。

所以才出现了一种张力，它反复出现于德沃金对法律推理的研究中。

V

德沃金寻求解决法律属性和法律推理属性之间的紧张关系，把它理解为一种文化上的特定技术，这种技术使我们能够对社会协作及其属性所产生的问题获得可预期的答案，在它的每一个决定性立法、裁决和司法时刻，这种社会协作都是一种参与正义（或不正义）事业的道德行动。在我看来，德沃金所尝试的方案没能把握住这种紧张关系的真正本质和意义（implication）。

在德沃金所刻画的司法推理中，法官使用两项审判标准；正如我们将要看到的，在这两项标准之间存在一种不可通约性，具有重要道德意义的选择和理性驱动的选择包含着不同的人类基本之善，它们之间的不可通约性与此是类似的。这些标准或层面中的一项属于我所谓的第三（道德）秩序或理性，另一项属于第四（技术性）秩序。德沃金将第一个层面称为"合适"（fit），即与现存法律"材料"的融贯性，这些法律材料由过去的政治决定亦即立法和权威性司法决定（先例）所创设。他目前将第二个层面称为"证立"（justification）。[16] 他还尝试指出，在绝大多数疑难案件中，都可以找到一个特别正确（"唯一正确"）的答案。

在不诉诸任何有关人类之善客观性或正确判断对错的怀疑论的情况下，我们就可以否认最后一个命题。我们也无需依据流行的论证来预测此否认，德沃金正确地对这种论证予以蔑视和驳斥——该论证认为意见不一致（disagreement）是地方性的（endemic）、根深蒂固的。（因为意见不一致只不过是一种关于人们的事实，逻辑上与任何实践主张或其他解释性主张的价值都不相关。）我们拒绝德沃金的唯一正解命题，也无需依靠于下述事实：无人具有德沃金所想象的那种法官的"超人"（superhuman）能力。

即便是一位理想中不具有超人能力的人类法官，也不能轻而易举地探寻到一个疑难案件（即法律人在成熟法律体系中所使用的"疑难案件"一词）的独特正确答案。因为在这样一个案件中，对正确答案的寻找在实践上是不融贯且无意义的。很大程度上，就如同探讨"最浪漫且最短的"［或"最有趣且最好的"，或"最英式（English）且最深邃的"］英文小说是哪一部一样。

假设如德沃金所言，司法评判（assessment）存在两个"层面"或标准，我们就可以说，不仅当存在超过一个没有明显违反可应用规则的答案时，这个案子在司法上是难以决定的，并且，当这个答案能够依据每一个相关评价 222 标准而被以不同顺序排序时，它同样也是一个疑难案件：以小说为例，它们的简洁与英伦风格（或幽默，或深刻，或其他）；以司法判决为例，它们与之前立法和先例的匹配，以及——让我们将此归功于（而不是让步于）德沃

---

　　〔16〕 参见德沃金 *Law's Empire*，255. 由于依据德沃金的解释，两种维度对于证成司法决定都是必要的，因此这是一个令人困惑的术语。此前，德沃金将第二维度称为（内在的、实质的、道德的）"可靠性"，这种称呼更好。参见 *TRS* 340 - 1. 德沃金所采用的标签仍然具有一种澄清的作用，即匹配性自身就是一种历史事实，亦即一种在特定时间跨度、特定社会中的相关机构作出了哪些裁判和决定的事实，也是一种某些实际或假设的判决或决定在内容上对应于之前判决和决定之程度的事实，尽管这种相关性是由一种必要的条件来确保特定道德、政治良善和如社会以及整体的需求。

金——它们内在的道德可靠性。[17] 在这个案件中存在一种那些研究（第三种意义上的）"理性选择"的理论家们所称的"不及物性"（intransitivity）。理论家们承认，这是一种无法驾驭的现象：[18] 从法律匹配性的角度来说，方案 A 优于方案 B，且 B 优于 C，但从"道德可靠性"的角度来说，方案 C 优于 A；所以我们没有充分的理由宣称 A 或 B 或 C 是"最佳司法决定"。如果两种维度上的排序是一样的，那么这个案件当然就完全不是疑难案件，因此，法律体系也对此具备那个总是为我们所欲求的独一无二的正确答案。

在《法律帝国》之前，德沃金的研究中尝试通过提出一种词典编纂式的（lexicographical）（罗尔斯使用的术语是"lexical"）排序来克服这种不同评定维度或标准之间的不可通约性。1980 年英国法"最佳解释"的各种候选方案必须足够地匹配于现存英国法律材料，其中那些满足这项界点判断标准的便排序高于其他判准（道德可靠性）。总的来说，就绝对是"最好的"，即

---

〔17〕 贯穿于对德沃金的评定维度的讨论之中，我视其如下假设为理所当然：这种假设认为"道德"和"道德可靠性"指涉了"评定维度"，这种评定维度有时能合适地（与司法义务相关的某种意义上的"正确"）从属于某种或某些其他标准（例如"匹配性"）。但此处的真相（truth）却有所不同，尽管并不简单：道德总是胜过其他所有选择标准，尽管不是以一种使不道德选择变得不理性的方法，但任何与一位法官相关的道德真理的真值条件都包括了与匹配性相关的事实；如果这些事实不能（在道德评判的标准上）与道德协调一致，那么我们将落入恶法（lex injusta）的境地，参见 *NLNR* Ch. 12. 另参见 essay 15 at 251 – 3 below.

〔18〕 "博弈理论"——一种巨大且复杂的理论，致力于对日常生活情况（例如"讨价还价"）的推理，这种理论被认为是**如同**存在于一种简单的、单一目的的、自利的竞争性游戏结构［a vast and sophisticated body of reasoning about situations of ordinary life（e. g. "bargaining"）conceived *as if* they had the simple, unitary – goal, self – interested structure of a competitive game］——中，第一公理（axiom）关乎传递性（transitivity）；如果 a 优于 b 且 b 优于 c，那么 a 必然优于 c；如果 x 不如 y 且 y 不如 z，那么 x 不如 z；等等。对于除"优于"或"不如"之外的比较性谓词（predicates），例如"更好的是"，也是一样的。See Luce and Raiffa, *Games and Decisions*, Ch. 1. 头脑清醒的博弈论大师发现，在真实生活中充满不及物性：a 在某个方面（例如更接近学校）优于 b，b 在另一个方面（如身体舒适度）优于 c，但由于这两种比较的基础（接近与舒适）是彼此不可通约的，我们就不能说 a 在任何意义上优于 c，且不论无条件的（unqualifiedly）优越。所以 Luce 和 Raiffa 只能说（be reduced to saying）："我们可以说我们只关注及物（transitive）的行为，希望还能说，我们相信这不总是一种空洞的研究"（*ibid.*, 25）。在同一页中他们发现，不及物性的典型因果（cause and effect）在于：主题（topic）或情形强迫（forces）了"在固有地不可比较的方案之间的选择"。他们的观点是，每一个方案都会引起许多不同"属性"比例的"回应"，且尽管每个比例自身可能是及物的，他们的融合（amalgamation）却不需如此。（The idea is that each alternative invokes "responses" on several different "attribute" scales and that, although each scale may itself be transitive, their amalgamation need not be.）

便其匹配性不如其他（或另一个）解释。[19] 然而，这一方案是空洞无力的，因为德沃金没能识别出任何标准，无论是多么粗糙或"原则"性的，从而具体化合适匹配性是"充分的"，也就是将定位超越盛行标准的（匹配性）界点（这就像被要求在那些"足够短小"的小说中去寻找最有趣的那一部 223 一样）。可以假定，"匹配性在何时是充分的"这个问题的正确回答的各种候选方案本身就会根据匹配性和可靠性排序。一种无穷的倒退正山雨欲来，它是一种使我们所谓理性解释无效的邪恶类型。

在《法律帝国》中，德沃金抛弃了在两种判断之间进行词典编纂式排序的简单图景。留给我们的只剩下一种隐喻："权衡"——"对政治美德（virtues）的一般性权衡"，体现在对（1990 年的英国）法律各种相互竞争的解释或说明之中。但在缺乏任何能够通约这些不同标准尺度（metric）的情况下，对权衡［或早期所称考量（weigh）］教导的正当意义不外乎就是，"依从良知把所有相关因素记在心中，然后作出**选择**（choose）"。或者从法律层面来说，"听取论辩，坐在最高法院的位置上，作出**投票**（vote）"。

要理解实践理性（rationality）的全部形式，我们应当注意到选择经验（the experience of choice）中的一个特点。在一个人作出选择**之后**，就那些支持相反选择项的要素来说，支持所选择项的要素通常会看起来分量更重，会打破平衡。所选选择项——去做 x，去采纳规则或解释（interpretation）y——通常（对作出选择的人，如果不是旁观者的话）看起来会具有一种至高无上的地位，一种独一无二的正确性。但是，这种意义上的至高无上和那个（所选）选择项的正确性并不会改变真理，即这个选择不是基于理性的决定（rationally determined），亦即它不是基于一种对哪个选择项或答案"为正确"的鉴别［而且这并不意味着它是不理性的（irrational），它是不同理性吸引力之间的选择项］。而是说，这个选择确立了"正确"的答案——亦即，最终通过诉诸选择者的性情（disposition）与情绪（sentiments）而使答案得以确立。[20] 当最

[19]　See e. g. *TRS* 340 – 2.

[20]　See Grisez, "Anti – Consequentialism", at 46 – 7.

高上诉法院（一个原生事实）（中的多数）对一个疑难案件作出决定时，答案独一无二的正确性不仅仅由选择者的态度决定，也因法律体系或共同体而作出，这就是他们所赖以作出权威性决定，以及确立一个规则，或确定一个**规则**（rule）的原则。

VI

德沃金关于司法判决的两种维度或标准之间的不可通约性，与另一种不可通约性极其相似，后者所指的不可通约性来自于具有重要道德意义选择的各种可替代方案中的善，它可能来自于任何语境之中。那些支撑了（尽管没有耗尽）道德和政治理性的法律理性，在不理解不可通约性的情况下是无法被理解的。

不可通约性是指不存在任何能用以衡量的经过理性鉴别的标准尺度，或"考量"（scale for "weighing"）尺度，来衡量相关善恶，这远比我们根据德沃金倚靠法律匹配性和道德可靠性两个维度所简易描绘法律推理所能想象出的更为普遍、更为紧张。我们在低微语境中遇到的不可通约性，例如必须在去上课、读一本好书、去电影院和与朋友交谈之间作出选择。我们在涉及重大社会选择的时候会遭遇不可通约性，例如是否要拒绝或宣布放弃一次核威慑。[21] 探究这种选择将充分阐释所有形式的指向具有重要道德意义选择的综合推理——这些选择外在于鉴别什么是达成一个单一目的成效最高手段的纯粹技术或技术性任务。

技术理性推理的最大特点在于"成本效益分析"，比较不同方案之间的

---

[21] See *NDMR* 207 - 72. 拉兹在 *The Morality of Freedom* 的第 321 - 366 页对不可通约性的探究得出了一些类似的结论。

成本与可能的收益。[22] 只有当（i）目的意义明确；（ii）成本可以与某些确定的单位（如金钱）相比较；（iii）收益也能以某种方式量化，使得他们能够彼此通约；（iv）除了它们的效率、可衡量的成本和收益之外，其他各种手段之间的不同，不会被认为具有重要影响。这些条件在道德推理中均不能被满足。

的确，只有一种适格条件（qualification），[23] 具有重要道德意义的选择都是不必要的，并且，如果一个选择项能被证明在一个单一尺度上是**最佳的** 225 (the best) 为不可能，这个尺度作为所有综合推理都会使用，它以一种简单的、传递的顺序来为各种选择项排序。如果存在一个（去做 x）的理由，这个理由又是经过某种理性（rational）比较方式鉴别的，认为是**理性**（rationally）可取的，而替代性理由（反对做 x）又因此被鉴别为理性次等的，那么在那样的选择情况中，这个理由就不再具有理性吸引力了。这个理由因此被认为是支配性的、无条件可取的，这个理由所支持的那个选择项也因此被认为是理性上无法反对的。这边**没有**给道德理论所欲引导的类型留下**选择**（no choice）。因为，道德理论所欲引导的那些具有重要道德意义的选择只存在于具有理性吸引力（rational appeal）的那些可替代选择项之间。

---

〔22〕 还有一些其他形式的推理存在于第四秩序即文化秩序之中，如美学。导引选择者作出决定的并不是任何充分独立鉴别的有关有效手段的目标，选择者可能计算并采纳这些有效手段以达至目标。艺术创造因此超越了技术。相反的是，为了回应他们所致力于的那些事物的明智的个性（sensible particularity），每一个选择者都由目标（object）的某种"意义"所导引，这种意义只能通过制造（producing）该目标来描绘，而这又对测量任何特别追求的充分性产生了帮助。在创造的过程与这种想象性的对目标的"观念"、"直觉"、"期望"（anticipation）之间，存在一种互动；在这一过程中，这种期望可能——甚至激进地被精炼或改变，而不会消失。对最终产品的艺术的、审美价值的（好的或坏的）评鉴，包含了一种对统一性（unity）的审美接受，这种统一性存在于"作品在试图说什么"和"作品是如何诉说的"之间；美学理解并不止于任何一端，也不会在标准（criteria）和作品（composition）之间完全优先并外在地使用前者。假设一个作品具有一种内在统一性、清晰性、整体性，它就可能具有一种审美价值来支配和重塑——而不会被支配——前的标准，这些标准对之前审美目标的特点进行了一般化处理，通过确立自身的内在统一性、清晰性和整体性，获得了美学价值。

〔23〕 资格证明：例如，在两个选择项之间可能存在选择，其中一个是由理智（rationally）驱动的，另一个尽管在结构层面的塑造手段上是由智力（intelligence）完成的，但它最终仅仅是通过感觉来驱动的。然而，这并不是那种关涉道德推理的选择，尽管抵抗对来自于兴趣动机的诱惑毫无疑问具有道德上的重要意义。

　　将某些选择项鉴别为道德错误，并不包含将一个选择项鉴别为（道德上）独一无二的正确。的确，即便当我们能够把一个选择项判断为（道德上）对于一个人来说唯一正确的选择项（一个只有那个人先前承诺和倾向中才能使其成为可能的道德判断），这也仅仅意味着那个可替代、不道德的选择项是不完全合理的（not fully reasonable）。这绝不意味着这些选择项是不理性的（irrational），亦即缺乏真正意义上的理性吸引力，缺乏那些可以被不道德选择项确保的可理解的人类之善，这种善可能因道德上恰当的选择项而牺牲。因此，特别是在具有人类特色情境之中，理性驱动具有重要道德意义的选择仍然是可能的，即便在一种可能存在相对不常见的关于道德上"那个正确答案（选择项）"的情形之中。

　　但当技术性推理把一个选择项鉴别为独一无二的正确，亦即支配性选择项时，它们的办法是呈现出这样一种情况：**这个选择项提供了其他所有选择项所能提供的，而那些选择项所没有的，这个选择项也提供了一些**。这是无条件更好的。其他选择项则缺乏理性吸引力。这种审议并不在于选择——此外还指那个模糊术语的广阔、中心意义——而是在于见解、"决定"（decision）（不是选择，但是在理智上具有强迫性的判断）和行动。

　　我已（在 sec. Ⅱ以上）说过，有一个道德原则会通过选择去毁灭或毁坏对人类基本之善在任何位格人身上的例证，而排除与基本理由对抗的行动。因为这些例证不过是人类现在或未来的某些维度，而且，人类不可被理性化约为能被技术性推理所理解的可通约要素。这些对人类之善的例证构成了一些对任何特定选择项的**反对理由**（reasons against），这些选择项包含着毁灭或毁坏任何人类之善的选择（意图）。该不可通约性包含在这些具有重要道德意义选择项之善中，其重要意义在于：不存在一个**支持**（for）这一选择项的，却还能被理性认为是较那个反对这一选择项的理由更优的理由。对于一由自身不公正所构成的选择项，反对该选择项的理由亦同样如此。

226　　有人可能会问，我们依据反对理由而不是支持理由（reason - for）来规制人们的选择，这样做的依据又是什么？再一次地，我们无法在不援引世界某些特点的情况下对它们进行陈述，这些特点是所有人类选择的根本语境。具备支持理由的选择项是不计其数的。作为一个有限的人，我绝对无法去做所有事，无法去选择所有具备理由的选择项。但我能够限制自己不做某些事；我能尊重所有严肃的反对理由。所以，一种无条件或绝对的肯定性义务（去做某事的义务）将导致一种不可能承担的重担，并且这也是不理智的（irrational）；但消极的道德却绝对（不去做某事的义务），如果我们注意到意图与副作用之间的区分并正确陈述的话，全都可以附着于任何以及所有场合。

此外，许多人类之善（如其他人的生命）都是一种馈赠、给予，我们可以予以破坏或毁坏，但却无法创造。此处，这也是支持理由和反对理由之间可理解的不对称（intelligible asymmetry）的一种基础。在它们的范围内，反对理由的优先性赋予作为整体的道德以一种消极的计算，或将"道德纯洁性"提升到一种至高无上之目标的地位。实践理性首要原则的第一个分支坚持主张，我们应当完成并追求人类之善，第二分支主张邪恶应被避免。但是全面对于绝对义务的尊重和坚持，为个体和社会的积极义务敞开了广阔的空间，这些绝对义务克制了邪恶。

VII

道德绝对准则给法律推理以支撑：我们拒斥对人甚至是他们的利益的故

意毁坏、故意伤害，[24] 拒斥为确保预期结果的达成而故意欺骗，拒斥把人
227 视作一种比自治性人类主体更低级之存在的奴役。这些道德绝对准则由理性
所确定，本质上是决定性的，它们组成了绝大多数的基本人类权利以及刑事
法律、故意侵权法律的基础，更不用说对故意欺骗施以惩罚的所有规则、原
则和教义，对其收回所有的法律支持，并将其排除于法律过程之外。

这些道德和法律规范的理性（rationality）取决于那些具有重要道德意义
选择项中的人类之善与恶的不可通约性。对法律推理来说，这一特性具有深
远的影响和重要性。

关于公平的道德规范，其核心是黄金规则（Golden Rule）："如你期望别
人用对待你的方式对待别人；己所不欲，勿施于人。"这条规则有两个维度：
第一个维度是实践理性，处在关于竞争性游戏的有限技术性语境之外，包括
一条有关公平（fairness）的理性（rational）规范。这条规范并没有将所有对自
己与自己亲近之人偏爱的形式及其相应感受排除，而是将那些由欲望、憎恶
或敌意所驱动偏好的所有形式予以排除，它们无法与真正行动**理性**（reasons）
的可理解维度（intelligible aspects）相匹配，这些理性就是在其他人类的生活中

---

[24] 英国法宣称将拒绝承认一项原则，它主张存在一种充分的伤害意图可以将不法行为变成合
法行为：*Bradford Corporation v Pickles* [1895] AC 587；*Allen v Flood* [1898] AC 1。但此宣称的意义被
Quinn v Leathem [1901] AC 495 和 *Crofter Hand Woven Harris Tweed v Veitch* [1942] AC 435 所确立的教义
①大幅度缩减了，即一项做某个行为的合意，以伤害他的主要意图伤害了原告，这是一种侵权，即
便这些行为自身是合法的。而且，根据②更进一步的教义将侵权行为赋予了那些受到不当行为的侵
害者，如诈骗、诱导或威胁违反合同约定或干涉合同；参见 *Lonrho plc v Fayed* [1992] 1 AC 448
（HL）。此外，美国普通法拒斥 *Bradford Corporation v Pickles* 和 *Allen v Flood* 案所确立教义的基础特征
的事实，使这些特征陷入困境，参见 Ames, "How Far an Act May Be a Tort Because of the Wrongful Mo-
tive of the Actor"；以及 *Prosser on Torts*, sec. 130. 此外，在 1890 年代，上议院采纳了一项准则，即不
能单凭动机认定一个人的行为违法，这一做法经由一种对行动和意图的瑕疵分析后令人倍感困惑：
①在对感觉与行动理由的区分中存在一项根本性错误；例如，Watson 勋爵将这个原则解释为："当已
经结束的行为合法时，除促进这种行为的感觉之外，民事法律不应当对其动机进行认定"（[1898]
AC at 94）。②相应地，我们没能成功地认识到对行动的描述与鉴别，应当依据慎思（deliberations）
所鉴别出的目的和手段完成，这种慎思在行动者的各种选择之间形成了选择项，且因此清晰地区分
了目的或手段与副作用。上议院在 1898 年所拒绝的观点被归入"恶意"之中，即一种"以牺牲他人
来使自己获益"的企图——这一观点混淆了他人之损失正是获益者的目标（以及个人财务收益仅仅
是一种受欢迎的副作用）的案例与个人财务收益作为目标（他人的损失仅仅是一种可预见的，或甚
至是一种受欢迎的副作用）的案例；上议院在没有鉴别清楚这种根本的模糊性的情况下就拒绝了上
述观点。[See essay Ⅱ.11 (1995a) endnote at 215–17.]

能被感知的人类基本之善，就如同在一个人及其亲近之人生活中所能感知的那样。

黄金规则的第二个维度在于，尽管公平因此成为一项要求人们超越一切理性上不整全的感受（rationally unintegrated feelings）的理性规范，它在个人生活中的具体实施却预设了一个关于收益与负担的序列，理性无法与之通约。如要实施黄金规则，我们就必须了解什么样的负担对于一个人来说是过于沉重而无法接受的。而关于此点的知识构成了一种前道德通约（pre‑moral commensuration），它无法被理性通约。因此，这种知识只能是我们关于自身可区分**感受**（feelings）的直觉和见解，这种感受指向我们有过具体记忆、体验或想象的多种多样的善恶。我要重复的是，这并非一项理性且客观的对善恶的通约；然而一旦它在我们的感觉中得到确立并被鉴别为我们的自我意识，这种通过感觉的通约就使得我们能够对那些选择项进行排序，这种排序要倚靠一种理性且客观的关于人际公正的标准。

与此相似，在一个共同体的生命中，对无法进行理性通约的要素的初步通约不是通过理性决定的判断，而是依靠**决定**（decisions）（选择）来完成的。将 10mph 以上的速度驾驶的危险性施加于他人身上，这样做公平吗？是的，在我们的共同体中，它已经依靠习惯和法律**决定**（decided to）而不把这些危险看得过重。我们是否具有一种对共同体决定的批判，如果它决定主张要限制道路交通速度在 10mph 以下，且接受全部经济上的和其他关于如此决定的成本？或它不具有信托制度？或建设性信托制度？不，我们没有对这种共同体的理性批判。但是，我们的确具有这样的理性批判，所针对的是下述情况：一个人以 60mph 的速度行驶，当他被别人撞到时，他抱怨并指控其他人以超过 10mph 的速度行驶的这一事实证明他人存在疏忽大意；或一个人意图在其破产过程中依靠信托来获取利益，却不愿接受法律对信托与合同的区分。

并且，一般来说，当一个人接受基于此的利益和基于其他公共决定的利益，却又拒绝它们以及这个人所感兴趣者所施加的负担时，我们就会对他进行理性（rational）批判。简要地说，允许道路上车辆以超过 10mph 的速度行

228

驶的决定，或如英国法律那样定义信托的做法，都是缺乏理性的。[25]（这不是说它曾经或现在是完全不被理性所引导的；人类身体生命及其完整性之善总是与实践相关的真正理性；并且，理性所要求符合我们个人和社会容忍或不容忍他人——以非交通方式——对那种善造成威胁，也为决策提供了一些理性标准。对于信托，也与之类似，在数世纪当中，其理性违反了许多试图压制这种双重所有权的立法意图。）尽管仍然无法理性确定（rationally underdetermined），但允许快速行驶的决定一经作出，就提供了一项完全确定的理性（rational）标准，以处理那些被指控犯有过错行为或过错致人伤残的人。在破产中，信托亦是如此。

在法律程序的运转过程中，经常要使用到这样一个原则——一个关于公229 平的原则——法官（以及其他具有决定权者）应**不偏不倚地**（impartially）对待诉讼当事人双方（以及其他相关方），因为所有法官对待他们的方式都是近乎一致的。我相信，这才是使法律朝向人工的、**技术的**（technē）、理性的真正原因，这种理性尽可能地设定并遵循一组可以仅通过它们的"来源"（亦即通过它们的法案或其他构成性事件这一事实）被识别的实在规范，并尽可能地根据它们公开规定的意义来适用，因为它不受关于来源（构成性事件）事实的控制，这种意义自身的解释尽可能地不需诉诸考量，对于不同法官来说，这种考量内在地可能受到不同的吸引。然而，这种想把法律推理从道德推理中隔绝出来的驱动是永远无法被完成的。

对于法律推理，不可通约性具有一种更深层次的影响。它排除了我们所提出的关于法律推理的技术，这种技术被称为法律的经济分析。这种技术的核心在于，依照一种简单的通约要素，即通过金钱来衡量相关社会行动者愿意并能够支付确保他们所倾向选择的财富（或最大值），把所有严肃的社会

---

〔25〕 当然，这并不意味着它是一种批判法律运动所含糊而不严格使用的那种强语义的"无法决定"（indeterminate），亦即，在完全没有理由引导至此意义上的无法决定〔See essay IV. 13 (1985c), sec. II〕。因为身体生命和完整性之善总是一种与实践相关的真正理性；并且，关于人类反应时间和易受影响性的事实提供了一些深层次的理性选择标准；对**其他**（other）——非交通的——针对那种良善的威胁的个体和公共宽容或不宽容之间的协调性的理性要求，也提供了一些深层次的理性选择的标准。

秩序问题都通过整合（aggregate）不同选择项所许诺的整体净善（overall net good）予以解决。对经济分析同样核心的是这样一个假设或命题，它主张购买故意制造伤害的权利与购买不去谨慎行事以避免相应意外伤害的权利，这两者之间没有原则上的区别。[26] 对法律的经济分析的彻底批判将针对这两个特点展开。

如德沃金那般（尽管是有助益且值得）不那么基础性的批判，[27] 就没有涉及这些特点。的确，德沃金对权利与集体目标（德沃金将后者作为立法的理性范围而提出）的区分是一种非批判性假设。这一假设主张，集体目标能够被理性识别并倚靠对价值的集合而从候选项中胜出，但并不考虑分配公平以及正义的其他维度——一些原则，它们自身即构成权利；以及另一些根据某种理性方法论（rational methodology）而不能与可测量价值量（measurable quantities of value）对抗的原则。[28]

VIII

总而言之，对于什么样的善更重以及什么样的恶更轻这一问题，许多法律推理的学术理论极大地夸大了理性所能解决的程度。与此同时，这种理论轻视了我们对权威性来源的需求。在清晰的范围之内，这些来源以及对绝对道德权利和义务的尊重，应当被尊为司法推理和决定的唯一合理基础（reasonable basis），关乎那些数不尽的不直接包含绝对权利和义务的议题（issue）。古典传统的自然法理论并没有假装认为自然理性能够鉴别出一项正确答案，从而为那些觉得法律来源不够清晰的法官所用，以解决所面临的不计其数的问题。

在阿奎那借鉴亚里士多德之后所阐发的古典观点中，[29] 有许多种走错

230

---

〔26〕　essay Ⅳ. 16 (1990b), sec. Ⅳ.

〔27〕　Dworkin, *A Matter of Principle*, Pt. Ⅳ.

〔28〕　essay Ⅲ. 1 (1985a), secs Ⅳ and Ⅴ.

〔29〕　*ST* Ⅰ－Ⅱ q. 95 a. 2; *NE* Ⅴ. 10; 1134b19－1135a6; *NLNR* 281－90, 294－5.

路与做错事的方式；但在许多，或者是几乎所有个人和社会生活的情况中，都存在一些不相容的（incompatible）**正确**（right）［以及非错误（not - wrong）］选择项。前在（prior）的个人选择或权威性社会决定的作出（decision - making），能极大地缩减选择项的多样性，这些选择项就是那些作出那种承诺的人或接受了那种权威的共同体所面对的选择项。尽管那些选择项和决定是理性且合理的（rational and reasonable），在大多数情况下，理性（reason）仍然对它们没有需求。任何主张**这个**（this）选择项是**那个**（the）正确答案或最佳解决方案的理性判断，都不前在于（preceded）上述选择项和决定。

第三部分

公共理性和非理性

第 15 章

通约和公共理性 *

有一种法律的经典解释称之为尺度：衡量行为的一种规则（*quaedam regu-* 233
la et mensura actuum），行为的一种规则和尺度。[1] 这是一种法律自身的术语，
如其创制者和执行者，坚持将其自身原则和规则作为比较选择的一种（非选
择性）标准，并将它们列为义务的、允许的或是不允许的，或是法律上有效
可执行或不可执行的、可撤销的或无效的，诸此等等。实际上，法律乃是一
系列公开采取的理性，以供采取或拒绝公共或私人行为建议之用。在本章
中，我认为法律是公共理性和选择的一种范式，并且使用这种范式来揭示公
共领域决策之（不可）通约性的导向。

当然，除非法律也符合一定的标准，否则它就不配其在我们思考中所占
据的位置。尽管我们需要法律，尽管作为一种生活方式的乌托邦几乎没有什
么明白的诉求，但霍布斯主义将"正义"重新界定为符合法律，虽然为此
不得要领地穷尽我们的词汇，却仍然让每个人都感到震惊。如果公正不是与
他人交往时的合理性标准，那么正义的要求会是什么呢？此外，在为行为提
供正确指引其思辨的标准时，如果要赢得起主体尊重的话，法律是否必须符
合理性的标准？

---

* 1997b.

〔1〕 *ST* Ⅰ - Ⅱ q. 90 a. 1c（在 a. 4c 的定义中，这种解释得出结论认为："一种理性规定，指向
共同之善，由对共同体负有义务的人或机构颁布"）。"*regula et mensura*" 短语转用了亚里士多德在
NE Ⅲ. 4：114a 33 中使用的短语 *kanōn kai metron*，然而，亚里士多德是在表达他的流行命题，也就
是，真正高尚且让人舒适的标准和尺度并不怎么是区别于人类大众的一个人，也就是好人（真诚者、
成熟饱满者）那样一个命题（规则），或一系列命题。参见 n. 32 及以下文本。

在法律为其主体拿起审议之前，它本身已经被制定者审议过了（在这些立法者中，也有一些有权能够并且确实存在决定哪些和一定问题相关的法律
234 资料应当被拿来考量的人）。立法者的审议以选择结束；作为选择项，其他的实践可能性——或许包括任其发展——也会具有一定的吸引力。据称，这些审议会根据各个选择项所包含的更多或更少的善（或许是更少或更多的恶），对它们进行**比较**和**排序**。反过来，立法者的评估、比较和排列，不管是否充分，都可以并称为批判者、改革者、支持者以及其他每个人追踪和重新评判，只要他想了解法律是否得到证立，以及更根本地说，想了解把法律和/或这种特定法治作为常规尺度、作为在良心上评断人们自己日常选择的标准是否合理。

I

立法者能够且应当通过严格意义上的通约方式将各种选择评估为更好和更坏，提出这一观点者为法律改革者，尤以贝卡利亚和边沁最为著名。有人将他们给出的原则列为：集利除弊，追寻具有最佳收益的选择项。在个人和政治伦理集合传统的缔造者那里，所用的单位为"快乐"（痛苦则被简单地预设为一种以单一度量衡量的否定性数量，从精致的快乐一直降低到残暴之痛）。[2] 边沁从休谟那里学习到，追求快乐的欲望并不是一种**理性**。尽管如此，善（快乐）应当最大化、而恶（痛苦）应当最小化的原则仍然被理解，并作为一种理性原则提出。

功利主义所指向者为对理性，也就是对各种理性指引感兴趣的人；而不是这样的人，他们唯一关心的乃是得到他们偶然想要，或时下或其他条件下

---

〔2〕 边沁确实为功利主义通约进行了设想，将其单位设想为货币。参见以下著作引注（以及关于通约和不可通约性的一般探讨），Grisez, "Against Consequentialism", at 35－6；关于边沁承认"不同主体幸福的加法"不过是一个虚构，see also *ibid.*, at 30.

他们想要的东西。[3] 同样，在法学理论中，功利主义自我制定的继承者，也就是法律的规范经济分析也同样如此。在其经典形态中，[4] 它把"效率"目标作为最高的，实际上排他的法律理性标准，也就是最大化社会财富或价值的效率，这种效率以愿意和能够以金钱支付的相关者进行衡量。 235

像其他正义理论一样，所有通过度量比较其他可预见后果预期净价值的这些引导社会选择的观念，都是大众反对的目标。有人认为，选择（及其后果）无法通约，原因在于评判视角多元且不可化约。现代社会中，各种理想、意识形态、生活理念和生活方式本质上多种多样，无法逾越。[5] "价值解释性的不可通约性"排除了对选择所做的任何重大集体性排序，它同样也对排序预设了功利主义或经济主义的方案。

但是，对通约性的这种否认失败了。它错误地推导出一个关于什么是或不是好的行为理由的结论，而所用的前提则只不过是这样的事实——关于公共意见的事实，也就是观点纯粹多元，诸此等等的事实。又或者，它不过忽略了行为充分理性的问题，因为这一问题的提出乃是在或与审议和选择观点一起，而不是关于其他问题的话语（关于它们观点的现有以及可预期的多样性）。又或者，即便它确实是（实践性地）从"内在观点"关注行为理性，并提出了一种政治选择（例如"不可通约"的善之生活观念之中立性），它也未能表明比如功利主义在想象社会转型、批判教育和改革时的错误，在个体及社会之善的真理借以推翻所谓不加批判地接受世界观之"不可消除"的多元性时。

世界观不可通约地具有多元性，原因在于选择具有根深蒂固的多样性，这一主张忽略了关于谎言的真理、对于不关注证据的关注、对于愚蠢和疏忽

---

〔3〕 参见 1990f. 在第二次辩论中，辛普森和麦克吉姆在 "On The Alleged Incoherence of Conse-quentialism" 中继续回避问题。他们假设认为，仅遵循某一情感动机比如自私的某个人，即便不是出于可能会被其他若干选择中所具有的善的叠加所包含在内的某一种善，其行为也仍然是出于一种"理性动机"。

〔4〕 波斯纳最终也妥协了，对"我们有时就是这样，理由无法解释"这样的道德标准也任性地尊重。参见 Posner, *The Problems of Jurisprudence*, 373, 377.

〔5〕 Pildes, "Conceptions of Value in Legal Thought", at 1529; see also Pildes and Anderson, "Slinging Arrows at Democracy", at 2162 – 5.

的见解、对于不正确的推理正确性的可通约性——简言之，即对一种世界观或关于人类之善及人类实现之观念作出判断的不那么理性的理性通约性。一般而言，主张选择这种不可通约性的意义被忽略了。当没有反对、同意以及解决争议的合理依据时，社会合作的唯一基础就成了潜理性（sub - rational）动机，比如欲望或恐惧、自我偏好或惰性。如果世界观无法通约，那么我们就没有理由去解释社会决策、宪法、法治等方案。因为，对于每个人而言，那样的挑战就会简单地变成谁在统治的问题，并将保持不变。支配将会缺乏正当理由，原因在于，即便从内在观点考虑（"我想要……"或"我偏好……"），需求和偏好的结合也无法构成或要求一种应然，也就是证立或要求一种行动方案。

此外，在康德的批判中，功利主义诉诸通约其他选择中的善恶来引导个体和社会选择，这恰恰会因为对非认知主义和相对主义的过度让步而遭到苛责。道德和权利是实践理性问题，但功利主义提议最大化者却根本不是一种理性，而是某种潜理性欲望、某种情感冲动、某种"感性动机"、某种[6]"幸福"。[7] 简而言之，这不过是某种"经验依据"，从这里，人们无法推演出"应然"来。[8] 所以，功利主义的结论并没有对审议主体给出任何理性规范，他们无法用以对他们的自由选择行为衡量是对是错（道德形而上学的最高概念）；[9] 同时，他们也无法用以对其意志给出任何指导，以至于可被冠以"绝对的"，也就是无条件的，"有约束力的"或是"义务的"。[10]

到此而言，一切都好。然而，康德所提出的取代最大化满足的功利主义标准也未能对选择的正误给出理性尺度。最为著名的是为人们选择行为准则的可普遍化性标准（也即人们通过选择所采取方案可理解内容的可普遍化性）。但是，声称一种准则**不能**被普遍化是什么意思呢？这是何种模式呢？

---

〔6〕 See Kant, *Grundlegung zur Metaphysik der Sitten*, 442.

〔7〕 See Kant, *Die Metaphysik der Sitten*: *Tugendlehre*, 377, 382.

〔8〕 *Ibid.*, 377.

〔9〕 参见 *Die Metaphysik der Sitten*: *Rechtslehre*, 218n 对道德形而上学一般介绍中第Ⅲ部分标题的脚注部分。

〔10〕 *Ibid.*, 215 - 16; *Grundlegung*, 441 - 4.

康德处理伦理问题的进路明确指出，他脑海中的（不）可能性本质上是逻辑性的：如果一种选择的普遍化准则包含着一个**矛盾**，那么它就是错误的。他试图将非道德性解释为一种非逻辑性问题，这种努力也无疾而终。无论是《形而上学》（*Grundlegung*）的著名例证（自杀、虚假借贷、主体过失以及忽略他人利益），[11] 还是《法权学说》（*Rechtslehre*）的著名例证（衡平法院、合法占有扣除、信仰宣誓、统治者暴力、惩罚性战争以及根据抛弃或长期使用的规定性取得）[12] 等等，如果没有那种论证旨在使之生效的前提性原则，那么就不会发现矛盾。

　　由于其正式的主导原则缺乏理性指引，因此，康德的伦理学（及其正义理论）就只是在以权宜"原则"衡量审议，这些原则如"自然目的"应当被尊重。[13]（这里，康德试图在逻辑秩序中为道德秩序找到原则，但是，他使用了一个附属于另一个非道德秩序的命题，也就是在我们谈论自然科学"自然的"意义上使用自然，从而不合逻辑地将其作为一个道德结论的前提。）此外，杀害无辜者、性、撒谎、吸毒等问题上，康德对西方道德传统提出了严苛的重申，在这著名重申的尾声处，康德悄悄地给自己提出了一个"诡辩问题"，在这里，他综合运用了直觉主义和结果主义的考量，[14] 这和20 世纪后期的学术伦理学极其相似。

　　尽管在正式层面，直觉主义随着普理查德（Prichard）、罗斯（Ross）以及他们那代哲学家而消逝，但实际上，它仍然很有生命力。20 世纪50 年代伦理学（"形而上学"）怀疑主义已经正式枯萎（在越南战争中?），现在，个体和政治道德的主要学术探讨都诉诸特定行为类型中"我的"或"我们的"**直觉**。"直觉"一词主张对立场的尊重性，维护这些立场的并不是理性，而

237

　　〔11〕　*Grundlegung*, 421 – 3.

　　〔12〕　*Rechtslehre*, 234 – 5, 245 – 6, 250, 317, 348, 365.

　　〔13〕　*Tugendlehre*, 424, 426. 康德认为，人类性行为的自然目的是繁殖。

　　〔14〕　例如，提出（反对西方哲学和神学伦理学的主流）不孕不育的夫妻之间的性行为违反理性（"自然的目的"），康德提出了一种反面观点：

　　道德化实践理性许可法律在与决定性的理由发生冲突时，为阻止一种更大的破坏，会（一如既往放任地）许可某种其本身不被允许者。*Tugendlehre*, 426（in Kant, *The Metaphysics of Morals*, 221 – 2）.

是对于共识的某种心照不宣的诉求。但是，作为对问题和反对意见的一种回应，诉诸共识却是错误的，在理性上也一无所获。在反对反对者方面，它只不过是暗示指出了，在这儿负责的是我们，而不是他们。

因此，若将相对主义、康德主义以及直觉主义的反对意见置之一旁，那么对于如下观念而言，就会留下一个正确的回应。该观念也就是，社会选择能够且应当通过衡量其他选择的可预测后果予以指引。这一回应具有若干要素。

II

第一个要素在此。只要其他选择的审议仍停留在技术领域，那么，对其他可及行动方案中的善恶进行通约就是可能的。这是适合成本收益分析的领域。这里，（i）目标定义良好，（ii）成本可用通过某些确定价值单位（比如金钱）进行对比，（iii）同样，收益可用通过相互通约的方式进行量化处理，并且（iv）除了可度量成本、可度量收益外，手段之间的差异以及他们各自作为手段的效率的其他方面，都并不具有重大意义。

回应的第二个要素是这里。由于道德上如此重要的重大选择中，都没有获得那四大特征中的任一特征，因此，在其他现有的行动方案中，个人或组织被认为在其中有机会作出一种道德上重大的选择，但通约其中的善恶并不可能——尽管可以通过重大方式予以比较。特别指出的是，要以其任何形式做出功利主义，或是结果主义，或是相称主义（proportionalist），或是经济主义继承者所要求的那种通约，并不可能（我之后提到通约和不可通约性时，除非情景表明有其他所指，否则我脑海中的就是这种类型）。因此，既然制定法律总是道德上重大的社会行为，那么对于参与其中的个人及其所代理的群体而言，承担道德义务并既为这些个人也为其群体而进行自决，在法律思维和实践层面，其他选择之善性的不可通约性就具有极大的重要性。事实上，我们将会看到，有些不可侵犯的人权恰恰是法律的基石，在为这些权利立基时，这是本质要素。

　　回应之所以具有两大要素，原因在于技术和道德乃是不可化约的独立领域。这种区别并不是建立在某个道德原则或规范基础之上。（如果是的话，那么，功利主义者、结果主义者、相称主义者或其他预设通约的道德理论用以反对反驳和"例外"，而对该原则所进行的抗辩，就会因需要诉诸批判这类理论中的原则或规范而变得问题重重。）相反，它植根于自由选择的人类行为之所涉及的现实。道德和法律的任何哲学反思都必须小心留意这些现实。而若是反思道德、公共理性和法律之中的不可通约性，则更要如此。人们不应当假定存在关于不可通约性，实际上是不可比较性的一般性理论，从而使得自然、逻辑或技术领域中存在通约性或可比性的真实情况，同样也在关于**各种选择**的审议领域中为真。X 和 Y 是否以及以何种方式（不）可通约和/或（不）可比，总是必然变成 X 和 Y 是什么。

　　在道德和法律中，类别上说，X 和 Y 是选择项：选择所能采用的行为方案。通穿本章，我用"选择项"所指的都只是这样一种方案：人们想出以供审议及采用或不采用，并不是作为某一博弈或其他此类技术界限内的一种可能行动，而是作为未决问题的一个显然适格的答案。该问题为：对我们这个且唯一的生命中的这一部分，我或我们应该如何**做**？所以，法律的制定和遵守就总是这种真正生活选择项的一个问题。不可通约性的问题就转化为之前的问题：任何以及每一个或其他选择——任何以及每一个优先于另一个或其他行为方案的选择——中所涉及的现实是什么？

　　每一个人类选择，无论是大（如结婚或是将来做个律师而非哲学家等）还是小（如给对手写一封表示友好的信，或自己花一周时间对关于可通约性进行思考并交流这种思考），都是踏入新世界的一步。当然，人们采用的方案都或多或少包含着确定的目标。然而，选择的内容和目标并不会为这些目标所耗尽。原因在于，选择所期待的利益（正是选择和行动的原因）具有开放性，不仅能够在设想和意图的目标中，还能够在更多的发展、机会、收益中得到例证，这些如果存在的话，其中很多都还处于模糊状态。此外，选择本身也具有一种更为深远的意义。

239

刚性和柔性决定主义无论如何与之相反，选择都可以是自由的。[15] 在自由选择中，人们每一个其他选择项都有理性，但这些理性却并非偶然确定的。人们具有这些理性，乃是他作出此种或彼种选择的一个必要但（即便是道德上正确的，并且是义务的）并不充分的条件。选择本身，而非其他因素确定了选择何种选择项。因此，在自由选择中存在着创造性。

并且，这种创造性同样也是自我创造、自我决定，并且或多或少自我建构的。人们或多或少会通过作出选择，执行选择，以及其他与之一致的自由选择来遵守它，从而实现自我转变。事实上，人们的选择会在其个性中延续，并成为其构成部分。就这方面而言，它和作为人们习惯知识（比如算术、逻辑或历史）而延续的见识类似，并且构成这些知识的组成部分，即便它很少或从未主动被想起或投入使用（这种见识也有效引导着人们的进一步探究）。然而，选择和习惯性知识并不相同，原因在于选择可以被后来并不一致的选择所推翻，尤其是在之后选择否定或追悔之前的选择时。然而，直到这种反转之时，它们仍然被沿袭着。选择的这种沿袭力围绕着那些持续的采纳方案，从而塑造着个性（以及更进一步的选择），这就是选择的一种真正效力——经典的称呼为"不及物作用"（"intransitive" effect），以此来标识它和超越选择者一致的那种作用之间的重大差异。作出选择，并不仅仅是开始进入一个崭新的世界，而是已经展开成为一种人（或社会），多少不同于其他可及选择项中审议善恶的人（或社会）。

简单而言，这就是亚里士多德关于选择中可能自由的现实，尽管晦涩，但对他而言，却足够明确地（整体而言）使他坚持实践（*praxis*）和制作（*poiēsis*）之间，以及与之对应的伦理和技术之间的基本区别，将其作为不可化约的[16]独特领域。[17] 生活——人们通过自己选择的行为而过的生活，以及（大部分）通过自己更好行动而过得更好的生活——从来就不是，也没有

240

---

〔15〕 Boyle, Grisez, and Tollefsen, *Free Choice*; and *NDMR* 256 – 7.

〔16〕 See *NE* VI. 4: 1140a7.

〔17〕 See *NE* VI. 4: 1140a2 – 23. 也（和 I. 1: 1094a4 – 6 一样）将制作和技术相类比，VI. 5: 1140b3 – 4; also see *Pol.* I. 4: 1254a8（*bios praxis, ou poiēsis*: 生命在于做事情，而不是制作东西，在于行动而非生产）。

这样一个人们不时可以通过其行为予以实现的目标，一如他们可以通过其精巧无限地发展其艺术/技术予以实现的目标那样。[18] 如果你在这里想要这样的回应（亚里士多德或许就是这样），目标是"取得或实现人类之善或人类实现"，那么，请重新思考一下组织实现它的那些人类实现方面正是对于这样一个目标的描述——本部分所概括的方面。

同样，组织，比如具有政治法律秩序的社会，其生活也同样如此，甚至更为明确。每个学生和法律执业者都会意识到规则和制度不断变化的开放性，这些变化乃是由一些多少稳定的原则所引领，并且在很多情况下具有一个特定目标，但它们的效率并不是通过将一个社会朝向单一目标推进而予以衡量的，即便该目标在原则上是通过"进一步的一个改变"而取得的。选择对个人个性的不及物作用具有明显的类似情形，从以下层面来讲，也就是一个主题上规则的每一个改变都会——通过融贯性和整体性论证——对其他主题的规则和论证发生影响。

在很多层面，法律（以及一个政治社会的法律秩序）都是一种技术，并且，法律推理的很多方面都有充分理由是技术性的——出于特定目标（比如使一项财产移转或身份改变生效）对文化的人造物的一种操控，这些目标可以成功实现和完成。但是，诚如围绕法律实证主义和解释的争论所充分明确的那样，法律也还是一种道德事业，社会以及社会中的每个个体和组织借以 241 构建法律，维系法律，并使之生效和发展，其方式是通过很多原则和/或政策理性，而非被某种可明确限定的目标所引导。

总之，正是这种个体和社会生活的开放性，使得可及的其他行动方案中的善恶通约变得不可能（而不再仅仅是不现实），而这些行动方案被视为选择项，乃是个人和组织必须作出的具有重要道德意义的选择。当苏格拉底和其他四个雅典人得到他们政府的命令帮助清算一个政敌时，那四人去履职

---

〔18〕　在 *Metaphysics* Ⅸ.6：1048b18－34 中，亚里士多德或许对他著名但艰深的教义做出了一些暗示（e.g. *NE* Ⅵ.2：1139b4），即实践（和制作极为不同）本身就是目的；他在这里所提出的是，恰当地说，行动（实践）中并不存在与生俱来的限制，因为它们并没有自身之外的目的将实现这些作为终点。在它们自身的世界中，亚里士多德将其作为最具决定性品质特征的乃是行动［继而是生活，以及过好（*euzen*）（正直快乐地）生活］的开放性。

了，但苏格拉底却"回家了"。[19] 博弈论者、功利主义者和相称主义者都会试着通约"情势"中的善与恶——也就是最有可能从苏格拉底所面对的两大最明显选择中推导出来的情势。这两大选择也就是：继续履行清算任务对比回家继而很有可能自己遭到清算（进而由失去一条生命变成失去两条生命）。[20]

然而，每一种选择都是进入新世界的一个步骤：或是这样一个世界，苏格拉底认为自己是一个谋杀者（选择杀害无辜者）而作为其成员；或者是这样一个世界，苏格拉底践行自己所传授者，[21] 也就是承受恶行要比做恶更好。今天，我们的世界是一个由苏格拉底选择回家而塑造的世界，（并且明天尽管会改变，但将仍然这样）。提议评估苏格拉底所面对的不同选择，对于我们世界中善对恶的净值，以及苏格拉底因选择**没有**进入那个世界的善对恶的净值，将二者进行通约对比是没有意义的，即便我们的世界本身并不是通过我们正在作出的选择而改变的。为什么要把我们的世界选出作为一个对比条件？假定（i）我们的世界除苏格拉底的行动外，还有诸多自由选择和事件塑造；（ii）尽管情势或好或坏都在一定程度上受到苏格拉底选择的影响，但我们世界中所谓的许多情势，较之苏格拉底和我们之间的各种不同情势，还有那些将来出现的数不尽的诸多情势，并没有什么理性意义的特殊优先性；此外（iii）无论主观还是客观，那时并没有一种概率理论可以为苏格拉底哪怕是原则上确定他选择的相关后果，更不要说在他对风险评估中赋予我们世界一定的优先性了，更不可确定的还有可能性及价值或负面价值的相对权重？[22] 同样，即便限定作为一个相称主义者，苏格拉底自己仅需关注"可预见影响"这一方案也不能得到保留。原因在于，苏格拉底会和其他人一样预见到，选择必然（因而可以预见原则上）会对选择者，以及所

242

---

[19] Plato, *Apology*, 32c－d; see *FoE* 112－20 [and essay 1 at 50－2 above].

[20] *Apology*, 32d. 事实上，三十人政府随后很快就被推翻了，所以就此而言，苏格拉底也会得到赦免。

[21] e. g. Plato, *Crito*, 49c－d.

[22] 关于"池塘中水波"的问题以及缺少一定客观可能性的理论问题，参见 *FoE* 88－9；关于重大风险的不可通约性问题，参见 *NDMR* 243－4.

有宽容或尊重该选择，并因而在其自身的审议中，亦将其作为理性原则的所有人，都具有自我构建的不及物作用。同样，他也很有可能会预见到其选择通过历史所激起的各种不可化约的各种影响，其方式和许多其他自由、自我建构的选择所产生的影响一样，在了解了他的选择后，有些人会，而有些人则不会受到影响。无论怎样，他都没有理由考虑应当在或尤其是通过 1997年的情势划出一条底线，无论如何设计或简化。同样，我们也不能如此。当然，在苏格拉底选择的这种开放性中，没有任何因素会阻止他作出选择，以及（如我们所会看到那样）非常理性地作出选择。

在启蒙运动之前，为什么没有重要哲学家接纳这样的观念？为什么没有道德或法律推理能够且应当由某种原则，也就是通约和最大化其他选择项中所承诺的净善值，予以引导？我认为，答案必然和一种或多或少丢失于启蒙运动中的见解有关，其丢失在于启蒙运动对人性、个体、社会行为以及历史发展采用了有些科学性的模板——该见解也就是趋向自由选择（道理推理）和技术推理的审议主体问题并不相同，我将其不同之处归纳为"开放性"。

休谟认为，"应然"不能从"实然"中推导出来。他认为自己的新论值得敬佩。（但是，他在自己伦理学和数学的积极研究中却忽略或蔑视了这一见解。）[23] 然而，更早就有哲学家更好地理解了道德"应然"，也就是趋向选择及行动的审议中的理性指引，不能从自然之"实然"中，或是不矛盾的逻辑中，或是任何技术的如何做（包括如何衡量）中推导（或演绎）出来。阿奎那认为，这实在太重要了。所以，在他对亚里士多德《伦理学》（同样还有其《政治学》）所做的评注中，一开始就指明了我们推理所关注的不可化约的四大独特秩序类型："自然的"（如自然科学）、逻辑的、道德的以及技术的。[24] 康德混淆了道德和逻辑（勉强可说到自然），而引导道德上重大选择的功利主义者和其他聚合理论则将道德和技术混淆开来。这种混淆为如下错误观念提供了虚假支持（并且也受到对方支持），该错误观念也

---

[23]　See *NLNR* 36 – 42.

[24]　See *In Eth.* proem. ; essay 14 , sec. Ⅲ.

243 就是，在道德判断之前，一个道德上重大选择项中的善和其他可及选择项中的善，在所有情况都得到考虑的条件下必须要通过理性予以通约为更多或更少（也或者是平等或大致平等）。

Ⅲ

当然，之于道德审议，技术推理和技术可通约性通常更具有重要性。一旦技术理性能够表明方案 X 具有方案 Y 所具有的所有且更多有利特征，那么，后一方案就不再是一个有利选择项了。

这种技术可通约性并不局限于显然的经济学或工程学例子（Y 成本更多、产出更少以及更安全）。同样，它还包括法律考量，当论证 Y 依赖于一部制定法，而该制定法可以被表明已经被废止或被认为已经被推翻时。

在所有这些情形中，无需在 X 和 Y 之间进行任何**选择**（从"选择"道德相关的刚性意义上说），也无需求助于我们称之为道德的那类证立理性（包括法律援助和规则，只要它们指向的是法官、官员以及公民的审议和良心即可），方案 X 就更能得到偏好、采用以及执行。

Ⅳ

那么，为我们比较**选择项**提供标准，（用不严谨的语言说）"权衡"这些选择项，以及为较之另一个更偏好这个寻找理由的那种证立（尤其关键的是要求和排除）理性——引导但并不决定选择的理性，其渊源和特性又是什么呢？我在开篇说过，如果立法者必须为选择项进行更好或更坏的评估和排序，那么，他们又怎么才能这样做呢？

对选择项进行对比和排序的合理标准，极大可能都是道德标准。它们中的每一个都是一个具体规定，都是对以下理念的具体化：每个人、所有人类以及他们的社群都在所有人类基本之善中得以实现——人类的完整实现。人类的完整实现并不是在一个可被作为世界范围内数亿年计划之目标的伟大事件中，所有人类之善实例的某种巨大综合。人类之善及其通过创造性自由选择实现的实例，都是开放性的。然而，为今天及其未来的每个人祝愿，希望他们在所有的人类天生之善下繁荣昌盛，尽管这并不意味着形成了一种意图，但也并不是空洞无意义。

相反，这种祝愿乃是对于行为理性指引性的唯一理性回应，这一理性也 244 就是每个人类基本之善所赋予的实践理性。行为理性所赋予的总是某种可以了解的收益，该收益能够通过成功的行动具体化，比如人类机遇和需求的基本形态。这些基本之善（行为基本理性）中的每一种，作为社群中人类福利和发展繁荣的构成方面，本身都是可欲的（并且，没有一种不适于通约而比其他价值更多或更少）。[25]（康德的伦理学和权利教义仍然空洞无力，其原因恰恰在于它未能打破经验主义的预设，他将基本之善、基本行为理性以及实践理性原则与潜在理性倾向和欲望区别开来；而实际上，后者乃是实践理性对于这些可理解善和理性的原初性、非衍生性见解，是被作为理性原则所阐明的见解。）

所有这些基本实践理性，这些选择和行为中的合理审议以及实践合理性的首要原则，其综合或整体的指引性，并不是要添加在目录上的另一种善或另一种行为理性。［从那种较为晦涩的术语意义上讲，并不是一种涵盖性价值（covering value）。］相反，所有这些行为理性的整体指引性都阐明于理性原则之中——也就是说，它们相互影响、不受情感拘束和困扰，而由之缓和——而该理性原则则是一种对人类完整实现之充分思考性祝愿的观念内容。

---

〔25〕　See *NLNR* chs 3–4；1987f at 104–15. 一份清单：①现实的**知识**（包括审美）；②出于自身原因在工作和娱乐中的**熟练执行**；③**身体生命**及其完整性构成要素，也即健康、获利和安全；④人与人之间在其各种形式和力量方面的**友谊**或和谐以及协作；⑤称之为**婚姻**，男性和女性之间的异性联合，尽管本质上被认为包括双方之间的友谊以及他们对自己子女的生育和教育，但这似乎还有一种重要意义，不能被化约为友谊或生命的延续，因而［比较人类学确定，亚里士多德也开始近乎特别的阐明（e. g. *NE* Ⅷ. 12；162a15–29），更不要提苏格拉底主义的"第三位奠基者"穆索尼乌斯·鲁富斯（Musonius Rufus）了］应当承认这是一种独立的人类基本之善；⑥我们所称的实践合理性，也就是人们感觉和判断（内心正直）之间，以及人们判断和人们行为（真实性）之间的和谐之善；⑦与所有现实最广阔和最终极渊源之间的和谐，包括意义和价值（参见原文第80页论文3，第2个尾注）。

这样，该原则就可以被表达为：在人们所有的审议和行为中，他应当选择，并且在其他时候也会选择者——并且，其他人，只要他们需求的满足取决于自己的选择和意愿，都享有一种选择和将会选择的权利——这些而且只有这些可能性，才是和人类完整实现相融贯的意愿。[26]

245　该原则是以最抽象形式表达的道德首要原则。所有其他道德标准都是对它的具体说明。康德主义命令指出，在每个行动中，人们都认为自己在为"一个目的王国"（一个"系统连接的所有目的整体"）[27] 立法，该命令乃是那一首要原则的一个暗示；因天国（的存在）而像爱自己一样爱邻居的基督教义则是另外一个；追求"最大多数人的最大善/幸福"的功利主义者训诫则是对通约性的另一种尝试，而之所以不幸福，其原因恰恰在于它对可通约性的几点困惑。[28]

那么，接下来，首要原则和道德尺度如何具体规定于不那么抽象的道德原则和规范之中呢？其理性规定性如何被塑造于有限责任之中呢？好吧，首要原则本身所规定者乃是，人们不能遵循非理性动机主动地缩小他们所关心的人及善的范围，这些非理性动机并不立基于基本的行为理性，也就是人类基本之善的可理解要求。目前而言，一种非理性动机为敌对情感，比如愤怒和憎恨自己或他人。受到比如复仇所驱动的个人或群体，不会拥有一种对人类完整实现开放的意愿。因此，首要原则的第一种具体规定是：不得以怨报怨。所有高尚的法律制度都将这一原则视为基础，并且，对于违法犯罪者和

---

〔26〕　See also *NDMR* 281 – 4；1987f at 121 – 9.

〔27〕　Kant, *Grundlegung*, 433 – 4.

〔28〕　同时，关于在尝试最大化两个非独立变量时所涉及的不融贯性，参见 Griffin, *Well – Being*, 151 – 4. 格里芬（151）认为，这一公式是功利主义的对手所"典型"使用的，但他所援引的渊源（357 - 8）很少支撑这一点，并且，他自身的评论也通过他最后的反思掩饰了这一点，他反思（359）："很多人……仍将认为，这一表述公式没问题，并且我们的任务就在于找到最终的词语去表达我们脑海中使用它时真正所想的内容"——这里的"很多人"并不是功利主义的对手。格里芬自己的道德理论（see e. g. 155 – 62，201 – 6，251）尽管据说延续了功利主义的传统，但是，在朝着完整人类实现的开放性以及我所声辩的首要道德原则方面仍然有相当的迈进。然而，对于他所认为的善之形式间的理性可通约性，我可能会否认。原因在于，我们通过"决定""形成"了"基本偏好"，并据此"建构"了一种"福利的衡量尺度"，但在他看来（103），这些决定都是理性**判断**。而我则认为：创造一种尺度并不等于确认一种尺度。

遵纪守法者之间的公正平衡而言，该原则与正当补偿（即便通过自力救济）以及报复性惩罚原则极其融贯。

首要原则的另一个具体规定为如下原则，结果主义、相称主义或其他所谓聚合性道德理论的每一种形态，都是量体裁衣需要予以拒绝的：不要作恶——选择破坏、毁坏或组织某些善例或某一基本之善——因为善会降临。之前的原则排除了对另一人的目的造成损害；现在的原则排除了恰恰将其作为人们的手段（区别于使之成为一种人们意图实现，并且确实能实现的副作用）。在这一情形中，人们不理性地认为，善的目的在于证立恶的手段。原因在于：人们视为目的的那种具体善（称之为 E），此外，由于人们选择伤害的那一基本之善的具体化建构了理性，而人们的行为**背离了**该理性（将此称为理性 M），由于这一原因，这一善的具体化就不能构成一种理性，从而违背 M 行动，除非 E 能够和 M 通约，进行衡量和平衡，并且——在道德判断之前——被理性地判断是更伟大、更重要者，也是更多的善（或在二者都是避免恶的理性时，它是更少的恶）。但是，除此之外，由于第二部分所列出的考量因素，那类**理性地**对判断进行通约并不可能。因此，人们比起 M 更偏好 E 并非由理性驱动，而是由对 E 和 M 的不同情感所驱动，并且人们选择依它而动则违反了道德的首要原则。当然，这样驱动判断 E 是更大的善或更少的恶的情感很可能为理性化所（多少带有善意地）遮蔽，或为传统"智慧"所遮蔽，这些传统智慧规定或许可了对人之边界进行一定的限缩，或是排序，或是将不可通约者变得似乎可理性通约的其他方式。

这样解释的话，恶行不会出于善因的原则就成了真正不可侵犯（绝对）人权的根基，并且是高尚法律体系的支柱。原因在于，一个高尚的法律体系无条件排除将无辜者作为某种目的的手段而予以杀死或伤害，[29] 无论该目的是公共的还是私人的。根据道德主要的其他具体规定，它还排除使用伪证，排除选择提交虚假判断，排除司法或其他官方支持欺诈，排除将性诱惑

246

---

〔29〕　为什么只有**无辜**的人？关于"无辜"以及这一限制可否证立问题之间的关系，参见 *NDMR* 30 – 19.

作为公共政策的工具，此外还排除奴役制度。这些绝对规范，以及相关不会因违反这些规范而被错误对待的绝对或真正不可侵犯的人权，给法律体系对我们忠贞的强烈主张赋予了外形，界定了边界，赋予了不可或缺的人文主义根基（至少是某些必要条件）。[30]

这一原则排除了（从他们福利的任何基本方面）对他人实施的所有**故意**损害，同时，也将经济学家的雄心壮志排除在外，经济学者试图将我们的法律解释证立为经济上可评估（可通约）价值最大化的主要制度。对于法律的经济分析而言，其核心乃是这一假定或命题，也就是（尽管购买价格之间可能存在差别），但是购买对不同意者施加故意人身伤害的权利原则，以及购买不对会（推测会）消除偶然发生的同等数量的伤害采取预防措施的权利原则，二者之间并无差异。[31] 但是，在每一种高尚的法律制度中，前一权利都是不可及的，无论是通过购买抑或其他手段。原因是，一个高尚的法律制度是为人民服务的，而其首要也是最根本的服务就在于，面对试图伤害他们的某人意志而言，要保护和维护人们的权利，使之不会成为其目标（目的或手段）。

对于接受完整实现的首要原则，赋予其相对具体性的第三个原则是黄金规则，也就是公正的核心原则："像你希望别人如何对待你那样去对待别人；不要强加给他人你不希望他们强加于你者。"原因在于，一个带有利己主义或偏狭特征的意志，不会接受人类的完整实现。这种无私的理性原则绝对排除了所有形式的偏爱及其相应情感，无论是对自己还是对贴近或亲近者（例如，父母对其子女的义务以及因而赋予他们的优先性）。此外，它还排除了所有只是为欲望、仇恨或敌对等所有并非回应**行为真正理性**的可理解方面所驱动的偏好形式，这些真正的行为理性乃是人类基本之善，其在他人的生活

---

〔30〕 康德绝对命令（"要总是将自身和他人人格当作目的，而不只是视为手段予以对待"；*Grundlegung*, 429）的第二种/第三种表达公式乃是这种道德主要原则具体规定的另一种表达公式。康德自己对它的理解并不令人满意，因为他的"人格"观念过于薄弱，之所以这样，原因在于他未能确认人类基本之善以及行为理性。See *FoE* 120–24.

〔31〕 See e. g. Calabresi and Melamed, "Property Rules, Liability Rules, and Inalienability", at 1126 n. 71; and essay Ⅳ. 16 (1990b), secs V–Ⅵ.

中被具体化，恰如在自己生活或与自己内心贴近者的生活之中一样。

这样一来，公正就成了一种理性规范，它要求人们超越所有理性整合的情感，尽管如此，它在个人生活中的具体适用却仍然预设了一种对收益和负担的通约，而这些却是理性所无力通约的。因为要适用黄金规则，人们必须知道他们会认为哪些负担**过重**而无法接受。所以，这种知识构成了一种先道德通约，并且不能成为一种通过理性的通约（参见第Ⅱ部分）。如此一来，对于其所具体记得、经历或想象的各种不同善恶，都只能是通过人们对自己之于这些不同情感的直觉意识和辨识。再次重申：这并不是一种善恶的理性客观通约。然而，一旦其在人们的情感中确立，被人们的自我意识所辨识，那么，这种通过情感进行的通约就可以使人们能够对自身的选择性进行度量，其方式是通过人际公正的理性客观标准。

当然，我所言中默示指出，某人借以做出通约的那种情感辨识了选择或不选择什么对他而言是公正的，这（例如作为一种副作用予以接受）最好是某人这样的情感，其审议及行为接受，并且符合人类的完整实现以及每个 248 首要原则的具体规定。这正是亚里士多德伦理政治理论中普适方法论的正确所在：对于什么是，而什么不是真正值得、有价值、令人愉快者，完全理性品格的成人才是标准和尺度。[32]

与之相似，在一个共同体的生活中，对于理性上无法通约因素的预先通约，其实现方式并不是通过理性确定的判断，而是通过**各种决定**（据说它们本身最终依赖于情感对不同选择项的通约）。同样，这些最好也要在一个框架之中做出，该框架的确定则要完全符合道德首要原则的其他具体规定。以超过10mph的速度驾驶，或在路边植树，固然都会给他人强加风险，但这是否公平呢？答案是肯定的，因为在我们的共同体中，我们的共同体是通过习惯和法律决定这些风险和损害**是否是特别重大的**。对于一个决定将道路交通限定为10mph，并接受那一决定的所有经济和其他成本的共同体而言，我们是否会有一种理性批判呢？又或是对于在路边不许种树的决定呢？又或是对

---

[32] *NE* Ⅲ. 4：1114a33（see n. 1 above）；*NLNR* 102, 129.

于不许有信托制度或法定信托的决定呢？我们是否会有一个理性的批判呢？不会，我们对于这样的一个共同体并没有理性的批判。简而言之，允许道路交通超过10mph，或在路边种树，或将信托限定为英国法层面的，在理性上确实都证据不足。[33]

然而，对于以60mph驾驶的某人，当他被以45mph驾驶的某人撞到，并被抱怨他驾驶速度太快而存在疏忽时，又或者，对于希望获取信托收益（比如税收减免），但却不希望接受法律对于信托和破产合同所做区分的某人，我们是否有一种理性的批判呢？一些人接受此种或彼种共同体决定收益，但拒绝它们对他们以及他们所感兴趣者所施加的相应负担，一般而言，对于这些人我们能够给予理性批判。

249   对于黄金规则跨时间的适用而言，最根本的乃是各种期待，例如对于一个同时包含繁重负担的合作方案，获取收益的那些人同时也要承担这些负担，因为轮到他们这样做了；又或是，对于已经承担了那些负担的我们而言，将会正当地获取，而不是被剥夺合理预期的收益。在这种预期视野中，以公正为依据的诉求在理性力量方面乃是变化的，这恰如合作企业要受制于成功的机会以及失败的风险，这些都是由外在于它并且独立于其参与者目的（也即超出控制）的因素而产生。当某一合作方打算否定或充公收益，并因而出现了预期收益的非增长或充公情况时，这就不能简单地被当作只是具体化了前文中所提到的那类风险中的某种风险，这可以被（并且应当被！）推定的受益人在考虑他们对合作企业中的"投资"（责任承担）时予以忽略。这里，法律的经济分析再次犯错，因为它将充公和其他形式的预期收益损失等同起来，它通过一种可以量化的因素而将所有损失形式予以通约：几率或

---

〔33〕 当然，这并不意味着，这就是批判法律运动常常含蓄、不加批判使用的那种刚性词义意义上的"不确定"，也就是完全不受理性引导意义上的那种不确定。参见 essay Ⅳ. 13 (1985c)，sec. Ⅱ. 身体生命和真诚之善乃是一种始终关涉实践的善；此外，某些进一步的理性决策标准的提供者，乃是人类反应的时间以及对影响的脆弱性等事实，以及对我们个人和社群对其他非交通性威胁的容忍或不容忍相符合的理性要求。尽管理性上并不确定，然而允许快速通行的决策一旦作出，对于那些被控告不当行为、造成不当伤害者的处理问题，就会给出一种通常而言完全确定的理性标准。与之类似的还有信托、破产等问题。

可能的损失风险程度。[34]

在本部分，我确定了三种合理性的尺度或标准，这些都是中性的，介于选择和行动最高道德尺度和具体道德规范之间，具体的道德规范会给出更为确定的指引，且会在某些但并不是所有情况下被某个高尚的共同体法律或多或少地直接接受，并予以适用。这类中性原则中，也有一些层次高的，但它们并不是这么直接地由人们之间的正义所构成，因此，对于理解法律体系、规则、制度以及实践而言，也并不那么核心。功利主义者以及其他结果主义者或相称主义者试图通过通约选择项中的善恶来引导道德判断，进而使得理性之于评估选择项，并且如果你愿意，可以为它们按照各自所包含的更多或更少的恶而进行好坏排序，我所说的足以表明这种尝试是失败的。因为道德无非是完整的、无拘束的合理性，一个选择项，如果违反了我所提到的一个或多个原则，并因而成为道德上恶的选择项，那么，和那些道德上没有恶的选择项相比，它们就总能够被描述为"更坏的"。因为，即便是完全符合人类完整实现、道德上正直的选择，也绝对无法确定地避免对人类实现所构成之善造成或多或少的损害作用，一个不涉及恶之选择的道德上正直的行动 250
（没有将作恶作为目的或手段的意图），可以被描述为（尽管不存在被误解为支持一种不可能的结果主义通约风险）选择更少的恶。

事实上，由于结果主义通约工程不可能实现，但理性审议却又必须继续进行和得到阐明，因此，我们常常就会发现所谓结果主义随口而出的一种非结果主义的用法。所以，美国最高法院大法官奥列佛·温德尔·霍姆斯说：

> 我们必须考虑两种欲望对象，这两种我们都无法拥有，但却构成了我们选择哪一种的思考。我们希望罪犯被发现，因而出于这一目的，所有可及的证据都应当被使用。同样，我们也希望在作为证据收集过程中的手段时，政府不应当培养以及为其他犯罪买单……我们得作出选择，且就我而言，我认为，较之政府扮演**不光彩角**

[34]　这种可通约性实际上是在一些研究过程中提出的，比如 Kaplow，"An Economic Analysis of Legal Transitions"；see the discussion in Pildes，"Conceptions of Value in Legal Thought"，at 1534 – 7.

色，一些罪犯的脱逃罪行乃是**更少的恶**。[35]

这里，"更少的恶"要么（i）仅指随选择而来的一个选择项，而不是一个选择之前就有且适于引导选择的道德判断；要么（ii）默示了对于之前、非结果主义道德标准的一种诉求，据此，法律职员对法律规则的隐性操作违反了黄金规则，甚或违反了不能因善作恶的原则，无论是出于任一原因或两者都有，尤其是对法律的职业守护者而言（他们的诉求是理性，他们的权威因而来源于道德），这都是某种"不光彩"。

对于一个共同体，法律可以有效地提供共同的"规则和尺度"，用以引导和评判其成员的行为——并因而获取合作收益——仅当其为这些成员提供的标准，乃是每个人都能如他或她自己主动想出和采用那样，各自采纳和使用之时。它能够提供这种标准的唯一方式是，为评判规则的效力，并因而为评判这些规则所调整行为的效力和/或合法性，确定内容上略显独立的标准。这些标准为我们指引了一些过去的行为和其他事实（在其他规则中选出的那种），这些常常都是（三种宪政权力分支中的任意一支）制定规则技术的运用，并且无论怎样，都会由发现规则的技术（并不仅仅指法律人的艺术）予以评判。从某种重大意义上来说，一项法律规则恰恰是关系，也就是过去这样一种行为或事实和我作为共同体成员、官员或其他通过回头审视这种过去行为和事实来衡量其行为的角色，以及现在的审议、选择和行为之间的关系。但是，从另一种重要意义上讲，一项法律规则便恰好是道德首要原则和我的同样审议、选择和行为之间的关系，只要是首要原则被赋予了具体内容，这种赋予并不仅仅是在道德中性原则及其他规范中，还在扮演立法者角色的规则制定者的特定选择中，**包括**确定其他法律规则效力的宪法标准的那些人的选择。

在普通法世界中，高等法院的法官们不仅有（相对确定）权发现、宣布以及执行现行"普通法"规则，还有（相对不确定）权改造和/或制定新

---

[35] *Olmstead v United States* 277 US 438（1928）at 470, per Holmes J.（dissenting）, emphases added.

法。此外，司法制度以及和司法规则发现相关文化资料的复杂性，使得对于规则发现者而言，认为某些相关资料缺乏权威实属必要（并且这样一来，在道德上和制度上也是可能的），否则，这就会归咎于此种资料作者过去的行为（比如发现和宣布规则）。因此，在法庭上，各方之间对于特定法律内容对立解释的争议就出现了两个对比和评判维度：符合（fit）法律资料维度和道德正确性（soundness）维度。

有人可能认为，**疑难**案件就是这样一种情况：在所有对立解释中，一种在符合维度上最好，另一种在正确性维度上最好。过去我曾讲过，符合和正确性是不可通约的，因此在一个这样理解的疑难案件中，不可能存在一种**独一无二**的正确解释（尽管存在诸多并非错误的解释，但却因为在这两个维度层面比正确的差一些而被认为是错误的解释）。[36] 符合只是一个理解和适用规则制定或其他产生法律规则之效力的技术标准问题，它确实和正确相关的道德考量因素无法通约。此种文化技术秩序和此类道德并没有共同的尺度。

然而，符合，以及"符合"大概所指的事实上规则制定及规则发现的整个技术，都服务于共同体的共同之善。实际上，这种技术过去被制度化了，并且因为道德上要求（因而正确）的目的而得以维持。这种目的也就是通过一种尊重每个共同体成员权利的公平、和平协作，而能够获取的共同之善 252（包括必须被适当尊重，并在所有情势中主导者）。最终，发现规则就不仅仅是一场博弈或一种技术，而是一种道德上意义重大的行为，和其他选择行为一样，只有当它和人类完整实现一致时，它才是完全理性的。因此，在这两个维度中有着一个共同的尺度：道德正确。

谈论这两个维度并不仅仅是一个错误，其中一个关注于这种道德上重大的考量因素，比如辜负期待、获得的合法权利高于一切以及希望相似案件在处理它们的不同法庭中得到相似处理；另外一个关注于其他方式的美德，也就是如何对待这些当事人（以及未来类似情况中的当事人）以及一般性引导公民及官员行为。这些"实质美德"从来就无法在那一共同体中所合法

---

[36] Essay Ⅳ. 12 at 292 – 5 (1987e at 372 – 5)；and essay 14, sec. Ⅴ, above.

采用的其他实质原则和规则的网络中抽象出来，从而理性地被全面考虑。[37]但是，他们能够分别从其他解决方案的技术权威性中抽象出来，从而予以考虑。这样做的可能性乃是这样一种可能性，也就是最终的道德评估中，存在着两种截然不同的维度或面向。

这是否可以推论出，道德乃是一个无拘束的合理性问题？从真理上说，即便在法律上的疑难案件中，也存在着独一无二的正确答案？并非如此。尽管我曾犯错，但是，现在，当我提出这两个维度不能通约时，我认为，评判符合和正确差异化的道德意义，通常而言仍是一个公正问题。然而，公正尽管是一个理性要求，但如我前文所言，其内容在任何既定情境中，部分乃是由情感所决定的（"如果……我是否会那样喜欢它？"，诸此等等）。此处的通约必须通过识别人们的情感来实现。对于每个法官而言，在其答案确实涉及疑难案件处理的重大战略问题上，为他或她确定所要采用的立场者却并不是理性，无论该理性是道德的还是技术的。这些问题如：是否支持国家/联邦权力或合宪的州/省利益，是否赞同司法改革或服从立法者，是否以及何时附和，以及何时反对一个自己认为技术上低劣的，或是部分依据道德上不正确理由的司法意见，诸此等等。在这类情形中，理性的确不多（也不少）地发挥着中性作用，确实剔除了违背理性以及错误的无数"解决方案"，但同时也没有将任何一个解决方案确定为**唯一**正确。

在法律上，许多案件并不疑难，通过理性就很容易解决。这些案件中，有许多是通过对效力、权威的技术考量予以解决的，其他一些则是通过对不可侵犯权利进行道德考量予以解决的。当某一道德权利是由"不用以怨报怨"或"不要因善而作恶（也就是选择施加伤害）"所要求者时，那么，实际上，它就是不可侵犯的，并且在和所有其他技术性和/或道德相关考量因素的关系中，它本身就要求某种所谓的"层级不可通约性"，[38] 或"语词上

---

[37]　See Dworkin, *Law's Empire*, 404 – 7.

[38]　Pildes and Anderson, "Slinging Arrows at Democracy", at 2147 – 58.

的优先性"，或真正意义[39]的"超越地位"。当一项道德权利从公正黄金规则而来时，它就超越了所有技术或利益考量，除非是在相关情势中，这些因素本身就创设了一种道德义务和/或对抗立基公正的权利。在审议中，道德考量的这种优先性是普遍的，但是对于约瑟夫·拉兹研究所强调的"构成性不可通约性"，只有**非道德**考量才是其渊源和内容。确实，人们不会不恰当地拿朋友换钱，无论是多少钱（"钱"在这里代表了利益和优势）；这种道德真理乃是朋友关系的构成要件。但是，在有些情况下，出于良好目的可能会有一种需要承担使用金钱的道德义务，尽管这样做可能会打破一个朋友的期待，可能还会终结一段友谊。[40] 因此，也和所有其他因素一样，这种"构成性不可通约性"受到各种道德考量因素的制约。

在某些类似的关系中，比如爱国联盟中，也会存在同样的制约性。人们不会为钱而放弃自己的忠诚。但是，服从自己国家法律的道德义务——该义务源于多元的公正考量因素，[41] 并且由体面的效忠和公民身份关系所构成——却是由道德原则衡量的，因而可以被其他重要的道德义务所废止。

V

总而言之，探讨不可通约性从一个预设的**尺度**概念中获取它的标准，并 254
且探讨标准并不是单一意义的，而是高度相似的。法律是一种规范化的尺度，它最直接的理性标准是它作为其法律的那个共同体的共同之善。这种共同之善是人类完整实现，也就是所有人类行动首要理性尺度的一种具体化（和某一特定群体相关）。目的可以使我们测量我们手段的效率，但人类完整实现的理想并不能这般测量我们的审议，同样，它也无法给出一种整合的

---

〔39〕　这和德沃金的超越权利不同，后者并非不可侵犯，但可以在"紧急状态"中予以推翻：*TRS* 354.

〔40〕　一般而言，友情义务并非非常强烈；某人和朋友们的关系乃是他应当和每个"邻居"所具有的一个关系的实例，因而实际上应当受制于某人所有的其他义务。如果友情被具体规定为**婚姻**，那么情况就不同了，这里就只有无条件的权利和义务。

〔41〕　See essays Ⅳ. 2 (1984b) and Ⅳ. 3 (1989b).

单位。相反，它是通过另一种具体规定（和情感服从而非支撑理性的方式相关）进行测量的，这种具体规定来源于完全理性行为，包括立法者行为的那些标准。这些标准确定了理性/道德界限，在这些界限内，很多仍需个人和群体根据对感觉的识别以及对集体或代表决策的公正程序的识别，予以解决。在个体的生活和行为中，感觉和感情的作用和共同体生活和行动中决策程序中的实质作用极为并行相似，在各个情形中，只要遵循根本的行为理性（人类基本之善），并且遵循不受限制的实践理性（道德原则和规范），那种作用就是有益的。感觉和义务（包括作为构成要素的此种集体或共同体义务）使得个体和组织能够进行理性的比较和排序，所以从这种意义上而言，对于根据理性自身原则而无法通约的选择项就可予以通约。所以，不可通约性乃是审议所必然的主张，并且它使道德上意义重大的选择成为必要，但是，它并不能在**理性选择**的真正（尽管不是博弈理论）意义上阻止我们的选择。[42] 尽管选择项都不是理性原则和规范所要求者，在它们当中作出选择却要尊重所有的这些要求，并且只要可能，就要根据相关理性予以作出。

这样，对实践理性的正确理解就否定了不正确观念中所默示的许多不可通约性类型。这些包括来自纯粹法的"意志"理论的不可通约性，如凯尔森最终研究的那样，它否认法律指令需要是融贯的（非矛盾的）；还包括价值相对主义和伦理制度主义拒绝原则理性一致所默示接受的不可通约性；此外，还包括每种实践理性方法中所默示的不可通约性，无论如何精妙，这些实践理性都提出通过整合价值来引导审议。如此，因为对**价值**缺少可理性声辩的理解，这就仍然受制于支持者多样、多变的偏好、传统观点以及非理性确定的关注边界。

---

〔42〕 当博弈论"理性选择"属于被移转到伦理或其他第三种秩序的探讨时，就会出现惊人的误解，对此可参见 essay Ⅳ. 17 at 358－60（1990d at 235－7）.

第 16 章
"公共理性" 与道德论争*

I. 公共理性与 "堕胎的权利"

对堕胎是否为一种犯罪活动形式这一问题，每个自由或不自由的社会都 256
有一种公共立场。如果那个问题留给私人判断，认为堕胎是杀人行为者将有
权使用强力来阻止他们的同胞那样做（如同他们有权使用强力来阻止杀婴或
成人与八岁儿童性交）。

由于两个理由，法律和公共政策表明立场的需要已经变得越来越明显。
第一个理由涉及堕胎的标准目的，如 "堕胎" 一词的常用含义：结束胎儿/
未出生婴儿的生命。杰弗里·雷曼（Jeffery Reinman）在他 1997 年《批判性道
德自由主义》一书中指出，如果它被简化为 "为了将一个不受欢迎的胎儿
驱逐出她的身体和出于驱逐的必要而结束其生命这样一种（妇女的）权
利"，[1] 那么，他有兴趣进行辩护而许多其他对此感兴趣者所拥有的堕胎权
利将会被否定。雷曼和许多其他人予以辩护的这种权利恰恰是杀死不受欢迎
胎儿的权利。这一点的重要性可以通过第二个理由得以明确：受欢迎的和被

---

* 1998a；为了直接和杰弗里·雷曼争论，部分标题、尾注和补充的脚注采用了新版本
（2000c）。1998a 版最后关于克隆的那部分被省略了；它的实质内容可参见 essay II.17（2000b）；也
可参见 essay III.17 和 1983e 以及 1984c.

〔1〕 Reiman, *Critical Moral Liberalism*, 190, 指出除非堕胎的权利包括让胎儿死亡的权利——早
在活生生的胎儿能被安全和容易地从怀孕妇女体内移出的时候，她堕胎的权利就转变成一种为她所
要驱逐的胎儿提供子宫外的护理这样一种义务。如果（当）医疗技术将这一点推回到怀孕的最早时
期，**堕胎的权利将完全消失**。（和本章其他地方一样，这是增加的重点。）

257 认为处于危险中的未出生婴儿如今都能够接受精心的治疗。怀孕一个月左右，他们的健康状况、他们的外貌和特征、他们的每一个动作在超声波机器屏幕上都清晰可见；他们的医疗问题能够频繁地以他们出生后将采用的相同方式受到关注。从事这些活动的执业医师通常会说他们有两个病人。对于每个人而言，很明确的是，任何服从某种私人政策，比如杀死犹太人或无神论者的孩子，而（未经母亲请求）利用这种机会杀死未出生婴儿的职业医师，在伦理上以及法律上，将对这种貌似合理的谋杀指控或对具有谋杀特征的指控承担责任[2]（例如，对堕胎的"重大玩忽职守"——因为 17 和 18 世纪英国的教科书由此记载，美国的刑事法律有此规定）。[3] 最起码地，未出生婴儿、部分出生婴儿和新生婴儿间的差别不多于（也不少于）（完全或部分）母亲体内或体外之间差别的任何社会，无论它是否自由，必须也必将会公然地规制执业医师和其他人对待未出生（或部分出生）婴儿的方式，尤其是规制因故意或过失导致未出生（或部分出生）婴儿死亡的那些对待方式。

Ⅱ. "公共理性" 与政治理论的中心传统

"公共理性"这一术语是由约翰·罗尔斯引入最近[+]政治理论话语中的，而且他选择通过堕胎的规制问题来阐释他对这一术语的使用。罗尔斯对堕胎

---

〔2〕 正如雷曼所说（195），"我们思考这种方式是那么的自然"，即将胎儿"看做受害人——这是一种尚未存活的胎儿所缺少的道德身份"。这转而与雷曼同意甚至让步的那个假设紧密相关：遍历怀孕到死亡这个过程的人是一个具有自我同一性的个体。这或多或少是从生到死的一个人——"有固有名字的一个人是一个具有自我同一性的个体"这一普遍观念的自然扩展。

〔3〕 自罗伊诉韦德案［Roe v Wade 410 US 113（1973）］引发争论以来，美国大多数州的法律已经认定，在怀孕的某一阶段杀死未出生婴儿是凶杀（有的州称其为弑婴，有的称其为凶杀，有的称其为谋杀）的一种形式。有些州规定无论处于怀孕的什么阶段，该行为都属于凶杀，有些州则规定该行为在怀孕的任何阶段都属于谋杀。伊利诺伊州、明尼苏达州和加利福尼亚州的最高法院已经支持这样的法律效力：人民诉戴维斯案（People v Davis 872 P2d 591，599）审查并总结了国家原则（加利福尼亚最高法院联席审理，1994）："当母亲的隐私利益尚有保障时，立法机关会决定它是否应该保护母亲子宫中的生命免于凶杀，以及在何时保护。"至于这部法律的运行状态，可参见 Forsythe，"Human Cloning and the Constitution"。

的评论也许没有展示出他作品的最高水准，但是，将堕胎和克隆作为测试案例，从而探究"公共理性"是否是值得纳入法律和政治理论的一个概念或一组概念的问题，却是值得的。无论何时，通过实施测试，我们的探究都将会有所进展。

从一开始，我就应声明，罗尔斯对该词的使用（几乎是每个人都同意的）是混乱和武断的，这一发现并没有削弱"公共理性"这一术语对我的吸引力。对我而言，"公共理性"是一个相当好的措辞，便于概要地传达经典政治思想的至少四个特征的要义，正如托马斯·阿奎那所阐释的那样：[4]

第一，国家法律和政府的合理功能是有限的。尤其是，国家的作用仅在于维持人际关系的和平与正义，而不是（如亚里士多德假设的）使人们整体良善。[5] 在这方面，公共领域不同于其他的联合体，例如家庭和教堂，虽然方式有限，但这些联合体渴望使它们的成员成为整体良善的人。如罗尔斯所言，"公共理性"不是对比"私人理性"而言的——"不存在私人理性这种东西"[6]——而是对比于所有非公共联合体，也就是政治共同体之外的所有联合体的审议方式而言的。[7] 正义与和平的那些要求，阿奎那通常称之为"公共善"，只有当其关心对这些作出决断，政治共同体本身的审议——统治者、选民本身的审议——才会以合理的方式进行。[8]

第二，在决断和实施公共善的那些要求时，国家的立法者和其他统治者（包括选民）有权将那些实践原则作为要求予以施行。对所有人而言，无论他们目前的宗教信仰和文化惯例是什么，这些实践原则都是可理解的。这些

---

〔4〕 See *Aquinas*, esp. ch. Ⅶ.

〔5〕 阿奎那辩称：设立国王是为了保存个体间的社会生活；这即称他们为"公共人物"的原因，如同说他们是公共善的促进者和守护者。并且因为那个理由，他们制定的法律指引人们处理与其他人的关系。人类法既不禁止也不命令那些不推进也不损害共同善的东西。Aquinas, *Opera Omnia*, vol. 14（Rome, 1926），p. 46* col. 1；see also *ST* Ⅰ－Ⅱ q. 96 a. 3 c；q. 98 a. 1c；q. 100 a. 2c.

〔6〕 如果存在来自上帝的私人启示，并且只有到了这种程度，则这需要条件。所以天主教信仰声称它的教义是一种公共理性，是一个公共问题而非私人启示。这一主张可见于彼得在耶路撒冷的传教（Acts 2：22）、保罗在雅典的传教（Acts 17：31）以及第二次梵蒂冈会议，*Lumen Gentium* §25（1964）.

〔7〕 Rawls, *Political Liberalism*, 220.

〔8〕 *Aquinas* 226.

原则（*communia principia rationis practicae*）[9] 在传统上被称为"自然法"，它们
之所以是"自然的"，是因为**并且也只是因为**它们是理性的——有实践合理
性的要求——因而适用于本性中包含理性能力的存在。

第三，政府的中心情形是一个自由人的统治，法律的中心情形是主体的
自愿协调。因为法律具有公开性（公布）、[10] 明确性、[11] 一般性、[12] 稳定
性[13]和可预测性，[14] 并在公共理性中将他们作为合作者对待。[15]

第四，"任何活动都将以适于实现其目的的合理方式进行……有一种学
术争论是为了消除对诸此问题的疑问而设计的。在这种争论中，你应该首先
运用与你争论的那些人接受的权威……**因而如果你正在与不接受权威的人争
论，那么你就必须诉诸自然原因**"。[16]

Ⅲ．"公共理性"与罗尔斯

在 1993 年的《政治自由主义》中，罗尔斯所建构的"政治自由主义"
的中心原则是"自由主义合法性原则"：[17] 涉及或接近宪法本质的政治问题
或正义的基本问题，只有通过**合理预期所有公民"都会接受"**的原则和理
想才能得到完满、合理的解决。罗尔斯将**此类**原则和理想称为"公共理性和
（公共）正当理由"。[18] 合法性原则的全部要义在于，在某种情境下，将某
些不正当的原则和理想以及一般的**论题**当做不合法而予以排除，即使它们是

---

[9]　*ST* Ⅰ-Ⅱ q. 94 a. 4c.

[10]　Ⅰ-Ⅱ q. 90 a. 4c.

[11]　Ⅰ-Ⅱ q. 95 a. 3c（表达上缺乏明确性的法律是有害的）。

[12]　Ⅰ-Ⅱ q. 96 a. 1.

[13]　Ⅰ-Ⅱ q. 97 a. 2c.

[14]　Ⅰ-Ⅱ q. 95 a. 3c（*disciplina conveniens unicuique secundum suam possibilitatem*）.

[15]　阿奎那指出了法治所有的主要特征，富勒继受了阿奎那的观点，Fuller, *The Morality of law*, 242.

[16]　Aquinas, *Quodlibetal Questions* Ⅳ q. 9 a. 3c（emphasis added）.

[17]　Rawls, *Political liberalism*, 137.

[18]　*Ibid.*, 137（emphasis added）; see also *ibid.*, 217.

或很可能是真实的——也就是说，排除它们的理由完全不在于它们的虚假性[19]或"综合"判断它们的不合理性。[20]

罗尔斯合法性原则的公示极为模糊不清。当一个人说，"可合理地预测　260
所有人接受它"这一主题时，他是在预测人们的行为，或是评估这个论点的理性力量吗？他是否在说，理性观察者会赞同，实际上所有公民都会（或至少可能）认可它？又或者，这个人是对支持或反对这个论点的基础、证据或理由，并因而对任何拒绝认可它的（不）合理性作出了一个判断？

有证据支持这种预测性的、基于外在观点的解读。例如，罗尔斯提到一个特殊的论点，即使它可能是真的，"理性人也**必定**对它坚决地各执一词"。[21]"必定"（are bound to）这个词组看起来相当明确地（即使它难以捉摸）处于预测模式中，而不是在某人将这个论题评判为合理或不合理的言说

---

〔19〕　类似地，Nagel，"Moral Conflict and Political Legitimacy"，at 229："为了诉诸政治争论的真相，对自由主义的辩护需要以某种方式划定界限。"拉兹对罗尔斯和纳格尔在这方面进行的果断批判参见 *Ethics in the Public Domain*，60 - 96.

〔20〕　罗尔斯经常扩张性地陈述正当性原则，以致不仅将出于某种（如非公共的）理由运用公共强制力宣布为不合法，而且将在所有（至少是关于宪法本质和基本正义问题的）政治讨论中诉诸此理由宣布为不合法，即使是代表希望抵制那种公共权力运用的那些人。*Ibid.*，at 138，153，214 - 15. 在我看来，这种扩张是不可避免的，因为如果只有当（且因为）人们需要运用公权力（如罗尔斯经常说的当设定正当性原则并努力使它可接受）时，正当性原则才会筛选出政治论题，在许多情形下，这只会导致私人权力与公权力之间奇怪的自由竞争。以堕胎为例：一种论点认为，应运用公权力防止健康母亲体内健康婴儿的流产；如果我们仅仅因其寻求公权力的运用而否认其正当性，那我们仍要面对另一种论点，持这种论点的人们主张应运用公权力阻止堕胎救助者，这些人力图运用私人权力阻止杀死胎儿，正如他们将努力阻止杀死婴儿一样；如果我们因其太寻求利用公权力而反对这种论点，我们就将完全置身于堕胎者和救助者之间的权力斗争。而且事实上，罗尔斯自己对"与堕胎相关的何种论点是正当的"所进行的相当合理的讨论根本没有提到公权力的运用，只提到了实质性的事实和政治价值（生命、平等、与怀孕后期相对照的怀孕早期的性质等：*ibid.*，at 243）。

〔21〕　*Ibid.*，at 138（emphasis added）. 顺便提一下，要注意罗尔斯此处对坚决拒绝采用某些宗教观念的支持与他早期陈述之间的张力。他早期指出，"政治自由主义始于认真关注不可调和的潜在冲突的绝对深度"，当一个"救市的、信经的和扩张主义的宗教""将不容许妥协这样一种卓越元素引进人们善的观念中"时，那种绝对深度便得以引进。*Ibid.*，at xxviii. 实际上，"不容许妥协这种卓越元素"对这样的宗教而言绝不罕见。

方式中。[22]

但多数人或事实上少数人所做的外在观点的解释明显蕴含了一种格外粗略的否决。所以，罗尔斯合法性原则的规范性内在观点也存在大量文本证据支持就不足为奇了，以致"能被合理地预期去接受" X 论题可被解读为预示了一种有各种理由的判断，这些理由支持认可或否认 X。[23] 罗尔斯最后用"综合的宗教或哲学教义"直面"理性主义信徒"的那个段落尤为有趣，那些人"声称他们的信仰是开放的，能够通过理性充分确立起来"并且"如此根本以至于能确保他们正确地将内乱正当化"。[24] 罗尔斯认为，这个观点是不寻常的——事实上，当它（以某种形式）作为哲学和神学中自然法理论主要传统的主张时——罗尔斯对理性主义信徒的主张，也就是否认存在"理性多元主义的事实"进行了解释。[25] 但是，除非所谓理性多元主义的事实与理性主义信徒认为他们的信仰能通过理性充分确立起来这一主张在同一逻辑场域，否则他们的主张就不可能是对那种"事实"的否认。罗尔斯对待理性主义信徒的秘诀不是主张其他人实际上不赞成他们，而是主张他们认为自己的信仰能"通过理性公开且充分确立起来"[26] 是错误的——如果罗尔

261

---

〔22〕 注意：如果理性的人对这个论点坚决地各执一词，他们一定认为他们自己认可或保留认可的立场是正确的。如果他们是谦虚的客观主义者，那么他们每个人都将认为在理想的认知条件下——"调查研究和反思的有利条件"（*FoE* 64, citing Wiggins, "Truth, Invention and the Meaning of Life"）——理性的人将认同他们的肯定性主张（或否认）；因为①那是谦虚的客观主义者展示的真理概念所蕴含的；②那也是人们相互间理性争论的预设（人们假定他们不仅仅是这样的宣传者，而甘愿使用修辞方式赢得其他人对他们"争论"论点的非理性认可）。[所以，与罗尔斯对分歧的明显预测不同，（对无法有效获得的理想情形的）这种准预测（quasi‑prediction）真正地以对认可（肯认）或否认这一论点的理性基础进行规范的内在评估为基础]。

〔23〕 考虑《政治自由主义》的如下段落：

（1）讨论宪法的本质和基本正义问题时，我们不诉诸综合的宗教和哲学学说——不诉诸我们作为联合体的个体或成员认为的真理——……但诉诸现在为公民广泛接受或有效的朴素真理（224 – 5; emphasis added）。

（2）我们每个人必须有一个标准，根据它判断那些我们认为其他公民能被合理预期和我们一起认可的原则和指引，并准备好解释它……当然，我们会发现，实际上其他人无法认可根据我们的标准选择的原则和指引。那是预期中的 [！]（*ibid.*, at 226 – 7).

〔24〕 *Ibid.*, at 152 – 3.

〔25〕 *Ibid.*, at 153.

〔26〕 *Ibid.*

斯不以我所称内在的、规范的方式将理性主义信徒的论据看作论据，那么他就无法合理地提出这一主张。

罗尔斯的合法性原则和关于公共理性的论点有那么多根本的模糊性。[27] 罗尔斯在其可能意义上提出它的理由是什么呢？

合法性原则和公共理性的限制或指引"与正义实质性原则具有同样的基础"。[28] 也就是说，处于原初状态中的当事人将接受它们，因为作为生活在接受原初状态中原则之下人们的受托人，那些当事人将无法承担他们作为受托人的责任，除非他们接受这一观点，也就是实质性原则的运用应该"通过可合理地预期每个人都会接受的判断、推论、理由和证据进行引导"。[29]

罗尔斯在 1971 年的名著《正义论》中使用的"政治建构主义"，合法性论题则因而随之潮起潮落。那本书依赖于一个谬误的或无论据证实的主张。它提出，那些也只有那些我们在"无知之幕"之后，在假定的原初状态中所采用的原则，才能够作为正义原则，人为的无知和厌恶风险应该是那些假设的当事人所具有的特征，他们选择那些将适用于原初状态之外即真实世界的正义原则。我们认为，在原初状态中选择的原则**会**免于自利的偏见。但是，我们不能像罗尔斯那样，简单假设在原初状态中没有选择的原则因而就不是真实世界的正义原则，在真实世界中，我们可以不受原初状态关于理论和实践真理的无知之幕和厌恶风险的程度的阻碍，从而去判断它们，厌恶风险，如果是合理的，最多只是其他通常较少厌恶风险众多态度中的一种合理态度。[30]

《政治自由主义》是对《正义论》的基本策略和对无知的价值假设（即

262

---

〔27〕　雷曼在他的文章 "Abortion, Natural Law and Liberal Discourse" 的第 110 页中回应并指出我忽视了"罗尔斯的概念即'判断的负担'是一个经验主义的要求"。并非如此。罗尔斯运用的那个词组恰好和"公共理性"、"政治概念"有同样的（在规范的和经验主义的之间）模糊性。它也没有暂时地限制罗尔斯将相反判断传递给那些拒绝认为在怀孕的前三个月期间堕胎是可接受的那些人。在他的书和回应性文章中，雷曼太随意地对许多无负担但明显可争论的判断下了断言。正如罗尔斯和雷曼实际上所阐述的，关于"判断的负担"的政治意蕴的主张是自相矛盾的。

〔28〕　*Political Liberalism*, at 225.

〔29〕　*Ibid*; see also *ibid.*, at 62.

〔30〕　See e. g. *NLNR* 108 – 9; essay Ⅲ. 3 (1973a) and essay Ⅲ. 2 (1987c), sec. Ⅱ.

善的薄理论和"厚的无知之幕"[31]）进行的详细阐述——也许一定程度上意欲成为一种辩护，这样做的全部动机是为了确保：（i）原初状态下这一建构将产生与罗尔斯确定的政治观点（他称其为"可接受的结论"，诸如原初状态这种"实践理性模型"必须使"可接受结论"适于被修订，甚至是被完全放弃产生的痛苦[32]）相一致的原则；（ii）罗尔斯将不必针对反对批评意见的那些观点提出辩护，批评意见认为：它们忽视或否定了与人类之善相关的某些真理。

合法性原则将"非公共性的"真理和理由从一个人的公开讨论予以排除，也将其从人们"就最基本的政治问题进行表决"的个体行为中予以排除，对此，《政治自由主义》是否提供了更进一步、更令人满意的辩护？[33] 似乎没有。在对"理性多元主义"、"民主公民理想"、"公民礼仪"的评论中，罗尔斯无疑是打算进行辩护的。然而，所有这些都只是假设，需要表明的是：如果某人认为这些（根本正义问题）是真的，并且可由任何一个**愿意**263 **以一种开明的方式思考**它们的理性人都可利用的证据或理由予以确定，那么向一个人的公民同胞提议这些命题就是不文明、不民主的——尽管事实上，非常多的人拒绝它们。

此外，罗尔斯所表述和理解的合法性原则本身（我应提出）是不合法、不文明和不合理的。它不合法是因为，它审查真实且合理的公共话语，并且——更糟糕的是——禁止个人诉诸涉及基本政治问题的实践判断的正确原则和标准，这种禁止无任何融贯的、有原则的理由。它不合理是因为，在人们的基本人权受到威胁时，它限制关于那些事件的公共审议和个体的公开行动，这种情形下它的正确性最为重要。

考虑到罗尔斯为了阐释他的合法性原则在实践中如何运作而提出的那个例子——在他对当前仍有争议的一个最重要"基本政治问题"：堕胎的评论

---

[31] See *Political Liberalism*, 24 n. 27.

[32] *Ibid.*, at 96 and n. 8.

[33] *Ibid.*, at 216.

中。[34] 在此，他的合法性论点使他（实际上）提出，一个人不仅会犯错，而且会违反民主公民的义务，如果他以如下方式推理：

> 每个人都享有平等的生命权；[35] 未出生婴儿，即使是在他们生命的头三个月内，也是人（任何医学课本都是这样写的）；因此，未出生婴儿有权受到法律的保护，以免于在他们生命的头三个月内被故意杀死；因此我将投票支持承认那种权利的法律或宪法修正案。

罗尔斯已经（含蓄地）主张，任何以这样一种方式论证者，不仅是错误的，而且是反民主的（并且明确声称，即使是允许对强奸和乱伦免责，对于这种残忍、压迫性的学说，这样的人也会支持）。罗尔斯补充说，任何一个支持那种推理的综合性教义，"在那种程度上都是不合理的"。[36] 所以，他断定，关于堕胎问题的反堕胎论据不仅是错误的，而且根本不可能作为如投票选举这类政治行为的理由。并且他要求能说出这一点，而无需公开讨论他所谴责的综合性教义，也不会因言论中关于堕胎推理存在的错误而承担责任。他没有参与有关堕胎的理性争论，而是通过简单**宣称**"能够预期所有理性人都会赞成"，在他或她未出生婴儿的头三个月内，也可能是更长时间内，健康成熟的女性有权结束他们孩子的生命，从而转变了话题，并使争论变得 264 简短。[37] 所以，合法性原则产生了这样的影响，恰好和罗尔斯的明确意图对立：它自己产生了一种不文明性——热取代了光。

罗尔斯的合法性原则是对真正公共理性原则所作的一种歪曲、无根据的类比，真正的公共理性原则是：基本的政治、宪法和法律问题应当根据**自然权利**来解决；也就是说，根据合理的原则和规范，使用所有人都可获得的证

---

[34] *Ibid.*, at 243 n. 32.

[35] 奇怪的是，这种权利不是罗尔斯"正义原则"的其中之一，所以任何维护它（宣称它存在于许多《权利法案》中，尽管不是直接在古老的美国宪法中）的人是在主张一种综合性的而非政治性的学说！

[36] *Ibid.*, at 243.

[37] *Ibid.*

明标准和判断标准。他忽视这一替代方案的一个原因在于，在思考自然法传统时，他明确假设自由主义——首先，休谟和康德的综合自由主义，然后是他自己的"政治"自由主义——不同于自然法传统，这一假设以两个观点为基础：（i）有关我们如何行为的知识是每一个理性和有良心的正常人都可理解的，而非只是针对某些人或几个人（如牧师）；（ii）我们必需的道德秩序以某种方式产生自"人类天性"，例如通过理性，以及在社会中共同生活的需求，而非"产生自一种外部根源，例如上帝头脑中的价值秩序"。[38] 他似乎完全没有意识到，我所称的"传统"事实上拒绝这些错误的对比，并因此接受他认为自由主义所特有的立场：道德知识对于所有人都是可获得或可理解的，并且以某种方式产生自人类天性、理性和过社会生活的需要。

　　自然法传统与罗尔斯的分野之处与他所说"理性多元主义/分歧的事实"有关。当罗尔斯说"假定我们的所有差异的唯一来源是无知和任性，要不然则是为了权力、身份或经济收入展开的竞争，这是不现实的——或更糟糕的是，它引发了人们之间的相互怀疑和敌意"，[39] 自然法理论的传统则说"让我们分道扬镳"。有许多合理的差异产生自情感、先前承诺和对未来可能结果的信念方面的不同。在这些情形中，尽管有许多错误的观点，但并不存在唯一正确的观点。但是涉及某些事情，至少包括基本权利方面的事情，则存在所有人（即使是**事实上拒绝它们的那些人**）都可理解的正确道德信念。与这些事实相关时，不同观点只能来源于无知或某些潜理性影响，认为存在

265

----

〔38〕　See *ibid*. , at xxvi – xxviii. 罗尔斯在序言第 27 页注释 13 中指出他追随了 Schneewind 的脚步，尤其是他的论文 "Natural Law, Skepticism, and the Method of Ethics"；那篇文章对道德知识可理解性的讨论具有的显著不透明性，可以从对巴贝拉克的评论中进行判定。Schneewind 宣称（at 290）霍布斯所诉诸的格言"不要用自己无法接受的方式对待别人（己所不欲勿施于人）"是"难懂的"，因为它"甚至都没尽力解释这个行为为什么是正确的"，并且完全没有"背离自然法理论对普通人常见的傲慢态度"。Schneewind 还指出，（*id*.）"巴贝拉克（在 1706 年）为我们假设上帝使得道德知识对每个人都是可理解的"，即"上帝赋予了我们掌握'大量数学真理'的能力，所以他一定使得我们能够'获得相同证据，从而明白和确立道德格言……'"提供了一个理由。但是，Schneewind 没有停下来考虑"普通人"，甚至是理性又有良心的人，是否事实上打算掌握大量可证明的——因而是完全可理解的——数学真理。

〔39〕　*Ibid*. , at 58.

不止一个"充分合理的"[40] 或"完全合理的"[41] 信念是错误的,尽管这需要通过理性论证进行说明。如果在罗尔斯看来,一个尽管错误但"完全合理的"信念意指就其形成而言不存在主观的道德错误,那么我认为,这实际上是一种很重要的信念,但称其为"无可非议的错误",即无可责难的错误,或用一种传统习语称其为"无法克服的无知"会更好,而不是称其为"完全合理的"——相当明显它不是如此!我们应该指引公共推理去克服相关错误,指引公共审议在实践中避免它们——而不是抢先屈服于它们。[42]

当然,"恐惧的自由主义"[43] 有时甚至经常是有保证的。若是因为害怕引起一场无法取胜的或不公平冲击最弱者的战争(大多数战争都是如此)那么,限制行使基本人权在道德上经常是合理的。

如我所言,罗尔斯版本的公共理性尤其不合理,因为它的要求——道德真理和复杂的("详细阐述的")事实问题[44]应从公共话语和公共审议中排除出去——只涉及最重要的正义问题。例如,出于你的选择,结束你未出生婴儿的生命是否是可接受的?或者在某些情况下,若将一项烧死敌对国家平民且具有毒害旁观国家过半人口的副作用的计划作为我们国防政策的基础,这是否可接受?对于无法通过原则问题或事实问题的相关公共政治话语进行检验的直觉或"判断",这些问题显然需要予以剔除。那意味着,它们要免于纯粹数量或影响力量所确定的现状——这种现状通过所需要的堕胎和反平

266

---

[40] *Ibid.*

[41] *Ibid.*, at 24 n. 27.

[42] 再次混淆了规范性的与经验主义的(论据与断言),雷曼在"Abortion, Natural Law, and Liberal Discourse"的第 110 页中说:"菲尼斯确定一些非常好的论据将成功地得以公开和充分地确立起来",在 119 页中:说"菲尼斯不能理解为什么"堕胎这样的哲学论争是棘手的。这些与公共理性和自然法的相关评论,也准确地例证了我所说的对相反论据的忽视是为堕胎辩护的人的特征。与这一传统中从柏拉图到亚里士多德再到阿奎那然后直到今天的主要理论家一样,我经常解释为什么在我们预期直到历史终结才能获胜的人类生活和性格的非理想情形下,任何人都不应该期望,更不用说"确定",好的论据将会被普遍——更不用说是完全——接受。"对所有人都是可理解的"绝不是一个断言(除非在形式上与理想的认知条件相关),而是一个"通过理性论证能够说明的"含义,参见上述注释22。不管到何种程度,当"任性"或"无知"(用罗尔斯的术语)还存在的时候,认知条件都是不理想的。

[43] See *Political Liberalism*, at xxvi n. 10.

[44] *Ibid.*, at 225.

民的核威慑得以巩固——而对此，"总的来说"，罗尔斯是感到满意的。

Ⅳ. 合法性、偏见与儿童权利

为了支持根本的关注点仍有许多要说，它为《正义论》和《政治自由主义》提供了初始的合理性和吸引力，这种吸引力幸免于承认它们核心论据都是荒谬的。这种关切也就是对避免偏见、人们之间的不公平和违反黄金规则的关注。在平装版《政治自由主义》的导言和差不多同时期的论文"重访公共理性观念"中，罗尔斯为一个原则提供了新的提升和公示，他意图用这个原则使人们充分理解，投票和其他政治决断要求都只应以"公共理性"为基础。这个原则是：

> 相互性的标准：仅当我们由衷地相信，我们为自身政治行为提供的理由能被其他公民理性地接受为那些行为的正当理由时，我们对政治权力的运用才是适当的。[45]

它确实是自由主义合法性原则的**渊源**，[46] 因此，它也是罗尔斯所捍卫的公共理性概念的渊源。相互性标准的作用在于，"具体说明宪政民主体制中政治关系的本质是公民友谊的一种形式"。[47] 它本身是"内在规范性和道德性理想"的表达或最接近要求，如果没有这些，"政治自由主义"和罗尔斯"正义的政治概念"将根本不算是道德概念（因而将无法用于引导统治中的选民或其他参与者本着良心审议）。罗尔斯指出，这种理想：

> 能用这种方法确立。当他们彼此之间订立社会合作（由原则和理想规定）的公平条款，并且如果其他人都接受那些条款，即使在特定情形下会牺牲他们自己的利益，他们也同意按照条款行为时，那么，视彼此为跨代际社会合作系统中自由平等的公民就是理性

---

[45] *Ibid.*, xlvi.

[46] *Ibid.*

[47] *Ibid.*, at li.

的。原因在于，这些条款是公平的，制定这些条款的公民会合理地
认为，被提供这种条款的那些公民也将理性地接受它们。[48]

有相应规范性要求的这一理想看起来是极为合理的。所以，我们能够追 267
问它在堕胎情形中会如何。

它与正义、公民友谊、公平以及在如下一项计划中采纳的相互性标准一
致吗？在这项计划中，为了满足恋童癖者的欲望，通过供给营养（包括兴奋
剂）来培养父母不要的婴儿和儿童直到他们有性欲的年龄，但完全向他们隐
瞒其最终的命运，并且经过一段足够长时期地被用于提供性服务，当他们睡
觉或无任何警告的前提下将其无痛苦地杀死。这不是罗尔斯或任何其他人文
本中注释的问题（"'公民'指的是成年公民吗?""'跨越代际'真正意味
着什么?""相互性标准界定的当事人比原初状态中当事人的范围更窄?"）。
这个问题是实质内容之一，它的答案也足够明确。

罗尔斯本人坦率地认为，婴儿和儿童受益于相互性标准："公民的根本
政治关系是基本社会结构内公民间的关系，我们一生都在这个结构之中
……"[49] 成年人对待婴儿和儿童的方式必须满足相互性标准，[50] 即使特定
情形下那样做会牺牲成年人自己的利益；这种辩解，即儿童不等于成年人，
并且这些儿童不会成为自由平等的公民，因为在此之前以及在他们意识到我
们对他们所做或将做之事前，我们会杀死他们，无法为这种处理方式提供正
当理由。

既然如此，那么紧接着的问题就是：罗尔斯为何要划定孩子出生时正
义、公平和相互性之间的界限。这一问题不是力图使母亲的权利凌驾于未出

---

[48] *Ibid.*, at xliv (emphasis added).

[49] *Ibid.*, at xlv (emphasis added).

[50] See also, *A Theory of Justice*, 509：

界定道德人格的最低要求是指一种能力而非其实现。无论这种能力是否得到发展，拥有这种能
力的人都将受到正义原则的充分保护。既然婴儿和儿童有基本权利（通常由父母和监护人代他们行
使），那么这种解释必然符合我们深思审议的判断。此外，这种潜力与原初状态的假设性质以及对原
则的选择应尽可能地不受任意偶然性的影响这一理念充分一致。因此，如果不是在偶然的情况下，
参加初始协议的那些人可确保享有同等的正义。

所言甚好。

生婴儿的权利。它仅仅是这样一个问题，即出生前的孩子没有权利（没有正义、公平、相互性方面的身份），而出生后的孩子拥有与其他公民一样自由平等的公民权利，这如何能够合理？[51] 出生前一周的孩子为什么应受制于最极端的暴力，[52] 要因他人的"价值平衡"或"价值定序"（如果不是纯粹的心血来潮）被毁灭？

对那个问题，美国的公共理性，如其最高法院冗长判决中显示的那样，在四分之一个世纪后仍未打算进行合理回应。这种回应毋宁是这样一种形式："一切都在我们的掌握之中；这些是我们通过宪法已经选择或限制选择要予以保护的人类（以及其他实体，如公司），而**那些则**不是。"﹢从其措辞可以看出，美国最高法院对其提供公共理性责任的责任，同样如此独断。[53]（对此，占少数席位的大法官已经在一定程度上作出了拒绝，例如斯卡利亚大法官，由于理由不充分，对于谁有权和谁无权受到美国宪法反对未经正当程序剥夺他人生命条款保护这一根本问题，他将其留给各州决定。）德国宪法法院的立场更明显地突出了公共理性在实践中的失败，德国宪法法院曾反复主张——尽管没有一以贯之的遵行——从怀孕时起，未出生人类即享有被保护生命的宪法权利。

罗尔斯认为，堕胎问题的表决结果"将被视为是合理的，如果一个理性公正的宪政体制中，所有公民都真诚地根据公共理性观念进行表决"。[54] 对

---

〔51〕 如雷曼所言（尽管有他自己的意图），一个像样的道德—政治理论"必须对发现尚未公认的不正当强制形式的可能性和新权利——他是指法律上公认的权利——被用于捍卫自由的可能性保持开放"：*Critical Moral Liberalism*，1.

〔52〕 读到雷曼对本文的回应，即他在"Abortion, Natural Law, and Liberal Discourse"的第110页中指出，"公共理性是针对决定什么可被或不可被强制而言的"，并且指的是自由主义对强制特殊的过敏反应时，这一点必须记住。

〔53〕 开放的无理性被封闭在 *Roe v Wade* 案法院的声明中："我们无需解决生命始于何时这一难题"，这为假设并实际宣称出生前孩子的生命仅仅是"人类生命的潜在可能性"的那些声明和裁决所遵循：410 US 113, 159–62 (1973). 不可知论相同的虚伪可参见 *Planned Parenthood v Casey*：

（堕胎）是一种令其他人非常担忧其后果的行为：怀孕的妇女；实施堕胎手术的人；配偶、家庭和社会。他们必须知道存在这些程序，有些人认为这些程序简直就是不利于无辜人类生命的暴力行为；并且，依靠一个人对被放弃的生命或潜在生命的信念。505 US 833, 852 (1992).

〔54〕 *Political Liberalism*, lvi.

这一问题起决定性作用的表决已经在大约十五个大法官中作出了，包括罗伊、韦伯斯特[55]和凯西。[56] 在罗尔斯"公共理性"这一术语限制性意义上，这些公民赞成堕胎的表决满足"真诚依照公共理性观念"这一要求吗？我无法想起他们确实是那样的任何证据。[57] 他们面对的反堕胎论据完全建立于有关人类和个人本质以及未出生婴儿的身份的主张之上，这种主张也就是，未出生婴儿和新生婴儿之间并不存在任何重要的差别。那些案件中赞成堕胎的判决都没有实质性地处理那些主张，甚至不曾提及，它们之中没有一个比关于隐私或自由道德权利的那些竞争性主张更有争议。处理它们并不涉及从公共理性移至非公共理性。一种学说认为（如罗尔斯和赞成堕胎的大法官所言），"从他们出生之日起，根据适用于他们所处情形的基本宪法权利，儿童必须得到与成年人同等的对待"；另一种学说则认为，"甚至是在他们出生之前，根据适用于他们所处情形的基本宪法权利，儿童也必须得到与成年人同等的对待"。二者相比，前者并不少些"全面"，也并不多些"公共"。

通过指出朱蒂斯·贾维斯·汤姆森（Judith Jarvis Thomson）在 1995 年所做的论证，在最近的著作中，[58] 罗尔斯试图赋予赞成堕胎的观念以"合理"地位，而实际上，那确实是不合理的。汤姆森的罗尔斯主义论证指出：

> 首先，对堕胎的限制性规制严重地限制了妇女的自由。其次，不可以如下考量的名义对自由施加严重限制，即被限制的妇女在拒

---

〔55〕 *Webster v Reproductive Health Services* 492 US 490（1989）.

〔56〕 *Planned Parenthood v Casey* 505 US 833（1992）.

〔57〕 我在收音机上听到一系列的评论，BBC 电台称鲍威尔大法官在 *Roe v Wade* 案中的投票基于"如果他的女儿怀孕了他希望她能得到什么"这一想法。这和鲍威尔大法官在 1979 年接受 Harry M. Clord 采访时所作的评论一致（转引自 Garrow, *Liberty and Sexuality：The Right to Privacy and the Making of Roe v Wade*, 576），那些评论看起来完全不在乎对相互性"标准"的要求：

自由的概念是堕胎案的根本原则——做某些非常私人的决定的自由对人来说是非常重要的……很难想出比一个怀孕的妇女决定是否产下婴儿更私人或更重要的决定了。

Casey 案法院的意见对争论点进行了详细阐述。与之相同，这仅仅是不顾正义问题而精心掩饰对权力的吁求。很难想出对另一个人而言，比决定杀死他更公开和更重要的决定了。

〔58〕 *Political Liberalism*, lvi n. 31；also "The Idea of Public Reason Revisited", at 798 n. 80.

绝时并不是不理性的。再次，许多否认胎儿从怀孕时起便享有生命
权的妇女在那样做时并不是不理性的。[59]

正如汤姆森明确阐释的，这一论证的全部意义就在于，在不与主要反堕
胎主张争辩的情况下得出结论。那些主张声称，未出生婴儿享有不被故意或
不法杀害的权利以及享有反杀人法律平等保护的权利。[60] 这一论证没有实
现它的目标。在缺乏显示未出生婴儿与新生婴儿在这些方面处于不同情形的
论据时，许多妇女否认胎儿有生命权的立场实际上是不理性的。这些妇女或
她们中的一些人在其他方面是理性的，但这一事实却无法确定她们的这一立
场是理性的，或是符合公共理性的。如罗尔斯所言，"综合性教义本身是理
性的，因为它在一个甚至好几个案件中导出理性的结论"；[61] 所以也不能仅
仅因为一个人在一个甚至好几个案件中采取了一种不理性的立场（尤其是那
些明显利用她自利或偏见等其他特殊情绪来源的案件），就剥夺她被描述为
"理性人"的权利。[62]

罗尔斯声称，即使它是荒谬和错误的，并因而是对基本正义的否认，授
权自由堕胎的多数人决定"也要被认为是合理的"，并且"因多数决原则而
对公民有拘束力"，他还针对反堕胎的公民（带有偏见地称其为"天主教
徒"）提出了几点主张：

（i）他们不必在他们自己的情况中行使堕胎权。（ii）他们可以
认为这种权利归属于正当的法律，并因而（iii）不会使用强力来抵
抗它。（iv）那样做是不理性的：它将意味着他们试图强加他们自
己的综合性教义，而其他遵循公共理性的大多数公民都不会接受这

---

〔59〕 Thomson，"Abortion"，at 15.

〔60〕 *Ibid.*，at 14 – 15.

〔61〕 *Political Liberalism*，244 n. 32.

〔62〕 并且，三步式的汤姆森—罗尔斯论证以公共理性的形式进行这一事实并不意味着它是合理
的："它本身是否合理是另一个问题。与公共理性中推理的任何形式一样，归因于红衣主教伯纳丁的
一种论证有关的这种推理可能是荒谬的或错误的，*ibid.*，at liv n. 32. 汤姆森论证中的第三步对'不
理性'含糊其辞。"

种教义。[63]

这四个主张没有一个是合理的。第一个主张揭示了在罗尔斯论辩一方冒充为公共理性的疏忽大意。反堕胎的公民利用一些有力论据声称，堕胎与蓄奴相当类似：将彻底的、基本的不公正强加于被剥夺公民身份的人身上。"自由公民不必在自己的情形中行使（蓄养奴隶）、（堕胎）的权利，因此，你能够并且必须承认，我们的法律是正当的，因为它也适用于其余的人"，这一回应显得冒失或欠考虑。

第二个主张假设"多数决原则"是有约束力的，甚至是当多数人授权重大冤案，并且甚至是当他们没有尝试着证明它与该原则或相互性标准一致时，就授权如此的时候。有人相信，罗尔斯自己会接受这个关涉不公正的假设吗？毕竟，他在此倾注了同情之心！

第三个主张毫无征兆地转向了描述性模式。然而，有趣的问题在于，对运用合理强力救助未出生婴儿免于杀害施以处罚的法律，是否存在不违抗的有力理由。我认为，对于那些职业与这一任务一致的人而言，作为一种有良心的选择，只有一个排除这种反抗的可信理由：一般来说，试图进行强制性救助在目前的情况下将引发公民战争。其引发的结果解决不了争论。但是（如我上述对恐惧的自由主义所作评论表明），发起正义战争的条件是有赢得战争的前景，然而，在目前的情况下无法满足这个条件。

第四个主张再次依赖于一个武断和无根据的前提：那些认为新生婴儿必须在基本权利方面得到与成年人同等对待的人——或那些监禁恋童癖者的人——没有强加他们自己的"综合性教义"，而那些坚持认为出生前一天的婴儿有权获得同样强有力保护的人却这样做了。当然，对自成一类的自由主义理论这种强烈实质性的争议性特点的这种选择性漠视，恰是这种理论的特点；对此特点，我们可以在如下主张中看到：实际上，当所谓妇女权利显然是有争议的时候，"妇女控制自己身体的权利"就是"无可争议的"（因而

---

[63] *Ibid.*, at lvi – lvii; see also Rawls, "The Idea of Public Reason Revisited", at 787 n. 57, 798 – 9.

胜过了争议未出生婴儿的生存权），并且直到最高法院推翻各州的堕胎法律时（实际上直到这一天，最高法院也没有接受这种所谓的权利），任何一个州都从未接受它。当人们认为，与运用公共力量有关的论据绝不应诉诸有内在价值的东西，而应诉诸人们主观偏好的东西，然后通过辩称自治是有内在价值的，并且/或者是良善——有内在价值的——生活的必要条件来证立"主观偏好原则"时，这种疏忽就常常会导致彻底的自相矛盾！

V. 私人权力 v 公共理性

如我所言，美国（以及其他此类国家）公众的"公共理性"呈现出一种非凡的景象：拒绝陈述任何理由用以证立子宫内婴儿和子宫外婴儿——也许是同一天的同一个婴儿——在道德地位和法律地位上巨大的、根本的、总体的差异。范围更广阔的"公共理性"呈现出一种不同但类似的景象，这种公共理性包括哲学家和就堕胎问题主动引领公共审议的其他人在内。关于堕胎权，即出于杀死目的而驱逐胎儿的权利，还有着诸多证立性文献。但是，这里有两个突出的特点。其一，在这篇赞成堕胎的文献中，对未出生婴儿的性质、胚体何时成为有生命权的人类或其反面，以及其他有关的主要形而上学或道德问题，都不存在共识。除了结果之外不存在"重叠共识"：妇女将有毁灭她们未出生孩子的机会。其二，几乎完全漠视大量持相反立场的学术文献，[64] 这些文献形成了否认堕胎权的共识，立论基础为胎体从怀孕之日即具有人类的性质和权利。[65]

对证立未出生婴儿不享有和新生婴儿同等的基本平等权利，公众"公共理性"保持沉默，这很容易得到解释。进行这种证立的前景实际上是模糊

---

〔64〕 两个好的例子：Grisez, *Abortion: The Myths, the Realities, and the Arguments*；Lee, *Abortion and Unborn Human Life*；See also George, "Public Reason and Political Conflict".

〔65〕 这种不对称是影响深远的。许多反对堕胎权的学者在关于堕胎权（堕胎和杀婴）的无数混乱和多样的论据中奋力前进，发表谨慎且证据充分的批判。支持堕胎（或是堕胎和杀婴的权利）的学者似乎在极大程度上虚构了他们所反驳的立场，并且没有展现出或意识到那些实际上由为未出生婴儿进行辩护的人所提出的论据。

的。因为，任何这样的证立都将放弃人类平等和平等权利的一种真正基础：作为一个独一无二的个体，事实上，每个活着的人都不仅是潜在地拥有推理、笑、爱、后悔和选择的根本能力，[66] 这种能力不是一个物种的某种抽象特征，而是存在于有机体独一无二、个体性的有机功能之中，这种有机体在那个人怀孕时起即作为一种新的物质存在，并且存活到他/她死亡为止，不论他/她是活九十分钟、九十天还是九十年——这种能力、个体性和人格真实不仅存在，而且很宝贵，尽管其运作随不成熟、伤害、睡眠和衰老这些变化的因素来去。正如雷曼所设想的，当我们问为何我们不认为人类的数量应该最大化时，我们会认为人类不仅仅是"价值"；毋宁说，他们是无法言喻的、独特的人，并且每个人都有权获得他人的尊重。

（以我刚刚总结的方式理解，对人格现实和价值的信仰可被称为"宗教的"吗？不如说它是一种起因于对这个宇宙的体积、深度及其多样成分密切关注的信仰，这种信仰既是宗教信仰，也是良好科学的起因，而不仅仅是它们的结果。）

未出生婴儿和出生婴儿身上对真实人格进行了实例化，而一旦人们决定不以其作为平等权利的基础，那么，这种基础就将被简化为某些与人类种族成员资格无法共存的因素，而这些则是新生儿、婴儿和一些智力残疾者所缺乏的。以他们具有自我意识且能够自我关注为依据，从而围绕理智成年人和非婴儿、儿童画圈，和围绕所有人以及只是已经出生者为基础画圈，都同样会被证明毫无理由。雷曼努力将自我意识和自我关注作为生命权的基础，但这显示了他的脆弱性。（我将他半心半意的努力置于一旁，以此表明，即使婴儿——按雷曼的解释——没有生命权、不值得活下去，或不值得我们尊

---

〔66〕 雷曼的"Abortion, Natural Law, and Liberal Discourse"引用了这句话，并且在断言我的命题"完全错误"（115）时重复了这一论述但省略了关键词"根本的"。关于"根本能力"（涉及"根"）的理念，参见 essay Ⅲ. 14（1995b），secs Ⅳ and Ⅺ. 一个人通过思考"我有说冰岛语的能力，但我根本不会说"这一论述的一致性就可轻易理解这个概念了。此处提及的"能力"比发展了的此时此刻说这种语言的能力更为根本。具备发展所需的基因基于人类受精卵已经具有长出腿并用它们行走的能力——根本能力。浅橙色的受精卵没有这种行走的根本能力。简言之，有机体通过自主的自然生长发展出 X 能力的能力是一种真正根本能力。它不"远离" X 能力，更不用说"太远"；它正好是 X 能力的最早形式。

重，我们也仍然有"保护婴儿生命"的理由。[67]）原因在于，如果我受尊重的权利（也就是将相互性标准考虑在内、不被杀死等）依赖于我对自己继续存在的意识和关注，那么，为什么我不应突然毫无征兆地被杀死呢？雷曼的回应是："个体生命取决于对它延续性的意识，这种意识的失去乃是一种失去……并将持续作为个体预期的一种失去和挫折……"[68] 但是这并不能说得通。如果一个睡梦中的人毫无征兆地被杀了，那么，没有任何人会有受挫的预期，并且也没有任何人遭受损失。雷曼四处搜寻承受这种损失和挫折的实体，玩笑似地使这些实体倍增：

> 一旦一个人开始意识到他的生命，生命就会展现在一种内在的
> 观众面前，他们对生命的延续有预期，对继续活着有感情。这种预
> 期一直持续到这种观众永远消失——即使在那之前，这些观众有时
> 会困倦。即使我们杀死一个暂时睡着或昏迷的已经意识到自己生命
> 的人，我们也挫败了这种预期。[69]

但是，这种把玩使雷曼一无所获。当睡着的人毫无征兆地被杀死，那所谓的观众也会同时"永远消失"。这个简单的事实表明，我们根本不能向任何人（演员或观众）说"这个人有一些受挫预期"。而对于"受挫预期"，雷曼恰好是模棱两可的；[70] 当某人具有这样的预期时，它们是一个起因，或是一种不幸，并经常成为非正义的主题内容。若接受雷曼的邀请对那些预期进行考察，我们就会发现，在我所考虑的情形中从未存在任何受挫预期。首先，存在 X 的不受挫预期，此后并且永远不会存在任何受挫的或不受挫的预期。X 的主观意识没有变化；如同现代的麻醉法，那种意识在没有意识到

---

[67] 雷曼主动解释了为何"我们"认为杀婴是错误的，但没有指出不爱婴儿（但可能只是两三个婴儿）和认为杀婴（至少是不受特定人喜爱的婴儿）不是错误的人的态度的不道德：*Critical Moral Liberalism*, 202–3.

[68] *Ibid.*, at 197.

[69] *Ibid.*, at 198.

[70] 这不是处理他这一章其他论证的时机，但是这么说吧，在我看来它们之中许多都是模棱两可的。

中止的情况下就中止了。[71]

雷曼对未出生婴儿和早期婴儿的全部讨论是一种及时的警告，他指出，在堕胎问题上，一旦脱离公认的公共理性，那么，一直到无原则私人权力（"主观偏好"、"选择"）压过公共理性，生命、受到尊重、获得正义和平等的权利就失去了它的可理解性，也就失去了良心审议和选择的理性主张。

注

⁺政治话语中的"公共理性"……（第二部分的开头）。如第二篇文章第 59 页所言，"正确的'自然法'理论从来都是诉诸公共理性的……"但是，当前的"公共理性"措辞有着令人感到奇怪的历史，（按照罗尔斯的古怪用法）这可能会遮蔽它对于政治哲学和公民话语的恰当性。2005e 中总结了这段历史的一些要素：

> 目前看来，"公共理性"这一术语在一个关键时刻进入有关撒旦的英格兰最伟大的史诗《失乐园》中。这部史诗由诗人约翰·弥尔顿所写，他在英联邦做了 11 年杰出的公务员，主要是为 1642 – 1649 年内战中敬神的清教徒和共和党的胜利者政权写的。撒旦在高高的树上，贪婪地俯视着因他的诡计而即将失去的人类和谐天堂。当他盘算着对亚当夏娃的"天真无邪"进行无休止的残忍报复时，他自言自语地说他的心"融化了"。但他说他是被迫进行复仇——一种甚至连他自己都"憎恶"的行为。被什么强迫呢？"公共理性正当"，即"为了复仇，通过征服这个新世界——从'现在'降落至这个世界尽头的人类世界，扩大我的荣誉和权位"。还有他自言自语的目标。诗人的即时评论更为有名："魔鬼这样说，以'不得

275

---

[71] 关于雷曼对这段话的答复和我的回应，参见 2000c at 104 – 5；如其所示，这一段已经足够了。

已'的暴君口实来开脱自己邪恶的行为。"（Book iv，Ⅱ.380 - 94.）[72]

公共理性（在英国）因而成为掩盖私人动机诡辩的主要因素，然而它们被广泛分享：复仇的动机、权力意志和个人"荣誉"，激情结合理性服务于它们，并且通过理性伪装成（合理化为）理由。"公共理性"这个特殊的面具在 20 世纪中后期与"国家利益"或（类似地，不完全同一）"人民的民主"在用法上属于相同的语义和联想范围。

后记：仔细看霍布斯《利维坦》（1651）第 37 章，我们就能发现，"公共理性"在几年前就已经进入英语世界公共话语中了。霍布斯在第 37 章中宣称是否出现了奇迹这个问题，例如群众变质：

> 我们不能每一个人都运用自己的理性或良知去判断，而是要运用公共理性，也就是要运用上帝的最高代理人的理性去判断。诚然，如果我们已将主权赋予他并让他做一切对我们的和平和防卫而言有必要的事情，我们就已经把他当成事物的审判者了。由于思想是自由的，一个人在内心中始终有相信或不相信那些产生奇迹的行为的自由……涉及那种信仰时，个人的理性必须服从公众，也就是服从上帝的代理人（即霍布斯说的世俗的主权）。

指涉国家法律的这个短语还出现在卢梭《政治经济学》（1755）的第六段中；也出现在杰斐逊于 1801 年 3 月 4 日作为美国总统所作的第一任就职演说中。杰斐逊指出，"信息传播和传讯的滥用要接受公共理性的公开审问"是"我们政府十二项基本原则"的第十项。

++美国最高法院的堕胎判决是公共理性的失败……（本章注释 52 - 7）。雷曼在"堕胎、自然法与自由主义话语"第 119 页中指出，*Roe v Wade* 没有

---

[72] ……地狱将为接引你们而广开大门，并且撵出所有的王公。那里地方宽敞，可以容纳你们众多的子孙，不像你们这里这么狭窄、这么受限制。如果不比这里好，那就感谢那个逼我来向你们复仇的天神，不是因为你们得罪了我，而是他。你们的天真无邪，使我于心不忍，然而也有公共理性：我为了复仇，才想通过征服新世界而扩大我的荣誉和权位，否则我虽堕落也厌恶这样做。魔鬼这样说，以"不得已"的暴君口实来开脱自己邪恶的行为。（*Paradise Lost*，Ⅳ，380 - 94.）

忽视或绕开为什么未出生婴儿不拥有权利这一问题：

相反，法院将其作为法律先例直接进行了处理，回顾了法律人格概念在英美法（尤其是在美国宪法的第十四修正案）中的历史，并得出结论："法律上从未承认未出生婴儿是完整意义上的人。"

雷曼的主张是站不住脚的。罗伊诉韦德案（*Roe v Wade*）中没有对"法律人格概念在英美法中的历史"进行回顾，甚至没有提到法院先前关于第十四修正案中"人"的意义的判决。例如，没有提到法院在圣克拉克郡诉南太平洋铁路公司［*Santa Clara County v Southern Pacific Railroad* 118 US 394（1886）］一案中的裁定，这一裁定推翻了从视法律的平等保护为神圣不可侵犯的第十四修正案的目的看"公司是人"这一先例和判决，从那时起，这个裁定得以维持。大法官布莱克曼在罗伊案中的判决除了一个对这些例子的四句话的总结之外，没有为雷曼的想法提供什么，那个总结中的"人"这个词语在宪法中也使用了，这个词后面有两个句子：

但是几乎在所有的这些例子中，这个词语的使用都是这般，以至于它只适用于出生之后。没有人确信地指出它可能适用于产前［410 US 113，157（1973）］。

（宪法中的"人"这个词运用于公司时同样如此——例如，关于投票、议会的成员资格、竞选总统的资格等。）雷曼引用的"结论"没有理性地回应德克萨斯州的论据，即英美法和德克萨斯州法院对宪法的解释为了达到提供法律保护的目的而承认未出生婴儿是人，并且在任何情况下都是如此。它也不是对我文中提出问题的回应。雷曼希望我们忘记美国最著名的诉诸"先例"解决谁是和谁不是法律上的人的案件是德雷德·斯科特诉桑福德案［*Dred Scott v Sandford* 60 US 393（1857）］。该案中，法院并不费力地就达到了自己的满意，从先例中轻易证明了即使在解放后，即使生而自由，黑人也不是美国公民，不能经州和国会允许而成为公民。关于权利、原则以及个人地位这一重大问题的确定，很大程度上受限于对先例的评论，并受制于对人的前法律现实和价值的关注。关于法院判决中对普通法、19世纪的堕胎法和现代侵权法、刑法的不精确引用，参见伯恩：《一个美国惨案》；迪斯特罗：《堕

胎与宪法》；威瑟斯彭：《重新审视罗伊案》；卡迪尔：《罗伊诉韦德案以来
的侵权性产前死亡法律》；福赛斯：《克隆人与宪法》；以及 1994d。法院在
罗伊案中对法律先例的论证近乎可耻地薄弱，它连区分出生婴儿和未出生婴
儿的理由都没有提到。

第 17 章

理性、激情与言论自由[*]

在最近的淫秽物品案件中，美国最高法院一直在试图界定"言论"[1] 277 的宪法内涵。这并不是一个如看起来那般陈腐的声明，因为来自法院内外的批评者认为，法院的任务是界定"自由"。

一些人主张该领域内有无限的自由。对他们而言，淫秽物品并没有增加定义的难度，淫秽物品仅仅使言论或出版呈现出一种微乎其微和有争议的危险，而不是明显而即刻的危险。这个观点是由布莱克大法官[2]与道格拉斯大法官[3]所例证的，从这个观点出发，相关的区别仅在"言论"与"行为"之间。不言而喻，淫秽是一种"思想的表达"而非"行为"，那么现在的问题就是反问：宪法允许在好思想与坏思想之间划一条界线吗？

然而，这样的诘问没有吓到其他批评者。他们将言论自由限制到谨慎地与其他价值保持平衡的程度。弗兰克福特大法官[4]和哈伦大法官[5]例证了这种传统，这需要费力地检验"淫秽"的概念，以便揭示它可能隐含的

---

* 1967a.

〔1〕 "言论"与"出版"是有区别的，但广义的"表达"包含了这两者。Cf. Lockhart and Mc-Clure, "Literature, the Law of Obscenity and the Constitution", at 299 n. 31.

〔2〕 See e. g. *Ginzburg v US* 383 US 463, 476 (1966) (Black J dissenting); *Mishkin v New York* 383 US 502, 517 – 18 (1966) (Black J dissenting).

〔3〕 See e. g. *Ginzburg* at 491 – 2 (1966) (Douglas J dissenting); *A Book Named "John Cleland's Memoirs of a Woman of Pleasure" v Attorney General* 383 US 413, 433 (1966) (Douglas J concurring) [hereinafter cited as *Memoirs v Massachusetts*].

〔4〕 See e. g. *Kingsley Int'l Pictures Corp. v Regent of Univ. of NY* 360 US 684, 691 (1959) (Frankfurter J concurring).

〔5〕 See e. g. *Memoirs v Massachusetts* 383 US 413, 455 (1966) (Harlan J dissenting); *Roth v US* 354 US 476, 496 (1957) (Harlan J concurring).

恶性以及它可能威胁的价值。[6] 在每一桩个案中，法院必须平衡言论自由的要求，以应对美国社会所认为由某些思想表达所引发的邪恶。[7]

以上两大学派均倾向于不经反思地将淫秽物品难题与传统学说相联系，而后者是在言论自由更一般的语境下形成的，因为两者都谬误地认为淫秽物品关涉思想的表达。因而这两大学派不能辨别和界定"言论"的核心难题，也无法理解法院解决这一难题所采用的基本概念。[8] **淫秽话语"不是任何思想阐释所必不可少的内容"**,[9] 这一概念与刚刚罗列的两大传统观点形成了鲜明对比。

这篇论文的目的在于概述这种较新观点的知识基础并详述它的背景，指出它塑造与淫秽有关的实体宪法性法律的路径。

I

正如人们通常使用和理解的那样，淫秽涉及"思想"的表达。然而，在布伦南大法官看来，部分交流具有一些"有理智的内容"[10] 以及其他一些东西，而这些他者则包括淫秽在内，但不涉及思想的阐释和提倡。[11]

因此，他认为，淫秽作品的读者是在寻求快感，而不是为了保存知识的

---

〔6〕 Cf. Kauper, *Civil Liberties and Constitution*, 58 – 60, 111 – 26; Lockhart and McClure, "Censorship of Obscenity", 5; Cf. Lockhart and McClure, "Literature, the Law of Obscenity and the Constitution", at 373 – 87.

〔7〕 See e. g. *Kingsley v Regent*, at 708 (1959) (Harlan J concurring); *ibid.*, at 694 – 7 (Frankfurter J concurring).

〔8〕 在 Cairns、Paul 与 Wishner 所著的 *Sex Censorship*, at 1012 – 13 和 Cf. Murphy 的 *Censorship*: *Government and Obscenity*, 120 – 9 中，都简要论述了将淫秽物品排除在"言论"之外的困难所在。然而，在这两本书中，这一宪法性难题与淫秽物品为何应当或不应当被禁止交织在一起。也参见 Slough, McAnany, "Obscenity and Constitutional Freedom", at 347 – 8, 455 – 6, 476; Note, "Obscenity Prosecution", at 1084 – 6.

〔9〕 *Chaplinsky v New Hampshire* 315 US 568, 572 (1942), quoted with emphasis in *Roth v US* 354 US 476, 485 (1957).

〔10〕 *Ginzburg v US* 383 US 463, 470 (1966), see also n. 37 below.

〔11〕 *Roth* at 484 – 5 (1957); cf. *Jacobellis v Ohio* 378 US 184, 191 (1964).

内容。[12] 很大程度上，这种比照依赖于布伦南大法官对淫秽案件的审理，它回应了人类头脑中两个经常相互矛盾的方面：理智或理性和情感或激情。由于布伦南大法官同意将第一修正案所保护的"言论"描述为"信息或观点的交流"、[13] "思想的阐释"，[14] 或者是沟通心理中的理智成分，并且他还将淫秽物品归入情感与激情的范围之内，因此可以推断出，在他看来，淫 279 秽物品不受第一修正案的保护。[15] 理性与激情之间的这种对比是独特的形式概念，形成于有关淫秽的宪法性法律产生的过程之中。罗斯诉合众国案[16]中，值得注意却往往被忽略的是，它抛弃[17]了早期英美法所明确表达的观念，即是否为淫秽物品，要看它有无"诱人堕落和腐化"的倾向。[18] 尽管联邦法院早期的判决已经明显偏离了"诱人堕落和腐化"的准则，[19] 罗斯诉合众国案实现了将令人倾向于性堕落这一含糊的观念（这甚至已经被最高法院采用）[20] 替换为相对明晰的是否"刺激淫欲"（appealing to prurient interest）。[21] "堕落"是一个含糊的标准，因为它跨越了思想和激情的范围。因此，如果第一修正案是要保护所有思想的阐释，那么"堕落"就必须明确被排除激情、情感和欲望的准则所取代。这就是罗斯诉合众国案的任务和成就。

一些当代评论者已经注意到，淫秽可能不仅仅意味着情趣低下和刺激，

---

〔12〕　*Ginzburg*, at 479（1966）.

〔13〕　*Cantwell v Connecticut* 310 US 296, 310（1940）（Roberts J）.

〔14〕　*Beauharnais v Illinois* 343 US 250, 257（1952）（Frankfurter J）.

〔15〕　这个三段论的谱系包括 *Cantwell*（1940）；*Chaplinsky*（1942）；*Dennis v US* 341 US 494（1951）；*Beauharnais*（1952）；*Joseph Burstyn, Inc. v Wilson* 343 US 495（1952）.

〔16〕　354 US 476（1957）.

〔17〕　*Ibid.*, at 489.

〔18〕　"腐化与堕落"标准来源于 *R v Hicklin*（1868）LR 3 QB 360, 371. For the reception of *Hicklin* into American law, see *US v Bennett* 24 F Cas 1093, 1104（No.14, 571）（CCSDNY 1879）；*US v Kennerley* 209 F 119, 120（SDNY 1913）（Learned Hand J）；Slough and McAnany, "Obscenity and Constitutional Freedom", at 285 – 92.

〔19〕　See e.g. *US v Dennett* 39 F 2d 564, 569（2d Cir. 1930）；*US v One Book Called "Ulysses"* 5 F Supp 182（SDNY 1933）, aff'd, 72 F 2d 705（2d Cir. 1934）；Lockhart and McClure, "Literature, the Law of Obscenity and the Constitution", at 327 – 33.

〔20〕　See e.g. *Rosen v US* 161 US 29, 43（1896）. But cf. *Dunlop v US* 165 US 486, 500（1896）.

〔21〕　*Roth v US* 354 US 476, 487（1957）.

也意味着一种意识形态因素——思想可以败坏社会的性哲学与价值。[22] 然而，评论者很少意识到，这种潜在地令人困惑的二元性与以往英国和美国法院所运用的"诱人堕落和腐化"准则的含糊不清有关。[23] 1877年，伦敦对查尔斯·布莱德劳与安妮·贝赞特伦因淫秽性诽谤所做审判阐明了这种模糊性。[24] 该审判由最高法院首席法官科伯恩主持，所谓的"希克林标准"（Hicklin test）就来自于他。在对陪审团的评论中，为说明被告因散播了一本关于避孕节育的书而犯了"诱人堕落和腐化"之罪，法官提供了四种替代性理论：（i）如果被告具有一种引发淫荡的目的，意图"将这种想法所能提供不纯洁的满足给予那种事情为乐者"；[25]（ii）如果该书实际上包含了有伤风化的细节，意图激发激情和性欲并引起淫荡的想法；[26]（iii）如果该书，即使是无意的，通过提供不对未婚者的性行为进行健康限制的方式从而腐化他们的道德；[27] 或者（iv）如果该书推荐了与应在婚内盛行的良好道德相反的避孕措施。[28] 关于第四种理论，陪审团认为，一个人在公开发行的出版物中推荐一种不道德的方法是有罪的，并且应当被警告：

> 你做决定……应当顾及和参照法律，忠实且坚决地希望维护人类的道德。但是此外，你必须谨慎考虑什么是公众可以讨论的，并且，从任何有关这个主题的偏颇角度看，必须有一种不扼杀合法审查的急切愿望。[29]

---

〔22〕 Chafee, *Government and Mass Communication*, 210 – 12; St John – Stevas, *Obscenity and the Law*, 126. Also see the discussions of "thematic" or "ideological" obscenity in Kalven, "The Metaphysics of the Law Obscenity", at 3 – 4, 28 – 34; Lockhart and McClure, "Literature, the Law of Obscenity and the Constitution", at 99.

〔23〕 The ambiguity here discussed is not the ambiguity (as between thought and action) detected in the *Hicklin* test by Lockhart and McClure, *ibid.*, at 332 – 3.

〔24〕 Bradlaugh and Besant, *The Queen v Charles Bradlaugh and Annie Besant* (a verbatim report). This case is discussed in St John – Stevas, *Obscenity and the Law*, 70 – 4.

〔25〕 Bradlaugh and Besant, *The Queen v Bradlaugh*, 261.

〔26〕 *Ibid.*, at 258.

〔27〕 *Ibid.*, at 266.

〔28〕 *Ibid.*, at 263.

〔29〕 *Ibid.*, at 265.

　　第三种和第四种有罪理论赋予英国陪审团超出思想市场的控制性司法权，这种权力仅仅受限于陪审团的自我约束。很明显的是，暂且不论非法行为的煽动性和危险性，但凡牢牢把握第一修正案的含义，上述所引的分析就不适用于美国。因为在美国，"甚至是对主流舆论有害的思想"[30] 也受宪法的保护。

　　因此，腐化的概念，受已经被美国抛弃的政治理论的影响，既已被仅仅体现首席大法官前两种理论的一个概念所取代；结果是维持"淫秽"一词的历史概念，[31] 同时将淫秽的定义限缩至宪法接受的范围。[32] 当前遵循的 281 标准是伍尔西法官的标准，倾向于"激发性冲动或引发有关性的下流、淫荡

---

　　[30]　*Roth v US* 354 US 476，484（1957）.

　　[31]　"淫欲"一词第一次出现在 *Queen v Bradlaugh* 一案判决的第 270 页，"淫乱的"一词也还出现于第 15、29、73、145、230、247、252、259 及 262 页。

　　[32]　当然，淫秽总是包括意指下流、淫荡的想法或类似想法的概念。但是，正如 *Bradlaugh* 案所示，这种观念总是关联到或容易受到腐化和堕落概念固有的模糊性的影响。一般而言，对公认的道德与性观念进行相反宣传可能在事实上引起淫荡的想法。Cf. *Burton v US* 142 F 57，63（8th Cir. 1906）. 这就是为什么 Cockburn LCJ 在 *Bradlaugh* 案中能漠然地从"倾向于暗示淫荡、不纯洁的想法并因而被认为会导致不道德"的检验标准滑向了"倾向于影响激情或引发一系列与公共道德相悖的行为"；*The Queen v Bradlaugh*，15，17（强调为作者新加）。Cf, *US v Harmon* 45 F 414（CCD Kan. 1891）；*US v Clarke* 38 F 732，733 − 4（CCED Mo，1889）；*People v Wendling* 258 NY 451，180 NE 169（1932）. 偶尔提到淫欲完全消失：*People v Dial Press*，*Inc.* 182 Misc 416，417，48 NYS 2d 480，481（Magis. Ct. 1944）. 也参见 Lockhart and McClure，"Literature，the Law of obscenity and the Constitution"，at 334n. 68 中引用的案例。作者评论道，"即使法院没有经常把意识形态意义上的淫秽作为他们判决的基础，但毫无疑问的是，它也对与淫秽作品相关的法律产生了十分巨大的影响"：ibid.，at 334. *Commonwealth v Allison* 227 Mass 57，116 NE 265（1917），不仅在事实与结果上，而且在其逻辑和概念结构上，都类似于 *Bradlaugh* 案。

的想法",[33] 它重塑了罗斯案中的"刺激淫欲"标准。[34]

因此，当布伦南法官提及"思想的表达"时，这是在比普通用法所传达的意义更受限制的意义层面而言的。正如卡尔文教授[35]所言，布伦南的言论自由理论实际上是一个双层理论：第一层认为言论自由具有社会效用，另一层则相反。[36] 但是，布伦南法官认为，确切而言，淫秽物品没有相关的或"补偿性的"[37] 社会效用，因为它不属于思想、理性、理智内容、追求真理的领域，而属于激情、欲望、渴望与快感的领域。依此，淫秽物品不受第一修正案的保护。[38] 实际上，言论的两个宪法层次可以从人类心智的两

282

[33] *US v One Book Called "Ulysses"* 5 F Supp 182，184（SDNY 1933）.

[34] 354 US at 487. 将罗斯案中提出的淫秽物品不受宪法第一修正案保护的理由与 *Ex parte Jackson* 96 US（6 Otto）727（1878）中提出的理由进行对比：

从各种排除淫秽受宪法保护的文章中可以发现，国会的目的不是干涉出版自由，……而是拒绝为其散布被认为是**有害于公共道德**的东西提供便利［*Ibid.*，at 736（强调为作者新加）］。

当洛克哈特与麦克卢尔认为罗斯案中的标准包含"腐化和堕落"时，如果不是否定，则他们模糊了法律分析中必要的演变。Lockhart and McClure，"Censorship of Obscenity"，at 58，以及哈伦法官所审理的 *Manual Enterprises，Inc. v Day* 370 US 478，482-5（1962）. 哈伦大法官的目的是将"倾向于腐化"等同于"刺激淫欲"作为淫秽的一个"影响"因子。*Ibid.*，at 484，为促成这一杰作，他继受了罗斯案中的"影响因素"与"明显令人讨厌的概念"。因此，哈伦法官进行了如下陈述：

罗斯案的审理法院拒绝希克林案件中的"独立的摘录"与"特别易受影响的人"的标准，354 U.S.，at 488-489，并尽力指出不是所有关于性的描述都触及淫秽方面的法律，只有那些以"刺激淫欲的方式"作为主题的才是。354 U.S.，at 487. 当然，那只是大致包括淫秽的双重标准：明显令人讨厌的概念……与可能有腐化效果的因素……

Ibid.，at 487. 这种将刺激淫秽的想法、改变道德观念、唤起行动之间的细微之处和因果关系之间的差别模糊化的对"影响"的分析，可能源于洛克哈特与麦克卢尔所著"Literature，the Law of Obscenity and the Constitution"，at 329.

[35] Kalven，"Metaphysics of the Law of Obscenity"，at 10-16.

[36] *Ibid.* 卡尔文的重点可能有误导作用。尽管布伦南的"最高法院及米克尔约翰对第一修正案的解释"强调"社会效用"，这也是对的。要记住的是，法院没有考虑淫秽物品是否或为什么应当在法律上被禁止，而总是必须阐释为什么法院认为淫秽物品不具有补偿性的社会善或价值。没有提出这个问题显然打破了卡尔文在"纽约时报案：第一修正案的要义"中的论证，参见 n. 101 以下。

[37] *Roth v US* 354US 476，484（1957）. 注意，罗斯案中的"补偿社会重要性"如何演变成 *Ginzburg v US* 383 US 463，470（1966）中的"保存知识内容"。

[38] 讽刺的是，这一理论，即"这种表达不是任何思想表达的本质内容"源自 Chafee，*Free Speech in the US*，150（1941），弗兰克福特法官在 *Beauharnais v Illinois* 343 US 250，257（1952）中重申了这一点，是因为查菲教授与弗兰克福特法官在此领域都彻底反对绝对论，都支持利益平衡学说。参见 Chafee，"Meiklejohn's Free Speech"，at 894（1949）；*Dennis v US* 341 US 494，524-5（1951）（Frankfurter J concurring）.

大领域得以阐述。

II

如实而言，最高法院不是必须遵从某一特定的心理学理论；有人可能会继续辩称，只有在已经过时的官能心理学范围内，所谓人类心智的两大领域或方面才可以被感知。我们现在的目的不是要为法院的立场辩护，也不是要确立它在宪法或哲学上的必要性，甚至也不是要表明根据对人格的充分理解它将是可行的。我们的目标仅仅在于强调这种盛行观点至关重要的文化根源，并表明这种观点的根基不会轻易被推翻。

实证心理学不区分理智与情感，若没有这种区分，那么常识或有关人类天性的哲学都会无效。实证心理学家运用实验科学的程序探索人类心智的各种规律和循环运转；并且，对这些规律和循环图式的表述不需使用诸如"智力"、"理性"、"情感"或"激情"等术语。然而，常识与哲学更可能认为，如果心理学家对他研究成果的表述是理智且合理的，那么，它就不仅仅是精神规律和运转机制的产物，更是他情感的产物。通过这种主张，常识和哲学促进了对人类天性更全方位的分析，例如弗洛伊德论所提出的：尽管"纯粹理性动机只能对激情的原动力和情感的力量产生几近于无的影响，然而，我们依旧只能通过我们的理智来控制我们的本能反应，除此之外，别无他法"。[39]

柏拉图也强调过此种区别，他将人类的大脑比作控制激情与欲望野马的战车御者（理性），比作自我交战的一个世界，比作一个受理性和激情之绳操纵的木偶。[40] 亚里士多德认为，在他那个时代受到推崇的"普遍看法"是：意志薄弱之人是激情的产物，而自制且正直之人遵从理性，而不是他们 283

---

〔39〕　Freud, *The Future of an Illusion*, 42，47，52.
〔40〕　*Phaedrus* 246a；*Laws* I 644d－45c.

的欲望。[41] 毫无疑问，这仍然是主流看法；希腊人与基督教思想中的"肉体纵任贪欲抵抗精神"[42] 与"心有余而力不足"[43] 共同塑造了我们的文化。

然而，呼吁这样一种哲学可能招致这种评论，即认为所谓理性与情感之间的区分仅仅是一种二元论，天真而不合逻辑，相当不适于支持合乎逻辑的法律之区分。然而，这种批评太温和。哲学已经见证了许多阐明人类大脑这两方面可感知的区分的尝试，而且毫无疑问的是，存在一些可被判定为不合逻辑的二元论。但是，根据此种区分，法院的大法官们将不会信赖任何一种关于它的特殊哲学解释。

如今，有另外一种备受推崇的哲学传统认为，"理性是，且只应当是，激情的奴隶，并且除了服从于激情和为激情服务之外，不能扮演其他任何角色"。[44] 这种说法十分极端，但是大卫·休谟从根本上缓和了理智和情感的对立，这对现代思想产生了深远的影响。然而，休谟保留了理性与激情这两个相对的概念，尽管他对这两个术语及其相互关系的解释，（如果被采纳的话）可能会使言论的双层理论不那么有吸引力（尽管一个法官私下里是一个哲学家，可能想要问问休谟自己冷静且有穿透力的理智如何与缺乏理智与纯粹理性的人类天性相一致）。

詹姆斯·麦迪逊，用休谟的政治著作支持他的《联邦党人文集》，[45] 他与休谟都认为，完全典型的18世纪观点将人类生活视为理性与激情之间的斗争。但是，与休谟不同，麦迪逊支持古典的传统，认为高贵的理性高于激情。《联邦党人文集》的每位读者都会回想起麦迪逊共和理论中通过理性控

284

---

〔41〕 *NE* Ⅶ：1145b1－20. 亚里士多德在《论灵魂》中详尽叙述了一种完整的、理智的哲学心理学，在《修辞学》一书中论述了激情。亚里士多德关于美德的理论是将人性中的理性与感性的欲求原则和谐结合的理论。值得顺便一提的是，亚里士多德及其追随者认为，理性的缺陷，比如轻率、急躁、缺乏考虑、反复无常，来源于对愉悦的感性欲求，"尤其是性愉悦，这相当吸引大脑并诱使它感到快乐"。*ST* Ⅱ－Ⅱ q. 53 a. 6；cf. *NE* Ⅶ. 10：1152b17.

〔42〕 Galatians 5：17. See also Romans 7.

〔43〕 Matthew 26：41.

〔44〕 Hume, *Treatise of Human Nature*, vol. 2, pt. 3, § 2.

〔45〕 See Adair, "That Politics May be Reduced to a Science", at 358 n. 17.

制激情的核心要点："（唯独）公众的理性应当控制政府。激情应当被政府控制。"[46]

此外，麦迪逊意识到，党派之争的邪恶源自激情；党派之争显然产生于一些常见的激情冲动之中。[47] 然而，尽管"自由之于党派之争如同空气之于火，离开自由这种养料，党派之争就会立即消失"，[48] 但是，在麦迪逊看来，自由仍是政治生活所必不可少的。[49] 显然，自由不允许激情与党派之争摇摆不定。毋宁说，如此必要的自由是**意见的自由，而不是激情的自由**，即便令人遗憾，"前者将会是后者所依附的对象"。[50]

> 当人们在各种不同的问题上冷静而自由地运用他们的理性时，他们不可避免地会陷入不同的意见之争中。当他们受制于常见的激情时，他们的意见，如果可以被称为意见的话，将会是一样的。[51]

因此，麦迪逊珍视言论自由，因为它使社会多了能独立（理性）批评政府的人。[52]

从《联邦党人文集》的基本思想中可能得出一个宪法原理：在言论表达源自理性—激情连续体中的激情这一端意义上，言论自由没有基本原理。转换到 20 世纪的场景，这是卓别林斯基诉新罕布什尔州案[53]与罗斯案中双层理论的基础。

尽管我们现在或多或少对 18 世纪理性与激情之间的区分充耳不闻，但一种类似的区分仍然在我们的思想中占据着中心地位。例如，标准的现代哲学教科书中讨论了与语词的认知意义或力量相反的情感主义，以及与伦理学

---

[46] *The Federalist*, No. 49 at 351（Wright ed.）（Madison）.

[47] *The Federalist*, No. 10 at 130（Madison）.

[48] *Ibid.*

[49] *Ibid.*

[50] *Ibid.*

[51] *The Federalist*, No. 50 at 353（Madison）.

[52] Cahn, "The Firstness of the First Amendment", at 476. See also *Roth v US* 354 US 476，484（1957）："保护言论及出版是为了确保思想的自由交流，带来人们所期望的政治及社会变化。"

[53] 315 US 568（1942）.

中的情感主义理论相反的认知主义。当代对审查制的普遍批评倾向于认为，它的支持者乃是由感情而非理性所引导。举再多的例子也没什么意义，因为他们在当代思想的每一个领域都撒谎。

简而言之，言论的双层理论以及人类头脑中理性与激情的区分不能被认为是心胸狭窄的。然而，这不是法官支持如此相互争议的哲学理论之地，他被赋予、实际上是被要求采纳某种关于人类天性的观点，依之指引他的推理。但是，他没有义务断了这样的念头：他的观点中可以包含争议性的问题。

285

III

尽管直接处理的是亵渎而非淫秽的问题，但在约瑟夫·伯斯汀公司诉威尔逊[54]一案中，最高法院的意见和斯图尔特大法官在金斯利国际影业诉纽约州立大学校董事案[55]的意见与罗斯案具有共同的双层概念结构基础。

波斯蒂恩回答了"电影是否在第一修正案的保护范围之内……保护任何形式的'言论'或'出版'"这一问题。[56] 这个意义重大的问题之答案的主要前提是：

> 电影是思想交流的重要媒介。它们可以通过各种方式影响公众
> 的态度与行为，从直接拥护一种政治或社会信条到微妙地塑造描绘
> 艺术表现形式的思想。[57]

在金斯利案中，法院承认，相关电影将通奸呈现为一种承认的可欲或适当行为方式，并且认同该电影不构成煽动非法行为。然后，法院作出判决：

> 因此，纽约州所做的是要阻止电影的放映，因为那个画面拥护

---

[54]　343 US 495 (1952).

[55]　360 US 684 (1959).

[56]　343 US at 501.

[57]　*Ibid.*

一种思想——通奸在某些情形下可能是适当的行为。然而，第一修
正案的基本保证是，人们有拥护思想的自由……它的保证不受限于
常规或大多数人所认同的思想表达。它保护通奸有时可能合理这样
一种主张……并且在思想的领域，它对有说服力的表达和牵强的表
达提供同样的保护。[58]

　　但是，对言论双层理论的阐释引发了更深层次的问题：艺术**仅仅**因拥护
思想而受到宪法性保护吗？[59]这种理论是否与艺术的本质完全不符？这是否
会使法院对艺术补偿性价值的承认变得毫无意义？实际上，这是不是绝对庸　286
俗主义地将宪法奉为圣典？

　　美学中有大量相互冲突的教义，但也存在着普遍的共识，也就是，艺术
作品的艺术价值不会源自任何偶然传递以及以一种普通散漫思考形式呈现出
来的"信息"。美学关注者不是通过观察事物的表象而探究其本质。各种形
式的艺术不是源自于，甚或唯独诉诸纯粹理性，这也是一种共识。理性的惯
用手段是概念、定义、理由、判断、教义、准则、论据、论述。但是，上述
这些中没有一项构成艺术作品或审美体验的实质；因此，上述这些都不属于
艺术之所以为艺术的补偿性价值（尽管它们在艺术作品或欣赏中没有地位的
说法很荒谬；文学是艺术，并且批评得以昌盛）。在本章前述部分，我们谈
论了情感与激情的另一领域。在这一领域内，我们并没有区分感觉、感情、
经验、想象和情感。正如其所示，无论它是如何表现的，所有艺术作品和欣
赏都离不开这个领域，这是一个共识。如果这是真实的，那么，规定淫秽不
受宪法第一修正案保护的宪法原理又是什么呢？

　　当前部分已经处理了这个问题。给出的答案或许不能够获得在前述部分

---

　　〔58〕　360 US at 688 – 9. 以后，斯图亚特大法官试图扩大他的特殊概念"硬核色情"，它包括
"那些在第一修正案下不能令人信服地以体现思想交流或不受侵犯的艺术价值为特征的"物品：
Ginzburg v US 383 US 463, 499 n. 3（1966）（quoting from Brief of Solicitor General）。

　　〔59〕　See at nn. 104 – 8 below. 卡尔文在"淫秽法律的形而上学"的第 15 – 16 页中明确提出了这
个问题，并在注释中提出了简单的方案，在 Note, 39 NYUL Rev 1063, 1084 – 5（1964），以及 Note,
34 U Chi L Rev 367, 383（1967）中。Semonche, "Definitional and Contextual Obscenity", at 1186 – 7
问："法院是说有理智的生命比爱幻想的生命更值得保护吗？"

提到的那种普遍赞同。但是，在美学的各种信条中，它都居于中心地位，并且要求主要来自哲学传统的支持。这并没有与常识性观点背道而驰，它能够解释艺术在我们文化及最高法院理论当中的地位。

这种解释[60]中的"艺术"，指的是"象征人类情感的各种创作形式"。[61]象征是感觉的客体，依靠其高度缜密的结构能表达各种形式的重要体验——感觉、生命、动作和情感——纯粹的理智话语无法表达它们。如上所述，理性话语与艺术之间的这种对比如此明显，以致肤浅的思想家会试探着假设艺术的功能是刺激情感。[62]然而，艺术家不是一个运用其发现引导自己作品并研究观众心理的操纵者；他也不是一个挑选迎合口味食谱的厨师。[63]美学的关注不同于满足感官刺激的广告推销。使艺术成为艺术者不是任何家庭相册都可以做到的对情感的刺激，[64]而是它象征性地表达的东西。更准确地说，艺术表达情感的思想，[65]而且，它通过将这些思想体现在音乐、绘画、雕塑、建筑、诗歌、喜剧和散文等多少有点传统的象征形式[66]之中做到这一点。

正如一个演员不发泄自己的情绪，而设想并表现他所扮演角色的情绪一样，[67]富有创造力的艺术家不是在发泄自己的情绪，而是在以这种方式想象、设想情绪和情感，从而使得他对情绪和情感的理解可以通过其选定的艺

---

〔60〕 这种解释主要基于 Langer, *Feeling and Form* 中的思想与术语。它也运用了其他传统，如"牛津"语言哲学学派和新托马斯主义，正如下面的注释中所指出的。

〔61〕 *Ibid.*, 40.

〔62〕 *Ibid.*, 18.

〔63〕 *Ibid.*, 107. See also Strawson, "Aesthetic Appraisal and Works of Art", at 12：
……一个人的美学兴趣不是任何一种实践的兴趣，不是某物可以或应该做什么感兴趣，也不是我们可以控制的兴趣，甚至不是对在我们体内产生的特定反应（比如兴奋或麻醉）的兴趣。（如果它真是这种兴趣，那么确实有一般准则与方法。）

〔64〕 See Berger, *The Language of Art*, 32.

〔65〕 Langer, *Feeling and Form*, 59. 也参见 Berger, *The Language of Art*, 54："不是像思想那样试图定义真理，形式试图传达情感、真理的感觉。通过这种方式，真理不再是一种抽象的概念，而是成为一种体验。"伯格与朗格所用的术语不同，但想法是相同的。

〔66〕 See Langer, *Feeling and Form*, 280.

〔67〕 *Ibid.*, 323.

术象征形式传达出来。[68] 然后，艺术使这些在美学上关注他者洞悉生命中的情感、活力和情绪。[69] 然而，它并不是通过话语、推理或判断，也不是通过描述情感的特点，而是通过象征形式传达出这种见解的。[70] 甚至对于运用命题话语作为材料的文学艺术的象征形式而言，这一点也是真实的。[71] "作品中的情感是作品中的思想"；[72] "感官的属性服务于它重要的输入"。[73]

　　艺术创作与欣赏，是在人类头脑中的这两大层级之间进行的。艺术迫使 288 人类大脑的双层理论作出修正。[74] 因为艺术的特殊功绩在于以独特的方式将这两层体验结合在一起，这种方式能给人以深层次的情感和智识上的满足。[75] 在艺术体验中，感觉从生物学的相关拖拽中缓慢释放出来，而理智则是从对散漫推理的限制中释放出来。[76]

　　这就是为什么每个学派的美学家都极力强调超脱、沉思、审美态度、美学吸引力或客观性的原因。[77] 它是美学心理学家爱德华二世·布洛著名的"心理距离"理论的基础，这种理论主张作品与包括艺术家本人在内的公众

---

　　[68]　*Ibid.*，28.

　　[69]　*Ibid.*，129. See also Maritain，*Art and Scholasticism*，163："在对美丽事物的感知中，通过感官直觉本身，理智见证了光芒四射的可理解性……"

　　[70]　Langer，227，393. Consider Maritain，*Art and Scholasticism*，164：

如果理智脱离对抽象与理性的感知，它就脱离了快乐并失去了这种光芒。

为理解这一点，让我们回想一下，是理智与感觉（但或者如果也有人称其为理智的感觉）成为使得心中产生审美快乐的因素。

　　[71]　Cf. Miller，"Obscenity and the Law of Reflection"，at 582：

……然而，画家可能不接近他们的作品，很少像作家那样干预。因为语言也是交流的工具，所以它容易引起奇怪的困惑。

　　[72]　Langer，82.

　　[73]　*Ibid.*，59. See also Kaplan，"Obscenity as an Aesthetic Category"，at 548.

　　[74]　Jenkins 在 "The Human Function of Art" 中试图进行这种论证。他认为，灵魂的三个相关方面是"情感的"、"审美与认知的"。

　　[75]　Langer，397.

　　[76]　See Lonergan，*Insight*，185.

　　[77]　Langer，166－7：

当然，正如图片几乎刺激每个人的想象，艺术作品不仅是作为艺术而影响人们——只有头脑清楚、直觉敏锐的人才真正理解重要的输入，而普通人对描述的事情只会略作反应——并且如果他发现没有促进他天马行空的想法或刺激他真实情感的东西，就会转身离开。

需要一定的心理距离。[78]

布洛教授相信，通过"将该物置于正常的实践需要与目标之外，从而分离该物与它对个体本身的吸引力"，可以获得这种"距离"。[79] 这个距离并不意味着人与作品之间的一种纯粹理智或客观关系，而是一种"作品吸引力实际、具体特性"的特殊过滤关系。[80] 创作与欣赏的理想境界是，**"在它没有消失的情况下，最大限度地缩短距离"**。[81]

保持距离的能力因人而异。[82] 为了使得它们具有美学上的欣赏性，至少对他们本人具有这种欣赏性，艺术家们甚至能够使最私人的喜好与作品保持充分距离。然而，对普通人来讲，的确存在一个标志着审美领域最小欣赏性的限度，[83] 并且由于这个限度因人而异，所以它在不同时间、不同主题和不同文化下不断变化。[84] 一般来讲：

> 对官能喜好、身体的物质性存在，尤其是性问题的明确提及，正常情况下处于距离—限度之下；而且，艺术家只有运用特殊的预防才能触及它们。[85]

---

[78] *Ibid.*，318. Bullough，*Aesthetics*，93 – 130. 有关与审美体验的"距离"相关的重要内容及其与淫秽或色情的不相容，参见 Kaplan，"Obscenity as an Aesthetic Category"，at 548：

只有当我们距离艺术作品一手臂长的时候，它才是艺术作品。作品使人产生情感或使人沉思。当它们真正被感受到时，我们就逾越了艺术的界限。

也参见 Gardiner，"Moral Prinples Towards a Definition of the Obscene"，at 563. 距离的概念出现于最高法院大法官布伦南在麦茅斯诉马萨诸塞州案 [*Memoirs v Massachusetts* 383 US 413，415 n. 2 (1966)]. 引用下级法院的反对意见所作的脚注中。

[79] Bullough，*Aesthetics*，96.

[80] *Ibid.*，97. See also Langer，49：

席勒是看出什么真正使"沙因"或类似者对艺术重要的第一位思想家：它从所有实践目的中释放出感觉和概念的力量，并使大脑细想事物的纯粹外表。

[81] Bullough，*Aethetics*，100.

[82] 这以及接下来的内容，是"多变的淫秽"这一概念最坚实的基础。对这个概念的论证往往基于利益平衡的分析，正如我们已经讨论过的那样，它不是现行法律的基本原理。参见 Gerber，"A Suggested Solution to the Riddle of Obscenity"，at 847 – 56；Lockhart and McClure，"Censorship of Obscenity"，at 68 – 88 (1960).

[83] Bullough，*Aethetics*，101：cf. *Commonwealth v Buckley* 200 Mass 346，86 NE 910 (1909).

[84] Langer，319. 距离也因环境而异。因此，"变化的淫秽"这一概念似乎在金兹伯格诉美国案 [*Ginzburg v US* 383US 463 (1966)] 中已经被采纳。

[85] Bullough，101.

布洛教授及其拥护者并不关心对淫秽与色情的讨论，更不要说谴责它们了。但是，在他们的概念框架之内，如果要维持审美欣赏所必需的心理距离，那么，色情文学作家就很容易被描绘为一个想办法避免艺术处理某些主题所必须依靠的所有"特殊的预防"的人。一些时代和文化比其他时代和文化要求更少的预防；色情文学作家藐视它们，但是，在任何特定时空条件下，却又都需要它们。[86]

色情文学作家蓄意破坏审美态度的技术包括将男性心理归于女性、激发对涉性作品中虚构人物的认同和羡慕，[87] 以及许多其他能被有益分析的叙述和描写手段。[88] 这些方法的既定作用总是相同的——使得对物质的美学关注被一种态度所取代，在这种态度中，读者或观看者的实际关注点（在此情形下，关注的是达到他所欲求的情感上被激发的状态）侵入并压制对创造性符号的理解性沉思。[89]

这并不是主张，由于淫秽破坏审美欣赏或威胁艺术，所以要禁止它，事实上，也不是要论证因其他理由而要禁止它。本章所关注者不是淫秽的对与错，而是这一纯粹宪法问题，即淫秽是否在第一修正案所保护的"言论"之列。在目前宪法的豁免范围内，源于和诉诸理智—情感连续体理智这一端的言论表达受宪法保护。我们所探讨的心理距离及淫秽表达破坏性的相关含义是：威胁心理距离的表达通过将其吸引力转向理智—情感连续体的情感一

290

---

[86] 参见 Kaplan, "Obscenity as an Aesthetic Category", at 548：

如今色情广为散布：它是在最小心理距离下所回应的淫秽……至于审美意图，在该物被解读为色情的情况下是完全缺乏的。

正如心理学家万·丹·哈格所评论的，审美的优点可能会减少，（如果不消失的话）而不是增加淫秽的影响。"美女墙贴画都是艺术，如果它纯粹刺激性欲"：Haag, "*Quia Ineptum*" in Chandos, "*To Deprave and Corrupt*", at 118. 因此，桑塔亚纳的著名法则：美倾向于消除淫欲，参见 Santayana, *Reason in Art*, 171.

[87] Cf. Sylvester, "Tassels, and Other Gadgets", at 36, 38.

[88] See the attempts set out in Lockhart and McClure, "Censorship of Obsenity", at 58 – 68.

[89] 参见亨利米勒的评论：

当淫秽出现在艺术中，尤其是文学作品中，它通常作为技术手段起作用；如同在色情中，深思审议的要素与性兴奋无关……其目的是要唤醒、引领现实感。（Miller, "Obscenity and the Law of Reflection", at 587.）

端，并压制审美态度中的理智成分，从而实施破坏。

审美态度的构成在于一种独特平衡，这种平衡介于沉思中的理智与情感以及对表达情绪或情感思想象征的领悟。用朗格的话讲就是，心理距离仅仅是我们与体现一种思想并使我们沉思象征之间的自然关系……"与其吸引力的实际性质无关"。[90] 无论以何种形式展现，它都恰是思考和领悟思想的理智；艺术作品中的思想以一种可被感知的象征体现出来。因此，同样，任何企图破坏沉思和美学理解的东西，一定模糊了作为象征的作品有表现力的、可理解的形式，而仅仅剩下**用以**刺激情感的潜能。

从其含义来讲，伯斯汀案[91]与金斯利影业案件[92]意味着，根据定义，艺术一定在宪法所保护的"言论"范围之内。然而，采用艺术所表达的那种"思想"的简单概念[93]是错误的。思想不是一个推理可以设想或话语可以传达的"信息"或信条。它是一种情感的象征，它的感观特性服务于它的重要输入，它的独特力量在于，"它是一种思想的抽象、象征和承载者"。[94] 艺术"为我们提供各种形式的想象和情感"。[95] 通常，"当一个人谈及'理性'时，他会心照不宣地假定它的推论模式"。[96] 这种假定可能是金斯利影业对受宪法保护的思想、理智和理性范围之内艺术地位进行解释的理由。"但从更广的意义上讲，任何**形式**的欣赏……都是'理性'；任何精细化的论述……都仅仅是一种可能的模式。"[97]

291　　　　总而言之，尽管艺术创作与欣赏既不属于思想领域，也不属于情感领

---

〔90〕 Langer, 319.

〔91〕 *Joseph Burstyn v Wilson* 343 US 495 （1952）.

〔92〕 *Kingsley Int'l Pictures v Regents of Univ. of NY* 360 US 684 （1959）.

〔93〕 See e. g. Note, 39 NYUL Rev 1063, 1084 – 5 （1964）.

〔94〕 Langer, 47.

〔95〕 *Ibid.* , 397 （emphasis in original）.

〔96〕 *Ibid.* , 29.

〔97〕 *Ibid.* （emphasis added）.

域，但它们却有一种特殊的方式，至少与理智和情感的关系一样密切。[98]
还应当指出，尽管描述淫秽的实际困难无可否认，然而，如宪法界定的那
样，淫秽表达不能以艺术之名要求保护；在刺激淫欲的意义上，审美态度必
需的心理距离可能被破坏。此外，这种破坏以一种重要的形式实现；它破坏
了审美态度中的沉思和理智成分，并且通过直接的情感刺激，模糊了作为艺
术作品象征性表达和传递给那些甘愿对其给予美学关注者的思想，他们需要
理解它。

IV

余下的就是更详细地展现"理性"与"激情"的辩证法是如何塑造有
关淫秽表达的宪法性法律。我们已经论证指出，双层或理性—激情理论为所
谓淫秽表达不受宪法保护提供了可操作性的基本原理。事实上，很明显，无
论何时，言论的类型都因时间、地点以及表达的形式而不同，法院中的大多
数此类问题将回应在卓别林斯基一案中影响深远的一段话：

> 这种表达不是阐释任何思想所必需的内容，作为探求真理的一
> 个方法，它具有如此微不足道的社会价值，以致秩序和道德方面的
> 社会利益明显比可能源自于这些表达的任何有益之处更为重要。[99]

纽约时报诉沙利文案阐明了这段话的宪法前提：

> 我们已经说过，宪法的保护"是为了确保能引起人们所欲政治

---

〔98〕 参见 Berger, *The Language of Art*, 80："……审美意识同时是一种体验和判断……"，正如
评论家克莱夫·贝尔所说：

当我们感知到一种对组合形式的审美情感时，我们在理智上就无法感知这种组合的适当性及必
要性吗？如果可以，它将解释这种事实：快速穿过房间时我们觉得一幅画不错，虽然我们不能说它
唤起了很多情感。（Bell, *Art*, 26.）

〔99〕 315 US 568, 572 (1942). 这段话已经被引用了好多次。See e. g. *Garrison v Louisiana* 379
US 64, 75 (1964) (libel case); *Roth v US* 354 US 476, 485; *Beauharnais v Illinois* 343 US 250, 256 –
7 (1952). See also the reference to "the dissemination of information", in *US v Carolene Products* 304 US
144, 152 n. 4 (1938).

和社会变化的思想的无障碍交流"。[100]

宪法保护并不有赖于"思想和信念的真理性、普及性或社会效用"。[101]

在淫秽物品案件中，法院拒绝保护的"讨论"或"观点"隐性依赖于宪法对理性与激情之间的对比。对此，布莱克与道格拉斯大法官甚至通过反复论断，向其表达了倾斜态度。[102] 因此，道格拉斯大法官委婉地称，以百分之几千的回报率出售的施虐受虐狂虚构小说，乃是"性观念的表达"与"对相关主题的讨论"。[103]

温特斯诉纽约州一案[104] 的法官附带意见指出，"我们不同意被上诉人所提出对出版自由的宪法保护仅仅适用于思想的表达"，[105] 这似乎阻碍了这种分析。但下面紧接着的内容则阐明了上述这段话的含义：

> 增长知识与获得愉悦之间的区分对于基本权利保护而言太难以
> 捉摸。每人都熟悉通过科幻小说传播色情的例子。也就是，一个人
> 的娱乐消遣成为教导另一个人的信条。[106]

因此，温特斯案中的上述法官附带意见能够被明确吸收进伯斯汀案中的双层推理，也即吸收进"电影是思想交流的重要媒介"之中。[107] 尽管它抗议，但是，在温特斯案件中，在保护娱乐业方面，至少一定程度上法院的确如此，因为它在思想阐释上的重要性和"传播"与"信条"一样。在温特

---

〔100〕 376 US 254，269（1964）（quoting *Roth*）.

〔101〕 *Ibid.*，at 271〔quoting *NAACP v Button* 371 US 415，445（1963）〕. 这段话表明卡尔文（"纽约时报案件"第217－218页）宣称纽约时报案处理了双层理论是多么的离谱。和其他评论家一样，卡尔文跳过了"州法'仅有的标签'"不能控制宪法判决这一前提并得出结论：任何种类的言论都不再受第一修正案的保护。这种错误在于他忘了受第一修正案保护的淫秽物品，在双层理论中，不是要求"护身符"的"州法仅有的标签"，而是一个在宣告不受第一修正案保护之前根据假设按照满足第一修正案的标准进行衡量的范畴。

〔102〕 See e. g. *Mishkin v New York* 383 US 502，517（1966）（Black J dissenting）.

〔103〕 *Ibid.*，at 516－17.

〔104〕 333 US 507（1948）.

〔105〕 *Ibid.*，at 510.

〔106〕 *Ibid.*

〔107〕 343 US at 501（emphasis added）.

斯案、伯斯汀案、金斯汀影业案中，[108] 法院于所面临的困境之中纠结，而其解决之道则在于承认一些"娱乐"具有艺术价值、意义以及象征性意义，并且对沉思与理解具有吸引力，而其他娱乐作品则诉诸感性情绪以达到一种混淆愉悦、刺激和满足的效果。

　　然而，现在更进一步的问题随之而来，因为如果存在一个排除淫秽受宪 293 法保护的基本原理，那个基本原理则有望在用于界定"淫秽"的一些，（如果不是所有的[109]）标准中自证其明。确实如此。在第一部分，我们指出，采用"淫欲"标准，抛弃"堕落和腐化"标准，可归因于双层理论，即淫秽属于激情而非理性。诉诸激情并不为第一修正案所关注；所以，自此以后的宪法性问题直面淫欲标准的优先性。罗斯案以来的案件确认了法院没有赋予"淫欲"一词以《模范刑法典》中所指的限定含义：

　　　　一种恶化的、病态的或性变态的兴趣，产生于个体的普遍性冲

　　动与对性行为同样普遍的社会控制之间的冲突。[110]

　　在这种标准之下，有人辩称，"完全色情"的物品可能因其不使一般人产生罪恶感和羞耻感而免受制裁。[111] 但是，如果将诸如"淫念"、"淫荡的憧憬"、[112] "性欲兴趣"、[113] "欢愉"[114] 等用语以及为"具有色情倾向的人"[115] 提供"性刺激"[116] 的"激发性欲"物品视为"淫欲"的同义词，那么，这样的法院几乎不会同意这一论调。双层理论中的"激情"没有被

---

　　〔108〕　*Kingsley Int'l Pictures Corp. v Regents of Univ. of NY* 360 US 684（1959）. See at nn. 54 – 60 above.

　　〔109〕　一个基本原理甚至不需要达致其逻辑的全面界限；它可能通过基本原理和注意事项之间的竞争而合格。See Hart, "Prolegomenon to the Principles of Punishment", in his *Punishment and Responsibility*, at 3.

　　〔110〕　Model Penal Code § 207. 10, Comment 6（c）（Tent. Draft No. 6, 1957）.

　　〔111〕　Note, 51 Cornell LQ 785, 789（1966）.

　　〔112〕　*Roth v US* 354 US 476, 487 n. 20（1957）.

　　〔113〕　*Ibid*, at 496（Warren CJ concurring）.

　　〔114〕　*Ginzburg v US* 383 US 463, 470（1966）.

　　〔115〕　*Ibid*, at 471.

　　〔116〕　*Ibid*〔quoting *US v Redbuhn* 109 F 2d 512（2d Cir. 1940）（Hand J）〕.

"心理—社会张力"的心理学理论欺骗。[117] 基本问题就变得简单了：读者寻求的是"愉悦"，还是"理智内容"？[118]

正如麦茅斯诉马萨诸塞州案中所具体指出的，淫秽的三大定义性要素中，第二个要素要求"物品完全没有补偿性社会价值"。[119] 即使这并非不言而喻，法院在麦茅斯诉马萨诸塞州案[120]的判决与捷克百里斯诉俄亥俄州案中布伦南法官的意见，也共同揭示出了这一标准与根本的理性—激情原理之间的联系，在捷克百里斯诉俄亥俄州案中，法官的意见是：

> 以提倡思想的方式处理性的物品……或具有文学、科学、艺术
> 价值或任何形式的社会意义的物品，都不会蒙受淫秽之辱。[121]

具有社会价值的各种物品表明了全部此类的预期特征，它表明了相关社会意义直接或间接源自于同理智领域的联系。与此同时，设想美国文化中相关层次的一些共识，这第二个定义性要素为法院提供了一个宽泛的常识标准（"社会意义"），取代了支持那一标准的复杂且有争议的哲学范畴，我们前述部分已经论及这些范畴。

在麦茅斯诉马萨诸塞州案中，淫秽的第三个定义性要素是：有关性问题的描写或表现明显冒犯了当前的社会标准。这种冒犯破坏了既定文化、人和背景的心理距离。当然，有人经常喜欢消除距离，但在面对那些超出他们所能接受的距离及理性控制的物体时，有人会感到威胁和冲击。此外，保持距离的能力各有不同。由通行社会标准评判的"明显冒犯"这一标准，力图确保法律在此类问题上保持稳定的一般标准。这一标准至少倾向于保护"经典"，因为通行的社会标准可以隐含地认定经典是那些标准的一部分，而不是对它们的冒犯，并且，经典可以训练而非阻碍人们保持心理距离的能力。

---

[117] See Model Penal Code § 207. 10, Comment 6（c）（Tent. Draft No. 6, 1957）.

[118] *Ginzburg v US* 383 US 463，470（1966）."激发淫秽想法"这一理念是第一修正案不保护淫秽物品的宪法原理的核心，这一事实并不意味着禁止淫秽的立法基本原理的核心需要同样的理念。See sec. V of text below.

[119] 383 US at 418.

[120] *Ibid.*，at 419 n. 7.

[121] 378 US 184，191（1964）.

金兹伯格案件中，该标准的运用是它与理性—激情基本原理相联系的证据，因为布伦南法官认为，一个人的出版物之所以能够激发性欲，不仅是因为它刺激读者去寻求快感而非理智内容，还因为它会"迫使公众面对作品潜在的令人不快的方面"，并且"强化出版物对读者的冒犯"。[122]

最后，第一修正案的理性—激情理论与法院越来越关心的商业性相契合。正如金兹伯格案件所指出的，法院将判定淫秽出版物：

> ……反对色情商业开发的背景仅仅是为了他们的淫秽爱好。[123]

> "如果一个作品的目标是创作者通过诉诸对性的好奇心和欲望而追求功利"，那么，这个作品就是色情的。[124]

295

与商业性相关的并非销售者从其行为中获利；[125] "他只是一个销售者"这个事实表明，他并没有努力从事受宪法第一修正案所保护的活动，即任何形式的思想交流。

拉皮条者参与到淫秽市场，而非思想市场中。因此，即使物品并非毫无价值，他的参与也是无价值的。[126] 对商业性开发的强调与双层理论完全一致。市场的两个层次与人类大脑的两个功能性层次相关；基于它对激情的呼吁，将物品"兜售"给公众将否定这些作品可能具有的内在社会价值，并使得它不属于被宪法保护的言论。

上述对界定淫秽的通行标准的讨论仅仅是尝试着表明这些标准与基本的双层理论的概念性关联；不欲详细论述这些标准，更不用说去探究这些标准所产生的许多实际法律问题。也不是要表明这些标准比可能源于同一原理的其他标准更可取。例如，麦茅斯诉马萨诸塞州案[127]中，克拉克与怀特大法官所支持的标准与补偿性社会价值标准一样，都来自于"理性—激情"这一

---

[122]　383 US at 470.

[123]　*Ibid.*，at 466.

[124]　*Ibid.*，at 471.

[125]　*Ibid.*，at 474－5（1966）；*Joseph Burstyn，Inc. v Wilson* 343 US 495，501（1952）.

[126]　383 US at 470. 此案所禁止的正是参与到市场中的作品，而非像这样的作品。

[127]　383 US at 441－2（Clark J dissenting）*Ibid.*，at 461－2（White J dissenting）.

基本原理；两相较之，哪个更优则取决于其他因素。一个不是详尽无遗而又不排除所有其他的宪法或法律考量的原理可被视为基本原理。

V

我们已经讨论了为什么淫秽表达不受第一修正案的保护，尚未讨论是否以及为何应当规制淫秽。讨论这些问题将会让我们离题万里，不仅涉及实证调查，而且涉及我们的刑法是否是并且应当是被用来消除"伤害"，以及是否应力图表达、维护和支持更广泛的价值这些基本问题。此外，没有理由说任何使淫秽不受宪法保护的原理必须与通过刑事或行政措施禁止淫秽的原理一致。

并且，相比于替代性路径，我们讨论的路径有三大优点。首先，淫欲标准与宪法不保护淫秽物品理论之间的联系清晰明了。这个原理就是双层理论。此外，也许除了斯图尔特大法官认为硬核色情作品"不能令人信服地被描述为体现思想交流"外[128]——该案中的基本原理与布伦南大法官所采用的原理相同，"硬核色情物品"标准[129]与任何否定第一修正案保护的宪法原理都没有明确的关联性。接下来的问题必定是，为什么不应采用修正的淫欲标准来取代毫无内涵的"硬核色情"这个概念。[130]

其次，言论的理性—激情理论强调了布莱克和道格拉斯大法官观念的严

---

[128]　涉及联邦审查制度时，哈伦大法官对这一标准的运用有所差异，e. g. *Ginzburg v US* 383 US 463，493（1966）（Harlan J dissenting），and by Stewart J generally. E. g. *ibid.*, at 499（Stewart J dissenting）；*Jacobellis v Ohio* 378 US 184，197（1964）（Stewart J concurring）.

[129]　*Ginzburg v US* 383 US 463，499 n. 3（1966）.

[130]　Magrath，"The Obscenity Cases: Grapes of Roth"，at 72 中有趣的是，解释"硬核色情"的尝试求助于起到心理催情剂或兴奋剂作用的作品中的"明显冒犯"与"自我定义"要素，作品中：
读者有意将自己等同于讲述者……或将自己置身于一种至少对性刺激产生生理反应的情形中……他已经参与到描述的行为中。（转引自社会学家 Geoffrey Gorer，*Does Pornography Matter*，32.）
这或多或少与"刺激淫欲"一致，同样破坏审美距离。马哥拉文中第 74 页指出，不能承认发现了"只关注物品本身"的第二"要素"；为了发现作品是否"过于激发性趣"（第 75 页），一个人需要超越"作品本身"，转向它"引起假设的普通人的淫欲"。不管怎样，马哥拉的标准如果被采用，将与现行标准依据同样的基本原理。

重不现实。他们认为，像罗斯、阿尔伯茨和米什金那样的人在以某种方式从事相同的活动——"表达观点"——他们与思想市场中善意的参与者一样，推进了《联邦党人文集》中直观的理性争论。

最后，"淫秽物品不属于受保护的言论"这一理论的优势在于，它不会使法院陷入一种"利益平衡"之中。因为，在这样一个有投机性且富有争议的领域，任何平衡利益甚或明确表达禁止淫秽的原理的尝试，都将超出司法权限。将其留给立法机关和变动中的深谙世事的陪审团进行实验会更好，法院只需要在留给他们的相对狭窄的领域内工作。

注

1973 年的巴黎成人剧院诉斯拉顿一案中，法院引用了这篇文章并依其作了判决。随着弗雷德里克·绍尔提出一些类似的理论，科佩尔曼的"色情是言论吗？"一文的注释 48 有效驳斥了本章"最杰出的评论家"，史蒂芬·盖伊。但是，科佩尔曼误解了这个论证；在第 84 页，他释义和引用了本章的论题，即色情文学作家使用方法的目标是：

以一种态度取代对物品的审美关注，在这种态度中，读者或观看者的实际关注点（在此情形下，关注的是达到他所欲求的情感上被激发的状态）侵入并压制对创造性符号的理解性沉思。

（n. 89 以上）随后立即补充：

让我们将称菲尼斯假设的观看者即"可怕的有目的的手淫者"，或简称 GPM……他要达到性高潮并且不在乎怎么达到。

这非常虚伪地叙述了本章对色情文学作家目标的描述，该目标由克拉克法官在麦茅斯诉马萨诸塞州一案（n. 127 以上）第 447 页的反对意见中所描述，并且与争论中的《芬妮希尔》一书有关，即"激发性欲并产生持续的情欲紧张状态"。那个目标注意到、回答并准确回应了我脑海中的那种"实际关注点"，并且与克拉克法官的描述类似。

本章没有解决的问题是，（文中不止一次表明这一点）甚至在采用的方法具有艺术价值的时候，为何禁止能明显激发淫欲（由作者或出版社的目标判定）的出版物是可取的，并且是或者应当是宪法许可的。克拉克与怀特法官都持上述观点，某种程度上，在麦茅斯诉马萨诸塞州案的反对意见中，哈伦法官也是如此。他们比我在写这篇文章时的认识更清楚，他们认为，在那个案件中，布伦南大法官修正并于某种程度上超越了罗斯案。罗斯案中，满足了两个先决条件——主要为了刺激淫欲和（明显的）冒犯——后的结论是：色情不具有补偿性的社会价值（并且与第一修正案所保护的思想也不十分相关）。麦茅斯诉马萨诸塞州一案中，布伦南大法官和多数派将这个结论改为宪法允许禁止淫秽的第三个前提条件：判定属于色情的标准是，出版物必须主要是为了刺激淫欲，是令人讨厌的且不具有任何补偿性的社会价值，比如艺术价值。这一变动已经在巴黎成人剧院诉斯拉顿案以及和它同时期及后续案件中得到认可，这一变动为限制方式设置了几乎不可逾越的障碍——毫无疑问，直到 1967 年，支持一种全新社会生活方式的布伦南大法官希求的效果还未真正出现，它的出现是这之后的事。巴黎成人剧院诉斯拉顿案对本章的引用是一种毫无意义的成功。

第 18 章

言论自由 *

I

与弥尔顿、洛克和密尔一样，我认为，有关言论自由的严格人权的主张 ²⁹⁸ 太过不合情理，因此并不值得太多讨论。所以，我最好只是作一些边缘性论述。

如果你认为我似乎跑题太远，是因为我被密尔《论自由》（*On Liberty*）这一论著所打动。在该论著中，密尔谈到了一种意见氛围，"不抹杀，不除外，但诱使人们伪装它们，或在他们的信息传播中避开任何积极的努力"——一种事物的状态，在该状态中：

> 最积极、最喜探究者中，很大一部分都认为，明智的做法是将他们信念的一般原则及理由维持在他们自己的内心深处，并努力以他们公开致辞的方式，尽可能地使他们自己的结论适应内心所摒弃的前提：他们对所有伟大主题的论证注定是指向他们的受众，而不是已经让他们自己信服自己的那些对象。要避开这一替代选择的那些人，只有通过将他们的思想和利益限制于能够谈论的那些事务来实现，而无需在原则领域中投机……[1]

---

* 未发表：1970 年 3 月 3 日在牛津关于德沃金教授论权利的研讨会上宣读。
[1] Mill, *On Liberty*, ch. II（emphasis added）.

所以，我对这些原则作出了新的评论。每个在现代大学度过一定年限者都清楚地知道，什么事应当"保存于心间"，知道这些事与性或体面或诽谤或任何其他法律禁止的对象之间没有关系。

我认为，我们最好通过自我提醒该问题的现象而深入"原则领域"。这一提醒最好是一种历史调查；但我不能完成，因此我只以英国法——就我看来它和美国法不同——的目前状态为足够材料而进行强调（虽然强调是重要的，正如我们将看到的那样）。

在法律中，很多类型的言论和表达被直接禁止。作伪证、诽谤公民同胞、煽动诽谤、阴谋犯罪或者任何非法而卑鄙的行为，言语上的威胁、侮辱或羞辱（可能引发对和平的破坏）、煽动种族仇恨，通过欺诈获得财产、信用或金钱利益，作出多种多样的错误声明，诱使契约的毁坏，侵犯公众的尊严，言语上的淫秽下流，美化药物的使用，堕落和腐败，以语言诱使人们堕落和腐败，作出发生某个犯罪的虚假报道，在剧院高呼"着火了"而引发恐慌，以上这些都是犯罪。但是，我不知道法律像密尔在《论自由》的第三章论述的那样持有如此严格的观点：

> 若有观点认为，玉米商人是穷人饿死的逼迫者，或私人财产乃是抢劫……当其口头向聚集在一个玉米商贩家门前的一群激动暴徒传播时，或当以公告的形式向同样一群暴徒传播时……就可能遭到公正的处罚。

传播官方秘密；故意打扰公共会议以阻止事务；在法庭上表现出蔑视；税务欺诈；对盗窃物的归还予以不切实际的悬赏；在警察和武装力量中煽动政治不忠；如此等等。一些人会看到这个列表的拓展，譬如，至少是一个公共义务，其要求不能报道或传播某些类型的客观信息。[2]

在提醒我们背景现象的渊源后，我们或许应当尝试对这些术语作一个澄清。当我们说存在一项言论自由的权利时，究竟意味着什么？

---

〔2〕 这是对该 proposal 的暗示，它最终反映于 1974 年的《冒犯行为的名誉恢复法案》中。

让我们假设有三个公民，A、B 以及 C，还有国家公务员 S、S1、S2、Sn，等等。

当我们说"A 有权利对 B 说 X"的时候，意思是什么？让我们首先假设 B 只是一个潜在的倾听者，而非负有倾听 A 说话的义务。

然后，我们可能宣称①C 没有（或不应当有）权利通过对 B 说 X 来对 A 实施侵权行为或违约行为；以及/或者我们可以宣称②A 对 B 说 X 是不负刑事责任的。存在很多情形会宣称①这是真的，以及②这是假的，反之亦然，也有很多情形是二者皆为真。

或者，抑或另外，我们可能宣称，C 有义务不打扰 A 对 B 传播 X，以及 300 这可能意味着如果 C 打扰了，那么他就会被 S 施以处罚，以及/或者可能意味着 A 将因为 C 的打扰而遭受侵害，以及/或者意味着 A 可以针对 C 的打扰而得到一个禁令，以及/或者意味着 A 可以针对 C 的打扰诉诸自我救助而无需因此承担对 C 造成伤害的刑事责任，或诉诸禁令，或诉诸反自我救助（counter – self – help），或任何这些结合的结合的结合……

或者，抑或另外，我们可能宣称，A 有权利对 B 传播 X 而免遭 C（告密者或学生）或 S、S1 等人的窥探。这或许意味着，C 的窥探是一种会被 S 处罚的冒犯行为，以及/或者可控告的侵害，以及/或者 C 的禁令，以及/或者一种针对 C 的侵权而拥有自我救助的权利，以及诸如此类。

或者，我们可以认为，A 对 B 传播 X 是或应该是免于 S 的预先审查，但不能免于 C 事后（*ex post facto*）的或 S 的起诉。正如弥尔顿在其《论出版自由》（*Areopagitica*）（在谴责预先审查之后）中所说：

> "这是最重要的……共同体，对著作如何贬低它们自己以及人保持警惕；因此将他们作为犯罪分子予以限制、监禁和最严厉的审判。"[3]

或者，抑或另外，我们可能宣称 C 和 S 对 A 负有不否定后者接触 B 以

---

[3]　Milton, *Areopagitica*, 4.

及/或者与 B 交流的义务；以及/或者 C 和/或 S 有允许 A 接触 B 以及/或者与 B 交流的义务。再者，C 和 S 有义务并且 A 或 B 具有相应的权利采取各种强制行为、自我救助、不受干预，等等。

所以，早在我们检查传播行为（X）的内容之前，很明显就有这样的宣称："A 有权利对 B 说 X"具有数以百计或数以千计可能的法律意义。相应地，在关于道德上正当的法律体系应规定传播 X 相关行为的道德商谈中，也有数以百计或数以千计可能的道德意义。尤其是，没有理由假设，正如德沃金教授上周所说，我们最重要的道德关怀对一个法律体系而言应该是牢固的，在这个体系中，A 的传播行为免于遭受 S、S1、S2 的干预。为什么我们不应该平等地——如果不是更关心——维护一个法律体系，在其中 A 的行为免遭 C 的干预？以及，通过"免于遭受"，一个人可能是说 A 应该被 S 保护免遭 C 的干预。毕竟，对康德而言，似乎法律的特殊关照应当阻止对自由的妨害；如果是这样，S 就应当阻止 C 对 A 的自由的妨害。在此，可能存在充分的理由排他性地聚焦于 S 可能阻止 A 的自由而具有的危险吗？

换言之，说我们应当设置一个法律体系，其中 S 有义务竭力不去干预公民的行为自由是空洞的，甚至对康德被自由缠绕的法伦理也是如此。关于 S 对干预其他人的行为、活动、事业、生活方式或自由选择教育环境予以干预，将作出如何规定？S 应当干预的 C 的行为经常被 C 以追求权利诉求为目的而作出，就像被 C 干预的 A 的行为。并不存在简单的方法来决定 S 应该保护谁的行为，这是伦理性政治的整体问题。对 A 而言，对他的"尊严、自治和平等"而言，A 诉求 S 的保护与他免遭 S 的侵害一样重要。德沃金教授聚焦于公民反抗国家的分析，艾比·霍夫曼诉朱利斯·霍夫曼法官案[4]（*Abbie Hoffman v Judge Julius Hoffman*）对所有公民（原则上可识别）的利益给予了少许关注，这些公民诉求于朱利斯和芝加哥警方提供一些保护以维护对艾比的豁免，艾比激起骚乱的行为能够被这些公民合理地宣称为干预了他们的

---

〔4〕 这是指 1969–1979 年对八（后来为七）被告的审判，包括"艾比"霍夫曼，该审判由以朱利斯·J. 霍夫曼为法官的芝加哥法庭作出，审判关于在 1968 年 8 月芝加哥民主党会议期间发生的"反战"暴乱，以及有关被德沃金在《认真对待权利》（now in *TRS* at 197，201–2）中讨论的案例。

行为、活动和事业等。在评估这些诉求与反诉求的合理性时，没有证据的假设或预先决定的责任能够从对权利和权利诉求的概念中分析得出。这种假设或责任也不能被诉诸这种假设的可谬性推断出来：如果 S 对于 A 的诉求可能处理错误，那么，他同样可能对 C 宣称 A 的行为是对 C 行为和自由不正当阻碍的诉求同样处理错误。

说点题外话。我想强调内在于如下诉求中的模糊性，该诉求，即存在或从道德应当上说存在一项说话的权利。唯一避免"一项权利"这一概念化的、模糊性的方法是：宣称每个人都有一项做他愿做之事、说他愿说之话的权利——通过商谈排除对立性和相关性以清除"权利"概念的夸张、荒唐、堕落的诉求；的确排除了道德商谈。但是，如果这一举动没有被做出，那么，一个人就会面临如下事实：数以千计的可能意义中，没有一个是自明的。因此，在某些权利诉求中，唯一确定"权利"之意义的方法，以及对这种"权利"特定意义的诉求之限制予以正当化的唯一方法，就是诉诸一些在道德商谈中相关的，以及在权利术语中根本未曾被表达的原则。

对这种模糊性及其解决的问题而言，必须补充以我通过说 A 对 B 说 X 的模糊性。除非一个人持有如下英雄式和堕落式的观点：A 拥有对 B 说任何事的权利，但是叛国的、伤害的或卑鄙的事却可能除外，一个人面对明确化 X 的问题，并且在此对有关人类拥有权利的设定并无帮助。以下事实远非不证自明：A 有或应该有对 B 说任何事的权利，他没有这么做是不证自明的。但并非不证自明的是，A 拥有或应该拥有对 B 的权利（任何意义上的权利）的表达方式。并且，这种不证自明的解决方案的缺乏存在两种原因：它之所以发生并非仅仅因为对 X 在道德上可证立的具体化将随着对"权利"的具体化的宽度或窄度而变化，还因为对 X 的正当的具体化将因为时间、空间、情境和影响 B、C 的利益以及影响整个共同体——S 在其中直接负责且我们作为想象的立法者和/或良好公民而最终负责——的利益的所有其他事而改变。

II

因为有了"善"、"我的善"、"你的善"的观念，我们就进入了一个"原则领域"。也有人会说，我们进入了意识形态领域。他们进行了区分：（i）**政治法律学**，对政治制度和法律体系进行了事实或描述性阐述；（ii）意识形态，对政治活动和法律组织应当追求的理想目标提出建议；以及（iii）政治法律哲学，对于科学家和思想家所使用的术语、语句和论证进行分类和分析。但是，这种智识植物学（我从奎因顿对《牛津政治哲学解读》的前言中转借而来）的正统理论是肤浅的，并且具有误导性。在所谓的事实性、描述性阐述，以及所谓理想目的建立之前，在政治社会中就已经有了对人类生命提出问题的活动。这些问题所预设者，不过是对事实追求正确而非错误的阐述，对行为追求清醒而非混乱的方案。然而，这种欲望的实现所依赖者，却不过是纯粹的愿望。而真理和合理意见的实现却是有条件的。人们不可能获取真理和理性信念：除非人们对自己的心理构成以及对完全理性思考所设置的陷阱具有一定了解；除非人们愿意对自己学习、思考、验证加诸必要的纪律，并拒绝偏见（*parti pris*）及自尊（*amour propre*）；除非人们能够和同伴进行理性的讨论，或是经历过口头争论的紧急情况，并且能够在自己私下争论中复制它们；除非人们工作的经济、社会及政治条件允许他们有闲暇，不用从事繁重的体力劳动，并且具备对人性和社会作出正确判断所需的必要信息；并且（然而这一清单将很难穷尽各种前提条件）除非人们拥有必要的语言（观念）技巧，对于政治社会中的人类生活得出真理和理性意见项目而言，这些乃是理解所必要的，更不用说是完成了。

所以，无论如何界定政治法律哲学，将传播政治哲学的活动作为一种理性询问的过程，都要取决于社会语境、语言、教育、经济成就，以及一定程度的社会稳定性和政治自由等实际条件。如此而言，我刚刚所说的命题就不再是对政治制度和政治活动进行政治学事实或描述性阐述的内部命题；相反，它超越了对于可能偶然存在制度的阐述，并引出了政治理论的经验研究，阐述了人性经验特征角度所认为的必要政治原则，从而鼓励至少是一种重要之善的实现。此外，取得真理而非谬误，取得清晰而非含糊如此重要值得的命题，并不是某种想象"理想目的"的一种意识形态建议。在所有询问和探讨中，所隐含存在的是对真理和清晰价值或值得或善的确认；这种确认并不是"一种具有本质争议的概念"。因为，对于费神询问或理性争论，这种确定即便不通过人民的话语，也会通过人们的行为隐性地确定它。

这并不是说，取得真理和法律或政治（或那一问题外壳）的清晰性，乃是人们所能追求的最佳之善，或是社会最好能进行最佳组织以支持一定的思考精英——尽管这是亚里士多德得出的结论。无论怎样，即便在严格智力活动的领域中，与我获取真理和清晰性具有不言而喻同等价值的，乃是我和我的朋友们的分享。当然，人们所希望为朋友分享的友谊和善的范围要比分享智力追求和成就更为宽泛：这里无需对此展开赘述。

但是，在所有人权的讨论中，都存在重大的基础问题，对此，友谊现象 304 会提醒我们注意。为什么我们对我们的同伴负有义务？（因为如果我们不负有正义上的义务，他们就不负有任何兴趣意义的权利。）当然假定：要成为一个真正的朋友，你必须要热爱朋友的善、发达和成就，将其视同己有。除此之外：为什么当我帮助朋友会使自身之善置于危险之时，我仍会对他负有一种义务？更不要说，为什么我对那些我并不希望称之为朋友者负有义务？对于类似亚里士多德的某人而言，这一问题尤其尖锐。因为对他们而言，最高层次的善为理性思考和讨论，而这些只有哲学家及其哲学家朋友能够做到：那些智识上无法参与这种活动者的善，是否可以和能够参与这些活动者的善进行折算，则是不清楚的。

"为什么我应公正并尊重我同伴的善？"对于这一问题，近来有三种回答进路。第一种是功利主义的，该进路提出：人们应当追求功利，追求最大多数的最大幸福，这是不证自明的。但是，密尔在其《功利主义》的结语处却说：

> 功利或最大幸福原则……不过是一种不具有理性意义的话语形
> 式，除非某个人的幸福，假定程度平等……恰好和其他人的幸福

对等。

他正在处理的是通过"并……没有理性意义"表达出的问题，该问题乃是伴随着不受某一措施，比如比例所限制的独立最高级——比如"最大多数的最大幸福"——所创造的不确定性，这具有逻辑上的必要性。对于为"在最短时间/以最快速度写出最多诗歌"者而设的奖励，谁能赢取呢？是在一个小时后写出三首十四行诗的 A，还是一个小时后一无所获但在三个小时后写出十首五行打油诗的 B 呢？密尔给出的解决方案是，给我们每个人一条禁令，视我们为思考如何选择的某个人："每个人的幸福和另外一个人同等重要。"但是，我们正在问密尔的问题却是："对我而言，为什么我的幸福并不比你的抑或任何他人的更重要？"当然，密尔确实也直面了这一问题，具体回答是在他给我所应用的那句话所做的脚注中。他的答案是一种耍花枪，一句模棱两可或一系列的模棱两可："同等量的幸福同等可欲，无论是否被同一人或被不同人**所感受到**"——用以解释密尔所提出的问题："因为'幸福'和'可欲'是同义术语"。但是，再提出那个问题："对谁是'同等数量''同等可欲'？"此外，一个人"感受到"十个单位和十个人以每个人感受到十个单位，是"数量等同"并且同样"可欲"的吗？密尔试图通过打破我们自爱、人们——我们每个人——对自己幸福的欲望之循环，但是没人会被他耍的花招欺骗。[5]

所以，对"为什么我要尊重他人之善"问题回答的第二种进路，就通过

---

〔5〕 1965 年，我在博士论文中描述了边沁对这一问题的认识，认为它比模棱两可的词语需要更多：

在起草他 600 页之巨的《宪法典（c. 1820 – 32）》时，边沁提出两大实质原则……第一个原则，每一法律部门的目的都应当是最大多数的最大幸福（"最大幸福原则"）；以及第二个原则，政府实际上无可避免的目标乃是统治者自己的幸福（自我优先原则）（Works IX，5 – 8）。边沁法典的目标是要调和这两种原则，途径是假定统治权力由最大可能多数的人民所享有。他对这一问题采用的步骤在其他地方也被宣示为"利益义务结合原则"（e. g. Works VIII，380，385，424），其依据为这一假定，越多人有权力为他们自身的幸福而做政治行为，就有越多人因这类行为而变得幸福。因此，在建构这一假定或原则时，我们必须不受"他们自己"这一含糊词语适用的误导：如果有人称，"当每个公民都有行动权，并且按照他自己的利益行动时，那么，每个人的利益就会最大化"，边沁假定的含糊特征就会更为简单。

直接诉诸我们的自爱更为新近地被提出了。费丽帕·福德（Philippa Foot）指出，对于一个人而言，若要表明他应当公正，除了这对他有利，或这对他有利可图之外，我们无法给出其他理由。[6] 然而，难道我不能想象，我的不公正，如果足够巧妙，伪装充分，就可能获利良多，而我对正义的尊重却会让我陷入不可逆转的灾难——死亡以及终结所有收益？无论如何，福德的回答类型并没有对原初问题的含义作出回应。原初问题问的恰好是，违背某人之于个人优势预期而行为，有什么理性依据？提问者必定会意识到人类的经验范围，并为之所困惑。在这个范围内，利益动机和人们其他行为主张产生竞争：困惑着的同时，要意识到这一点是必要的，比如对于某人的福利而言，他应当拥有真正的友谊，并且出于自身福利考虑，还要培养并非真正友谊的熟人圈。

那么，退一步讲，就有了新近提出的第三种回答进路，其构成基础生发于自爱，直到无私（disinterestedness），也没有利用密尔在回答"就正义而言，为什么我应该尊重他人之善"这一问题时，所使用的信马由缰的循环论证（*petitio principii*），以及对"已欲的"（desired）、"可欲的"（desirable）与"同等的"含糊用语。该进路认为，我没有理性理由，较之其他任何人的善而言更偏好我自己的善：作为平等人格者，我之善和你之善之间仅有的区别不过是你我的身份而已，而这却并不能为我以你之善为代价追求我之善提供任何理由，反之亦然。但是，这一论证证明过度了。原因在于，如果它证明了我应当尊重你的权利，那么，它同样也就证明了我不应当与你竞争任何奖励或稀缺资源，反之你也不能与我竞争，因此相比于世界上的任何他人，对我年迈的父亲或我的子女，我就不再负有更多的责任——而这是荒谬的。一定形式的自我偏好是正当的，尽管其他一些是不正当的。但问题在于，我们如何才能分清是哪些呢？我们为什么应当在意呢？ 306

"何种形式的自我偏好是正当的呢？"对于我而言，这个问题的答案只能通过某个局外人的视角来寻求，该人要在你我所介入的相互行为、互动以及

---

〔6〕 See essay 6 at 120 n. 4 and endnote.

情感的竞技场之外，该人应当平等地掌握该竞技场中每个人的善。借用密尔粗糙的心理享乐主义术语来说：可以认为，这一旁观者希望，竞技场中的每个人都"感受到""同等数量的幸福"。从这一观点来看，我们在该竞技场中的某些竞争形式可能最有利于我们的方式——尽管在这类奖励竞争中，有人会赢，有人会输——因为每个人都会因竞争而变得强壮，变得精力充沛。所以，这一旁观者至少认为，这些形式的自我偏好与获胜的努力是公正的，因为和没有竞争相比，这并不会让那些不成功的竞争者情况变糟。同样，这一旁观者也会理解责任的范围，若要每个人都有收益，那么在这个范围内，竞技场中的每个人都应当承担——因为如果每个人都将广阔的世界视为己有，那么传播起来，每个人的努力都会变得稀薄，终究导致无人获益。

但是，你我都在竞技场之中。为什么我们要在意采用哪个旁观者的观点，尤其是在我们健康强壮并且能够通过公平方式或犯规或避开规则而赢得竞争的情况下呢？对于这一问题，原则上可以有两个答案：第一个答案是，该旁观者会认为，如果我们**要**避开它，从长远来看，这是不公正的，因而会采取措施对我们违法所得收取赔偿。第二个答案是与我之前所说的经验范围贴近，也就是费丽帕·福德未予充分考虑的——在《伦理学》第Ⅷ和Ⅸ卷中，亚里士多德精妙分析过的友谊经验。爱一个朋友就要希望他好，珍爱他的幸福以及他心之所属的一切。但是，如果他是你的朋友，他之心将为你所属，所以你因他之故也必须要爱惜自己。如果他是 P 的朋友，那么他就会将 P 之善放在心上，所以，除非**你同样也**珍爱 P 的善，否则你就不是你朋友的**真正**朋友。当然，这种情谊的衍生不会超越一个亲密的朋友圈。除此之外，较于我之善，为什么我应当更偏爱我朋友之善就没有什么理由，当然也就没有正义上的理由了，更不要说较于我之善，我更应当偏爱我朋友的朋友之善了。

但是，如果可能的话，假定我现在是那个竞技场旁观者的朋友，因而有理由将其友谊视为高于其他一切，那么我就有理由相信，他将竞技场中每个人的幸福都同等地放在心上。接下来，我就有充分的理由采取他的观点，并且认为有必要以失去他友谊之痛苦去尊重竞技场中的每个人之善，只要是在该旁观者希望的程度范围和方式之内（尽我所能），因为我之善也同样在他的心里。

概括总结而言：对于问题"我如何知道我在正义中的义务"，在现有的答案中，柏拉图将他政治哲学的所有关注点都集结其中（尽管我只是试图阐明其中一点）：上帝是万物的尺度。而对于"为什么应当在意这一尺度，什么使它具有义务性"的问题，现在已有的答案中，亚里士多德对于友谊和思考的分析，走向但是却并没有得出的——（因为对于亚里士多德而言，上帝太遥远了，无法成为我的朋友和思考的对象）——答案说：上帝是我最高之善，是每个人的最高之善，而无论他是否能够践行哲学；并且，上帝将每个人的善都平等地放在心中。

Ⅲ

我认为，这些就是政治法律哲学的终极原则，它们就是经典原则，而我并不知道还有其他原则，可以用来解释或证立我们对他人所负有的尊重义务以及**具体说明它们的相关权利**。

如此一来，你就明白为什么我会赞同密尔，人们不能有利地将表达自由论证建立在"抽象权利的理念之上，将其作为一种独立的功利"。[7] 在《论自由》的引言中，密尔指出，功利就是"所有伦理问题的终极诉求；不过，它必须是最广泛意义上的功利，建立在作为一种进步生物的人类永恒利益之上"。[8] 对每个人都应追求的共善而言，即便它没有心理享乐主义的背景，这种阐述也显然模棱两可，无法令人满意。不过，我们暂且略过这一点。密尔将他对自由的整个论证都建立在他称之为"人之目的"的基础之上，在我看来，这是正确的。[9] 社会法律组织的全部意义都在于为此提供一个鼓励的环境：

---

〔7〕　*On Liberty*, ch. 1 para. 11.

〔8〕　*Ibid.*

〔9〕　*Ibid.* , ch. 3 para. 2.

关于人类事务的情况，已说到它把人类自身带到更近于他们所能做到最好的东西，难道还有比这个更多或更好的事可说吗？说到对于好事的妨碍，难道还有比阻碍这事更坏的事可说吗？[10]

308 这里再次强调："人类相互之间负有义务，相互帮助辨别好坏，并鼓励前者，避免后者。"[11]

因此，他在序言中指出，并在第四章再次重复：儿童、野蛮人以及教育程度不及野蛮人者应当接受"克制教育，以使他们适于获得将来的自由特权"。[12] 此外，他在序言中指出，"若是被强大敌人所围绕的小型共和国处于遭到外敌或内乱推翻的不断危险之中，即便是一小阶段的松懈精力和自律，也很可能导致灭顶之灾，对它们而言，他们无力负担对自由有益永恒效应的等待"，"此国家对其每个公民施加完全的身体和心理规训具有浓厚兴趣" 就 "可能曾是可以接受的"。[13]

但是，为什么这里建构的句子是现在完成时（perfect tense）："可能曾是可以接受的"？现在是否可能存在威胁"一个小型共和国"的类似危险呢？密尔求助于现代世界中"政治社会的更大规模"——但是，他的话是在交流使社会再次变"小"之前说的。对于这一点，是否用更多的话呢？他确实如此，而我们也因此触碰到了他论文的核心之处，这同时也是现代自由主义和集权主义的核心之处——他假装了解了"现在大部分更加文明的物种所已经进入的进步阶段"。（我引用了信念或真知——秘传"知识"——的表达方式，他是在论文的第一部分使用的。）对于人们享有一种意见表达自由的严格权利，他指出：

只适用于能力已达成熟的人类。我们不是在谈论幼童，或是谈

〔10〕 *Ibid.*, ch. 3 para. 10.
〔11〕 *Ibid.*, ch. 4 para. 4.
〔12〕 *Ibid.*, ch. 5 para. 10.
〔13〕 *Ibid.*, ch. 1 para. 14.

论尚在法定成年男女以下的青年。[14]

似乎法律能够影响那一问题的属性，这一问题乃是由亚里士多德建构的，他将其真确地定性为政治学的永恒问题：由于他们的情感、智力以及道德发展的事实，谁以及多少人会是"自然的奴隶"？因为，如密尔继续所言：

> 对于尚处在需要他人加以照管状态的人们，对他们自己的行动也须加以防御，正如对外来伤害须加以防御一样。根据同样的理由，对于那种种族自身尚可视为未届成年的社会当中的一些落后状态，我们也可以置之不论。在自发的进步过程中，早期的困难是如此严重，以致在克服困难的手段方面竟难以容许有所选择；因此，若遇到一个富有改善精神的统治者，他就有理由使用任何便宜方略借以达成一个非此不能达成的目的。只要目的是为了使他们有所改善，且所用手段又因这个目的得以实现而显为正当，那么在对付野蛮人时，专制政府正是一个合法的形式。自由，在人类还未达到能够通过自由平等的讨论得以改善的阶段以前，作为一条原则来说，在任何事务状态中都是无所适用的。[15]

对法律、自由和道德问题的争议，在密尔《论自由》以及后来那些略欠经典的推进作品中，一个基本错误在于，主张揭示出一种**永恒**有效的决疑法

---

　〔14〕　*Ibid.*, ch. 1 para. 16. 在密尔的书中，这一句子的隐含主语并不是"意见表达的自由"，而是"这一教义"。这就再次回溯到前一段内容，该段以著名的"这一极其简单的原则"开始，以"之于本人自己，之于他自己的身心，个人乃是最高主权者"。这样，论文的程序就得到了证立。大约只过了两段后，密尔就指出：

　　是人类自由的适当领域。这个领域包括：意识的内向境地，要求着最广义的良心的自由；要求着思想和感想的自由；要求在不论实践的或思考的、科学的、道德的或神学的等一切题目上的意见和情操的绝对自由。说到发表和刊发意见的自由，因为它属于个人涉及他人那部分的行为，看来像是归入另一原则之下；但由于它和思想自由本身几乎同样重要，所依据的理由又大致相同，所以在实践上是和思想自由分不开的。

　　而几段内容之后，在第二章"论思想自由和讨论自由"的最开始就直接否定了存在逼迫思想或讨论自由的任何合法权力。

　　〔15〕　*Ibid.*, ch. 1 para. 16.

（casuistry），或是自由图景，并且对密尔揭示基础的限制而言，也就是"那个时代"已经来临，一个"进步阶段"已经实现并将得到维持，那个"人"、"种族"、"民族"或其他一些想象的集合体从字面上都已经达到法定年龄；并且再也不需要我们提出无关（但最相关）的问题，"此时此刻，这个社会中的成员究竟能够享有多少自由，从而不至于陷入一种堕落或无序状态。在后者的状态中，弱肉强食——而非自由规则——将会漫行，这些强者一旦攫取权力，也许他们就会只是专注于'改良精神'，他们不会对自由，也不会对寻找真理和个人实现给予什么关注。"

我再次强调，这一问题乃是政治学的永恒问题。通过假装了解历史发展的方向和意义，或通过浪漫地认定自己的社会为上帝的选择，并不能理性地回答这一问题。顺带提一下，弥尔顿《论出版自由》的论证和密尔类似，都对英格兰上帝选择的状况有着类似的主张：

> 英国的上议员和下议员们，请想想你们所属的和受你们管辖的民族究竟是什么民族。这不是一个迟钝愚笨的民族，而是一个敏捷、颖慧、眼光犀利的民族。他们勇于创造，精于辩论，其程度绝不低于全人类的禀赋可能达到的最大高度……但最要紧的是，我们大有理由认为上天特别爱我们和眷愿我们……注视着……这个广大的城市、这个避难所、这个自由之家，周围都有上帝的保护……一个人对于这样一个服从真理而又喜好寻求真理的民族还能要求什么呢？对于这样一个顺从而丰饶的国家，除了由明智而忠诚的人来促成一个贤明的人民和拥有先知、圣者和高贵人物的民族，又能要求什么呢？……我们只要能斩断这种主教的传统，不把基督徒的自由良心和人权自由硬塞到人们的箴言与信条中去，然后再加上一点点尺度较宽的谨慎和一点点慈爱，双方又互相忍让一些，就可以把这种防范的心情变成一个普通而亲如兄弟的追求真理的心情。

当然，英国的知识分子展示出了这种明确的命运，并认为只有将对自由更多的限制撤销，才能赢得新世界，但他们并不是唯一这样做的。对于出版

310

自由，大卫·休谟也有过一些溢美之词，"这一英国特有的权利"，"只有在没有什么羁绊之时，才能被认为是人类的共同权利"。在之后的岁月中，弥尔顿对此分辨得更加清楚，并且所言更加尖刻，曾经作为统治者的民族实际上究竟是一个什么方式的民族，有多么不适于自由。与弥尔顿一样，休谟在他后来的修订版中，删除了对出版自由颇为自信的论断篇幅，取而代之为一句话："无限制的自由出版，尽管难以实现，尽管可能为它给出一种适当的救济，但它仍是出现在……混合统治形式中的诸恶之一"——然后，他的论文就此结束。

当然，在本章早些时候，我为自由寻求真理的价值，为通过自由询问取得它们，通过自由讨论分享它们的价值大唱赞歌。我无需重复，它主张自身乃是人类最高之善，因而一个法律体系应当以一定代价予以培育和保护，这是每个人都有权行使的某种权利，但行使这些权利的限度（该限度随时间、地点和环境而变化）在于不会严重歧视法律所保护的个人共同之善的其他构成要素。从"权利"的同等演绎意义上说，此外也出于同样的理由，也即因为自由理性讨论是一种真正的善，所以，父母拥有一种在如此环境中抚养其子女的权利，该环境最大限度地与个体的全部共同之善相一致（程度将随时间、地点和环境而变化），这将鼓励所有年龄的孩子们养成自尊、热爱真理、爱护他人以及自律的习惯。对于要参与自由询问，探讨并分享真理和友谊的孩子来说，这些都是必要的。这样的环境将会鼓励不同年龄的孩子们认识到，自由探讨和友谊要比自满更好，要比嗑药的"内心世界"空虚更好，要比淫秽读物所公开诱导的对待他人的态度更好。后者诱导他们：他人不过 311 是被占有的肉体，他们不是自由人而是一种统治欲、一张支配欲望的客体（*libido dominandi*），在地下运行，由性到政治。这种环境是什么？这是一个需要理性探讨的问题，然而，借诸同样未予界定的"言论"自由"权利"却毫无助益。由于缺乏具体性，今天，这一权利被"符合年龄者"的意识形态、公开理性的信念赋予了特定内容和修辞意义。

注

一定程度上，密尔这里的探讨引用了弗格林（Voegelin）"理性探讨准备"中的观点。本章原文第309页对亚里士多德"自然奴隶"范畴的适用，同样也是由弗格林在其《柏拉图和亚里士多德》原文第329－330页中对它的探讨发展而来。不过，弗格林对它的辩护并不令人满意，他视之和一个由自由公民组成的社会相关，并且该社会容许承认"我们天性共同且平等（*ibid*，330）"。原因在于，承认成年公民之间的道德不成熟性这一永恒普遍的政治问题，并不意味着采用这一范畴（"奴隶"）。其内容不可避免地意味着，对此类人的必要管理无需将他们的利益（区别于他们的非道德欲望）计算为共同之善所固有。因此，论文不应当认为亚里士多德"正确定性了"智力、情感以及道德不成熟性问题；也不应当认同这是"政治学的永恒问题"。

第 19 章

色情文化*

首先，我十分遗憾没能参加这学期的另一个研讨会。这其中有两个原 312
因：一是考虑到先前你们和其他发言人已经探讨或反复论谈过，我可能会说
到一些标新立异或者翻来覆去的内容；二是没人喜欢打断他人的谈话，打断
"意义的空间"，这是对话者之间通过共同经验和理解所建立起来的，即便
有时他们会出现严重分歧，这种交流被他们视为一种理所当然的共有物，为
外人所不知或外人难以掌握——所有这些都在一次次焦躁的接触和屈尊的包
容中呈现出来，对话者们由此表达出新的观点。到目前为止，直到这第七次
研讨会的开端，我毫不怀疑，某种共同的意义空间和观点已经在你们之中形
成，或许我会时而遵守、时而偏离，但我希望（并不自信）自己不会偏离
得太远。

我打算将我对色情文化的讨论定位为政治哲学话语的一部分，即研究人
类事务的哲学，[1] 亚里士多德称之为政治学。[2] 当然，对于"政治"一
词，我确实感到不容易，因为亚里士多德有关城邦（*polis*）的选集，甚至是
有关城邦形成的整个循环，作为实证调查的有关单位，（于我们而言）显然
是一个不成熟的概括；同时，亚里士多德的假设，即人的本性在其称为城邦
的公共空间里有意识的言词和行为中能最全最佳地展现，这在我看来也是一
种禁不住基督教文化所发起批判的假设，无论从言辞上还是从行为上而言，

---

　　* 未出版；初读于 1973 年 3 月 7 日，黑尔（R. M. Hare）和德沃金教授在牛津举办的八场关于言论自由的研讨会中的第七场。

　　[1] *NE* X. 9：1181b15.

　　[2] *NE* I. 2：1094a24 – b16.

313　均是如此：奥古斯丁的双城理论、格拉修的双剑论、圣保罗的团契中并不区分犹太人和希腊人、男人和女人、自由人和奴隶……[3] 此外，我提到这些并不是将其作为一种无意义的方法论评价，而是趋于一种对事实的解释，即便是一种研究人类事务的政治科学，按照亚里士多德的实证但批判的方法，也不能得到亚里士多德或者柏拉图的结论。我们的个性意识、隐私意识、帕斯卡所称的本心意识以及良心意识在于，即使当我们感叹于柏拉图×××（书名）或者亚里士多德×××（书名）的魅力，[4] 我们仍然不得不感到希腊人并非人道主义者；他们对于自身的认识和彼此之间的反应并不是由诸如浪子回头等寓言故事而形成的。

尽管如此，没有人比柏拉图和亚里士多德更能意识到人的自我意识和反应是由符号所**构成**，比如神话和音乐——年轻人通过参与具有教育意义的戏剧来锻炼判断力、培养审美力，从而为今后参与城邦政治的毕生剧本做准备。因此，在亚里士多德深奥的《政治学》中，阐述最为详细的单一主题便是音乐在青少年教育过程中所扮演的角色。[5] 然而，在柏拉图和亚里士多德的作品中，较之教育话语，更为重要的是关于品味和性情的启蒙教育。这是在他们的作品本身当中，并由这些作品所完成的——这些论述如此之多，以至于它们对世界历史所产生的影响力远远超过同一时期甚至可能是任何时期的统治者。他们的作品提供了一个意义庇护所，后世一代又一代人的质疑、假设和判断立基于此——当人们反思自己的词语及其渊源时，所有这些就变得显而易见了。相对并不这般明显的是，柏拉图和亚里士多德建构一种情感的成功，这种情感回应的是人类维持和确定意义空间之时的研究和剧本，尽管在更深层次的思考（尤其是当与其他文明的文化政治对比思考西方文化和政治时）中这一点也变得同样明确。这是一种复杂的情感，由对亚里士多德深奥演讲的严谨性的尊重所构成；由接受苏格拉底对诡辩家讲话的厌

---

〔3〕　Galatians 3：28.

〔4〕　*NE* Ⅷ and Ⅸ.

〔5〕　*Pol.* Ⅷ.3－7；1337b23－1342b34；同时参见 Plato, *Laws* Ⅱ 653d－673d；Ⅲ 700a－701a；Ⅶ 812b－816d.

恶所构成；由推崇苏格拉底和柏拉图对问题的不懈探索而非圆滑了结所构成；由害怕变得像克法洛斯一样自满所构成；由对想到自己不及格劳孔、曼图斯正直的羞愧所构成，当然也由对不及引导他们将道德虚无主义逼到尽头的柏拉图之羞愧所构成……或是考虑到这种情感的复杂所构成，它能够一下子通过下面这位哲学家的塑造而实现：

314

> 加入了这个小团体并感到幸福，那是他们的命运；看到群众的疯狂，发现公共生活行为无理性可言，无论支持哪一方，正义的捍卫者都无望脱离迫害；就像陷入野兽围困之中的人，如果拒绝参与他们的恶行，那么他就不能抵御众怒而独立生存，他还未来得及服务于国家或朋友就注定要灭亡，无法对人对己行善——当一个人权衡这一切以后，便会保持沉默，独善其身，如同在沙尘暴和冰雹之中躲避于围墙之下的旅人；看着无法无天的情况从各处蔓延，自己若是能幸免于难、得以存活，带着美好的期望重新启程，在宁静和平安中度过余生，便会心满意足。
>
> 当然，曼图斯也说，那已经是不小的成就了。
>
> 但是，那样的成就远远比不上一个人生逢其时，在与其本性相符的社会里人尽其才、救人救己所取得的成就。[6]

随着柏拉图在城邦的哲学生活中对爱欲大加赞美，这种诱惑不断延续下去。然而，我没有发现任何理由可以质疑这个古典政治学里的明确结论——古典哲学家将此结论付诸行动，一生致力于教育——大脑的锻炼以及可理解符号形式的运用不仅极具价值，（无需更多证明）而且是一个人政治行为不可或缺、行之有效的决定性因素。

---

〔6〕　*Republic* Ⅵ 496（trans. F. M. Cornford）.〔在第一个长篇的亚里士多德讲话的一个脚注中，Morrison，"The Origins of Plato's Philosopher–Statesman"，at 212 重述（reproduce）了我引用的整段文字，并令人信服地说道：康福德（Cornford）注意到（在他的翻译中）："最后这一句话暗指柏拉图自己的立场……这一立场乃是他宣布放弃他早期希望的从政生涯，转而退回到在学院中培养哲学王的使命中。"对此，我并不赞同。这里描述的乃是，柏拉图认识到他能够通过学院实现其政治抱负之前的立场。〕

事实上，过多地阐述这个观点也有些可笑。这里的每个人都经历过理智的生活。每个人都明白，在好奇心、求知欲的强烈驱使下如何认清现实，不被表象所蒙蔽，保持头脑清晰不使思维混乱……每个人都明白，理智的形成不仅包括直截了当的学习请教，还包括效仿、学习偶像、关注和理性模仿各种范例。同时，从各自的经验中，我们也明白，人的理智如何在其他强烈倾向的扭曲下受到威胁：推卸责任、弄虚作假、随波逐流、刚愎自用、夸夸其谈，效仿推崇的不是哲学家，而是我们不得不熟悉其话语范畴的诡辩家、传教士、记者或政客。这里的每个人都明白，要坦诚地面对这些事情有多么微妙。缺乏对于伪论证的厌恶和对于自己走捷径或找借口的惭愧，一个人将难以在严格意义上的智慧中获得乐趣。

人性中远还有比我之前所说"理智的生活"更多的东西。事实上，正如我之前已评价过的，人性要比柏拉图所能清楚认识到的更多。特别是两性关系，这相当难以完美融入希腊人的情感和成熟人性的形象。如果《政治学》中提到的音乐在教育中所扮演的角色能得到长期重视，那么，亚里士多德《伦理学》中提到的友情就能得到长期（甚至更久）的重视，他关于友情形式和条件的探讨也将无法被人超越。然而，他坦言，男女之间不可能存在纯粹的友情，性吸引力和性圆满在其论述中只占很小部分。如果有人想要一种个人关系上的男女性交想象，那么他只能在别处寻找了。从我们的文化根源上看，我们会发现，如《雅歌》（*Song of Songs*）中的第一句话是新娘的："愿他用唇亲吻我".[7]*

> 听啊，
>
> 是我良人的声音；
>
> 看哪，

---

〔7〕 Song of Songs 1：2；接下来的引用来自 2：8－11，16－17，3：1－4，4：12，16，5：1－6，6：2－3，7：12－13，8：5－7；译文来自 Jones, *The Jerusalem Bible*，稍作修改。脚注给出了一种关于此段圣经寓意性解释的传统视角；杜埃·兰斯（Douai－Rheims）译本的脚注则给出了另一种解释；还存在其他各种同样合理的传统。

 *《雅歌》的翻译取自中国基督教三自爱国运动委员会编译：《圣经》（中英对照），中国基督教协会 2012 年版。——译者注

他蹿山越岭而来。

我的良人好像羚羊，或像小鹿。
他站在我们墙壁后，
从窗户往里观看，
从窗棂往里窥探。

良人对我说：
"我的佳偶，我的美人！
起来，与我同去。"
因为冬天已往，
雨水止住过去了。
良人属我，我也属他⋯⋯

316

我的良人哪，
求你等到天起凉风，
日影飞去的时候，
你要转回，
好像羚羊，或像小鹿在比特山上。

我夜间躺卧在床上，
寻找我心所爱的。
我寻找他，却寻不见。
我说：我要起来，游行城中，
在街市上，在宽阔处，
寻找我心所爱的⋯⋯

城中巡逻看守的人遇见我，

我问他们：
"你们看见我心所爱的没有？"

我刚离开他们，
就遇见我心所爱的。
我拉住他，不容他走，
领他入我母家，
到怀我者的内室。

之后新郎唱道：
我妹子，我新妇，乃是关锁的园，
禁闭的井，封闭的泉源……

新娘回答道：
北风啊，兴起！
南风啊，吹来！
吹在我的园内，
使其中的香气发出来。
愿我的良人进入自己园里，
吃他佳美的果子。

新郎：
我妹子，我新妇，
我进了我的园中，
采了我的没药和香料，
吃了我的蜜房和蜂蜜。
喝了我的酒和奶。

新娘再唱道：

我身睡卧，我心却醒。

这是我良人的声音。他敲门说：

"我的妹子，我的佳偶，

我的鸽子，我的完全人，求你给我开门，因我的头满了露水，

我的头发被夜露滴湿。"

我回答说：

"我脱了衣裳，怎能再穿上呢？

我洗了脚，怎能再玷污呢？"

我的良人从门孔里伸进手来，我便因他动了心。

我起来，要给我良人开门；

我的两手滴下没药，

我的指头有没药汁滴在门闩上。

317

我给我的良人开了门；

我的良人却已转身走了。

他说话的时候，我神不守舍。

我寻梢他，竟寻不见……

但他在雅歌末尾又出现了（一系列歌曲）：

我的良人下入自己园中，

到香花畦，

在园内牧放群羊，

采百合花。

我属我的良人，我的良人也属我。

他在百合花中牧放群羊。

> 我的良人，来吧！你我可以往田间去，
>
> 你我可以在村庄住宿。
>
> 我们早晨起来往葡萄园去，
>
> 看看葡萄发芽开花没有，
>
> 石榴放蕊没有。
>
> 我在那里要将我的爱情给你。

前几句出自新娘，她将新郎比作果树林中的一棵苹果树（2：3），后文来自新郎：

> 我在苹果树下叫醒你，
>
> 你母亲在那里为你劬劳，
>
> 生养你的在那里为你劬劳。
>
> 求你将我放在心上如印记，
>
> 带在你臂上如戳记。
>
> 因为爱情如死之坚强，
>
> 嫉恨如阴间之残忍。
>
> 所发的电光，是火焰的电光，
>
> 是耶和华的烈焰。
>
> 爱情，众水不能息灭，大水也不能淹没。

这种想象对婚姻的渴望、对两性生育能力的热情和忠诚，稳固地奠定了我们的情感，并建立起我们作为个人相互之间的关系。它展示了一种可能并使其具有吸引力，将强烈的倾向（否则将导致一己私欲或滥交）融入一种新的意义空间和感情空间，使一个人的所有意图、生活计划和人生价值观，通过一段感性、认真、热烈和真挚的婚姻，在与其平等伴侣的友好相处中得到改变和完善。

318　　　每一个厌恶着天主教或共产主义伪学术期刊里废话的人都明白，糟糕的范例是如何腐蚀智识品味和个人行为标准的。对我们性交往和性活动所发生的意义领域而言，糟糕范例的影响，我认为是毫无疑问的。

英国法律将刑事上的淫秽物品认定为：从整体上看，其影响易于腐蚀和毒害可能阅读、观看、聆听其内容的人，尽管这一物品的发行现在可能"具有为了公共利益的正当理由，有利于科学、文学、艺术、学习或是受到普遍关注的其他事物。"[2] 关于淫秽这一描述，虽然应用具有一些实际困难，但我认为，这一描述的价值在于，它正确认定了禁止发行淫秽物品的原因，即并非是因为它们令人震惊或者触犯法律，而是因为它们容易腐蚀他人、毒害他人。正如上议院上诉委员会大力强调的：

> "腐蚀和毒害"的法律定义是指，物品对于其读者或观众思想上的影响（包括情感上的影响）。当然，不良行为可能由思想上的败坏而产生，但是这并不属于法律界定淫秽物品的要素，思想败坏不必然引起不良行为。[3]

我认为，谈到以下问题时，色情与猥亵问题总统委员会（1970）中持不同意见的成员大体是正确的：

> 政府管制色情物品，其目的往往首先是为了防止道德败坏，而不是防止公然的犯罪行为，或防止人们受惊和不悦。[4]

我认为，这些成员更加正确地提到了"传播淫秽、色情物品是一个全国堪忧的问题"，因为"色情文化对于社会、公共道德、人生价值的尊崇、对待亲情的态度、文化等都具有腐蚀性"，[5]（同时，他们还提到了传播淫秽物品竟然不在社会最严重的两大或者三大问题之列）。[6] 所以，首先我要更准确地界定我在这里所指的"腐蚀"和"毒害"。

淫秽和色情的传播腐蚀人心的第一种方式，就是诱导出一种倾向或者一

---

〔2〕　Obscene Publications Act 1959, ss. 1（1），4（1）.

〔3〕　*Director of Public Prosecutions v Whyte*（1972）AC 849 at 864（see also 867）（per Lord Pearson）（see also at 862 - 3 per Lord Wilberforce; 871 per Lord Cross）.

〔4〕　*The Report of the Commission on Obscenity and Pornography – September 1970*, 457.

〔5〕　*Ibid.*, 458.

〔6〕　*Ibid.*, 478.

319 种幻想及情绪的状态，让人们难以参与性交，这与一个人对另一个人或者两个人相互之间的自慰不同。性交行为的隐私性、隐蔽性和亲密性值得重视，否则将只不过是一种感官上的愉悦或一种缓解紧张的方式，取代了对人与人之间的情感、友情、爱情制高点的表达，这种感情通过多种外在方式形成了他们的生活；同时，如果语境符合的话，感情也可以被认为是这样一种表达：将个人独有的乐趣与其公共生活的意义充分结合，结成伴侣，即丈夫和妻子。人们都明白，过剩的自我意识如何威胁到这种亲密的相互关系。女人对这一点尤其深有体会，迷住她们丈夫或爱人的并不是她们本身，她们并不是独一无二的那个人，而更像是一个方便可及的'梦中情人'范例，在男人被激发的幻想中作为一个富有吸引力的存在，驱使男人不断靠近，直到其生理紧张得到释放的那一刻，这种吸引力才在男人的幻想中逐渐消失，在日常生活的交往中，男人一直无法控制其言行会变得十分明显。这种腐蚀方式最明显的例子，仅仅是最明显的，就是心甘情愿地在与某人性交时想象着那个人在与其他人性交，无论是事实的还是虚构的。在我看来，这类谎言中的生活剥夺了人际关系作为人生处世中主要轨迹的价值，不论一个人追求何种价值。

当然，个人有可能将，比如《雅歌》，作为一种刺激或理由来进行这类近似于自慰的性交。但是性爱的艺术召唤效果是固有的，这个感官符号承载着召唤的意义和力量，它是作为一种人类现实打开我们的思想和审美，而非一种感觉上的刺激或需要满足的欲望而建构起来的，如此也就易于表达这种性爱的体验和满足感，正如斯特沃森（Strawson）所评价的一样（但每种学派的美学确实是个老生常谈的问题）：

> 个人的美学兴趣并非任何一种实践兴趣，并不是对任何能够或应该做事情的兴趣，并不是一门我们需要就能培养的兴趣，甚至也不是一种对产生于我们特定反应（如兴奋或麻木）的兴趣（如果它属于这类兴趣，就会存在一般原则和秘诀了。）[7]

---

〔7〕 Strawson, "Aesthetic Appraisal and Works of Art", at 12.

正如一位不能宣泄自己情感的演员，却能构思和演绎出其所扮演角色的 320
情感，因此，有创造力的艺术家并不会过多地吐露自己的感情，而是想象和
构思出情绪和感觉，使他们对角色的理解能通过他们所选定的艺术符号形式
表现出来。

所以，各类美学家都要求秉持脱离原则、"冥想"原则、"审美"态度、
专注精神和客观精神来对待作品与公众（包括艺术家）的"心理距离"。这
种距离是通过"将物体与其吸引力相分离、与现实需要和目的相脱离[8]而
实现的。"这并非意味着人与作品之间只是一种单纯的智力或不带感情色彩
的关系，而是一种独特过滤"现实及其具体吸引力的关系。"[9] 创作与鉴赏
的理想状态就是"最大限度地缩短距离而又不让这种距离消失"。[10]

这种美学表述无关谴责或淫秽和色情文化的探讨。但是，这种表述使我
们能够将色情文化作家定性为，企图避开所有"特殊预防"的人，如果要
维持美学鉴赏的必要心理距离，那么，艺术就必须运用这个来处理某些主
题。一些时期和一些文化对于预防的要求比其他时期或文化都要少；但是，
无论在任何既定时间地点要求的是哪一种，色情文化作家都打算挑战它。色
情文化作家故意破坏审美态度的方法包括：将男性心理配置给女性，激发认
同感，对虚构角色性机会和探索极度强化，以及很多其他可确定叙述性和描
述性工具。所有这些方法都将会对美学的关注替换为一种态度，在这种态度
中，读者或观众对愉悦情感产生状态的实际关注，会打断和抑制对所创符号
的理解与思考。[11]

所以，色情文化的首要罪恶，就是通过引发欲望和幻象来腐蚀人的想象
和感情，这与我们所简而称之的自私自利共同作用——共谋闯入封闭的花
园，在这个封闭的花园中，性交可以是如此激烈坚定友谊的美好表达。我认
为，模仿周日杂志增刊等引起人们淫乱兴趣的广告也同样如此，只是方式不

---

[8]　Bullough, *Aesthetics*, 96.

[9]　*Ibid.* , 97; see also Langer, *Feeling and Form*, 49.

[10]　Bullough, *Aesthetics*, 100.

[11]　See essay 17 at nn. 76 – 89 (1967a at 234 – 5).

同。在一个真正关注两性之爱的社会中，所有这类发行物都会被禁止。

色情文化腐蚀和毒害人们的第二种方式，就是利用强烈的共鸣符号表达一种对人尤其是对女人的极度蔑视，将她们视为所有和利用的对象。一开始的乃是作为一种侵略的欲望，以惊人的速度，最终演变成一种针对配偶、观众和人性的全面侵略。《啊！加尔各答》的结局采取了裸替演员围绕舞台边走边喊的方式（用刺耳、粗俗、淫秽的语言说着排泄、交配和生殖器）。这里有一种循序渐进的增强。之后，他们都开始评论这场演出本身；作为观众，我们所必须要思考的是，例如"我好奇你回家会干什么"、"我打赌你在好奇她例假期间会做什么"（指的是台上那个年轻的裸体女子）。最后他们假装集体交配，叫喊着"每晚在台上乱搞"，等等。[12] 早些时候，当一位女演员赤裸地跪在地上背对观众时，一个男人正在讲述自由：

> 现在，让我们再看一眼简（Jean）。她跪在那儿——或者蹲在那儿——用一种极度尴尬的姿势。你甚至可以说那是屈辱。然而，如果受到精神的驱使，她可以自由起身离开。

（然后解除了对女演员的雇佣）

> 简，这个暂时身陷耻辱的顺从的家庭佣人，是一个自由的个体……她的自由不仅是作为一名客厅侍女，更是作为一个人……
>
> 她会正式出席。她现在却会卑躬屈膝、提供服务……这是一种对人类精神的冒犯。[13]

据说，丹麦百分之九十的情色电影都是以下面这种形式的跨越种族的口交场景来结束……［一个年轻法国记者的描述，霍尔布鲁克（Holbrook）在《伪革命》(The Pseudo - Revolution) 中引用］。让我们羞愧和反感的是，今晚，在这哲学楼（Merton 街 12 号）之中，有一场回声迭起、布置精良的高潮，将

---

〔12〕在研讨会上，更多的一些关于公开的淫秽和色情表演、杂志、丹麦色情电影等当下的例子，在这时被提供出来，如霍布尔鲁克在《伪革命》及其 1972 年左右的其他研究所汇报的。

〔13〕Holbrook, *The Pseudo - Revolution*, 145, quoting (the playlet "Who: Whom") from Kenneth Tynan's "Entertainment with Music", *Oh！Calcutta* (1969).

支持它的观众拉入一个充满暴力、憎恨、种族主义、男权种族隔离和虐待女性的世界。

现在请听乔纳森·米勒（Jonathan Miller）于 18 个月前在英国国家学术院的演讲（1971 年 10 月）：

> ……我不能惧怕色情文化的危害，因为任何曾经暴露在色情文化下的正常人，不管是坚强的还是软弱的，还不至于堕落，他们不久便会对色情文化失去兴趣，回到愉悦的生活，对世间各类体验兴致勃勃。那些沉迷于其贫乏特性的人会陷入一种精神状态，接近于强迫性精神病人……它（色情文化）出于服务于那些此种或彼种原因，对于可控制的幻想缺乏一种安全的添附，在此幻想中，这些人无法表达出他们有限的情感多样化。对其余的人来说，色情文化是一个休息日，可以享受片刻的自由，放任自己的幻想，为自己制造一些新的幻象；因为，在保持健康和想象力的多样性方面，幻想毕竟扮演着一个至关重要的帮助性角色。就和做梦一样，我们需要幻想来进行情感上的推测；若一个人的头脑中缺乏各种可供选择的推测，那么，他将无法面对现实的挑战。

……"各种！"除非你的脑中全都是兽性、口交、背信、乱交以及萨德作品中展开的那些东西，否则，你就还没准备好面对现实的挑战。获得一切或者一无所有。

米勒继续道——

> 他从色情文化中得到一种对于利用他人的认可，仿佛没有感情一般，他已经被早期的精神产品所残害，他将像利用他的家人或同事一样去利用他的性伴侣。在历史上的某一时期，我们的习俗是以乱交目的用各种方式利用人类，所以，重点将色情文化作为这种倾向的根源似乎是不合适的。

> 无论如何，我确信，大量色情文化会产生令人窒息的精神贫瘠，这起因于性及其表达在很长时间里一直遭到禁止，以至于色情

322

文化陷入一种无效的境地，由此酝酿了色情文化易于传播的特性，而这正是我们所担心的。当色情文化重新成为我们消费品的一部分时，它将恢复成它原先的局面和比例。[14]

因此，米勒备受关注的论点就是，色情文化具有一个通常标准（我想是在基督教禁止性及其表达之前的罗马帝国晚期）——就好像暴力犯罪、逗熊或斗鸡罪、奴隶罪、虐待儿童罪都有一种通常标准一样……在长达几百年异教徒的罗马帝国时期，城镇居民和城市居民每周都观看竞技赛场里的致命场景，他们从性虐待中获得满足的通常标准是什么呢？若说这种对待他人的立场有一个惯常的发生方式，那么这与我们所了解的历史、所受教育的立场就不相符，这种教育立场使我们的文明区别于其他文明，同时也使我们的社会能够分辨和抵御种族主义及纳粹主义。米勒[15]继续引用、全面解释，并很大程度上依赖于玛丽·道格拉斯（Mary Douglas）的人类学著作，但他并没有看到她的这一观点，即每一种文明和社会都是用人的身体去表达它对社会组织、人际关系以及自我认知的态度。这是因为，存在一个驱动力可以协调各层次有经验的人，这个过程是双向的，社会组织、人际关系和自我认知都会受到符号（暂不提到忌讳）的深刻影响，社会通过这些符号来调和其成员的肢体经验。[16] 一个允许成员身体退化的强力符号，通过传播媒介回应至高诱惑的社会，是在教导人们一种态度和立场。如果人们不能在性情和行为中采用那个立场，那么，其代价就会是他们的想象和感情生活之间出现了严重分裂，这种分裂有些类似于一些纳粹指挥官所例证展示的那种，在他们平和的居家生活和纳粹灭绝营之间。有人认为，关注色情文化就像在跳离着火

323

---

[14]　Miller, *Censorship and the Limits of Permission*, at 297 – 8.

[15]　*Ibid.*, at 299 – 301.

[16]　Douglas, *Purity and Danger*.

建筑前还试图整理衣襟的人，[17] 在我看来，这乃是被一种误解所误导，也就是，我们对人类身体、相互之间以及对我们自己的态度，都像是对待一件衣服，只用得着一点点地穿上、脱下和整理。

注

这篇文章匆忙收尾，用尽研讨会的时间，对使用色情物品，对于其公开发行，仍不能系统地，甚至不能大体上从法律、社会的角度阐述出反对的一系列理由。理由共有两大类。

尽管我认为是次要的（参见 n. 10 以上），但其中一类理由关涉使用色情文化与确定危害性犯罪行为之间的因果关系。这些危害行为中，极端的有强奸、性谋杀，这些通常和严重使用与暴力色情的物品有关联。1986 年的首席检察官研究色情问题委员会报告（Meese 报告）中，对这种因果关系的影响进行了详尽的考察。

另一类理由是考虑到色情文化影响深远，它有害于人对鉴赏的理解、对婚姻忠诚之善的回应，不仅直接破坏了个人婚姻，还普遍损害了人的正直性，损害了为儿童（包括所有受到虐待、背叛和忽视的功能障碍儿童）实

---

[17]　Miller at 302（课程的最后一句话）：

我们对于淫秽和色情的关注仅仅是延迟了建设性社会行为，以一种如同某个跳离着火建筑前还试图整理衣服的人一样荒谬的形象，呈现出一个来自外星的旁观者。

[在大学早期，米勒也参加了黑尔—德沃金（Hare - Dworkin）的研讨会。][对于米勒的类比，我最后的评论并不很中肯。很难说他的建议具有重大社会意义，以至于关注色情文化之恶变得像在紧要关头还顾着整理衣襟一样微不足道、没有意义。但不论他建议的是什么，我都认为，他的论点具有诡辩性，因为存在着或者可能存在着更重要的问题，色情文化的应用及其可用性并没有重大的危害。"性革命"的开端是法院和立法机关的屈服，在 20 世纪 50 年代晚期到 60 年代早期，我们文化中长期存在着对散播淫秽书籍和图片的抵抗；性革命（只在大规模上说）使得我们的国家面对挑战时，在物质上和精神上都变得懦弱——一栋着火建筑当然超出了米勒的计算——在面对撤销殖民地化、强制文化和宪法改革问题的前景时，不管是否发生内战，都有一定程度的不可预测性。]

See also George, "Making Children Moral: Ponogrphy, Parents and the Public Interest", in *Defense of Natural Law*, 184 - 95.

现正义、为共同体能得以存在于这个世界所需的社会文化环境。毕竟，这个世界是不会也将永远不会放任堕落的人。这些理由是次要的，对于性与婚姻的伦理问题，详细阐述参见论文第三章 20 - 2，概述参见论文 Ⅳ. 5 (2002a)，sec. XIX。

约翰·菲尼斯作品目录

1962 a   "Developments in Judicial Jurisprudence", Adelaide L Rev 1: 317 – 37

      b   "The Immorality of the Deterrent", Adelaide Univ Mag: 47 – 61

1963   "Doves and Serpents", The Old Palace 38: 438 – 41

1967 a I. 17 "Reason and Passion: The Constitutional Dialectic of Free Speech and Obsceni-
               ty", University of Pennyslvania L Rev 116: 222 – 43

      b IV. 8 "Blackstone's Theoretical Intentions", Natural L Forum 12: 63 – 83

      c   "Punishment and Pedagogy", The Oxford Review 5: 83 – 93

      d   "Review of Zelman Cowen, *Sir John Latham and Other Papers*", LQR 83: 289 –
               90

1968 a III. 10 "Old and New in Hart's Philosophy of Punishment", The Oxford Review 8:
               73 – 80

      b   "Constitutional Law", *Annual Survey of Commonwealth Law 1967* (Butter-
               worth), 20 – 33, 71 – 98

      c   "Separation of Powers in the Australian Constitution", Adelaide L Rev 3:
               159 – 77

      d   Review of Neville March Hunnings, *Film Censors and the Law*, LQR 84: 430 – 2

      e   "Natural Law in *Humanae vitae*", LQR 84: 467 – 71

      f   Review of H. Phillip Levy, *The Press Council*, LQR 84: 582

      g   "Law, Morality and Mind Control", Zenith (University Museum, Oxford) 6:
               7 – 8

1969 a   "Constitutional Law", *Annual Survey of Commonwealth Law 1968* (Butterworth),
               2 – 15, 32 – 49, 53 – 75, 98 – 114

b   Review of Herbert L. Packer, *The Limits of the Criminal Sanction*, Oxford Magazine, 86 no. 1 (new series), 10 – 11

1970   a   I. 6   "Reason, Authority and Friendship in Law and Morals", in Khanbai, Katz, and Pineau (eds), *Jowett Papers 1968 – 1969* (Oxford: Blackwell), 101 – 24

b   "Natural Law and Unnatural Acts", Heythrop J 11: 365 – 87

c   i. "Abortion and Legal Rationality", Adelaide L Rev 3: 431 – 67

ii. "Three Schemes of Regulation", in Noonan (ed.), *The Morality of Abortion: Legal and Historical Perspectives* (HUP)

d   "Constitutional Law", *Annual Survey of Commonwealth Law 1969* (Butterworth), 2 – 4, 27 – 34, 37 – 50, 65 – 81

e   Review of H. B. Acton, *The Philosophy of Punishment*, Oxford Magazine, 87 (new series) (13 April)

f   Review of Colin Howard, *Australian Constitutional Law*, LQR 86: 416 – 18

1971   a   IV. 21   "Revolutions and Continuity of Law", in A. W. B. Simpson (ed.), *Oxford Essays in Jurisprudence: Second Series* (OUP), 44 – 76

b   "The Abortion Act: What Has Changed?", Criminal L Rev: 3 – 12

c   "Constitutional Law", *Annual Survey of Commonwealth Law 1970* (Butterworth), 2 – 4, 17 – 31, 33 – 42, 51 – 60

1972   a   III. 11   "The Restoration of Retribution", Analysis 32: 131 – 5

b   IV. 18   "Some Professorial Fallacies about Rights", Adelaide L Rev 4: 377 – 88

c   "The Value of the Human Person", Twentieth Century [Australia] 27: 126 – 37

d   "Bentham et le droit naturel classique", Archives de Philosophie du Droit 17: 423 – 7

e   "Constitutional Law", *Annual Survey of Commonwealth Law 1971* (Butterworth), 2 – 5, 11 – 25, 28 – 41

f   "Meaning and Ambiguity in Punishment (and Penology)", Osgoode Hall LJ 10: 264 – 8

1973   a   III. 3   Review of John Rawls, *A Theory of Justice* (1972), Oxford Magazine 90 no. 1

(new series) (26 January)

b　Ⅲ.18　"The Rights and Wrongs of Abortion: A Reply to Judith Jarvis Thomson", Philosophy & Public Affairs 2: 117 – 45

c　"Constitutional Law", *Annual Survey of Commonwealth Law 1972* (Butterworth), 2 – 8, 23 – 56, 62 – 6

1974　a　"Constitutional Law", *Annual Survey of Commonwealth Law 1973* (Butterworth), 1 – 66

b　"Commonwealth and Dependencies", in *Halsbury's Laws of England*, vol. 6 (4th edn, Butterworth), 315 – 601

c　"Rights and Wrongs in Legal Responses to Population Growth", in J. N. Santamaria (ed.), *Man—How Will He Survive?* (Adelaide), 91 – 100

d　Review of R. S. Gae, *The Bank Nationalisation Case and the Constitution*, Modern L Rev 37: 120

1975　"Constitutional Law", *Annual Survey of Commonwealth Law 1974* (Butterworth), 1 – 61

1976　a　"Constitutional Law", *Annual Survey of Commonwealth Law 1975* (Butterworth), 1 – 56

b　Chapters 18 – 21 (with Germain Grisez), in R. Lawler, D. W. Wuerl, and T. C. Lawler (eds), *The Teaching of Christ* (Huntingdon, IN: OSV), 275 – 354

1977　a　I.3　"Scepticism, Self – refutation and the Good of Truth", in P. M. Hacker and J. Raz (eds), Law, Morality and Society: Essays in Honour of H. L. A. Hart (OUP), 247 – 67

b　"Some Formal Remarks about 'Custom'", in International Law Association, Report of the First Meeting [April 1977] on the Theory and Methodology of International Law, 14 – 21

1978　a　"Catholic Social Teaching: *Populorum Progressio* and After", Church Alert (SODEPAX Newsletter) 19: 2 – 9; also in James V. Schall (ed.), *Liberation Theology in Latin America* (San Francisco: Ignatius Press, 1982)

b　"Conscience, Infallibility and Contraception", The Month 239: 410 – 17

c   "Abortion: Legal Aspects of ", in Warren T. Reich (ed.), *Encyclopedia of*
           Bioethics (New York: Free Press), 26 – 32

1979   a   V. 18   "Catholic Faith and the World Order: Reflections on E. R. Norman", Clergy
           Rev 64: 309 – 18

       b   "The Foundations of Human Rights", Cooperation in Edutation 26: 19 – 28

1980   a   *Natural Law and Natural Rights* (OUP) (425 pp) *Legge Naturali e Diritti*
           Naturali (trans. F. Di Blasi) (Milan: Giappichelli, 1996)

           Ley Natural y Derechos Naturales (trans. C. Orrego) (Buenos Aires:
           Abeledo – Perrot, 2000) *Prawo naturalne i uprawnienia naturalne* (trans.
           Karolina Lossman) Klasycy Filozofii Prawa (Warsaw: Dom Wydawniczy
           ABC, 2001)

           自然法与自然权利 ([Mandarin] trans. Jiaojiao Dong, Yi Yang, Xiao-
           hui Liang) (Beijing: 2004)

           Lei Natural e Direitos Naturais (trans. Leila Mendes) (Sao Leopoldo,
           Brazil: Editora Unisinos, 2007)

       b   "Reflections on an Essay in Christian Ethics: Part I: Authority in Morals",
           Clergy Rev 65: 51 – 7: "Part II: Morals and Method", 87 – 93

       c   V. 19   "The Natural Law, Objective Morality, and Vatican II ", in William E. May
           (ed), *Principles of Catholic Moral Life* (Chicago: Franciscan Herald
           Press), 113 – 49

1981   a   [*British North America Acts: The Role of Parliament*: Report from the For-
           eign Affairs Committee, House of Commons Paper 1980 – 81 HC 42 (21
           January) (87 pp)]

       b   "Observations de M J. M. Finnis" [on Georges Kalinowski's review of *Natural
           Law and Natural Rights*], Archives de Philosophie du Droit 26: 425 – 7

       c   [Foreign Affairs Committee, *Supplementary Report on the British North*
           America Acts: The Role of Parliament, House of Commons Paper 1980 –
           81 HC 295 (15 April) (23 pp)]

       d   [Foreign Affairs Committee, *Third Report on the British North America Acts:*
           The Role of Parliament, House of Commons Paper 1981 – 82 HC 128 (22

December)（17 pp）］

e   "Natural Law and the 'Is' – 'Ought' Question: An Invitation to Professor
        Veatch", Cath Lawyer 26: 266 – 77

1982 a   (with Germain Grisez) "The Basic Principles of Natural Law: A Reply to
        Ralph McInerny", American J Juris 26: 21 – 31

b   Review of Anthony Battaglia, *Towards a Reformulation of Natural Law*, Scot-
        tish J Theol 35: 555 – 6

1983 a   "The Responsibilities of the United Kingdom Parliament and Government un-
        der the Australian Constitution", Adelaide L Rev 9: 91 – 107

b   *Fundamentals of Ethics* (OUP; Washington, DC: Georgetown University
        Press) (163 pp)

c   "Power to Enforce Treaties in Australia—The High Court goes Centralist?",
        Oxford J Legal St 3: 126 – 30

d   "The Fundamental Themes of *Laborem Exercens*", in Paul L. Williams
        (ed.), *Catholic Social Thought and the Social Teaching of John Paul II*
        (Scranton: Northeast Books), 19 – 31

e   ["In Vitro Fertilisation: Morality and Public Policy", Evidence submitted by
        the Catholic Bishops' Joint Committee on Bio – ethical Issues to the
        (Warnock) Committee of Inquiry into Human Fertilisation and Embryolo-
        gy, May, 5 – 18]

1984 a I. 10   i. "Practical Reasoning, Human Goods and the End of Man", Proc Am Cath
        Phil Ass 58: 23 – 36; also in

        ii. New Blackfriars 66 (1985) 438 – 51

b IV. 2   "The Authority of Law in the Predicament of Contemporary Social Theory", J
        Law, Ethics & Pub Policy 1: 115 – 37

c   ["Response to the Warnock Report", submission to Secretary of State for So-
        cial Services by the Catholic Bishops' Joint Bioethics Committee on Bio –
        ethical Issues, December, 3 – 17]

d   "IVF and the Catholic Tradition", The Month 246: 55 – 8

e   "Reforming the Expanded External Affairs Power", in Report of the External

Aff airs Subcommittee to the Standing Committee of the Australian Constitutional Convention (September), 43 – 51

1985 a Ⅲ.1 "A Bill of Rights for Britain? The Moral of Contemporary Jurisprudence" (Maccabaean Lecture in Jurisprudence), Proc Brit Acad 71: 303 – 31

b Ⅳ.9 "On 'Positivism' and 'Legal – Rational Authority'", Oxford J Leg St 3: 74 – 90

c Ⅳ.13 "On 'The Critical Legal Studies Movement'", American J Juris 30: 21 – 42; also in J. Bell and J. Eekelaar (eds), *Oxford Essays in Jurisprudence: Third Series* (OUP, 1987), 145 – 65

d "Morality and the Ministry of Defence" (review), The Tablet, 3 August, 804 – 5

e "Personal Integrity, Sexual Morality and Responsible Parenthood", Anthropos [now Anthropotes] 1: 43 – 55

1986 a "The 'Natural Law Tradition'", J Legal Ed 36: 492 – 5

b "The Laws of God, the Laws of Man and Reverence for Human Life", in R. Hittinger (ed.), *Linking the Human Life Issues* (Chicago: Regnery Books), 59 – 98

1987 a I.9 "Natural Inclinations and Natural Rights: Deriving 'Ought' from 'Is' according to Aquinas", in L. Elders and K. Hedwig (eds), *Lex et Libertas: Freedom and Law according to St Thomas Aquinas* (Studi Tomistici 30, Libreria Editrice Vaticana), 43 – 55

b Ⅱ.8 "The Act of the Person" *Persona Veritá e Morale*, atti del Congresso Internazionale di Teologia Morale, Rome 1986 (Rome: Cittá Nuova Editrice), 159 – 75

c Ⅲ.2 "Legal Enforcement of Duties to Oneself: Kant v. Neo – Kantians", Columbia L Rev 87: 433 – 56

d Ⅳ.4 "On Positivism and the Foundations of Legal Authority: Comment", in Ruth Gavison (ed.), *Issues in Legal Philosophy: the Influence of H. L. A. Hart* (OUP), 62 – 75

e Ⅳ.12 "On Reason and Authority in Law's Empire", Law and Philosophy 6: 357 – 80

f Germain Grisez, Joseph Boyle, and John Finnis, "Practical Principles, Moral

Truth, and Ultimate Ends", American J Juris 32: 99 – 151 (also, with o-
riginal table of contents restored, in 1991d)

g   *Nuclear Deterrence, Morality and Realism* (with Joseph Boyle and Germain
Grisez) (OUP) (429 pp)

h   "Answers [to questions about nuclear and non – nuclear defence options]", in
Oliver Ramsbottom (ed.), *Choices: Nuclear and Non – Nuclear Defence
Options* (London: Brasseys' Defence Publishers), 219 – 34

i   "The Claim of Absolutes", The Tablet 241: 364 – 6

j   ["On Human Infertility Services and Bioethical Research", response by the
Catholic Bishops' Joint Committee on Bioethical Issues to the Department of
Health and Social Security, June, 3 – 12]

1988   a   V. 21   "The Consistent Ethic: A Philosophical Critique", in Thomas G. Fuechtmann
(ed.), *Consistent Ethic of Life* (Kansas: Sheed & Ward), 140 – 81

b   V. 20   "Nuclear Deterrence, Christian Conscience, and the End of Christendom",
New Oxford Rev [Berkeley, CA] July – August: 6 – 16

c   "Goods are Meant for Everyone: Reflection on Encyclical *Sollicitudo Rei
Socialis*", L' Osservatore Romano, weekly edn, 21 March, 21

d   " 'Faith and Morals': A Note", The Month 21/2: 563 – 7

e   Germain Grisez, Joseph Boyle, John Finnis, and William E. May, " 'Every
Marital Act Ought to be Open to New Life': Toward a Clearer Understand-
ing", The Thomist 52: 365 – 426, also in Grisez, Boyle, Finnis, and May,
The Teaching of Humanae Vitae:A Defense (San Francisco: Ignatius Press);
Italian trans. in Anthropotes 1: 73 – 122

f   "Absolute Moral Norms: Their Ground, Force and Permanence", Anthro-
potes 2: 287 – 303

1989   a   II. 5   "Persons and their Associations", Proc Aristotelian Soc, Supp. vol. 63:
267 – 74

b   IV. 3   "Law as Coordination", Ratio Juris 2: 97 – 104

c   V. 11   "On Creation and Ethics", Anthropotes 2: 197 – 206

d   "La morale chrétienne et la guerre: entretien avec John Finnis", Catholica

13：15 – 23

e   "Russell Hittinger's Straw Man", Fellowship of Catholic Scholars Newsletter 12/2：6 – 8（corrigenda in following issue）

f   "Nuclear Deterrence and Christian Vocation", New Blackfriars 70：380 – 7

1990   a   I. 12   "Aristotle, Aquinas, and Moral Absolutes", Catholica：International Quarterly Selection 12：7 – 15；Spanish trans. by Carlos I. Massini Correas in Persona y Derecho 28（1993）, and in A. G. Marques and J. Garcia – Huidobro（eds）, *Razon y Praxis*（Valparaiso：Edeval, 1994）, 319 – 36

b   IV. 16   "Allocating Risks and Suffering：Some Hidden Traps", Cleveland State L Rev 38：193 – 207

c   "Natural Law and Legal Reasoning", Cleveland State L Rev 38：1 – 13

d   IV. 17   "Concluding Reflections", Cleveland State L Rev 38：231 – 50

e   V. 16   "Conscience in the Letter to the Duke of Norfolk", in Ian Ker and Alan G. Hill（eds）, *Newman after a Hundred Years*（OUP）, 401 – 18

f   Joseph Boyle, Germain Grisez, and John Finnis, "Incoherence and Consequentialism（or Proportionalism）—A Rejoinder", American Cath Phil Q 64：271 – 7

g   "The Natural Moral Law and Faith", in Russell E. Smith（ed.）, *The Twenty – Fifth Anniversary of Vatican II：A Look Back and a Look Ahead*（Braintree, MA：Pope John Center）, 223 – 38；discussion（with Alasdair MacIntyre）, 250 – 62

1991   a   II. 9   "Object and Intention in Moral Judgments according to St Thomas Aquinas", The Thomist 55：1 – 27；rev. version in J. Follon and J. McEvoy（eds）, *Finalité et Intentionnalité：Doctrine Thomiste et Perspectives Modernes*, Bibliothèque Philosophique de Louvain No. 35（Paris：J. Vrin, 1992）, 127 – 48

b   II. 10   "Intention and Side – effects", in R. G. Frey and Christopher W. Morris（eds）, *Liability and Responsibility：Essays in Law and Morals*（CUP）, 32 – 64

c   *Moral Absolutes：Tradition, Revision and Truth*（Washington, DC：Catholic

University of America Press) (115 pp) *Absolutos Morales：Tradición*,
Revisión y Verdad (trans. Juan José García Norro) (Barcelona：Ediciones
Internacionales Universitarias, EUNSASA) *Gli assoluti morali：Tradizione*,
revisione & verità (trans. Andrea Maria Maccarini) (Milan：Edizioni Ares,
1993)

d　　　"Introduction", in John Finnis (ed.), *Natural Law*, vol. I (International Li-
brary of Essays in Law and Legal Theory, Schools 1. 1) (Dartmouth：New
York University Press), xi – xxiii

e　　　"Introduction", in John Finnis (ed.), *Natural Law*, vol. II (International
Library of Essays in Law and Legal Theory, Schools 1. 2) (Dartmouth：Al-
dershot, Sydney), xi – xvi

f　　　"A propos de la 'valeur intrinsèque de la vie humaine' ", Catholica 28：15 – 21

g　　　"Commonwealth and Dependencies", in *Halsbury's Laws of England*, vol. 6 re
– issue (4th edn, London：Butterworth), 345 – 559

1992　a　I. 14　"Natural Law and Legal Reasoning", in Robert P. George (ed.), *Natural Law
Theory：Contemporary Essays* (OUP), 134 – 57；

Spanish trans. By Carlos I. Massini Correas in Persona y Derecho 33
(1995)

b　III. 7　"Commentary on Dummett and Weithman", in Brian Barry and Robert E.
Goodin, *Free Movement：Ethical Issues in the Transnational Migration of
People and of Money* (University Park, Pennsylvania：University of Penn-
sylvania Press), 203 – 10

c　III. 15　"Economics, Justice and the Value of Life：Concluding Remarks", in Luke
Gormally (ed.), *Economics and the Dependent Elderly：Autonomy, Justice
and Quality of Care* (CUP), 189 – 98

d　V. 9　*"Historical Consciousness" and Theological Foundations*, Etienne Gilson Lec-
ture No. 15 (Toronto：Pontifi cal Institute of Mediaeval Studies) (32 pp)

e　V. 17　"On the Grace of Humility：A New Theological Reflection", The Allen Review
7：4 – 7

1993　a　II. 16　"Abortion and Health Care Ethics", in Raanan Gillon (ed.),

Ⅲ.19　*Principles of Health Care Ethics*（Chichester：John Wiley），547－57

b　　　"The Legal Status of the Unborn Baby"，Catholic Medical Quarterly 43：5－11

c　Ⅱ.19　*"Bland：Crossing the Rubicon?"*，LQR 109：329－37

d　　　"Theology and the Four Principles：A Roman Catholic View I"（with Anthony Fisher OP），in Raanon Gillon（ed.），*Principles of Health Care Ethics*（Chichester：John Wiley），31－44

e　　　"The 'Value of Human Life' and 'The Right to Death'：Some Reflections on *Cruzan* and Ronald Dworkin"，Southern Illinois University LJ 17：559－71

1994　a　Ⅱ.12　"On Conditional Intentions and Preparatory Intentions"，in Luke Gormally（ed.），*Moral Truth and Moral Tradition：Essays in Honour of Peter Geach and Elizabeth Anscombe*（Dublin：Four Courts Press），163－76

b　　　"Law，Morality，and 'Sexual Orientation'"，Notre Dame L Rev 69：1049－76；also，with additions，Notre Dame J Law，Ethics & Public Policy 9（1995）11－39

c　　　"Liberalism and Natural Law Theory"，Mercer L Rev 45：687－704

d　　　" 'Shameless Acts' in Colorado：Abuse of Scholarship in Constitutional Cases"，Academic Questions 7/4：10－41

e　　　Germain Grisez and John Finnis，"Negative Moral Precepts Protect the Dignity of the Human Person"，L' Osservatore Romano，English edn，23 February

f　　　"Beyond the Encyclical"，The Tablet，8 January，reprinted in John Wilkins（ed.），Understanding Veritatis Splendor（London：SPCK），69－76

g　　　Germain Grisez，John Finnis，and William E. May，"Indissolubility，Divorce and Holy Communion"，New Blackfriars 75（June），321－30

h　　　" 'Living Will' Legislation"，in Luke Gormally（ed.），*Euthanasia，Clinical Practice and the Law*（London：Linacre Centre），167－76

i　　　"Unjust Laws in a Democratic Society：Some Philosophical and Theological Reflections"，in Joseph Joblin and Réal Tremblay（eds），*I cattolici e la società pluralista：il caso delle leggi imperfette：atti del I Colloquio sui cattolici nella società pluralista：Roma，9－12 Novembre 1994*（Bologna：ESP），99－114

1995   a   II.11   "Intention in Tort Law", in David Owen (ed.), *Philosophical Foundations of Tort Law* (OUP), 229 – 48

      b   III.14   "A Philosophical Case against Euthanasia", "The Fragile Case for Euthanasia: A Reply to John Harris", and "Misunderstanding the Case against Euthanasia: Response to Harris's First Reply", in John Keown (ed.), *Euthanasia: Ethical, Legal and Clinical Perspectives* (CUP), 23 – 35, 46 – 55, 62 – 71

      c   "History of Philosophy of Law" (465 – 8), "Problems in the Philosophy of Law" (468 – 72), "Austin" (67), "Defeasible" (181), "Dworkin" (209 – 10), "Grotius" (328), "Hart" (334), "Legal Positivism" (476 – 7), "Legal Realism" (477), "Natural Law" (606 – 7), "Natural Rights" (607), in Ted Honderich (ed.), *Oxford Companion to Philosophy* (OUP)

1996   a   III.5   "Is Natural Law Theory Compatible with Limited Government?", in Robert P. George (ed.), *Natural Law, Liberalism, and Morality* (OUP), 1 – 26

      b   III.13   "The Ethics of War and Peace in the Catholic Natural Law Tradition", in Terry Nardin (ed.), *The Ethics of War and Peace* (Princeton University Press), 15 – 39

      c   IV.7   "The Truth in Legal Positivism", in Robert P. George (ed.), *The Autonomy of Law: Essays on Legal Positivism* (OUP), 195 – 214

      d   "Unjust Laws in a Democratic Society: Some Philosophical and Theological Reflections", Notre Dame L Rev 71: 595 – 604 (a revised version of 1994i)

      e   I.13   "Loi naturelle", in Monique Canto – Sperber (ed.), *Dictionnaire de Philosophie Morale* (Paris: Presses Universitaires de France), 862 – 8

1997   a   "Natural Law—Positive Law", in A. Lopez Trujillo, I. Herranz, and E. Sgreccia (eds), *"Evangelium Vitae" and Law* (Libreria Editrice Vaticana), 199 – 209

      b   I.15   "Commensuration and Public Reason", in Ruth Chang (ed.), *Incommensurability, Comparability and Practical Reasoning* (HUP), 215 – 33, 285 – 9 c　Ⅲ.21　"Law, Morality and 'Sexual Orientation'", in John Corvino (ed.), *Same Sex: Debating the Ethics, Science, and Culture of Homosexuality* (Lanham: Rowman & Littlefield), 31 – 43

d　Ⅲ.22　"The Good of Marriage and the Morality of Sexual Relations: Some Philosophical and Historical Observations", Am J Juris 42: 97 – 134

1998　a　I.16　"Public Reason, Abortion and Cloning", Valparaiso Univ LR 32: 361 – 82

b　Ⅲ.16　"Euthanasia, Morality and Law", Loyola of Los Angeles L Rev 31: 1123 – 45

c　V.3　"On the Practical Meaning of Secularism", Notre Dame L Rev 73: 491 – 515

d　*Aquinas: Moral, Political, and Legal Theory* (OUP) (xxi + 385 pp)

e　"Public Good: The Specifically Political Common Good in Aquinas", in Robert P. George (ed.), *Natural Law and Moral Inquiry* (Washington, DC: Georgetown University Press), 174 – 209

f　"Natural Law", in Edward Craig (ed.), *Routledge Encyclopaedia of Philosophy*, vol. 6 (London: Routledge), 685 – 90

1999　a　I.2　"Natural Law and the Ethics of Discourse", American J Juris 43: 53 – 73; also in Ratio Juris 12: 354 – 73

b　Ⅲ.12　"Retribution: Punishment's Formative Aim", American J Juris 44: 91 – 103

c　Ⅳ.20　"The Fairy Tale's Moral", LQR 115: 170 – 5

d　V.6　"The Catholic Church and Public Policy Debates in Western Liberal Societies: The Basis and Limits of Intellectual Engagement", in Luke Gormally (ed.), *Issues for a Catholic Bioethic* (London: Linacre Centre), 261 – 73

e　"What is the Common Good, and Why does it Concern the Client's Lawyer?", South Texas L Rev 40: 41 – 53

2000　a　Ⅱ.1　"The Priority of Persons", in Jeremy Horder (ed.), *Oxford Essays in Jurisprudence, Fourth Series* (OUP), 1 – 15

b　Ⅱ.17　"Some Fundamental Evils of Generating Human Embryos by Cloning", in Cosimo Marco Mazzoni (ed.), *Etica della Ricerca Biologica* (Florence: Leo S. Olschki Editore), 115 – 23; also in C. M. Mazzoni (ed.), *Ethics and Law in Biological Research* (The Hague, London: Martinus Nijhoff; Boston: Kluwer, 2002), 99 – 106 c   "Abortion, Natural Law and Public Reason", in Robert P. George and Christopher Wolfe (eds), *Natural Law and Public Reason* (Washington, DC: Georgetown University Press), 71 – 105

d   "On the Incoherence of Legal Positivism", Notre Dame L Rev 75: 1597 – 611

e   "God the Father", in Peter Newby (ed.), *Occasional Papers from the Millennium Conferences at the Oxford University Catholic Chaplaincy* No. 1 (Oxford), 24 – 6

2001   a   II . 13   " 'Direct' and 'Indirect' : A Reply to Critics of Our Action Theory" (with Germain Grisez and Joseph Boyle), The Thomist 65: 1 – 44

     b   III . 6   "Virtue and the Constitution of the United States", Fordham L Rev 69: 1595 – 602

     c   "Reason, Faith and Homosexual Acts", Catholic Social Science Review 6: 61 – 9

2002   a   IV . 5   "Natural Law: The Classical Tradition", in Jules Coleman and Scott Shapiro (eds), *The Oxford Handbook of Jurisprudence and Philosophy of Law* (OUP), 1 – 60

     b   V . 22   "Secularism, the Root of the Culture of Death", in Luke Gormally (ed.), *Culture of Life—Culture of Death* (London: Linacre Centre)

     c   "Aquinas on *jus* and Hart on Rights: A Response", Rev of Politics 64: 407 – 10

     d   Patrick H. Martin and John Finnis, "The Identity of ' Anthony Rivers' ", Recusant History 26: 39 – 74

     e   —— and —— "Tyrwhitt of Kettleby, Part I: Goddard Tyrwhitt, Martyr, 1580", Recusant History 26: 301 – 13

2003   a   III . 8   "Natural Law & the Re – making of Boundaries", in Allen Buchanan and Margaret Moore (eds), *States, Nations, and Boundaries: The Ethics of Making Boundaries* (CUP), 171 – 8

     b   IV . 1   "Law and What I Truly Should Decide", American J Juris 48: 107 – 30

     c   V . 10   "Saint Thomas More and the Crisis in Faith and Morals", The Priest 7/1: 10 – 15, 29 – 30 d   "Secularism, Morality and Politics", L'Osservatore Romano, English edn, 29 January, 9

e   "Shakespeare's Intercession for Love's Martyr" (with Patrick Martin), Times Literary Supplement, no. 5220, 18 April, 12 – 14

f   "An Intrinsically Disordered Attraction", in John F. Harvey and Gerard V. Bradley (eds), *Same – Sex Attraction: A Parents' Guide* (South Bend: St Augustine's Press), 89 – 99

g   "Nature and Natural Law in Contemporary Philosophical and Theological Debates: Some Observations", in Juan Correa and Elio Sgreccia (eds), *The Nature & Dignity of the Human Person as the Foundation of the Right to Life: The Challenges of Contemporary Culture* (Rome: Libreria Editrice Vaticana), 81 – 109

h   Patrick H. Martin and John Finnis, "Tyrwhitt of Kettleby, Part II: Robert Tyrwhitt, a Main Benefactor of John Gerard SJ, 1599 – 1605", Recusant History 27: 556 – 69

i   —— and —— "Thomas Thorpe, ' W. S. ' and the Catholic Intelligencers", Elizabethan Literary Renaissance, 1 – 43

j   —— and —— "Caesar, Succession, and the Chastisement of Rulers", Notre Dame L Rev 78: 1045 – 74

k   "Commonwealth and Dependencies", in *Halsbury's Laws of England*, vol. 6 re – issue (4th edn, London: Butterworth), 409 – 518

l   "Abortion for Cleft Palate: The Human Fertilisation and Embryology Act 1990", Sunday Telegraph, 7 December

m   "An Oxford Play Festival in 1582" (with Patrick Martin), Notes & Queries 50: 391 – 4

2004 a II.18 "Per un' etica dell' eguaglianza nel diritto alla vita: Un commento a Peter Singer", in Rosangela Barcaro and Paolo Becchi (eds), Questioni Mortali: L' Attuale Dibattito sulla Morte Cerebrale e il Problema dei Trapianti (Naples: Edizioni Scientifiche Italiane), 127 – 39

b IV.22 "Helping Enact Unjust Laws without Complicity in Injustice", American J Juris

49：11 –42

2005 a Ⅰ.1   "Foundations of Practical Reason Revisited", American J Juris 50：109 –32

b Ⅰ.4   "Self – referential (or Performative) Inconsistency：Its Significance for Truth", Proceedings of the Catholic Philosophical Association 78：13 –21

c Ⅱ.2   " 'The Thing I Am'：Personal Identity in Aquinas and Shakespeare", Social Philosophy & Policy 22：250 –82; also in Ellen Frankel Paul, Fred. D. Miller, and Jeffrey Paul (eds), Personal Identity (CUP), 250 –82

d Ⅳ.6   "Philosophy of Law" (Chinese trans.), in Ouyang Kang (ed.), *The Map of Contemporary British and American Philosophy* (Beijing：Dangdai Yingmei Zhexue Ditu), 388 –413

e   "On 'Public Reason'", in *O Racji Pulicznej* (Warsaw：Ius et Lex), 7 –30 (Polish trans.), 33 –56 (English original); (http：//ssrn. com/abstract = 955815)

f   "Restricting Legalised Abortion is not Intrinsically Unjust", in Helen Watt (ed.), Cooperation, *Complicity & Conscience* (London：Linacre Centre), 209 –45

g   "A Vote Decisive for ... a More Restrictive Law", in Helen Watt (ed.), *Cooperation, Complicity & Conscience* (London：Linacre Centre), 269 – 95

h   "Aquinas' Moral, Political and Legal Philosophy", Stanford Encyclopedia of Philosophy; (http：//plato. stanford. edu/entries/aquinas – moral – political)

i   Patrick H. Martin and John Finnis, "Benedicam Dominum：Ben Jonson's Strange 1605 Inscription", Times Literary Supplement, 4 November, 12 – 13

j   —— and —— "The Secret Sharers：'Anthony Rivers' and the Appellant Controversy, 1601 –2", Huntingdon Library Q 69/2：195 –238

2006 a Ⅴ.4   "Religion and State：Some Main Issues and Sources", American J Juris 51：107 –30

b   "Observations for the Austral Conference to mark the 25th Anniversary of

Natural Law and Natural Rights", Cuadernos de Extensión Jurídica (Universidad de los Andes) no. 13: 27 – 30

2007   a   Ⅲ.9   "Nationality, Alienage and Constitutional Principle", LQR 123: 417 – 45

     b   Ⅳ.10   "On Hart's Ways: Law as Reason and as Fact", American J Juris 52: 25 – 53; also in Matthew Kramer and Claire Grant (eds), *The Legacy of H. L. A. Hart: Legal, Political & Moral Philosophy* (OUP, 2009), 1 – 27

     c   "Natural Law Theories of Law", Stanford Encyclopedia of Philosophy; (http: //plato. stanford. edu/entries/natural – law – theories)

2008   a   I.5   "Reason, Revelation, Universality and Particularity in Ethics", Ⅱ.7/V.8 AJJ 53: 23 – 48

     b   Ⅱ.6   "Universality, Personal and Social Identity, and Law", address, Congresso Sul – Americano de Filosofia do Direito, Porto Alegre, Brazil, 4 October 2007; Oxford Legal Studies Research Paper 5; (http: //ssrn. com/abstract = 1094277)

     c   Ⅲ.20   "Marriage: A Basic and Exigent Good", The Monist 91: 396 – 414

     d   [V.13] "Grounds of Law & Legal Theory: A Response", Legal Theory 13: 315 – 44

     e   "Common Law Constraints: Whose Common Good Counts?", Oxford Legal Studies Research Paper 10; (http: //ssrn. com/abstract_ id = 1100628)

     f   *Humanae Vitae*: A New Translation with Notes (London: Catholic Truth Society) (31 pp)

2009   a   Ⅱ.3   "Anscombe's Essays", National Catholic Bioethics Q 9/1: 199 – 207

     b   Ⅳ.11   "H. L. A. Hart: A Twentieth Century Oxford Political Philosopher", American J Juris 54: 161 – 85

     c   V.1   "Does Free Exercise of Religion Deserve Constitutional Mention?", American J Juris 54: 41 – 66

     d   V.2   "Telling the Truth about God and Man in a Pluralist Society: Economy or Explication?", in Christopher Wolfe (ed.), *The Naked Public Square Revisited: Religion & Politics in the Twenty – First Century* (Wilmington: ISI Books), 111 – 25, 204 – 9

     e   "Endorsing Discrimination between Faiths: A Case of Extreme Speech?", in Ivan Hare and James Weinstein (eds), *Extreme Speech and Democracy* (OUP) , 430 – 41

f "Discrimination between Religions: Some Thoughts on Reading Greenawalt's *Religion and the Constitution*" , Constitutional Commentary 25: 265 – 71

g "Commonwealth" , in *Halsbury's Laws of England*, vol. 13 (5th edn, London: LexisNexis) , 471 – 589

h "Why Religious Liberty is a Special, Important and Limited Right" , Notre Dame Legal Studies Paper 09 – 11; (http: //ssrn. com/abstract = 1392278)

i "The Lords' Eerie Swansong: A Note on *R (Purdy) v Director of Public Prosecutions*" , Oxford Legal Studies Research Paper 31; (http: //ssrn. com/abstract = 1477281)

j "The Mental Capacity Act 2005: Some Ethical and Legal Issues" , in Helen Watt (ed.) , *Incapacity & Care: Controversies in Healthcare and Research* (London: Linacre Centre) , 95 – 105

k "Debate over the Interpretation of *Dignitas personae's* Teaching on Embryo A-doption" , National Catholic Bioethics Q 9: 475 – 8

2010 a II. 14 "Directly Discriminatory Decisions: A Missed Opportunity" , LQR 126: 491 – 6

b "Law as Idea, Ideal and Duty: A Comment on Simmonds, *Law as a Moral Idea*" , Jurisprudence 1: 247 – 53

其他引用作品

Adair, Douglas (1957), " 'That Politics May be Reduced to a Science': David Hume, James Madison, and the Tenth Federalist", 20 Huntington Library Q 20: 343 – 60

Albert the Great ([c. 1250 – 2] 1968), *Super Ethica Commentum et Quaestiones*, in *Alberti Magni Opera Omnia*, XIV (I) (ed. W. Kuebel) (Münster: Aschendorff)

Alexy, Robert (2002), *The Argument from Injustice* (OUP)

Alkire, Sabina (2000), "The Basic Dimensions of Human Flourishing: A Comparison of Accounts", in Biggar and Black (eds), *The Revival of Natural Law*, 73 –110

—— (2002), *Valuing Freedoms: Sen's Capability Approach and Poverty Reduction* (OUP)

Allen, R. E. (1984), *The Dialogues of Plato*, vol. I (New Haven: Yale University Press)

Ames, James Barr (1905), "How Far an Act May Be a Tort Because of the Wrongful Motive of the Actor", Harvard L Rev 18: 411 – 22

Ando, T. (1971), *Aristotle's Theory of Practical Cognition* (3rd edn, The Hague: Martinus Nijhoff)

Anscombe, G. E. M. (1957), *Intention* (Oxford: Blackwell)

—— (2005), *Human Life, Action and Ethics: Essays by G. E. M. Anscombe* (St Andrews Studies in Philosophy & Public Aff airs, ed. Mary Geach and Luke Gormally) (Exeter, UK and Charlottesville, VA) (Imprint Academic)

Aubenque, Pierre (1966), *Le Problème de l'être chez Aristote* (2nd edn, Paris: Presses Universitaires de France)

Bell, Clive (1914), *Art* (London)

Belmans, Theo G., OPraem (1980), *Le sens objectif de l'agir humain* (Vatican City: Libreria Editrice Vaticana)

Bentham, Jeremy (1843), *The Works of Jeremy Bentham*, ed. John Bowring (Edinburgh: W. Tait)

Berger, René (1963), *The Language of Art* (London: Thames & Hudson)

Biggar, Nigel and Black, Rufus (2000), *The Revival of Natural Law: Philosophical, Theological and Ethical Responses to the Finnis – Grisez School* (Aldershot and Burlington: Ashgate)

Bourke, Vernon J. (1966), *Ethics: A Textbook in Moral Philosophy* (3rd edn, New York: Macmillan)

—— (1982), "Justice as Equitable Reciprocity: Aquinas Updated", AJJ 27: 17 – 31

Boyle, Joseph M. (1972), "Self – Referential Inconsistency, Inevitable Falsity and Metaphysical Argumentation", Metaphilosophy 25: 25 – 42

—— (1984), "Aquinas, Kant and Donagan on Moral Principles", New Scholasticism 58: 391 – 408

—— (2001), "Reasons for Action: Evaluative Cognitions that Underlie Motivations", AJJ 46: 177 – 97

—— Grisez, Germain, and Tollefsen, Olaf (1972), "Determinism, Freedom, and Self – Referential Arguments", Review of Metaphysics 26: 3 – 37

—— —— and —— (1976), *Free Choice: A Self – Referential Argument* (Notre Dame: University of Notre Dame Press)

Bradlaugh, Charles and Besant, Annie (1877), *The Queen v Charles Bradlaugh and Annie Besant* (London: Freethought Publishing)

Brennan, William J. (1965), "The Supreme Court and the Meiklejohn Interpretation of the First Amendment", Harv L Rev 79: 1 – 20

Brown, Peter R. L. (1967), *Augustine of Hippo* (London: Faber)

Buchler, Justus (1940), *The Philosophy of Peirce: Selected Writings* (London: Routledge & Kegan Paul)

Buckley, Joseph (1949), *Man's Last End* (St Louis and London: Herder)

Bullough, Edward (1957), *Aesthetics* (London: Bowes and Bowes)

Byrne, Robert (1973), "An American Tragedy: the Supreme Court on Abortion", Fordham Law Rev 41: 807 – 62

Cahn, Edmond (1956), "The Firstness of the First Amendment", Yale LJ 65: 464 – 81

Cairns, Robert B. , Paul, James C. N. , and Wishner, Julius (1962), "Sex Censorship: The As-
sumptions of Anti – Obscenity Laws and the Empirical Evidence", 46 Minn L Rev 1009 – 41

Calabresi, Guido and Melamed, Douglas (1972), "Property Rules, Liability Rules, and Inaliena-
bility: One View of the Cathedral", Harv L Rev 85: 1089 – 128

Chafee, Zecharia (1941), *Free Speech in the United States* (HUP)

—— (1947), *Government and Mass Communications: A Report from the Commission on Freedom
of the Press* (Chicago: University of Chicago Press)

—— (1949), *"Meiklejohn's Free Speech"* (Book Review), Harv L Rev 62: 891 – 901 Chandos,
John (1962), "To Deprave and Corrupt …": original studies in the nature and definition of
"obscenity" (London: Souvenir Press)

Chappell, Timothy (2000), "Natural Law Revived: Natural Law Theory and Contemporary Moral
Philosophy", in Biggar and Black, *The Revival of Natural Law*, 29 – 52

—— (2006), "Bernard Williams", *The Stanford Encyclopedia of Philosophy* (Spring 2006) (ht-
tp: //plato. stanford. edu/archives/spr2006/entries/williams – bernard)

Chroust, A. – H. (1964), *Aristotle: Protrepticus: A Reconstruction* (Notre Dame: University of
Notre Dame Press)

Clark, Stephen R. L. (1975), *Aristotle's Man: Speculations upon Aristotelian Anthropology*
(OUP)

Cropsey, Joseph ([1961] 1977), "The Moral Basis of International Action", in his *Political
Philosophy and the Issues of Politics* (Chicago: University of Chicago Press), 172 – 88

D'Arcy, Eric (1983), "The Withering Away of Disbelief ", Atheism and Dialogue (Secretariat for
Non – Believers, Vatican) 18: 158

Destro, Robert (1975), "Abortion and the Constitution: The Need for a Life – Protective Amend-
ment", California L Rev 63: 1250 – 35

Dodds, E. R. (1959), *Plato: Gorgias: A Revised Text with Introduction and Commentary* (OUP)

Douglas, Mary (1969), *Purity and Danger: An Analysis of Concepts of Pollution and Taboo*
(London: Routledge & Kegan Paul)

Dworkin, Ronald (1970), "Taking Rights Seriously", New York Review of Books, 17 December,
Special Supplement, 23 – 31

—— (1977, 1978), *Taking Rights Seriously* (rev. edn with Reply to Critics) (HUP; London:

Duckworth)

—— (1985), *A Matter of Principle* (HUP)

—— (1986), *Law's Empire* (HUP; London: Fontana)

Edgley, Roy (1969), *Reason in Theory and Practice* (London: Hutchinson)

Engberg – Pedersen, Troels (1983), *Aristotle's Theory of Moral Insight* (OUP)

Finance, Joseph de, SJ (1969), "Sur la notion de loi naturelle", Doctor Communis 22: 201 – 23

Fish, Stanley (2003), "Truth but No Consequences: Why Philosophy Doesn't Matter", Critical Inquiry 29: 389 – 417

Flippen, Douglas (1987), "Natural Law and Natural Inclinations", New Scholasticism 60: 284 – 316

Foot, Philippa (1958), "Moral Beliefs", Proc Aristotelian Soc 59: 83 – 104 (cited to her *Theories of Ethics*, 83 – 100)

—— (ed.) (1967), *Theories of Ethics* (OUP)

—— (1970), "Comment", in R. S. Khanbai, B. Y. Katz, and R. A. Pineau (eds), *Jowett Papers 1968 – 1969* (Oxford: Blackwell), 124

—— (1995), "Does Moral Subjectivism Rest on a Mistake?", Oxford J Legal St 15: 1 – 14

—— (2001), *Natural Goodness* (OUP)

Forsythe, Clark D. (1998), "Human Cloning and the Constitution", Valparaiso University L Rev 32: 469 – 542

Freud, Sigmund ([1927] 1961), "The Future of an Illusion", in *Sigmund Freud, Complete Psychological Works* (ed. James Strachey) (London: Hogarth Press), vol. 22

Fuller, Lon L. ([1964] 1969), *The Morality of Law* (rev. edn, New Haven and London: Yale University Press)

Gandhi, Ramchandra (1974), *Presuppositions of Human Communication* (OUP)

Gardiner, Harold C. , SJ (1955), "Moral Principles Towards a Defi nition of the Obscene", Law & Contemp Prob 20: 560 – 71

Garrow, David J. (1994), *Liberty and Sexuality: The Right to Privacy and the Making of Roe v Wade* (Oxford: Macmillan Maxwell International)

Gauthier, R. – A. (ed.) (1969), *Sententia Libri Ethicorum in Sancti Thomae de Aquino Opera Omnia* (ed. Leonine) xlvii, 1 (books I – Ⅲ) & 2 (books Ⅳ – X) (Rome)

—— and Jolif, J. – Y. (1970), *L'Ethique à Nicomaque* (2nd edn, Louvain and Paris)

George, Robert P. (ed.) (1992), *Natural Law Theory: Contemporary Essays* (OUP)

—— (ed.) (1996), *The Autonomy of Law: Essays on Legal Positivism* (OUP)

—— (1997), "Public Reason and Political Confl ict: Abortion and Homosexuality", Yale LJ 106: 2475 – 504

—— (1999), *In Defense of Natural Law* (OUP)

Gerber, Albert B. (1964), "A Suggested Solution to the Riddle of Obscenity", U Pa L Rev 112: 834 – 56

Grant, C. K. (1958), "Pragmatic Implication", Philosophy 33: 303 – 24

Griffi n, James (1986), *Well – Being* (OUP)

Grisez, Germain (1964), *Contraception and the Natural Law* (Milwaukee: Bruce Publishing)

—— (1965), "The First Principle of Practical Reason: A Commentary on the *Summa Theologiae*, 1 – 2, Question 94, Article 2", Natural Law Forum [AJJ] 10: 168 – 201

—— (1970), *Abortion: The Myths, the Realities, and the Arguments* (New York: Corpus Books)

—— (1974), *Beyond the New Morality: the Responsibilities of Freedom*, with Russell Shaw (Notre Dame: University of Notre Dame Press)

—— (1975), *Beyond the New Theism: A Philosophy of Religion* (Notre Dame: University of Notre Dame Press); reprinted with a new preface: *God: A Philosophical Preface to Faith* (South Bend: St Augustine's Press, 2005)

—— (1978), "Against Consequentialism", AJJ 23: 21 – 72

—— (1983), *Christian Moral Principles* (Chicago: Franciscan Herald Press)

—— (1987), "Natural Law and Natural Inclinations: Some Comments and Clarifi cations", New Scholasticism 61: 307 – 20

—— (1988), "The Structures of Practical Reason: Some Comments and Clarifi cations", The Thomist 52: 269 – 91

—— (1993), *Living a Christian Life* (Quincy: Franciscan Press)

Habermas, Jürgen (1993), *Justification and Application: Remarks on Discourse Ethics* (trans. Ciaran P. Cronin) (Cambridge, Mass.: MIT Press)

—— (1995), "Reconciliation through the Public Use of Reason: Remarks on John Rawls's Political Liberalism", J of Philosophy 92: 109 – 31

—— (1996), *Between Facts and Norms: Contributions to a Discourse Theory of Law and Democracy* (trans. W. Rehg) (Cambridge, Mass. : MIT Press)

—— (1996), "Reply to Symposium Participants", Cardozo L Rev 17: 1477 – 557

—— (1999), "A Short Reply", Ratio Juris 12: 445 – 53

Hardie, W. F. R. (1968), *Aristotle's Ethical Theory* (OUP)

Hart, H. L. A. (1964), "Self – Referring Laws", in *Festskrift till Karl Olivecrona* (Stockholm), 307 – 16, cited to *Essays in Jurisprudence and Philosophy* (1983), 170 – 8

—— (1986), "Who Can Tell Right From Wrong?", New York Review of Books (17 July), 49 – 52

—— ([1968] 2008), *Punishment & Responsibility: Essays in the Philosophy of Law* (2nd edn, with Introduction by John Gardner, OUP)

Heylbut, G. (ed.) (1892), *Commentaria in Aristotelem Graeca*, vol. 20 (Berlin)

Hintikka, Jaakko (1962), "*Cogito, ergo sum*: Inference or Performance?", Philosophical Rev 72: 3 – 32

Hobbes, Thomas (1650), *De Corpore Politico*

—— ([1650] 1928), *The Elements of Law* (ed. F. Tönnies) (CUP)

—— ([1651] 1950), *Leviathan* (ed. A. D. Lindsay) (New York: Dutton)

Holbrook, David (1972), *The Pseudo – Revolution: A Critical Study of Extremist "Liberation" in Sex* (London: Tom Stacey)

Hume, David ([1740], 1978), *A Treatise of Human Nature* (ed. L. A. Selby – Bigge, rev. P. H. Nidditch) (OUP)

—— (1751), *An Enquiry concerning the Principles of Morals* (London: Millar)

Irwin, Terence (1977), *Plato's Moral Theory: The Early and Middle Dialogues* (OUP)

—— (1979), *Plato: Gorgias* (OUP)

—— (1990), "The Scope of Deliberation: A Confl ict in Aquinas", Review of Metaphysics 44: 21 – 42

—— (1997), "Practical Reason Divided: Aquinas and his Critics", in Garrett Cullity and Berys Gaut (eds), Ethics & Practical Reason (OUP), 189 – 214

—— (2007), *The Development of Ethics: A Historical and Critical Study*, vol. 1, *Socrates to the Reformation* (OUP)

Isaye, G. (1954), "La justification critique par rétorsion", Revue philosophique de Louvain 52: 205 – 33

Jenkins, Iredell (1954), "The Human Function of Art", Philosophical Q 4: 128 – 46

Jones, Alexander (ed.) (1966), *The Jerusalem Bible* (London: Darton, Longman & Todd)

Jones, Ernest (1964), *The Life and Work of Sigmund Freud* (abridged ed., Penguin Books)

Kader, David (1980), "The Law of Tortious Prenatal Death since *Roe v Wade*", Missouri L Rev 45: 639 – 66

Kalinowski, Georges (1967), *Le Problème de la verité en morale et en droit* (Lyon: Vitte)

Kalven, Harry (1960), "The Metaphysics of the Law of Obscenity", The Supreme Court Review 1960: 1 – 45

—— (1964), "The New York Times Case: A Note on 'The Central Meaning of the First Amendment'", in The Supreme Court Review 1964: 191 – 221

Kant, Immanuel ([1790] 1903), *Analytic of the Beautiful*, in Kant, *Critique of Aesthetic Judgment* (trans. James Meredith) (OUP)

—— ([1785] 1903), *Grundlegung zur Metaphysik der Sitten* (ed. Paul Menzer) (Berlin: Akademie edition 4), 387 – 463

—— ([1797] 1907), *Die Metaphysik der Sitten* (ed. Paul Natorp) (Berlin: Akademie edition 6), 205 – 493

—— ([1797] 1991), *The Metaphysics of Morals* (trans. Mary Gregor) (CUP)

Kaplan, Abraham (1955), "Obscenity as an Aesthetic Category", Law & Contemp Prob 20: 544 – 59

Kaplow, Louis (1986), "An Economic Analysis of Legal Transitions", Harv L Review 99: 509 – 617

Kauper, Paul G. (1962), *Civil Liberties and the Constitution* (Ann Arbor: University of Michigan Press)

Kelsen, Hans (1945), *General Theory of Law and State* (HUP)

—— (1955), *The Communist Theory of Law* (London: Stevens)

—— (1967), *The Pure Theory of Law* (Berkeley and Los Angeles: University of California Press)

Kenny, Anthony (1968), *Descartes: A Study of His Philosophy* (New York: Random House)

—— (1973), *Wittgenstein* (London: Allen Lane; HUP)

Keown, John (ed.) (1995), *Euthanasia Examined: Ethical, Clinical and Legal Perspectives* (CUP)

Kneale, W. M. (1957), "Aristotle and the *Consequentia Mirabilis*", J of Hellenic Studies 77: 62 – 6

—— and Kneale, Martha (1984), *The Development of Logic* (OUP)

Koppelman, Andrew (2008), "Is Pornography 'Speech'?", Legal Theory 14: 71 – 89

Korsgaard, Christine M. (1986), "Skepticism about Practical Reason", J of Philosophy 83: 5 – 25

—— (1997), "The Normativity of Instrumental Reason", in Garrett Cullity and Berys Gaut (eds), *Ethics and Practical Reason* (OUP), 215 – 54

—— (2009), *Self – Constitution: Agency, Identity, and Integrity* (OUP)

Kramer, Matthew (1999), *In the Realm of Moral and Legal Philosophy* (New York: St Martin's Press)

Kronman, Anthony (1983), *Max Weber* (London: Edward Arnold; Stanford: Stanford Unversity Press)

Lafont, Ghislain (1961), *Structures et Méthode dans la Somme Théologique de Saint Thomas d'Aquin* (Bruges: Desclée de Brouwer)

Langer, Suzanne (1953), *Feeling and Form* (London: Routledge & Kegan Paul)

Lee, Patrick (1981), "Permanence of the Ten Commandments: St Thomas and His Modern Commentators", Theological Studies 42: 422 – 43

—— (1996), *Abortion and Unborn Human Life* (Washington, DC: Catholic University of America Press)

—— (2005), "Comment on John Finnis's 'Foundations of Practical Reason Revisited'", AJJ 50: 133 – 8

—— (2006), "Interrogational Torture", AJJ 51: 131 – 47

Lewis, C. I. (1969), *Values and Imperatives* (ed. John Lange) (Stanford: Stanford University Press)

Lockhart, William B. and McClure, Robert C. (1954), "Literature, the Law of Obscenity and the Constitution", Minn L Rev 38: 295

—— and —— (1960), "Censorship of Obscenity: The Developing Constitutional Standards",

Minn L Rev 45: 5

Lonergan, Bernard J. F. (1957), *Insight: A Study of Human Understanding* (London: Longmans, Green; New York: Philosophical Society)

—— (1967), *Verbum: Word and Idea in Aquinas* (Notre Dame: University of Notre Dame Press)

—— (1972), *Method in Theology* (London: Darton, Longman & Todd)

—— (1974), *A Second Collection* (London: Darton, Longman & Todd)

Lottin, Odon (1931), *Le Droit naturel chez Saint Thomas d'Aquin et ses predecesseurs* (Bruges)

—— (1955), "Aristote et la connexion des vertus morales", in *Autour d'Aristote: recueil d'études de philosophie ancienne et médiévale off ert à Monseigneur A. Mansion* (Louvain: Publications universitaires de Louvain), 343 – 64

Luce, D. H. and Raiff a, H. (1957), *Games and Decisions* (New York: Wiley)

MacDonald, Margaret (ed.) (1954), *Philosophy and Analysis* (Oxford: Basil Blackwell)

Mackie, John J. L. (1964), "Self – Refutation—A Formal Analysis", Philosophical Q 14: 193 – 203

—— (1973), *Truth, Probability, and Paradox* (OUP)

Magrath, C. Peter (1966), "The Obscenity Cases: Grapes of *Roth*", in The Supreme Court Review 1966: 7 – 77

Malcolm, Norman (1968), "The Conceivability of Mechanism", Philosophical Rev 77: 45 – 72

Maritain, Jacques (1951), *Man and the State* (Chicago: University of Chicago Press)

—— ([1920] [1935] 1962), *Art and Scholasticism* (trans. Joseph W. Evans) (Notre Dame: University of Notre Dame Press)

—— (1986), *La loi naturelle ou loi non écrite: texte inédit, établi par Georges Brazzola* (Fribourg: éditions universitaires)

Matthews, Gareth B. (1972), "Si Fallor, Sum", in R. A. Markus (ed.), *Augustine: A Collection of Critical Essays* (New York: Doubleday)

May, William E. (1984), "Aquinas and Janssens on the Moral Meaning of Human Acts", Thomist 48: 566 – 606

McDowell, John H. (ed.) (1973), *Plato: Theaetetus* (OUP)

McInerny, Ralph (ed.) (1993), *Aquinas against the Averroists: On There Being Only One Intellect* (West Lafayette: Purdue University Press)

McShane, Philip (ed.) (1972), *Language, Truth and Meaning* (Dublin: Gill and Macmillan)

Mercken, H. Paul F. (ed.) (1973), *Corpus Latinum Commentarium in Aristotelem Graecorum* VI, 1 (Leiden: Brill)

Mill, John Stuart ([1859], 2003), *On Liberty*, ed. D. Bromwich and G. Kateb (New Haven and London: Yale University Press)

Miller, Henry (1963), "Obscenity and the Law of Refl ection", Kentucky LJ 51: 577 – 90

Miller, Jonathan W. (1971), "Censorship and the Limits of Permission", Proc Brit Acad 57: 281 – 302

Milton, John (1644), *Areopagitica; A Speech of Mr John Milton for the Liberty of Unlicensed Printing* (London)

Moleski, Martin SJ (1977), "Retortion: The Method and Metaphysics of Gaston Isaye", International Philosophical Q 17: 59 – 93

Moline, Jon (1983), "Contemplation and the Human Good", Nous 17: 37 – 53

Moore, G. E. (1944), "Russell's Theory of Descriptions", in P. A. Schilpp (ed.), *The Philosophy of Bertrand Russell* (New York: Library of Living Philosophers)

Morrison, J. S. (1958), "The Origins of Plato's Philosopher – Statesman", Classical Quarterly 8: 198 – 218

Murphy, Terrence J. (1963), *Censorship: Government and Obscenity* (Baltimore: Helicon)

Nagel, Thomas (1987), "Moral Confl ict and Political Legitimacy", Philosophy & Public Aff airs 16: 215 – 40

Nietzsche, Friedrich ([1882] 1994), *The Gay Science* (trans. Josefi ne Nauckhoff) (CUP)

—— ([1887], 1996), *On the Genealogy of Morals: A Polemic* (trans. D. Smith) (OUP)

Note (1964), "Obscenity Prosecution: Artistic Value and the Concept of Immunity", NYUL Rev 39: 1063 – 86

Nozick, Robert (1974), *Anarchy, State and Utopia* (Oxford: Blackwell)

Nuchelmans, Gabriel (1992), "A 17th – Century Debate on the *Consequentia Mirabilis*", History and Philosophy of Logic 13: 43 – 58

Nussbaum, Martha C. (2000), *Women and Human Development: The Capabilities Approach* (CUP)

Owen, G. E. L. (1960), "Logic and Metaphysics in Some Early Works of Aristotle", in *Aristotle and Plato in the Mid – Fourth Century* (ed. Ingemar Düring and G. E. L. Owen) (Gothenburg: Elanders Boktryckeri), 163 – 90

Passmore, John A. (1961), *Philosophical Reasoning* (London: Duckworth)

Pildes, Richard H. (1992), "Conceptions of Value in Legal Thought", Michigan L Rev 90: 1520 – 59

—— and Anderson, Elizabeth S. (1990), "Slinging Arrows at Democracy: Social Choice Theory, Value Pluralism, and Democratic Politics", Columbia L Rev 90: 2121 – 214

Posner, Richard (1990), *The Problems of Jurisprudence* (HUP)

Rawls, John (1971) *A Theory of Justice* (HUP; OUP, 1972)

—— ([1993] 1996), *Political Liberalism* (New York: Columbia University Press)

—— (1997), "The Idea of Public Reason Revisited", U Chicago L Rev 64: 765 – 807 Raz, Joseph (1986), *The Morality of Freedom* (OUP)

—— (1994), *Ethics in the Public Domain* (OUP)

Reiman, Jeff rey H. (1997), *Critical Moral Liberalism: Theory and Practice* (Lanham: Rowman & Littlefield)

—— (2000), "Abortion, Natural Law, and Liberal Discourse: A Response to John Finnis", in Robert P. George and Christopher Wolfe (eds), *Natural Law and Public Reason* (Washington, DC: Georgetown University Press), 107 – 24

Rolph, C. H. (ed.) (1961), *Does Pornography Matter?* (London: Routledge & Kegan Paul)

Ross, Alf (1969), "On Self – Reference and a Puzzle in Constitutional Law", Mind 78: 1 – 24

Ross, W. D. (ed.) (1952), *The Works of Aristotle*, vol. xii, *Select Fragments* (OUP)

—— (ed.) (1955), *Aristotelis: Fragmenta Selecta* (OUP)

Russell, J. B. (1991), *Inventing the Flat Earth: Columbus and Modern Historians* (New York: Praeger)

Santayana, George ([1905] 1924), *Reason in Art* (New York: Charles Scribners)

Schneewind, J. B. (1991), "Natural Law, Skepticism, and Methods of Ethics", J Hist of Ideas 52: 289 – 308

Semonche, John E. (1966), "Definitional and Contextual Obscenity: The Supreme Court's New and Disturbing Accommodation", UCLA L Rev 13: 1173

Sen, Amartya (2009), *The Idea of Justice* (HUP)

—— (2010), "The Place of Capability in a Theory of Justice", in Harry Brighouse and Ingrid Robeyns (eds), *Measuring Justice: Primary Goods and Capabilities* (CUP)

Simpson, Peter and McKim, Robert (1992), "On the Alleged Incoherence of Consequentialism", Am Cath Phil 66: 93 – 8

Slough, M. C. and McAnany, Patrick D. (1964), "Obscenity and Constitutional Freedom", St Louis ULJ 8: 279 – 357, 449 – 532

Smith, J. C. (1989), *Justification and Excuse in the Criminal Law* (London: Stevens)

St John – Stevas, Norman (1956), *Obscenity and the Law* (London: Secker & Warburg)

Strauss, Leo (1953), *Natural Right and History* (Chicago and London: University of Chicago Press)

Strawson, P. F. (1966), "Aesthetic Appraisal and Works of Art", Oxford Review 3 [reprinted in Strawson, *Freedom and Resentment* (London: Methuen, 1974)]

Sylvester, David (1966), "Tassels, and Other Gadgets", Encounter, June, 36

Thomson, Judith Jarvis (1995), "Abortion", Boston Review 20: 11

Tollefsen, Christopher (2004), "Basic Goods, Practical Insight, and External Reasons", in David Oderberg and Timothy Chappell (eds), *Human Values* (Basingstoke: Palgrave/Macmillan), 32 – 51

Turner, Stephen P. and Factor, Regis A. (1984), *Max Weber and the Dispute over Reason and Value* (London: Routledge & Kegan Paul)

Unger, Roberto M. (1975), *Knowledge and Politics* (New York: Free Press)

Veatch, Henry (1962), *Two Logics* (Evanston: Northwestern University Press)

—— (1974), *Aristotle* (Bloomington: Indiana University Press)

Villey, Michel (1961), "Abrégé du droit naturel classique", Archives de philosophie du droit 6: 25 – 72

Voegelin, Eric (1952), *The New Science of Politics* (Chicago and London: University of Chicago Press)

—— (1957), *Plato and Aristotle* (Baton Rouge and London: Louisiana State University Press)

—— (1961), "On Readiness to Rational Discussion", in Albert Hunold (ed.), *Freedom and Serfdom* (Dordrecht: Reidel), 269 – 84

Warnock, G. J. (1967), *Contemporary Moral Philosophy* (London: Macmillan)

Weber, Max (1954), *Economy and Society: An Interpretive Sociology* (ed. G. Roth and C. Wittich, from Weber, *Wirtschaft und Gesellschaft* (1922) (Berkeley: University of California Press)

Wiggins, David (1977), "Truth, Invention and the Meaning of Life", 62 Proc Brit Acad 331 – 78

Williams, Bernard (1981), *Moral Luck: Philosophical Papers 1973 – 1980* (CUP)

—— (2002), *Truth and Truthfulness: An Essay in Genealogy* (Princeton: Princeton University Press)

Witherspoon, James (1985), "Re – examining *Roe*: Nineteenth – Century Statutes and the Fourteenth Amendment", St Mary's L Rev 17: 29

Wittgenstein, Ludwig ([1953] 1958), Philosophical Investigations, ed. G. E. M. Anscombe (Oxford: Blackwell)

—— (1969), *On Certainty* (ed. G. E. M. Anscombe and G. H. von Wright) (Oxford: Basil Blackwell)

Wright, Benjamin Fletcher (ed.) (1961), *The Federalist* (HUP)

声 明

以下文章最初发表如下所示:

Essay 1: "Foundations of Practical Reason Revisited", American Journal of Jurisprudence 50: 109 – 32

Essay 2: "Natural Law and the Ethics of Discourse", American Journal of Jurisprudence 43: 53 – 73; also in "Natural Law and the Ethics of Discourse", Ratio Juris 12 (Blackwell): 354 –73

Essay 3: "Scepticism, Self – refutation and the Good of Truth", in P. M. Hacker and J. Raz (eds), *Law, Morality and Society: Essays in Honour of H. L. A. Hart* (OUP, 1977), 247 –67

Essay 4: "Self – referential (or Performative) Inconsistency: Its Significance for Truth", Proceedings of the Catholic Philosophical Association 78: 13 – 21

Essay 5: "Reason, Revelation, Universality and Particularity in Ethics", American Journal of Jurisprudence 53: 23 –48

Essay 6: "Reason, Authority and Friendship in Law and Morals", in Khanbai, Katz, and Pineau (eds), *Jowett Papers 1968 – 1969* (Blackwell, 1970), 101 –24

Essay 9: "Natural Inclinations and Natural Rights: Deriving 'Ought' from 'Is' according to Aquinas", in L. Elders and K. Hedwig (eds), *Lex et Libertas: Freedom and Law according to St Thomas Aquinas* (Studi Tomistici 30, Libreria Editrice Vaticana), 43 –55

Essay 10: "Practical Reasoning, Human Goods and the End of Man", Proceedings of the Amercian Catholic Philosophical Association 58: 23 –36; also in New Blackfriars 66 (1985) 438 –51

Essay 12: "Aristotle, Aquinas, and Moral Absolutes", Catholica: International Quarterly Selection 12: 7 –15

Essay 13: "Loi naturelle", in Monique Canto – Sperber (ed.), *Dictionnaire de Philosophie Morale* (Paris: Presses Universitaires de France), 862 –8

Essay 14: "Natural Law and Legal Reasoning", in Robert P. George (ed.), *Natural Law Theory: Contemporary Essays* (OUP, 1992), 134 – 57

Essay 15: "Commensuration and Public Reason", in Ruth Chang (ed.), *Incommensurability, Comparability and Practical Reasoning* (HUP, 1997), 215 – 33, 285 – 9

Essay 16: "Public Reason, Abortion and Cloning", Valparaiso University Law Review 32: 361 – 82

Essay 17: "Reason and Passion: The Constitutional Dialectic of Free Speech and Obscenity", University of Pennsylvania Law Review 116: 222 – 43

索 引

（索引中出现的页码为原版页码，即本书边码）

106；Ⅳ：182 – 4，301 – 3，314 – 5；of purely positive laws，纯粹实在法裁定，I：22

deterrence，nuclear，威慑，核，Ⅴ：20；also Ⅴ：11 – 12；I：188；Ⅱ：86 – 91；Ⅴ：125 – 6；and punishment，和惩罚，Ⅲ：13，67，91，93，154，157 – 8，173 – 4，192

Devlin，Lord（Patrick），德夫林，勋爵（帕特里克），Ⅲ：27 – 9；Ⅳ：270，274，276，277n

Dewey，John，杜威，约翰，Ⅴ：17，25 – 6，32，183

Diamond，J. J.，戴蒙德，J. J.，Ⅱ：292n

Diana，Antonius，戴安娜，安东尼厄斯，Ⅴ：212n

Dias，R. W. M.，迪亚斯，R. W. M.，Ⅳ：378n

Dicey，A. V.，戴雪，A. V.，Ⅲ：136

dignity，尊严，Ⅱ：35；Ⅴ：51，66 – 8，338 – 9；also I：35，53；Ⅱ：320；Ⅳ：170，349 – 50；Ⅴ：49，58，68，73，196 – 7，247 – 8，254 – 7，259，286，315 – 6，365

Dilthey，Wilhelm，狄尔泰，威廉，Ⅴ：144

Diplock，Lord（Kenneth），迪普洛克，勋爵（肯尼斯），Ⅱ：210n；Ⅲ：20n，34 – 5n

"direct intention"，"直接故意"，Ⅱ：13 – 14

"direction of intention"，"意图指引"，Ⅱ：187

discourse，discussion：ethics of，话语，讨论：伦理，I：41 – 7，50 – 5；internal（solita-ry），内部（单独），I：52；metaphysics of，形而上学，Ⅱ：35

discrimination：anti –，new communism，歧视：反一，新共产主义，Ⅱ：126

disparagement，see insult，贬低，参见侮辱

"diversity"，"多元化"，Ⅲ：109；also Ⅱ：127；Ⅳ：274

Divorce，离婚，Ⅲ：329

Dodd，C. H.，多德，C. H.，Ⅴ：152n

Dodds，E. R.，多兹，E. R.，I：49n

Döllinger，Ignaz von，多林格，伊格纳兹·冯，Ⅴ：209n

Donagan，Alan，多纳根，阿兰，I：153n，227；Ⅲ：66n；Ⅴ：223

Donaldson，Lord（John），唐纳森，勋爵（约翰），Ⅱ：174n

Donceel，Joseph，东泽尔，约瑟夫，Ⅱ：287 – 9

Donne，John，多恩，约翰，Ⅲ：292n

Dorr，Donal，多尔，多纳尔，Ⅲ：121；Ⅴ：272n

Dostoyevsky，Fydor，陀思妥耶夫斯基，费奥多尔，Ⅱ：74

"double effect"，"双重影响"，Ⅱ：13

Douglas，Justice（William O.），道格拉斯，大法官（威廉·O.），I：277，292，296，Ⅱ：28

Douglas，Mary，道格拉斯，玛丽，I：322 – 3

Dover，Kenneth，多佛，肯尼斯，Ⅲ：99n，337，385n